ANDRÉ MALRAUX,
MINISTRE DE L'IRRATIONNEL

CHARLES-LOUIS FOULON

ANDRÉ MALRAUX, MINISTRE DE L'IRRATIONNEL

Préface de Pierre Nora,
de l'Académie française

nrf

GALLIMARD

Je dédie ce livre

aux personnels des *Beaux-Arts* et des *Affaires culturelles*, soutiers des gloires ministérielles

et surtout aux chères mémoires de

Jean CASSOU (1897-1986)
Commissaire régional de la République dans Toulouse occupé en 1944, fondateur du Musée national d'art moderne et premier témoin de mes recherches : compagnon de la Libération, il m'a fait voir les vertus de *la clef des songes*, après m'avoir fait comprendre que beaucoup de vérités étaient *ambiguës*.

Michel BLOUIN (1948-1994)
Professeur de lettres classiques au Vésinet qui appela au « réveil » de Malraux pour dénoncer, en 1986, les dangers de l'*animation* du château de Versailles : il fut le premier confident des idées de ce livre.

Frédéric PÉRIER (1956-2005)
Énarque de la promotion Louise Michel qui m'a démontré qu'il fallait s'incliner devant le génie mais aussi gémir devant *tant de souffrances accumulées* : c'est grâce à lui qu'au-delà du ministre on trouvera ici *Malraux homme précaire*.

PRÉFACE

L'ouvrage de Charles-Louis Foulon a l'immense mérite, tout en étant sensible au panache lyrique de Malraux, de dresser le bilan réel de son action au ministère des Affaires culturelles. Il le fait sans complaisance ni volonté démystificatrice, en homme qui a longtemps fréquenté lui-même l'administration du ministère de la Culture et qui apporte à tous les aspects de son sujet, connus et moins connus, la même probité intellectuelle et le même esprit de précision.

Charles-Louis Foulon travaille à ce livre depuis vingt ans, c'est assez dire qu'il a une longue familiarité avec la personne de Malraux, une connaissance intime de toute la bibliographie, mais aussi et surtout qu'il a su accumuler, auprès des acteurs, une documentation exceptionnellement riche d'inédits : entretiens, correspondance, papiers privés, documents rares, dont il a eu communication, comme, par exemple, les brouillons retravaillés du discours à l'entrée de Jean Moulin au Panthéon. Des collaborateurs et contemporains, beaucoup sont morts ; un tel livre ne pourrait plus être écrit aujourd'hui. De là un tableau qui restera une référence sur ce ministère improvisé que l'on avait cru taillé sur mesure pour une personnalité baroque et incasable et dont on vient pourtant, comme de la Constitution que l'on croyait aussi faite pour la seule personne du Général, de célébrer le cinquantenaire.

Il apparaît bien en effet que c'est pour occuper Malraux et faire plaisir au Général que Michel Debré, Premier ministre de la Ve *République, a accepté de faire une place à un homme dont « les qualités d'administrateur, écrira-t-il plus tard à l'auteur, étaient moins nettes dans mon souvenir que son génie littéraire ». Mais le périmètre d'action est très limité : direction générale des Arts et Lettres, direction de l'Architecture, direction des Archives de France, activités culturelles du Haut-Commissariat à la Jeunesse et aux Sports, Centre national de la cinématographie. Rien de sérieux n'est arraché au ministère de l'Éducation nationale ni aux Affaires étrangères, aucun pouvoir sur les bibliothèques ni sur la radio-télévision. Les crédits dérisoires de 0,38 % ne dépasseront jamais 0,40 % du budget de l'État. Et pendant ses trois années à Matignon, le Premier ministre, agacé du lien direct que Malraux entendait entretenir avec le général de Gaulle, se chargeait des grands textes dont on attribuait l'idée « géniale » au génie officiel, par exemple la loi-programme sur les monuments historiques et celle des secteurs sauvegardés ; comme il sut imposer plus tard au ministre de l'Économie et des Finances la loi sur les dations. La loi sur la protection des quartiers anciens a bien été cependant défendue par Malraux ; et si le blanchiment des immeubles de Paris est une initiative de Pierre Sudreau, c'est Malraux qui sut le faire rayonner. Lui restent en propre quelques grands coups, comme les maisons de la Culture, les « cathédrales, à ses yeux, du* XXIe *siècle », une audacieuse politique culturelle qui amène à Paris l'art indien, Toutankhamon et l'or des Scythes et qui expédie* La Joconde *aux États-Unis et la* Vénus de Milo *au Japon, des gestes comme Chagall au plafond de l'Opéra et Balthus à la Villa Médicis, et des discours qui font le tour du monde.*

Malraux lui-même n'a guère fait semblant de jouer le jeu ministériel. Au lieu de s'entourer de professionnels expérimentés, il compose son cabinet avec des copains. Son premier directeur de cabinet, par exemple, Georges Loubet, qui avait fait partie du commando qui avait assassiné Philippe Henriot, devenu membre du service de propagande du RPF, puis chef de bureau à la Ville de Paris, plus amateur de billard électrique et de whisky dans les bars proches du ministère. Ou encore Albert Beuret, ancien coiffeur qu'il avait connu pendant la guerre maréchal des logis, appelé à devenir son confident le plus proche et que Madeleine Malraux appelait tantôt Scapin, tantôt Tartuffe ou Iago. Le seul vrai professionnel est Pierre Moinot, qui vient de la Cour des comptes ; il ne tardera pas à s'éloigner. Les maisons de la Culture restent la grande affaire personnelle de Malraux, mais il ne s'occupe pas d'administration et il est souvent absent. Pendant ce temps, Beuret, Bernard et Brandin gouvernent, et d'après le témoignage de Max Querrien, directeur de l'Architecture, c'est le triumvirat qui, dans les trois dernières années, a eu la haute main sur le ministère.

Le grand tournant se situe au moment de la mort de ses deux fils, Gauthier et Vincent, dans un accident de voiture en mai 1961, à peine deux ans et demi après la création du ministère. L'auteur saisit ce moment pour faire un très bon chapitre sur Malraux et la mort, sur Malraux et ses morts. Il sombre alors dans une grave dépression et ne sera plus jamais le même. Un des aspects les plus originaux du livre est dans l'interaction de la vie ministérielle et de la vie personnelle tourmentée du ministre ; dans la manière étrange avec laquelle fonctionne ce ministère au ministre absent ; la manière, aussi, dont Malraux malade, déprimé, en voyage ou tout occupé à la rédaction des Antimémoires, *parvient malgré tout, avec un brio qui stupéfie, à faire face. Il y a fallu son exceptionnelle capacité de rebondissement et de « métamor-*

phose » individuelle, pour employer un de ses maîtres mots ; il y a fallu sans doute aussi une indulgence toute spéciale du général de Gaulle.

Le nouveau ministère et son titulaire ont été secoués par quelques crises spectaculaires, qui ont suscité beaucoup d'émois : la révocation illégale de l'administrateur de la Comédie-Française, Claude Bréart de Boisanger, que Malraux lui-même avait nommé puis écarté au profit de Maurice Escande, dont le Conseil d'État allait casser le décret de nomination pour « détournement de pouvoir » : une belle preuve d'inexpérience politico-administrative. La querelle autour de La Religieuse, *le film de Jacques Rivette, et le montage de la pièce de Jean Genet* Les Paravents, *où Malraux a pourtant choisi clairement la défense des créateurs à l'Assemblée nationale : « La liberté n'a pas toujours les mains propres mais il faut choisir la liberté. » La brouille avec Pierre Boulez et Maurice Béjart et le départ de France du symbole de la musique contemporaine par rapport à l'académique Marcel Landowski. La crise de la Cinémathèque à la suite de la révocation d'Henri Langlois et la mobilisation de tout le monde des arts comme un prélude à l'explosion de mai 1968 : encore une affaire ressentie par ses proches, dit Alain Malraux, comme « un déferlement de haine qui vient encercler André ». Sans parler, bien sûr, de l'occupation de l'Odéon en mai 1968 et de la rupture avec Jean-Louis Barrault. Sur chacun de ces épisodes, Charles-Louis Foulon se montre aussi précis que nuancé.*

Le cinquantenaire que l'on vient de célébrer de cet improbable ministère que « le monde nous envie » n'a peut-être pas fait à son fondateur la place qui lui revient. Sans doute le long règne de Jack Lang, avec l'explosion culturelle qu'il a orchestrée, a-t-il bizarrement renvoyé à son histoire déjà ancienne les péripéties du premier titulaire. Charles-Louis Foulon les remet heureusement en lumière en montrant comment le « ministre de l'Irrationnel », sans moyen et contraint de se consoler avec des coups d'éclat, avait su transcender les difficultés du gestionnaire d'occasion pour se faire, pendant dix ans, par sa personnalité mirobolante et malgré ses graves problèmes personnels, ce ministre du rayonnement français dont il aurait aimé avoir le titre.

Pierre NORA
de l'Académie française

PROLOGUE

Place André Malraux, écrivain, 1901-1976 : devant la Comédie-Française, à quelques dizaines de mètres du bureau parisien où, pendant plus d'une décennie, André Malraux fut ministre d'État chargé des Affaires culturelles, cette plaque fait mémoire d'un illustre enfant de la capitale. Alors que, *rue Chateaubriand*, sont évoqués l'écrivain et l'homme politique[1] *, elle prouve aussi l'effacement des onze années d'actions ministérielles dont Malraux lui-même écrivit pourtant au général de Gaulle : « Avoir eu l'honneur de vous aider était la fierté de ma vie, et l'est davantage en face du néant[2]. » Ces mots donnent tout leur poids au temps où l'écrivain fut le premier des ministres de la Ve République ; c'était l'époque où son président affirmait qu'il était le plus qualifié pour créer des maisons de la Culture, « le plus qualifié pour comprendre, pour vouloir et pour faire connaître ce qu'est l'esprit humain[3] ». Ce temps, dont la mémoire s'estompe, est au cœur de ce livre où l'on verra les métamorphoses d'une vie qui a permis au petit écolier de Bondy de recevoir les honneurs du Panthéon en étant alors défini comme « humaniste et visionnaire, mais aussi acteur populaire de la Cinquième République[4] ».

Si, au seuil du XXIe siècle, l'article Malraux de l'*Ency-*

* Les notes ont été regroupées en fin d'ouvrage, p. 389.

clopœdia Universalis affirme que l'heure de la synthèse posthume n'est pas encore venue[5], il n'est plus possible d'affirmer, comme au trentième anniversaire du ministère fondé pour Malraux, que des débats ne peuvent avoir « pour but de mettre en cause le bien-fondé des politiques culturelles évoquées[6] ». Il faut d'ailleurs se souvenir que, quelques semaines avant de cesser ses fonctions, le ministre d'État confiait à un journaliste yougoslave : « La clé de tout mon effort, c'est l'interrogation prise en tant que valeur propre[7]. » En 1996, l'écrivain Stéphane Denis a su le rappeler ; le disparu de 1976 reste un héros ultracontemporain vers qui l'on peut aller comme vers Picasso, en écartant la réserve politique : « Le ministre ? Hum ! Ce n'est pas la meilleure période de Malraux. Parlez-moi de la période rose ! Vaste erreur. Bouder Malraux ministre, c'est ne rien comprendre à Malraux[8]. »

Connaître Malraux au pouvoir, c'est étudier ses archives d'homme politique et d'écrivain[9]. Mais c'est sans doute d'abord examiner comment il est arrivé à sa charge et les buts qu'il poursuivait dans une époque où il affirmait qu'il n'y avait plus de notables, « car il n'y a plus de notables au siècle de l'avion à réaction, des satellites et de la télévision[10] ». C'est aussi réfléchir sur les obstacles auxquels il a été confronté, comment ce dont il rêvait a pu ou non s'édifier. C'est évoquer les équipes qui étaient censées mettre en œuvre ses grands projets et voir si, parfois, son entourage ne l'a pas trop circonvenu. Bien évidemment, c'est aussi rappeler les trois éléments négatifs qui ont pesé sur le développement de son ministère des Affaires culturelles :

— le fait que très peu de personnes voyaient dans la structure hâtivement constituée autre chose qu'un moyen d'occuper André Malraux ;

— le jugement du Premier ministre Michel Debré sur l'illégitimité de l'État à avoir une politique culturelle ;

— les choix du ministre quant aux personnes qui

auraient dû structurer son cabinet et être capables de négocier avec le ministère des Finances et Matignon.

À propos de Malraux ministre, trois grandes questions se posent :

— Pourquoi un génie littéraire, prix Goncourt à trente ans, veut-il devenir un homme politique ?

— Comment un compagnon des communistes se transforme-t-il en gaulliste ?

— Comment l'administration des Beaux-Arts se détache-t-elle de l'Éducation nationale pour se métamorphoser en ministère des Affaires culturelles ?

Un destin dans l'Histoire

Ce sont les événements qui conduisent Malraux vers la politique. Banlieusard autodidacte, écrivain publié dès ses vingt ans, Malraux est d'abord un aventurier en Asie. Après que ses évocations des luttes chinoises ont été saluées par Trotski, le bâtisseur de l'Armée rouge, les intellectuels antifascistes français font du romancier engagé leur porte-parole pour la défense des premiers persécutés du nazisme. Dans la guerre civile espagnole, l'écrivain combattant constate à la fois l'efficacité des staliniens et leurs pratiques totalitaires. Aussi, peu avant la fin de la Deuxième Guerre mondiale, le commandant de la brigade Alsace-Lorraine empêche que le Parti communiste français poursuive son noyautage du Mouvement de libération nationale issu de la Résistance. Même si c'est l'époque où il a l'impression d'*épouser la France*, il ne saurait disputer sa *princesse de légende* au général de Gaulle. Conseiller puis ministre du président du Gouvernement provisoire, il ne s'interdit pourtant pas de le considérer « comme une carte de son propre jeu[11] », car il a été célèbre avant le colonel de Gaulle ! En

1945, le romancier est dans la logique de son dernier héros, ce Vincent Berger qui, constatant qu'il est trop tard pour agir sur quelque chose, affirme : « on ne peut plus agir que sur quelqu'un[12] ». Sa passion gaulliste se cristallise alors.

À partir de 1945, André Malraux connaît les réalités du pouvoir ; dans son cercle, il est marqué par ses contraintes comme par ses enchantements et il les subit dans son œuvre comme dans sa vie. De 1947 à 1954, parallèlement à son destin d'écrivain, il mène une vie de propagandiste du Rassemblement du peuple français, le mouvement politique du Général. Parce qu'il sait dire que « le libéralisme politique est condamné à mort dès qu'il a les staliniens en face de lui » et que la garantie de la liberté, c'est la force de l'État au service de tous les citoyens, Malraux est vite qualifié de « seul authentique fasciste français[13] », en passe de devenir *le Goebbels d'un nouvel Hitler* ! Emmanuel Mounier s'étonne de le voir dans des rassemblements de déroute, « à la tête de tant de peurs coalisées, d'égoïsmes paniques, de mythes vieillis, de conservatisme sot et d'illusions ingénues ». Mais, parce que ses romans d'avant-guerre lui donnent l'assurance inébranlable que leur auteur ne saurait trahir *l'humble honneur des hommes*, Mounier titre son essai « André Malraux ou L'impossible déchéance »[14]. De ce compagnon illustre qui lui reste fidèle, le général de Gaulle admire les *Écrits sur l'art* dont il perçoit qu'ils lui permettent d'échapper à la pression d'un monde peu respirable. Au seuil de l'an 1958 où ils vont retourner aux affaires publiques, il lui écrit :

Mon cher ami,

Je vous suis, pour ce qui me concerne, profondément reconnaissant d'avoir écrit « La métamorphose des dieux ». *Car j'y ai senti, mieux encore peut-être que dans vos autres ouvrages, ce souffle à quoi rien vraiment ne se compare et qui est le vôtre, André Malraux. Grâce à vous, que de choses j'ai vues — ou cru voir, qu'autrement je devrais mourir sans les avoir discernées. Or, ce sont justement, de toutes les choses, celles qui en valent le plus la peine*[15].

De juillet 1958 à juin 1969, André Malraux est ministre délégué chargé de l'expansion et du rayonnement de la culture française puis ministre d'État chargé des Affaires culturelles. Si les concepteurs de l'Historial de Gaulle[16] ont eu raison de légender leur « écran Malraux » de phrases sur l'intense fraternité spirituelle qui a lié le Général à ce compagnon d'exception, il convient de nuancer la formule *L'écrivain épouse la fonction nouvelle de ministre des Affaires culturelles où il excelle*. Car le ministre au quotidien ne fut pas seulement le chevalier servant de *La Joconde* et de Jackie Kennedy, il a été un père déchiré par la mort de Gauthier et Vincent, ses deux seuls fils, au point de finir par admettre que ce double drame le séparait de la jeunesse. Il fut aussi un homme malade, envoyé en croisière en 1965 pour l'éloigner d'une tentation de suicide, placé en isolement en 1966 et parfois manipulé par ses collaborateurs. Il percevait ses contraintes et déclarait publiquement, en 1967, que le monde dans lequel il vivait était « un monde où l'homme est fort peu maître de lui et moins encore de l'univers infini[17] ».

Le gaulliste irrationnel

Dix ans avant sa mort, André Malraux soulignait que « connaître un homme aujourd'hui, veut surtout dire connaître ce qu'il a en lui d'irrationnel, ce qu'il ne contrôle pas, ce qu'il effacerait de l'image qu'il se fait de lui[18] ». Face à la mort et aux démons du sang, Malraux préférait opposer des paroles immortelles. Il continuait d'être l'anti-

Sartre puisque le philosophe considérait, pour sa part, que les biographies devaient être écrites « à partir d'en bas, des pieds, des jambes qui soutiennent, du sexe »[19], et ne pas bourgeoisement examiner les gens à mi-hauteur à partir de l'estomac, des mains et des visages. Au niveau du cerveau, n'oublions pas que, dans les années soixante, comme l'a écrit son psychiatre, André Malraux est dans une subordination formelle comme ministre mais surtout dans une « subordination profonde du cœur et de l'esprit devant un homme et un destin dont il avait reconnu, une fois pour toutes, la supériorité[20] ». Jusqu'à la mort de Charles de Gaulle, l'affectueux dévouement d'André Malraux est total, sa fascination certaine ; jusqu'à sa propre mort, la seule foi qu'il confesse c'est le gaullisme, même s'il affirme qu'il n'est pas inconditionnel mais irrationnel.

Dans l'esprit du fondateur de la Ve République, l'homme de lettres entré pour lui en politique a tellement été le prototype des ministres d'État que, quand il voulut en instituer un pour les affaires algériennes, domaine crucial en 1960, il écrivit à Michel Debré « formule Malraux[21] ». Dans ses *Mémoires d'espoir*, le Président a répété que la présence à ses côtés de son *ami génial* l'avait fortifié en le couvrant du terre-à-terre et en l'aidant, par son fulgurant jugement, à dissiper les ombres[22]. Pendant la décennie où il siège dans tous les gouvernements de la Ve République, Malraux ministre affirme : « Le domaine de l'esprit ne connaît pas d'autre force supranationale que l'adhésion des hommes[23]. » Dans ses actes comme dans ses paroles, il a passionnément sollicité cette communion fraternelle. Si l'homme de lettres pense qu'on l'a regardé « comme une sorte de gaulliste symbolique » parce qu'il ne s'est jamais fait élire[24], ce fut aussi une de ses faiblesses : dans ses revendications budgétaires, il n'avait pas de poids politique spécifique. Mais sa fidélité irrationnelle à Charles de Gaulle colore sa décennie ministérielle et les livres qui en sont issus. Après avoir entendu Florence Malraux parler d'amour-passion à propos du lien entre son père et le Général, Jean-François Lyotard a conclu que Charles de Gaulle fut le seul homme dont André Malraux « osa se déclarer l'épouse mystique[25] ». Jean Cassou, compagnon de la Libération, m'a parlé pour sa part du *coït intellectuel* qui avait uni Malraux et son Général[26] : ils se seraient cru parfois des réincarnations de Chateaubriand et de Napoléon. L'affection de Charles de Gaulle pour André Malraux a peut-être effectivement tenu à ce qu'il l'assimilait à l'auteur du *Génie du christianisme* dont il avait pu dire : c'est « un désespéré mais jusque dans ce désespoir, il fait face. Jusque dans ce désespoir, il se redresse de toute sa taille[27] ».

Biographie et autofiction

Dans l'Indochine coloniale des années vingt, dans l'Europe menacée par les fascismes des années trente, dans l'Occident confronté au totalitarisme stalinien des années quarante, André Malraux fut d'abord un témoin privilégié de l'Histoire, agissant et écrivant en son cœur. Il conquit alors « l'amour d'un public et des foules[28] » par son talent, son style, ses engagements. Son ralliement au gaullisme lui apporta d'autres admirateurs mais bien plus d'ennemis.

Malgré ses problèmes personnels, qualifiant de *misérable* son tas de secrets, le ministre fait face, assumant son rôle dans des festivités même deux jours après avoir enterré ses deux fils. Avec une équipe et un budget réduits, il lance à travers les maisons de la Culture ses *cathédrales du* XX*e siècle*. À l'étranger, il est le ministre du rayonnement culturel. De l'Acropole aux pyramides d'Égypte, du musée de Mexico à la cascade japonaise de Nachi, il défend en prophète l'idée d'une civilisation mondiale assoiffée de fraternité. C'est avec admiration qu'en janvier 1963 le président Kennedy peut dire : en lui, la politique et l'art, la vie de l'action et la vie de la pensée, le monde des événements et le monde de l'imaginaire sont un. Quatre ans plus tard, les *Antimémoires* allaient donner raison à John Kennedy car Nehru et Mao Tsé-toung y devenaient des personnages littéraires. Le ministre déclarait alors avoir vécu dans le domaine incertain de l'esprit et de la fiction qui est celui des artistes, puis dans celui du combat et dans celui de l'histoire. Sa vie durant, l'homme de lettres n'a finalement pas quitté le domaine de la fiction ; parfois, voire souvent, c'est la fiction qui est devenue autobiographie apparente[29]. Si le procès en mythomanie n'est guère utile, le bilan réel des actions politiques d'André Malraux mérite d'être dressé. Il ne peut pas se révéler seulement par ses *Antimémoires* de 1967 puisqu'il y affirme différer les passages d'ordre historique. De plus, il garde sa conviction énoncée dès 1929[30] : « la mystification est éminemment créatrice » !

« L'intérêt de l'action, sauf lorsqu'elle s'élève à l'histoire, est dans ce qu'on fait et non dans ce qu'on dit[31]. » Dès lors que Malraux se pensait en action dans l'histoire, ce qu'il a dit — et écrit — doit être pris en considération à côté de ce qu'il a fait. Comme l'a souligné Clara Malraux, ses rêves débordaient un peu la réalité, comme dans certaines peintures la couleur déborde les formes[32]. Bien que le vécu d'un créateur puisse englober beaucoup plus d'éléments que n'en recensent ses biographes[33], la vie d'un homme politique dans l'histoire reste essentiellement la somme de ses faits et gestes et de ses œuvres, qu'elles soient ou non métamorphosées. Avec son intelligence fulgurante et sa sensibilité, Malraux figure dans nombre d'événements du XXe siècle ; mais, dès 1937, les lecteurs de *L'Espoir* ont été prévenus par Alvear, un des héros du romancier : « L'homme n'engage dans une action qu'une part limitée de lui-même ; et plus l'action se prétend totale, plus la part engagée est petite[34]. »

La légende et le merveilleux

Plus de trente ans après son trépas et cinquante ans après la création d'un ministère spécial pour l'ami génial du général de Gaulle, le flou, le merveilleux légendaire et le mythe font toujours cortège à l'ancien ministre, entré au Panthéon des Grands Hommes vingt ans après sa mort. Membre de l'Institut, Germain Bazin a évoqué la descente des Champs-Élysées de 1944, en imaginant le général de Gaulle « tenant Georges Bidault d'une main et Malraux de l'autre[35] ». Dès juin 1969, quelques jours avant qu'il cesse définitivement d'être ministre d'État, l'*Encyclopédie du monde actuel* avait modifié sa fiche ; il restait dans la rubrique littérature, défini comme écrivain, historien d'art, homme politique. Ce travail suisse le présentait comme fils de banquier ayant fait ses études au lycée Condorcet et diplômé de l'École nationale des langues orientales. Ces deux dernières erreurs furent reprises dans la plaquette éditée pour la panthéonisation ; on a évité tout de même d'accréditer la légende d'un Malraux passé en Chine de 1925 à 1927, après avoir assisté à la fondation du mouvement Jeune Annam devenu ensuite le Viêt-minh. Le président Auriol y avait pourtant cru au point de noter que, pour la famille du roi du Cambodge, Malraux serait toujours « celui qui a semé le communisme dans ce pays[36] ». L'archiviste-paléographe Jacques Levron, en 1975, continuait d'alimenter la légende en évoquant, dans sa notice Malraux, son « rôle important au cours de la Révolution chinoise[37] ».

Ces embellissements, André Malraux y a prêté parfois son concours et la dernière notice qu'il a dû viser, avant sa publication dans le *Who's Who 1975-1976*, le présentait encore comme le fils d'un directeur d'agence parisienne de banque, comme un ancien de Condorcet et retenait dans sa carrière[38] : des voyages au Cambodge pour une mission archéologique en 1923, en Chine au temps de la guerre civile (1925-1927), en Arabie, en Allemagne, en URSS, en Espagne. À propos de l'Espagne et de sa guerre civile commencée en 1936, l'encyclopédie suisse de 1969 présentait Malraux comme organisateur et chef de l'aviation étrangère au service du gouvernement républicain espagnol. Son action de ministre lui valait deux lignes sur quarante et une : sa politique culturelle s'est attachée à la défense du patrimoine national en s'efforçant de répondre aux impératifs de prestige du général de Gaulle. Même si, en 1993, une encyclopédie française ne le mentionne plus que comme auteur et réalisateur de cinéma[39], les activités de Malraux ministre méritent examen.

Membre du Gouvernement provisoire de novembre 1945 à janvier 1946 puis dirigeant gaulliste de 1947 à 1951, Malraux reste un homme de lettres. Ministre de juin 1958 à juin 1969, il retourne à ses travaux littéraires jusqu'à sa mort en 1976 et témoigne d'une existence qui forme un tout. Dans ce livre, je m'efforce de ne pas oublier ce qu'il a écrit dans sa dernière année de vie : « Le biographe entreprend la vie d'un personnage mythique. La statue précède le témoignage, parce que c'est elle qui le suscite[40]. » Cette réflexion lucide d'André Malraux éclaire la volonté qu'il confia à sa femme Clara : sculpter lui-même sa statue ! Elle impose à ceux qui réfléchissent sur sa vie de ne pas être aveuglés par le mythe, notamment pour parler de ses prises de position dans les crises — du drame algérien aux crises du monde musical, de la défense des *Paravents* de Jean Genet à la tempête de la Cinémathèque ou à la révocation de Jean-Louis Barrault. Il faut y veiller sans oublier « l'irrationnel que sécrète un temps et que les reconstitutions n'atteignent point[41] », même si beaucoup de témoignages sont contemporains de la personnalité traitée pour rendre un peu de la saveur de l'époque.

La quête de la grandeur et de la fraternité

Comprendre un homme, comprendre une œuvre : deux expressions confuses aux yeux de l'écrivain-ministre qui refuse d'être pris pour un inconditionnel et se proclame irrationnel. Pour Malraux, il ne s'agit pas de rendre intelligible mais de rendre sensible à ce qui fait la valeur de l'œuvre ou de l'homme. Peu avant sa mort, il annonce la fin de l'individualisme, « soufflé par la bombe atomique — en nous léguant la biographie[42] » ; il nous met en garde contre la tentation du biographe : changer un destin subi en destin dominé. Si l'écrivain a affirmé, dans *Les Voix du silence*, que la biographie d'un artiste, c'était sa biographie d'artiste, on peut cependant penser que le ministre n'imaginait pas qu'on limite sa propre biographie à ses engagements ministériels. À la fin de sa vie, il soutenait que l'artiste n'était pas seulement un homme qui fait car « un dieu de l'art se manifeste à travers ses prophètes[43] ». Si l'on accepte l'idée que le poète invente pour qu'on le croie en espérant rester dans le musée imaginaire de la littérature, il est difficile d'admettre que le ministre se contente parfois d'imaginer : même homme de lettres, il n'est pas dans un monde fictif.

Un dieu de la politique s'est-il manifesté en Malraux ministre ? Si nous le demandons ici, nous n'oublions pas, sinon André en pantoufles, au moins son entourage, qu'il soit privé ou professionnel, car les épreuves de l'homme privé sont indissociables de son temps d'action auprès du général de Gaulle. Jamais délivré de ses obsessions, assoiffé de fraternité, celui qui avait perdu trois frères — et beaucoup de camarades de combats — cherche toujours la communion des esprits, le rassemblement culturel de nations fraternelles sans oublier sa quête de la grandeur humaine.

Si le peintre Georges Braque est fondé à dire : « Le plus important, dans un tableau, c'est toujours ce qu'on ne peut pas dire », on comprend qu'André Malraux énonce : « L'on ne dit pas par hasard : muet d'admiration[44]. » Mais une décennie de décisions politiques impose naturellement un bilan. Avant que les historiens ne le dressent, le ministre leur a sans doute donné sa clé si l'on applique à l'homme politique ce qu'il a écrit à propos du romancier[45] : *le dessein initial d'un homme politique est un dessein flou et son rôle, celui d'un ferment plutôt que celui d'un plan*. Devant le Panthéon, il y a bientôt un demi-siècle, Malraux disait de Jean Moulin qu'il n'avait « nul besoin d'une gloire usurpée » ; il en va de même pour lui, écrivain parvenu au pouvoir, acharné à l'action et à l'écriture. Au-delà des métamorphoses du fils de l'employé de commerce devenu écrivain engagé, ce qui sera éclairé, voire dévoilé ici[46], le sera pour que chacun puisse reconnaître que les expériences de l'homme et les décisions du ministre ont été animées d'une même conscience, celle de la grandeur humaine, et d'un invincible espoir, l'immortalité de la fraternité.

CHAPITRE PREMIER

LE MINISTRE DE CHARLES DE GAULLE

Ce que nous avons si souvent entendu appeler inconditionnel [...] *c'était l'irrationnel.*

André MALRAUX,
Le Miroir des limbes, II, *La Corde et les souris*.

Monsieur André MALRAUX

Ministre délégué à la Présidence du Conseil

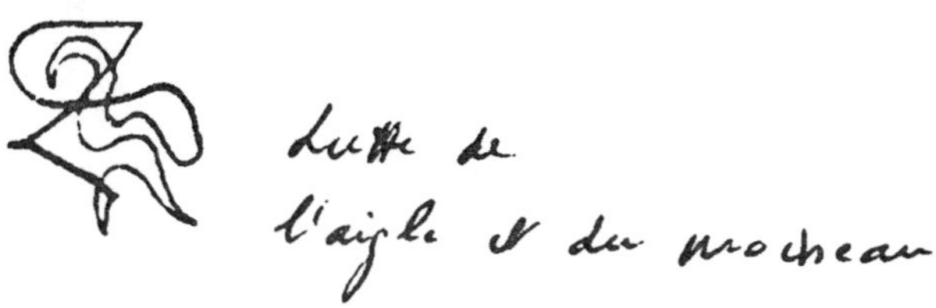

UN COMPAGNON ÉPRIS DE GRANDEUR

La présence à mes côtés de cet ami génial, fervent des hautes destinées, me donne l'impression que, par là, je suis couvert du terre à terre.

Charles de GAULLE,
Mémoires d'espoir, t. I,
Le Renouveau, 1958-1962.

André Malraux a combattu le colonialisme dans les années vingt et s'est affirmé, en 1934, au premier rang des « écrivains révolutionnaires d'Occident » travaillant contre la bourgeoisie et espérant que les écrivains soviétiques feraient surgir « la civilisation dont sortent les Shakespeare[1] ». Mais, en 1933, quand il a reçu son prix Goncourt pour *La Condition humaine*, il n'a pas craint de lancer face aux caméras des actualités cinématographiques : « Que ceux qui mettent leur passion politique avant le goût de la grandeur, où qu'elle soit, s'écartent d'avance de ce livre qui n'est pas fait pour eux[2]. » Ce goût de la grandeur est assurément son premier point commun avec Charles de Gaulle qui est, comme lui, convaincu que la volonté des individus peut porter la transcendance de l'homme. Le culte de l'énergie, la volonté d'action, la liberté de l'esprit conduisent André Malraux vers le gaullisme[3], même si ce dernier n'est pas une doctrine. En effet, ceux qui le défendent n'oublient pas qu'à Londres un gaulliste lucide a déclaré : « Le bagage idéologique est léger, nous entendons qu'il le demeure[4]. »

La lettre clandestine des débuts de l'Occupation où Malraux offrait ses services au général rebelle est vraisemblablement une fiction[5]. Elle ne cadre absolument pas avec les propos qu'il tient aux résistants qui lui rendent visite sur la Côte d'Azur. Claude Bourdet, Roger Stéphane et d'autres comprennent que, sans armes et sans argent, le défenseur de l'Espagne républicaine considère leurs ébauches de mouvements comme « une vaine poussière de courage désarmé[6] ». Après sa visite au Cap-d'Ail, Jean-Paul Sartre rapporte à Simone de Beauvoir que Malraux compte « sur les tanks russes, sur les avions américains pour gagner la guerre » ; il ajoute qu'il n'aurait pu s'entendre avec lui : « il faut un seul chef[7] » ! Mais ce ne sont pas des textes de Malraux qui furent joués sur des scènes parisiennes en 1943 et 1944. Tandis qu'à partir de novembre 1940 *L'Espoir* et *Le Temps du mépris* étaient sur la liste noire des nazis — la liste Otto —, Sartre et son Castor furent « au cœur de la vie artistique parisienne des années d'occupation [...]. Des acteurs drôles, boute-en-train, toujours disposés à la fête, des hôtes inventifs et spontanés[8] ». Un responsable de la *Propaganda-Staffel* s'est d'ailleurs étonné qu'au café de Flore, Simone de Beauvoir et son compagnon n'aient jamais vu un Allemand puisque c'était, pour lui, « une sorte de quartier général » où il les apercevait deux fois par semaine[9].

Lorsque Malraux ministre se gausse de l'école des âmes sensibles, c'est parce qu'il se souvient du Sartre de l'Occupation. Il est, pour sa part, clairement épargné par les innombrables souillures de ce temps. Il était alors de ceux qu'avec d'autres plumes ruées à la servitude, Lucien Rebatet poursuivait de sa haine[10]. Malgré ce qu'a écrit Drieu la Rochelle, à l'été 1943 — « Malraux, tout à fait destitué depuis qu'il n'est plus dans le bolchevisme, vit à la campagne, fait des enfants à sa femme entre deux Juifs médiocres et écrit une vie de Lawrence, sans doute pour justifier sa désertion du communisme et sa neutralité gaullisante[11] » —, les positions du *coronel* de l'Espagne républicaine tranchent par leur clarté « sur les méandres marquant les chemins sinueux alors suivis par tant d'intellectuels[12] ».

L'enrôlement gaulliste

Si l'engagement d'André Malraux dans la Résistance au printemps 1944 n'a pas eu de quoi séduire de Gaulle puisqu'il se faisait à travers les réseaux britanniques du SOE où œuvraient ses frères Claude et Roland qui y laissèrent la vie[13], son action à la tête des 1 700 hommes de la brigade Alsace-Lorraine[14] ne pouvait que ravir le chef de la France combattante qui voulait rassembler et accueillir tout le monde. Dans cette perspective, ouvrir les bras à un ancien compagnon de route des communistes était une opération politique parfaitement logique, surtout après qu'en janvier 1945 son discours au congrès du Mouvement de libération nationale eut fait échouer la fusion avec le Front national que le PC contrôlait[15]. Malraux avait réussi à mobiliser 250 voix contre la motion inspirée par le PC à 119 des membres du MLN tout en proclamant que la mobilisation d'énergie des résistants ne se maintiendrait qu'au prix d'une « discipline égale à celle du parti communiste ». Cette prise de position l'a séparé de presque toute l'*intelligentsia* culturelle fascinée alors par le parti de la classe ouvrière[16].

Conduit par Gaston Palewski, directeur de cabinet du

président du Gouvernement provisoire, le recrutement de l'ex-révolutionnaire est devenu naturel puisqu'il soutient que le gouvernement est « le gouvernement de la Libération et de la Résistance[17] ». Le premier entretien avec Charles de Gaulle[18], le 18 juillet 1945, débouche sur sa nomination de conseiller technique, le 16 août 1945 après que Malraux a pris conseil auprès de Léon Blum[19]. L'écrivain combattant considère qu'il est, « pour la première fois, devant un "grand format historique"[20] ». Pendant un trimestre, il va s'occuper de sondages d'opinion et des possibilités de moderniser l'enseignement grâce aux moyens audiovisuels ; ce sont des thèses qu'il soutiendra encore en 1947 comme en 1974.

Deux écrivains au pouvoir

La conjonction des destins d'André Malraux et Charles de Gaulle s'explique, pour Janine Mossuz, par leur recherche inlassable de la grandeur, par leur morale de l'action. Dans *La Tentation de l'Occident*, le jeune écrivain évoquait déjà la possibilité d'accomplir « dans le monde réel des gestes de nos rêveries » et ressentait « l'impression confuse, non de les avoir accomplis mais d'en avoir été capables ». Rue Saint-Dominique, dans ce ministère de la Guerre où le Général a réinstallé l'État, Malraux est dans le monde réel. Sa capacité d'agir va s'accroître avec sa nomination de ministre de l'Information, en remplacement de Jacques Soustelle ; à un siècle de distance, il réalise le rêve que confiait Balzac à Mme Hanska, entrer dans le pouvoir par le pouvoir même. Dès le 22 novembre 1945, André Malraux rappelle, dans une conférence de presse, « les devoirs de l'écrivain face à la politique[21] ». Son ministère de l'Information semble pouvoir fonctionner aisément puisque son secrétaire général est Jacques

Chaban-Delmas, jeune général de brigade mais surtout inspecteur des Finances. Toutefois Raymond Aron, son directeur de cabinet, a rappelé depuis que Malraux « ignorait encore plus que [lui] le fonctionnement des pouvoirs publics ; la distinction de la loi, du décret et de l'arrêté lui était étrangère, probablement inconnue[22] ». Il éprouve alors assez peu d'intérêt pour les problèmes de contingentement des papiers à répartir entre les journaux. Il m'a cependant soutenu qu'il avait eu une réelle action dans les provinces par ses délégués régionaux à l'Information. Il a considéré qu'il avait disposé de « ses propres correspondants partout et même à l'étranger en marge des Affaires étrangères[23] ». Cette action en marge du Quai d'Orsay, il a continué à la tenter dans les années soixante. Si, jeune ministre, il a surtout subi les pénuries que tentait de répartir le ministère de l'Économie nationale, il s'est réjoui de pouvoir annoncer[24], le 30 décembre 1945, le démarrage réel et le renouveau du cinéma français. Lui-même lauréat du prix Louis Delluc 1945 pour *Sierra de Teruel*, la version filmée de *L'Espoir*, il voulut rester un ministre technicien : il n'envisagea ni alors ni plus tard de se porter candidat à la moindre élection locale. S'il apprit vite ce qu'il devait savoir, le temps lui manqua puisque le gouvernement ne resta en place que du 21 novembre 1945 au 20 janvier 1946.

Malraux va garder de ses soixante jours au gouvernement l'impression « d'une lutte permanente entre des factions rivales ». Sa circonspection l'a conduit, dans sa vie ministérielle, à déléguer les possibles affrontements à quelques collaborateurs. Ils n'avaient pas le poids que lui aurait pu mettre dans les arbitrages ultimes. Les idées de Malraux sur l'héritage culturel ont eu le Front populaire comme cadre intellectuel. Ce qu'il voudra faire après 1958, il l'exprimait en filigrane dès septembre 1936, dans *Commune* : « Tout le destin de ce que les hommes ont mis sous le mot de culture tient en une seule idée : transformer le destin en conscience[25]. » Mais cette haute ambition se vit contrariée par la conjoncture budgétaire et le scepticisme de nombre de ses interlocuteurs. Le ministre d'État n'a pas voulu alors saisir trop souvent l'Élysée et c'est à tort que Pierre Moinot a affirmé que le budget du ministère des Affaires culturelles était « négocié directement entre lui et le Général[26] ». Celui-ci est intervenu rarement et même si, en 1965, les caméras ont saisi ses propos de Bourges sur le coût des maisons de la Culture, l'équivalent de vingt-cinq kilomètres d'autoroutes, le ministère des Finances a continué à mesurer chichement les crédits de ce projet phare[27].

Un gaulliste antitotalitaire

Le 17 novembre 1945, André Malraux avait été reconnu compagnon de la Libération pour avoir fait de la brigade Alsace-Lorraine une troupe d'élite et avoir donné aux volontaires un bel exemple du courage réfléchi[28]. Devenu un féal, le colonel Berger ne cessa plus de célébrer le général de Gaulle, « l'homme qui, sur le terrible sommeil de ce pays, en maintint l'honneur comme un invincible songe[29] ». Il aurait voulu que le départ de janvier 1946 fût l'objet d'un discours vigoureux[30] et avait pris des dispositions en ce sens ; le Général choisit finalement le silence[31]. Au printemps 1947, le compagnon s'implique totalement au RPF après avoir refusé d'apparaître une seule fois dans les premiers petits bureaux de la rue Taitbout où « aucun des moyens d'action promis n'était encore en place[32] » ; mais son gaullisme est « foncièrement une réaction antitotalitaire[33] ». Délégué national à la propagande, il s'installe fastueusement dans deux vastes appartements dominant la place de l'Opéra. Arrivant dans ses bureaux dès 9 h 45 six jours par semaine et n'en repartant qu'après 20 heures, il regroupe dans son équipe la rescapée de la déportation Brigitte Friang et trois futurs « embarqués » de sa longue aventure ministérielle, Pierre Juillet, Albert Beuret, son maréchal des logis de 1940, et Georges-Noël Loubet, ancien de l'équipe qui exécuta, le 28 juin 1944, Philippe Henriot, ministre de la propagande de l'État français[34]. Tandis que Jacques Baumel et Jacques Soustelle s'entourent d'agents sans considérations de pureté, de loyauté ou de caractère, Malraux choisit ses collaborateurs parce qu'il sent qu'il a avec eux, « sur le plan de l'idéal, des atomes crochus[35] ». Mais il reste *difficile à approcher, protégé à la fois par ses absences et ses amis*[36] dont il espère une loyauté sans faille. Le ministre de la Ve République va fonctionner de la même façon mais sans doute avec moins d'énergie qu'il n'en possédait au milieu des années quarante.

Lorsque les complots de mai 1958 et le vote de l'Assemblée nationale permettent à Charles de Gaulle de devenir le dernier président du Conseil de la IVe République, il reprend Malraux comme ministre de l'Information. Il est signifiant qu'au lendemain de sa nomination, le 4 juin, le journal *Le Monde* soit débarrassé du censeur qui, depuis le 26 mai 1958, y était installé pour effectuer un contrôle préventif des informations : Malraux reste fondamentalement un homme de liberté. Bientôt sexagénaire, il déclare au journal américain *Saturday Evening Post* : « Avant de mourir, je veux voir la renaissance de mon pays. » L'art d'élévation que Jacques Fauvet prête au général de Gaulle[37] s'accorde avec un souhait d'information de qualité et personne ne dénie encore à Malraux sa volonté d'être contre les pratiques de torture systématisées en Algérie.

Dans ce semestre de tumultes, ce n'est pas la Culture qui domine mais la guerre sans nom qui se poursuit en Afrique du Nord. Toutefois, le général de Gaulle, qui avait célébré à Alger, pour le soixantième anniversaire de l'Alliance française, les deux môles de l'espérance nationale — un tronçon d'épée et la pensée française —, tient à saluer, pour les soixante-quinze ans de cette institution, « au-dessus de la politique, au-dessus du "au jour le jour" », la pensée et les lumières de la France[38]. Pour celui qui, en 1945, avait institué une direction générale des Relations culturelles au sein du ministère des Affaires étrangères, nul doute que Malraux peut incarner, en France, les Affaires culturelles au-delà du quotidien. S'il s'en remet à lui, en toute confiance[39] dans ce domaine, Malraux est d'abord pour de Gaulle celui qui contribue à dissiper beaucoup d'ombres : son rôle essentiel est là. Si le Général lui laisse la responsabilité d'un ministère, il accepte aussi que ses premiers ministres arbitrent les priorités budgétaires. Il interviendra peu pour pousser le budget culturel, sauf pour quelques grands chantiers et dans les années où il comprend les problèmes de santé de son ami.

La fascination du pouvoir

L'écrivain qui avait engagé les héros de ses romans dans des aventures historiques est ravi d'être au pouvoir et de rencontrer les *Grands* de la planète. Il cède à la fascination qu'il éprouve pour « ceux qui mettent dans la tête des autres de faire l'Histoire comme ils veulent qu'elle soit faite[40] ». Ils sont pour lui les maîtres du monde et il émaille ses conversations puis ses écrits de leurs noms : Gandhi et Nehru, Mao et Staline, Kennedy et de Gaulle. Plus il avance, plus il s'interroge sur le mécanisme par lequel un homme a brusquement prise sur l'Histoire pour accomplir un destin qui le dépasse[41]. Cette notion d'un destin transcendé, il la partage évidemment avec Charles de Gaulle. Il se souvient que le Général, entrant dans Paris libéré, s'est exclamé : « Il y a là, nous le sentons tous, des minutes qui dépassent chacune de nos pauvres vies », et qu'à la radio, le 14 octobre 1944, il a répété : « Nous vivons la plus grande époque de l'Histoire de la France. Il faut que ses enfants soient assez grands pour elle. »

Dans l'affaire algérienne, Malraux défend le processus vers la paix ; il juge naturel le développement de la décolonisation dont il a vu les prémices en Asie. C'est dès 1925 qu'il avait dénoncé les maux dont souffrait l'Indochine enchaînée avant de préfacer, dix ans plus tard, *Indochine S.O.S.* d'Andrée Viollis[42]. Même s'il n'a rien dit en 1946 des choix de l'amiral gaulliste d'Argenlieu dont il montrera plus tard les limites en évoquant son jugement sur Hô Chi Minh, « patriarche farceur »[43], même s'il ne s'est pas opposé, en 1948, à ce que l'*Almanach* du RPF défende une action impériale « entre un colonialisme périmé et un abandon criminel[44] », Malraux n'est considéré par personne comme un soutien des colons français d'Algérie. Pleinement compagnon du Général, il le précède parfois. En Amérique latine, il soutient qu'il n'y a pas eu de torture en Algérie pendant les premières semaines du gouvernement de Gaulle, même si elle a reparu ensuite[45]. Dans l'avion qui l'emportait vers Brasilia, Pierre Moinot l'entendit déclarer qu'il expliquerait la nécessité du libre choix des populations, que c'était dans la ligne du Général[46]. Quand celui-ci aura disparu, il affirmera lui avoir entendu dire : « L'Algérie restera française comme la France est restée romaine. Mais soyez prudent[47] ! » Le 21 octobre 1958, il s'illusionnait cependant, ne craignant pas d'écrire à son ami Gaëtan Picon : « Peut-être sommes-nous en train de gagner en Algérie[48]. »

Le partisan de la décolonisation

Quand Charles de Gaulle annonce qu'il pourrait y avoir la paix des braves, l'imagination de son ministre s'emballe pendant un déjeuner très arrosé d'alcools. Dialoguant avec son directeur de cabinet Loubet, il rêve de sauter en parachute au-dessus d'Alger, en combinaison argentée[49], tenant à la main le texte d'un accord ! C'est peut-être ce qu'il expose aussi à Françoise Giroud, codirectrice de *L'Express*, un plan pour en finir avec la tragédie algérienne ; elle le trouve extravagant[50] : Malraux pouvait l'être. Le processus d'autodétermination défini par le président de la République en septembre 1960 lui semble une bonne voie. Alain Peyrefitte a rapporté depuis une certitude d'André Malraux à propos de l'insupportable fardeau algérien : *les dégageux l'emporteront sur les partageux*[51]. C'est probablement en fonction de ce qu'ils savent des positions de leur ministre que ses collaborateurs veillent à ce que les interdits prononcés par Michel Debré à l'encontre des signataires du *Manifeste des 121* — déclarant un droit à l'insoumission — ne soient pas appliqués avec trop de rigueur[52]. Quand leur texte déplorait que, « quinze ans après la destruction de l'ordre hitlérien, le militarisme français soit parvenu à restaurer la torture et à en faire à nouveau comme une institution en Europe[53] », ils étaient dans le droit-fil de la protestation que Malraux et Sartre avaient signée en avril 1958. Certains d'entre eux firent d'ailleurs partie des invités à la présidence de la République au titre des Arts et Lettres, en février 1965 ; Alain Robbe-Grillet en profita pour dire que le but du *Manifeste* était d'aider de Gaulle « à se débarrasser de ces affreux militaires[54] » !

Sur l'Algérie, le ministre d'État parle et rêve d'agir. Le secrétaire général du Gouvernement l'a décrit au temps des barricades d'Alger. Même s'il reconnaît manquer d'informations, Malraux est le plus véhément : « Il faut en finir avec Lagaillarde et les siens. » Le 29 janvier 1960, quatre jours après cet exorde, Malraux soutient que, contre le complot des militaires, « sans se compromettre avec les communistes, il faut s'appuyer sur les masses populaires ; il faut aussi mettre à Alger des troupes sûres, s'il y en a[55] ». Au moment du putsch des généraux, le ministre chargé des Affaires culturelles se précipite au ministère de l'Intérieur pour y retrouver les Français à qui de Gaulle vient de demander leur aide, ceux que le Premier ministre Debré appelle à marcher vers les aérodromes pour barrer la route aux factieux égarés ! Dans la nuit du 23 au 24 avril 1961, tandis que le Président est allé se coucher après avoir dénoncé le quarteron de généraux à la retraite et le groupe d'officiers fanatiques[56], Malraux se rêve à la tête d'une unité de chars : il se croit investi de remédier à la mauvaise liaison « entre l'Intérieur et la Guerre[57] ». Il écrira qu'il avait fait équiper et qu'il aurait fait armer des volontaires pour se substituer à la police et aux troupes de Paris défaillantes. Il aurait contrôlé « chaque alerte auprès du maire [...] fausse alerte trois fois. Les fous ne manquaient pas [...]. À 5 heures du matin, les volontaires redevenaient civils ; je rentrais chez moi par une aube d'Espagne, l'aube insolite et banale des retours de mission ».

Ces réactions d'ancien du *Frente Popular* déconcertent la majorité parlementaire, qui n'est pas loin de les juger irrationnelles. Déjà, au temps du RPF, rue de Solférino, l'équipe de Soustelle affichait sa condescendance pour la bande des propagandistes de Malraux, « accusés de confondre souvenirs de guerre et visées politiques, bon camarade avec bon candidat[58] ». Le ministre d'État n'a jamais oublié comment il avait perdu son portefeuille de l'Information en juillet 1958 au profit d'un partisan de l'Algérie française ; il a éprouvé parfois douloureusement le sentiment de n'être pas pris au sérieux. Alors qu'il avait espéré devenir ministre chargé de l'Algérie[59], il n'était dans ce domaine au courant de rien à propos des vraies négociations. Sur les sentiers de la paix, René Brouillet, Georges Pompidou et Bernard Tricot ont cheminé sans penser à utiliser les talents du ministre de la Parole.

Le héraut des indépendances africaines

Malraux avait aussi espéré étendre son action dans les États africains associés et avait recruté Émile Biasini, haut fonctionnaire de la France d'outre-mer, dans cette perspective[60]. Il fut réjoui par la décolonisation de l'Afrique noire et représenta naturellement la France à plusieurs fêtes d'indépendance. Pendant l'été 1960, dans quelques nouvelles capitales, on l'entendit affirmer d'un ton déclamatoire et haletant[61] : « Une ère s'achève [...]. Ce n'est pas un transfert d'attributions mais un transfert de destin. » Aussi, quand l'idée d'une solution négociée fit son chemin en Algérie, comme Jean-Marcel Jeanneney, Malraux approuva les termes *République algérienne*. La négociation des Rousses, préalable aux accords d'Évian, lui sembla mettre fin à un fardeau insupportable et il y vit donc une victoire[62]. Ce dernier terme fut repris amèrement par Michel Debré, qui souligna qu'il ne pouvait s'agir que d'une victoire sur nous-même[63] . Il est certain que, dans la ligne qui lui avait fait signer un appel contre la torture en avril 1958, Malraux s'est senti libéré par l'indépendance algérienne. Il a tout de même aussi proclamé, jusqu'à New York, la nécessité d'un soutien aux harkis : « La France a choisi l'autodétermination parce qu'elle a choisi la justice, mais la justice ne consiste pas à abandonner les innocents, ni à trahir les fidèles[64]. » Ses propos précèdent de plusieurs mois l'affirmation de Pierre Vidal-Naquet : les harkis n'ont pas à payer pour nos fautes[65].

Dans les premières années de la Ve République, André Malraux adhère pleinement à la vision empiriste de son Président : même si l'on peut regretter la marine à voiles et le temps des équipages, il n'y a pas de politique qui vaille en dehors des réalités ! Il est même d'accord avec Michel

Debré quant aux orientations du régime lorsque le Premier ministre affirme que les idéologies passent, que les nations demeurent et qu'elles doivent être le moteur de l'Histoire[66]. La paix en Algérie a comblé Malraux ; il juge alors sans exemple la réussite du Général. À ses yeux, même l'œuvre de Bonaparte, Premier consul, pâlit. Il admire de Gaulle sans réserve : « [Il nous a sortis] de la glu de cette infernale guerre d'Algérie. Il nous a débarrassés d'un siècle d'illusions coloniales. Il nous a débarrassés de la IVe en 58 et il vient de nous débarrasser de son personnel politique [...]. Il fait des coups d'éclat comme un pommier fait des pommes [...]. Faites confiance à son imagination[67] » ! À des assises de l'UNR-UDT, il déclare : « Tous les autres ont derrière eux l'histoire de leurs partis, nous avons derrière nous l'histoire de notre pays[68]. » Pour un mouvement qui n'est ni tourné vers les notables rêvant du temps des suffrages censitaires, ni vers des militants croyant à un paradis idéologique, la parole de Malraux est bien adaptée ; depuis l'époque du RPF, elle vise les masses, le métro à 6 heures du soir ! Les dirigeants de l'UNR comptent sur l'ancien révolutionnaire pour séduire les électeurs qui votaient auparavant pour le PC et la SFIO. Les électeurs gaullistes de gauche ont d'ailleurs représenté, selon les années et le type de votes, entre deux et trois millions de voix[69]. C'est l'une des raisons qui poussent les responsables des partis de gauche à dénoncer l'ancien délégué à la propagande du RPF. Mais quand le dirigeant communiste Marcel Servin explique, en 1958, que des couches profondes du peuple ont cru de Gaulle capable de résoudre le conflit algérien[70], il prouve que le Malraux anticolonialiste n'était pas si loin alors du peuple de gauche.

La référence des gaullistes de gauche

Sans jamais s'engager dans la gauche gaulliste, André Malraux en est la véritable figure de référence. Mais, s'il siège au comité d'action pour la Ve République qui distribue les investitures en vue des législatives de 1967, c'est avec huit autres personnalités[71], et donc « trop de leaders pour une organisation encore incomplète et fragile ». Malraux, relevant à peine de sa grave dépression de 1966 et lancé dans ses *Antimémoires*, n'est allé défendre que deux candidats dans leurs circonscriptions. Pour Edmond Michelet, il parle six minutes aux nouvelles halles de Quimper et fait deux déclarations aux journalistes, dont l'une sur des questions relevant de son ministère[72]. Pour Louis Vallon, auteur de l'amendement prévoyant la participation des salariés aux bénéfices des entreprises dans lesquelles ils travaillent[73], il se rend au cinéma Maurice-Ravel de Sarcelles et parle environ neuf minutes[74]. Au demeurant, dans les 83 candidats de cette gauche gaulliste, on ne comptait qu'un ouvrier et un employé aux côtés de 7 patrons et 60 cadres ou membres de professions libérales[75]. On comprend mieux alors le désintérêt de Malraux pour ces joutes électorales : elles ne l'ont jamais passionné.

À la veille des élections législatives de 1967, très difficiles pour la majorité, le ministre préféra passer trois jours dans le Périgord pour revoir la grotte de Lascaux qu'il comptait évoquer dans son nouveau livre en voie d'achèvement. Sur le plan politique, le ministre a toujours gardé une nette préférence pour des dialogues au sommet avec le général de Gaulle, même s'il eut constamment l'impression d'avoir des comptes à lui rendre. Le Président semble pourtant lui avoir donné peu de consignes écrites personnelles ; dans les papiers de l'écrivain, je n'ai trouvé qu'une instruction, à propos des vitraux de la cathédrale de Langres : « Mon cher ami, Je vous recommande ardemment l'affaire [...]. C'est la Haute-Marne ! Mes meilleures amitiés. C. de Gaulle[76]. »

La Pythie du Conseil des ministres

Dans ses interventions en Conseil des ministres, Malraux parle parfois « comme devait le faire la Pythie sur son trépied[77] » ; Michel Debré l'a d'ailleurs évoqué mêlant, dès 1945, « éclairs fulgurants et symboles obscurs[78] ». Le premier biographe de sa vie politique considère que, dans les quelque quatre cents conseils élyséens auxquels il assiste, il est « un personnage assez effacé, sinon banal ». Son vieux compagnon Gaston Palewski l'y voit « peu bavard, elliptique, voire cryptique », ne sortant de sa réserve que pour approuver les thèses péremptoires du Général[79]. Plus tard, un journaliste évoquera le Général imperturbable et le ministre de l'Agriculture ou des PTT écoutant, « complètement perdu, l'évocation d'un vol d'ibis sur la pyramide endormie, ou les prophéties d'un petit mendiant à l'ombre du Taj Mahal[80] ». Alain Peyrefitte consigne que Malraux « n'ouvre presque jamais la bouche en Conseil » et ne le trouve éclatant que le jour où il raconte le voyage américain de *La Joconde*[81]. Il note plus volontiers les boutades par lesquelles le Président commente les propos de son compagnon ; ainsi du « il faut parfois faire appel aux compétences » qui ponctue l'annonce selon laquelle, pour la première fois depuis quarante ans, l'Opéra va être dirigé par un musicien[82]. Mais, le 9 septembre 1964, la voix caverneuse de Malraux sait annoncer que la France devient « le seul pays au monde où les artistes soient affiliés à la Sécurité sociale » dès lors qu'ils vivent de leur art. Le général de Gaulle apparaît aussitôt heureux, comme « chaque fois que l'on peut dire que la France est première en quelque chose[83] ». La loi du 26 décembre 1964 accorde en effet le bénéfice des assurances maladie-maternité-décès aux artistes peintres, sculpteurs et graveurs ; cette liste étroite témoigne que les Finances ont veillé et que les catégories traditionnelles des Beaux-Arts ont été maintenues[84].

Parmi les commensaux du ministre d'État à l'Élysée, tous comprennent qu'il se pense alors non comme le gérant de l'héritage des secrétaires d'État de la IIIe République mais en instrument d'un Destin national. Jacques Chirac l'a décrit, enfonçant son menton dans une main nerveuse, avec « une forte capacité à se faire écouter et à faire semblant de sommeiller[85] ». Pour Maurice Schumann, il était tout à ses dossiers, « entrant dans le détail des affaires de sa charge[86] ». Se souvenant des communications du ministre des Affaires étrangères parlant d'un ton pénétré « sans rien dire qu'on n'ait déjà lu dans la presse des jours précédents », Pierre Messmer, alors ministre des Armées, a préféré les récits de l'écrivain-ministre qui « faisaient penser à des romans épiques » malgré certaines digressions hermétiques. Il a aussi pointé que, si son collègue suivait les affaires militaires, c'était « sans intervenir en public ni au Conseil[87] ». Comme l'écrivit le dernier secrétaire général de la Présidence, « on aurait aimé que Malraux intervînt plus souvent, mais il était d'ordinaire fort silencieux[88] ». C'est peut-être ce silence qui fit dire à Maurice Couve de Murville que, dans le duo de Gaulle-Malraux, les deux personnalités se complétaient. Son silence s'épaissit après la démission de « son » Général ; au premier Conseil présidé par Alain Poher, Malraux s'est tu, « nerveux et songeur », cependant que Michel Debré, alors ministre des Affaires étrangères, lançait rageusement au Président par intérim : « Dimanche, à la face du monde, la France a connu la défaite[89]. »

Le rival énigmatique de Georges Pompidou

À l'Élysée comme dans son bureau ou en voyage, le ministre ne s'était voulu que ministre du Général. C'est dans cet esprit qu'il avait plaidé pour la modification du mode d'élection du président de la République en 1962. Après Charles de Gaulle, « élu invisible par le suffrage universel », il jugeait impossible « que l'on retombe dans le système des notables » tout en considérant que la réforme ne serait pas suffisante : « Rien n'est jamais suffisant. Sinon l'Histoire, depuis que le monde est monde, aurait eu d'autres couleurs[90]. » Alain, le fils de Roland Malraux, entendit même un soir son presque-père lui confier ce qu'il ne pouvait dire au Président : « Le Général n'a qu'un seul successeur véritable, c'est moi[91]. » Ni les barons du gaullisme ni Georges Pompidou ne l'ont jamais imaginé dans ce rôle, d'autant plus qu'en 1965 le futur Président était déjà prêt à présenter sa candidature. Quelques trous de mémoire du Président dans des conseils lui avaient donné l'occasion et la volonté de s'affirmer[92]. Le livre de sa vie, tiré à trois millions d'exemplaires[93], était chez l'imprimeur quand son projet dut être différé par la décision du Général de se porter lui-même candidat. C'est après que Pompidou eut quitté l'Hôtel Matignon que Malraux put lancer, en juillet 1968, à cet ami dont il s'éloignait : « Monsieur le Député du Cantal, je bois à votre destin ! » Pierre Juillet, conseiller majeur du Premier ministre puis du Président, a effectivement considéré que, dans ces années soixante, on ne devait jamais oublier qu'il s'agissait, pour la France, d'une trilogie de destins liant de Gaulle, Pompidou et Malraux[94].

Pour le ministre des Affaires culturelles, il ne pouvait cependant y avoir de gaullisme sans de Gaulle ; il l'affirma sans ambages juste avant le dernier référendum d'avril 1969. Un gaulliste de gauche a même eu l'impression que Malraux sommait alors son ancien Premier ministre de déclarer qu'il ne serait pas candidat à la succession en cas de départ du Général : en se taisant, il fit l'aveu inverse. L'ayant emporté, il entreprit de promouvoir un gaullisme convenable, dépouillé de la grandeur et de l'utopie[95]. L'éloignement de Malraux fut d'autant plus grand qu'il avait entendu le deuxième président de la Ve République lui signifier : « Vous savez bien que le général de Gaulle était un être chimérique » ; ces mots l'avaient poussé à dire à Bernard Tricot : *après cela, rideau*[96] !

Du compagnon-ministre, à qui personne ne dénie le sens de la grandeur, les témoins évoquent le rôle réel avec circonspection. Un de ses principaux collaborateurs a certes nié qu'il ait jamais été un brouillon de culture et a évoqué son « acharnement d'artisan sur les dossiers », un travail méticuleux « avec une sorte d'application d'enfant[97] ». Mais il n'est pas sûr que, dans la bouche d'un membre de la Cour des comptes, cette évocation enfantine soit un réel éloge. Le même mot a été utilisé aussi par Michel Debré à propos de l'automne 1945, époque où Malraux avait découvert les charmes du téléphone interministériel, en jouant avec ses boutons ! De cet homme « qui voulait la culture des Français et qui voyait le général de Gaulle mieux que la plupart, mais qui le voyait à sa manière à lui », pour utiliser des mots du fils du Président[98], nombre de gaullistes, au fil du temps, ont fini par se méfier, surtout en matière politique. Ils restaient cependant obligés de tenir compte de la dilection éprouvée par leur Général. Pour de Gaulle, son ministre est admirable comme écrivain et parce qu'il lui fait comprendre le monde des arts plastiques. Ainsi déclare-t-il à Michel Debré, à propos du travail de peintre de son frère Olivier : *Malraux m'a dit que c'était bon*[99] *!* Autrement, la circonspection du Président est presque systématique ;

contemplant à Bourges un gigantesque stabile de Calder et des œuvres de Bissière, Arp, Miró, il lance seulement : *C'est bien disposé. Cela fait un ensemble assez saisissant*[100] *!*

Le dernier président du Conseil de la IVe République avait laissé à son ami Malraux le soin de « chauffer l'ambiance » juste avant son discours du 4 septembre 1958 qui annonçait le référendum créant la nouvelle République. Le ministre délégué avait secoué, « par ses accents pathétiques, la solennité compassée de la cérémonie[101] ». Personne n'oubliait sa superbe évocation des soldats de l'an II qui firent danser l'Europe au nom de la liberté, l'annonce tonitruante du rendez-vous de la République et du rendez-vous de l'Histoire. Mais le malaise persistait chez beaucoup parce que Malraux continuait, comme au temps du RPF, à mener ses conversations « à un train d'enfer, avec des bifurcations inattendues, des ellipses obscures, des anecdotes difficilement déchiffrables, des allusions à peine indiquées[102] ». Ses interlocuteurs ne retenaient souvent, entre de grands pans d'ombre, que quelques phrases énigmatiques ; personne ne pouvait contrôler les échos du scintillement de ses paroles ni les éclipses du dirigeant politique.

UN DIRIGEANT POLITIQUE À ÉCLIPSES

André Malraux avait trouvé une « étoile fixe » : le chef de la France libre.

Janine MOSSUZ-LAVAU,
André Malraux.
La politique, la culture.

Grande figure de la gauche antifasciste de 1933 à 1939, André Malraux n'a jamais réellement quitté le combat politique de 1945 à sa mort, par attachement au général de Gaulle. Dans les années cinquante-soixante, comme dans les années trente, il ne s'est jamais rallié aux raisonnements d'André Gide, qui écrivait : « Il n'y a pas de parti qui tienne — je veux dire qui me retienne [...]. C'est à la vérité que je m'attache ; si le parti la quitte, je quitte du même coup le parti[103]. » Mais le ministre s'est sans doute toujours souvenu du dialogue de deux de ses personnages, l'Espagnol Alvear et l'Italien Scali, tous deux professeurs d'histoire de l'art. Alvear avait parlé pour lui : « L'homme n'engage dans une action qu'une part limitée de lui-même ; et plus l'action se prétend totale, plus la part engagée est petite. Vous savez bien que c'est difficile d'être un homme, monsieur Scali — plus difficile que ne le croient les politiques [...] vous l'interprète de Masaccio, de Piero della Francesca, comment pouvez-vous supporter cet univers[104] ? »

Dans son cheminement politique, Malraux a traversé des épisodes peu supportables mais sa fidélité gaulliste l'a ancré dans son rôle. Après avoir été conseiller technique du président du Gouvernement provisoire, il n'est son ministre que quelques semaines. Le 29 décembre 1945, lorsqu'il déclare aux députés qu'il lui semble indispensable « que la culture française cesse d'être l'apanage de gens qui ont la chance d'habiter Paris et d'être riches », il préfigure ses ambitions des années soixante[105]. Mais, dès 1946, il considère lucidement que la France fait semblant d'agir en grande Nation alors qu'elle n'est déjà plus qu'un pion dans un jeu qui ne la concerne pas[106]. En 1970, il prêtera à Charles de Gaulle d'avoir pensé indiciblement : « Si le dernier acte de ce qui fut l'Europe a commencé, du moins n'aurons-nous pas laissé la France mourir dans le ruisseau[107]. » Leur combat commun a connu deux phases : celle du gaullisme d'opposition dont Malraux s'écarta au temps de la *traversée du désert* et qu'il n'évoqua jamais plus après

1955 dans ses rappels de l'histoire gaullienne ; celle du gaullisme au pouvoir pendant laquelle l'ami génial ne fut éloigné que par ses soucis de santé ou sa résurrection littéraire.

Le propagandiste en chef du RPF

En 1946, Malraux ne suit pas René Capitant dans l'Union gaulliste malgré l'afflux des adhérents — 150 000 en huit jours —, et il déplore l'attitude du Mouvement républicain populaire, où Georges Bidault l'épingle comme un « repris de justice[108] ». En février 1947, bien que l'écrivain corrige les épreuves du tome premier de sa *Psychologie de l'Art*, il accepte de devenir le propagandiste en chef du Rassemblement du peuple français alors que Gaston Palewski se contente de bavarder, « toujours gracieux mais rarement utile[109] ». Avant l'appel de Strasbourg du 7 avril 1947, où le Général lance le Rassemblement et où on le verra au balcon de la mairie, aux côtés de Charles de Gaulle, avec Jacques Baumel, Paul Giaccobi et Jacques Soustelle, Malraux rend compte d'une enquête effectuée par lui, minutieusement, dans le Sud-Ouest et en Alsace. Il n'hésite pas à dire cruellement que les 4 000 personnes mobilisables en Alsace sont « à peu près interchangeables dans leur incapacité à conduire une action politique[110] ». C'est dans son vaste appartement de l'avenue Victor-Hugo, à Boulogne, que s'achève la mise au point du lancement du RPF. Après son discours de Strasbourg qui en a fait un chef politique, c'est là que le Général reçoit, même si ce cadre surréaliste, ces peintures d'avant-garde, ces bas-reliefs et ces statuettes gréco-bouddhiques constituent un décor dont le luxe l'étonne[111]. Pour Malraux, la clientèle gaulliste est semblable à *une ville en marche, aux sorties de métro aux heures d'affluence*. Il veut croire qu'il n'y a rien entre le RPF et le PCF, et surtout pas une troisième force ; il espère donc pouvoir constituer « une solide gauche du Rassemblement pour que celui-ci prenne tout son sens ». Il l'écrit le 13 mai 1947 et le répète, le 15, à François Mauriac, mais celui-ci, à qui le discours bordelais du Général vient de donner une impression de « phénomène fasciste », préfère admirer les courbes de la Garonne, ce à quoi son confrère exaspéré réplique : « Il s'agit bien de paysage[112] ! »

Le délégué à la propagande développe l'imagerie et la thématique révolutionnaires. La République fougueuse qu'incarne la Marseillaise sculptée par Rude figure souvent sur le matériel des militants[113]. Ils utilisent aussi l'affiche d'une République dessinée par Rodin ; pour Malraux, elle hurle son espoir dans le destin de la France : « Affiche bien inutilement lacérée ; il n'y a pas de plus beaux visages que ceux qui portent des blessures[114]. » Si les consignes sont d'afficher assez haut pour limiter les arrachages, Malraux soutient que sa propagande n'est « ni une technique, ni une astuce ». Voulant effacer jusqu'au mot, il soutient que « le gaullisme est une école d'énergie ». Rejetant l'idée que les classes moyennes appuient spécialement le général de Gaulle et que la situation soit « analysable selon le marxisme », il estime que les socialistes ralliés « sont ceux qui ont réellement appartenu à la Résistance », avec les MRP « les moins soumis à l'Église ». Même s'il dit que le grand patronat hait le RPF, il s'affiche d'abord comme un anticommuniste résolu, déclarant le 22 septembre 1947 : « Il n'y a plus de démocratie possible que dans les pays où le parti communiste n'existe pas[115]. » Un mois plus tard, il redoute des troubles insurrectionnels et la liquidation physique des dirigeants du RPF ; il met d'ailleurs en lieu sûr ses enfants et Madeleine Malraux, à l'étonnement de Michel Debré. C'est l'époque où il décrit un plan de bataille du PCF comportant des incendies dans la capitale, des déraillements de trains et des assassinats tandis que *Carrefour* lance son enquête « Si l'Armée rouge occupait la France, que feriez-vous ? »[116]. Malraux est alors l'un des rares compagnons à souhaiter une prise du pouvoir hors des urnes ; il soutiendra plus tard que le RPF était pour lui un mouvement insurrectionnel devant prendre le pouvoir par la violence[117]. Selon Brigitte Friang[118], il s'agissait là seulement du décor intérieur de Malraux, de ces mythes qui l'agitaient. C'est sans doute parce qu'il perçoit cette agitation que le diplomate britannique Olivier Harvey note cruellement, le 2 octobre 1947 : « Tous les conseillers du général de Gaulle, ou presque, sont du type Malraux-Palewski, d'irresponsables aventuriers *clever but at the same time silly* » — à la fois malins et dérangés[119] ! Le chargé d'affaires canadien, parti déjeuner avec Malraux avec un préjugé favorable, en revient « inquiet du fait qu'un tel irresponsable [soit] aussi proche conseiller de De Gaulle, avec en plus un prestige croissant auprès des jeunes gaullistes[120] ».

La vérité et la propagande politique

Le général de Gaulle a tonné contre les communistes, séparatistes aux ordres « d'une entreprise étrangère de domination, dirigée par des maîtres d'une grande puissance slave[121] » ; mais, fin 1947, il considère que le succès du RPF est triomphal et s'amuse en écrivant à son fils que les grenouilles coassent désespérément. En novembre, il rappelle que « tous arbitrages à l'intérieur du Rassemblement sont assurés par le Président[122] ». Se trouvant assez grand pour faire état lui-même de ses intentions et s'irritant de quelques déclarations de ses proches, de Gaulle écrit à Soustelle : « Ce que je pense, ce que je fais, ce que je projette, c'est mon affaire. Il n'appartient qu'à moi de le dire ou de le taire[123]. » S'il refuse que son ancien ministre s'occupe de ses déplacements et exclut que les cérémonies soient organisées par le RPF « qui ne s'y entend que pour flanquer la pagaille dans tout ce qu'il touche[124] », Charles de Gaulle laisse à Malraux le soin de fournir les questions susceptibles de lui être posées à la conférence de presse qui suit la victoire du Rassemblement aux élections municipales. Il va apprécier son discours de la salle Pleyel, le 5 mars 1948, destiné aux intellectuels[125], à peu près tous des libéraux dans le domaine de l'esprit : « Nous proclamons d'abord valeurs, non pas l'inconscient mais la conscience ; non pas l'abandon, mais la volonté ; non pas le bourrage de crânes, mais la vérité. » Ce que l'orateur a défini comme une prédication un peu haletante cherche à mettre en lumière la menace à la fois la plus immédiate et la plus sournoise, celle de l'abrutissement par les psychotechniques — la propagande ayant fait du chemin depuis Garine.

Dans l'opposition à la IVe République et au régime des partis, Malraux réussit parfaitement sa mission de porter l'anathème le plus loin possible. Mais si, en 1948, l'almanach du RPF dénonce « les séparatistes enchaînés à leurs maîtres étrangers », on y affirme que le Rassemblement « n'est pas un conglomérat de conservateurs, de nantis économiques et politiques[126] ». En avril 1948, Malraux met en scène les premières assises du RPF à Marseille, l'une des treize grandes villes conquises aux municipales d'octobre 1947 : le vendredi 16, une voûte tricolore, tendue entre les platanes du parc Chanot, accueille le Général venu saluer ses compagnons[127] ; le dimanche 18, c'est au milieu du Vieux-Port, depuis un ponton arrimé dans l'axe de la Canebière, que Charles de Gaulle dénonce les périls de la guerre froide, quelques semaines après le coup de Prague et le suicide du ministre Jan Masaryk, qu'il avait connu ministre des Affaires étrangères en exil à Londres en 1940. Tandis que le président du RPF espère la dissolution de l'Assemblée par éclatement de la Troisième Force[128], Malraux fait remarquer que les scandales ne sont pas nouveaux, plus dans les démocraties que dans les tyrannies parce que celles-ci les orientent et les règlent en famille. Le délégué à la propagande déplore l'agonie des grands pays menacés de mort qui se refusent à préciser la maladie pour s'en épargner le traitement[129].

C'est l'époque où Yvonne de Gaulle trouve que son mari ne devrait pas taper tout le temps sur les bourgeois. Elle s'inquiète de l'influence de Malraux[130] : « C'est un homme de génie, mais c'est un excité [...]. Il est fait pour ses livres, il ne devrait pas s'occuper de politique. » Elle est sans doute rassurée, sur le plan de l'ordre moral, après le mariage d'André et Madeleine Malraux, célébré le 13 mars 1948 à Riquewihr[131], d'autant plus que la cérémonie a été suivie d'une messe dans la crypte de la cathédrale de Strasbourg où le père Bockel officia pour la brigade Alsace-Lorraine et ses amis. Cette parenthèse privée, à laquelle Madeleine consent parce qu'elle aime André « comme un frère malheureux[132] », ne désarme pas ses ennemis politiques et intellectuels dont il a si bien dénoncé l'objectif : déshonorer l'adversaire, l'attaquer sur le plan moral, en faire un scélérat[133].

La haine des communistes

En mai 1948, dans *Les Cahiers du communisme*, Guy Besse accuse Malraux de s'être fait « recruteur des SS » ! En juillet, *Les Temps modernes* le rangent avec Arthur Koestler et Thierry Maulnier dans « la ligue des espoirs perdus », parmi les « intellectuels en retraite » ayant ou vécu ou du moins compris le marxisme et retombés en deçà sans avoir tenté de tracer malgré tout un chemin pour l'humanisme de tous les hommes. Le dirigeant gaulliste exige alors de Gaston Gallimard qu'il cesse d'éditer la revue que dirige Sartre[134] ; mais les réseaux sartriens vont imposer le philosophe comme « maître à penser » jusqu'aux générations de la décolonisation et de la République gaullienne[135]. Raymond Aron, spectateur engagé, a jugé cet affrontement dans ses *Mémoires* : « Malraux, avec son intuition de l'Histoire, comprit plus vite et mieux que Sartre que l'esprit révolutionnaire ne s'incarnait plus dans la lointaine Tartarie [...]. Pour adhérer à l'Union soviétique stalinienne [...] il fallait une étrange cécité morale. » S'il n'a cessé d'être un écrivain d'art, l'homme politique n'a cédé à aucune mode intellectuelle de ce temps, marxisme, psychanalyse ou existentialisme. Ce n'est que deux ans après la paix en Algérie, et alors que l'armée était revenue à l'obéissance au pouvoir civil, qu'on pourra lire l'aveu de Sartre : « Longtemps j'ai pris ma plume pour une épée : à présent je connais notre impuissance. N'importe : je fais, je ferai des livres [...] ce vieux bâtiment ruineux, mon imposture, c'est aussi mon caractère[136]. » André Malraux a choisi quant à lui d'être dans l'action et il tentera d'y être encore, passé ses soixante-dix ans, pour le Bengale libre.

Au temps de la Troisième Force, qui veille à écarter du pouvoir gaullistes et communistes, Malraux soutient qu'il n'existe rien entre le PCF et le RPF. Il se montre farouchement hostile aux manœuvres des communistes staliniens. Claude Mauriac consigne alors qu'il est « si solide qu'il peut tout se permettre sans que son mythe en soit atteint — et par exemple d'adhérer à un parti que tous ceux dont le jugement nous importe considèrent comme réactionnaire[137] ». Les Soviétiques le comprennent et dénoncent son fascisme militant avec « un pathos de faux héroïsme » qui menacerait la vie idéologique en France autant que « la philosophie de désintégration et de décadence de Sartre[138] ». Le Rassemblement déclare se battre pour « une République où les travailleurs passent de l'état de salariés à la dignité d'associés[139] », mais Malraux n'est pas tendre pour son camp. Il juge, en privé, que 50 % des candidats

RPF à la députation sont de pauvres types[140] et, en mars 1949, le recul du RPF aux cantonales le fait jubiler[141] : « À nous les choses sérieuses ! » Les schémas de discours de Malraux expriment à cette époque des idées simples ; il affirme que les adhérents du RPF ne sont « pas plus fascistes que les socialistes marxistes, les MRP fidèles et les cocos français[142] ». Avec ces mots simples, l'orateur d'exception est évidemment compris par les larges auditoires qui l'écoutent[143] même si, lorsqu'il les compare à une nouvelle chevalerie, tous n'ont pas envie de partir en croisade.

Un militant désenchanté mais fidèle

Cofondateur du Rassemblement du peuple français[144], signataire des statuts officiels juste après Charles de Gaulle, Malraux s'astreint à être présent au comité exécutif du RPF de janvier 1948 à juin 1949[145]. Mais, quand cette instance de treize membres devient un conseil de direction comportant des parlementaires, il est presque toujours absent, au point que le Général lui écrit, le 10 décembre 1949 : « Nous avons besoin de votre voix et de votre présence. » À cette époque, un ancien jugement de Trotski à propos de Malraux[146] — « organiquement incapable d'indépendance morale » — recouvre, aux yeux de ses ennemis, une certaine réalité. On lui prête pourtant une insolente question : *Mon général, est-ce que vous nous avez amenés au bord du Rubicon pour pêcher à la ligne*[147] ? L'écrivain commentera ce mot : « C'est vraiment excellent bien que ce soit faux. Je ne parle pas au Général sur ce ton. Mais cela correspond à ma voix. C'est un écho auditif[148]. » Un jour de doute, André Malraux écrit tout de même assez cruellement : « J'attendais du gaullisme, s'il avait eu lieu, quelque chose de beaucoup plus considérable[149]. » En 1949, on rapporte aussi de lui un rêve sanguinaire : « Le destin historique de De Gaulle est clos. Maintenant, pour le clore définitivement, il faudrait un grand assassinat. Il faudrait un Ravaillac » ; notant ce propos de table[150], Vincent Auriol avoue que c'est une façon de consacrer l'histoire qui ne peut venir que dans l'esprit de Malraux ! Ainsi, le premier président de la IVe République voit bien que Malraux parle en artiste. Mais il n'apprécie pas d'être insulté grossièrement par le délégué à la propagande du RPF lorsque ce dernier déclare que la France veut « se donner un chef qu'on puisse regarder sans avoir envie de rire[151] ». L'échec progressif du RPF aboutit au repli des bureaux du boulevard des Capucines au dernier étage de la rue de Solférino dès le printemps 1949 ; faute de salaires, Brigitte Friang, Bernard Anthonioz et Georges Loubet quittent le secrétariat national à la propagande[152]. Si Malraux constate alors que l'indifférence des Français favorise le déclin du gaullisme d'opposition, l'écrivain ne perd finalement pas sa foi dans le retour de son chef. Après que le système des apparentements a accéléré le déclin du RPF, il déclare : « Il est écrit dans l'Histoire que le général de Gaulle reviendra au pouvoir. Tout le reste n'a pas de sens[153]. »

Bien qu'on le signale, en 1949, sur le point de partir, c'est Malraux qui fait exclure un député candidat aux cantonales sans son autorisation[154]. Au temps du trafic des piastres, pendant la guerre d'Indochine, il est sagace : « Les corrompus sont moins importants que les corrupteurs et ceux-ci moins que les causes et les conséquences de la corruption[155]. » Sa pensée est conforme au pessimisme du Général qui a cru, en 1949, que la guerre était proche et a déclaré : « Tout cela finira très mal car il n'y a plus de solution humaine[156]. » Ces mots font écho à ceux de son délégué qui reproche aux États de « ne voir dans les plus lourdes menaces de l'histoire que des questions de personnes[157] ». Selon André Astoux[158], Malraux est resté un recours moral face à un entourage trop politicien. Le délégué à la propagande a beaucoup écrit dans la presse du RPF même s'il ne fournit plus guère que des « papiers » sur les arts après 1950. Il juge alors que ses textes restent politiques ; de son introduction au premier musée imaginaire de la sculpture mondiale, il ne craint pas d'affirmer : « Si j'ai raison, c'est le marxisme qui est atteint au cœur[159]. »

Du 21 février au 24 mai 1950 et du 7 mars au 8 mai 1951, le féal revient siéger à la droite de son suzerain. Toutefois, c'est sans doute, dans le premier cas, pour obtenir les crédits nécessaires à sa revue *Liberté de l'Esprit*, dans le second parce que les législatives de 1951 approchent et qu'elles sont le dernier espoir de faire triompher le RPF. Jean Charlot a bien analysé l'attitude de Malraux : « L'engagement, pour lui, ne peut être que personnel et total, aussi longtemps — mais pas plus — que l'espoir d'être efficace demeure. Ou bien il est totalement présent, ou bien il n'est plus là, sans récrimination ni regret[160]. » Sous la Ve République, un mélange du même type de réactions et des soucis de santé du ministre aboutira parfois à ce que Malraux prenne la figure de l'Absent sans que l'écho de sa voix faiblisse. Même s'il considère que les plus lourdes menaces de l'histoire s'accumulent, son allant reste « inentamable » selon Georges Pompidou[161]. Pensant peut-être à son cher Lawrence d'Arabie, il rêve que de jeunes gaullistes aillent s'immerger en Tunisie[162] pour reprendre la tradition d'une politique arabe !

Deux mois après avoir déploré que la race des farfelus se soit perdue[163], l'écrivain a peu d'états d'âme, en mars 1952, pour aller dire aux élus de refuser leurs voix au tanneur de Saint-Chamond. Il vient présider salle Colbert, à l'Assemblée, la réunion des députés RPF, à qui il enjoint de refuser l'investiture au président Pinay : si 85 élus le suivent en s'abstenant, 27 — conduits par le député de Paris Édouard Frédéric-Dupont — votent *pour*, concrétisant ainsi l'éclatement du RPF, « la grosse chose » aux yeux de Vincent Auriol[164]. En juillet suivant, Malraux vilipende directement les députés ralliés : « Votre tactique, adversaires parlementaires — car je dis bien nos adversaires — c'est essentiellement celle du concours. Il me semble que nous l'avons entendu prôner hier par Vichy[165]. » Il rappelle ainsi implicitement qu'Antoine Pinay était membre du Conseil national de l'État français mais il n'évite pas l'éclatement du groupe parlementaire et le retrait de son Général. En 1954, les idées de Pierre Mendès France, artisan de la paix en Indochine, ont de quoi séduire Malraux, qui écrit : Mendès pourrait réussir ce que de Gaulle n'a pas mené jusqu'au bout, pourquoi ? Parce que Mendès est un politicien et en ce moment une chance. Le gaullisme est un passé. Mendès peut jouer une partie pas tellement aventurée. Il est sûrement un homme qui a de la fermeté et il n'y a pas de raison qu'il n'ait pas du temps devant lui[166]. S'il comprend que Christian Fouchet, gaulliste authentique, devienne ministre, Malraux est trop antiparlementaire pour rallier le régime déclinant et sa fidélité à l'ermite de Colombey ne fléchit pas.

L'intellectuel toujours engagé

« Comment peut-on sauver la démocratie ? » : sous ce titre, le 19 février 1955, *L'Express*, pilier du mendésisme, publie un entretien avec l'écrivain. Ce qu'il dit de la gauche nouvelle, de la gauche libérale opposée à la gauche marxiste-communiste, recoupe les idées de Mauriac[167], devenu le grand éditorialiste anticolonialiste de *L'Express* dès novembre 1953. Leur état d'esprit inspire un mouvement de nouvelle gauche[168] et enthousiasme les jeunes dirigeants de l'hebdomadaire, Jean-Jacques Servan-Schreiber et Françoise Giroud. Celle-ci, qui a peur de trouver Malraux décevant de près, le découvre étourdissant ; elle écrira : « Devant lui, on se sentait grand, patricien et tellement intelligent ! J'aimais son personnage, ses livres, sa folie, cette façon d'entrer dans tous les incendies de l'Histoire. Ah, ce n'était pas un intellectuel assis sur son derrière, celui-là ! On se sentait au sens propre étourdi devant lui, emporté en tournoyant sur les crêtes où il circulait en permanence, où son verbe vous hissait. Se frotter à lui était délectable. On en sortait enchanté de soi-même[169]. »

Le Front républicain de 1956 va démontrer l'impuissance du régime qui s'enfonce dans une vraie guerre en Algérie, laissant aux militaires le soin de maintenir l'ordre à n'importe quel prix. Le 5 janvier 1957, Mauriac défend Malraux qui, pour *Esprit*, est devenu l'homme qui démissionne[170] ! Doutant que son confrère — solitaire, autonome et éblouissant dans sa jeunesse — ait jamais été un communiste orthodoxe, il écrit :

> Quel que soit le talent d'un homme ou son génie, il ne lui appartient pas de vous donner ce qu'il ne possède plus. Si Malraux avait été tué en Espagne, il aurait été le martyr d'une autre cause que la foi marxiste. Il vous aura tout de même donné cet exemple, avant d'aller se battre en première ligne contre l'Allemagne nazie. Au retour son action ne lui aura plus ressemblé. Entre ce qu'il faisait et ce qu'il est, il y a eu désormais cet écart que rien ne peut plus combler, sinon son œuvre, et vous n'avez qu'à lire.
>
> L'homme qui a écrit *La Condition humaine* a pour son compte répondu[171].

Le 17 avril 1958, *L'Express* publie l'adresse solennelle au président de la République dénonçant l'usage de la torture en Algérie. C'est sa fille Florence qui a apporté ce texte à Malraux ; il l'a paraphé aussitôt, sans la moindre hésitation[172]. Cosignée par François Mauriac, Roger Martin du Gard et Jean-Paul Sartre, l'adresse est reproduite dans

L'Humanité et *Le Monde* : c'est en intellectuel classique qu'André Malraux participe alors à l'action politique. C'est pourquoi on pourrait s'étonner que, quatorze ans plus tard, Simone de Beauvoir l'accuse de malhonnêteté insigne parce qu'à la fin des *Antimémoires* « il médite longuement sur la torture, les camps, les techniques d'avilissement de l'homme[173] ». Il est vrai que, le 2 juin 1958, elle avait consigné dans son *Journal* : « L'intellectuel peut être d'accord avec un régime ; mais — sauf dans les pays sous-développés qui manquent de cadres — il ne doit jamais accepter une fonction de technicien comme le fait Malraux. Il doit demeurer, même s'il appuie le gouvernement, du côté de la contestation, de la critique, autrement dit penser et non effectuer[174]. » Or, si la politique n'a jamais été tout pour Malraux, l'engagement direct ne lui a jamais fait peur ; de l'Espagne à l'Alsace, il a tenu à agir et il va continuer à le faire sous la Ve République.

L'écrivain d'art n'a pas fait partie des comploteurs qui ont préparé Mai 58. Il est parti alors pour Venise où, fort assuré qu'il ne se passerait rien, il venait assister à un colloque sur la civilisation vénitienne. Sa conférence sur « Le Secret des grands Vénitiens » est donnée à l'invitation de la Fondation Cini, le samedi 17 mai[175]. Deux jours auparavant, Charles de Gaulle a fait diffuser une déclaration ; deux jours plus tard, le 19 mai, sa conférence de presse, tenue au palais d'Orsay, l'a mis en situation de revenir au pouvoir sans qu'il veuille, à soixante-sept ans, entreprendre une carrière de dictateur ! Après trois ans essentiellement consacrés à *La Métamorphose des dieux*, les chères études de Malraux s'achèvent, à son évidente satisfaction ; son presque-fils ajoute qu'il est « à un doigt de chanter[176] » Observant son confrère en littérature et en gaullisme, François Mauriac écrira ensuite que, pour Malraux comme pour Chateaubriand ou plus tard Barrès, « la littérature sera toujours faute de mieux » ; mais il notera qu'à la

Chambre des députés Maurice Barrès « n'en eut jamais que la menue monnaie[177] ». André Malraux, par la grâce de Charles de Gaulle, est réellement dans le cercle du pouvoir ; il va s'y maintenir presque onze années.

Un ministre piégé par la presse

La réincarnation politique du gaullisme fait de lui, le 1er juin 1958, un secrétaire d'État ; le 9 juin, un ministre délégué à la présidence du Conseil chargé de l'Information. Dès le 8 juillet, il est privé de cette responsabilité car son verbe talentueux et sa liberté de parole provoquent un changement de ministre. Le 2 juillet, lors d'un déjeuner avec la presse étrangère, à la question piégée : « Si vous étiez jeune musulman, seriez-vous partisan du FLN ? », il répond : « Si j'étais un jeune musulman, je combattrais peut-être avec les fellaghas, mais je serais heureux de me tourner maintenant vers l'homme qui a combattu la torture et me mettrais au service de l'homme qui a défendu le courage[178]. » Dès lors, même si, le 4, Michel Clerc le présente, dans *La France catholique*, comme homme lige du général de Gaulle et ministre des affaires urgentes[179], l'entourage du président du Conseil veut qu'il quitte ses fonctions. Matignon sait que la presse, surtout en Algérie, ne retiendra que le début de sa réponse ; il devient donc urgent de se débarrasser de l'écrivain incontrôlable. On pressent aussi qu'il ne sera jamais celui qui acceptera de mettre de l'ordre dans les médias et de purger la Radio-Télévision-Française « de ses mauvaises habitudes et de ses éléments rebelles[180] ». Pour calmer les ultras qui n'oublient pas son appel contre la torture, en moins d'une semaine, le cabinet du Général organise son remplacement par Jacques Soustelle, ethnologue rallié à la France libre devenu secrétaire général du RPF puis gouverneur de l'Algérie. Le chef de cabinet Pierre Lefranc et

Georges Pompidou décident du *quelque chose* à trouver pour André où il ne gênera pas[181]. Avant de quitter son poste, Malraux a nommé Albert Ollivier[182] à la direction des programmes de la télévision ; les émissions que celui-ci va commander témoigneront d'un libéralisme et d'un éclectisme dont le ministre pourra se féliciter. Fervent partisan d'une diffusion de tragédies, il se réjouira aussi de la diffusion télévisée des *Perses* d'Eschyle ; le 31 octobre 1961, une seule programmation donnera à cette œuvre, en 70 minutes, plus de spectateurs qu'elle n'en avait eu depuis sa création, en 472 avant l'ère chrétienne, quand elle donnait un écho à la récente bataille de Salamine et à la victoire navale remportée par les cités grecques[183].

En juillet 1958, comme au temps du RPF, Charles de Gaulle arbitre en faveur du réalisme et laisse son ami sans affectation pendant près de trois semaines, bien que son directeur de cabinet se soit vanté de n'avoir pas mis une heure à trouver l'idée qu'il vendit aisément à un homme qu'il admirait encore. Car Georges Pompidou, normalien agrégé, savait ce que le gaullisme pouvait attendre du grand écrivain. Dès 1955, il avait souligné ses qualités : « Intelligence suraiguë, culture littéraire et artistique sans égale, don évident de la parole, passion de l'honneur, de l'action, de la camaraderie[184]. » Profitant de ce que Malraux se plaisait à dire qu'il avait passé l'âge de déjeuner avec les dirigeants du *Figaro* — et négligeant son espoir de se voir confier un grand ministère régalien —, Lefranc et Pompidou obtiennent son accord et celui du Général : le 26 juillet, le *Journal officiel* publie le décret en vertu duquel Malraux peut être « chargé par délégation personnelle et directe du président du Conseil, de la réalisation de divers projets et notamment de ceux ayant trait à l'expansion et au rayonnement de la culture française ».

Le ministre de la Parole

Six mois plus tard, en élevant son compagnon au rang de ministre d'État, le Président lui maintient, outre la mission de faire rayonner la pensée française, le ministère de la Parole qu'exerçaient déjà, sous le Second Empire, les porteurs de ce titre. Le Général lui donne, comme à tous ses collègues ministres, le sentiment qu'ils vivent dans l'histoire et non dans la quotidienneté. Si, selon Raymond Aron, cette impression était trompeuse, il reconnaît que la France des années soixante épouse son siècle, cesse d'apparaître comme *l'homme malade* de l'Europe et dévoile à l'étranger des réussites que dissimulaient valse des ministères et guerres coloniales : « Une phase honorable de l'histoire de France, par la magie du verbe et des conférences de presse, devenait un moment de l'histoire universelle[185]. » Pour Malraux, cela suffisait largement à justifier son engagement, même s'il avait perdu son portefeuille de l'Information. Toutefois, un de ses rêves s'était écroulé : l'idée que serait créé, pour lui, un ministère du Rayonnement français exerçant certaines tâches du Quai d'Orsay[186]. Michel Debré m'a confié qu'il n'avait jamais imaginé qu'on laisse à Malraux et à son équipe la gestion de tout l'appareil développé par les Affaires étrangères dans le cadre de la direction générale des Relations culturelles[187].

Quand, en 1962, le président du Sénat accuse le chef de l'État de forfaiture parce que le processus de l'élection présidentielle va changer par voie référendaire, Charles de Gaulle manifeste à nouveau sa confiance à son ami génial en acceptant qu'il prenne la présidence de l'Association pour la Ve République. Mais, trois jours avant le référendum instituant l'élection du Président au suffrage universel, Georges Pompidou fait annuler le lancement de cette machine de guerre électorale. Le successeur de Debré ne veut pas des déclamations malruciennes ; il entend s'affirmer comme unique chef de la majorité, peut-être déjà dans la perspective de devenir le successeur du Général, et ce dès la présidentielle de 1965. Le 7 décembre 1962, le Premier ministre se montre mordant quand Malraux demande, en conseil des ministres, le droit de proposer la nature des économies auxquelles il est contraint : comment faire « si un ministre n'est pas à son bureau de toute la matinée » ? Si de Gaulle vole au secours de Malraux et fait confirmer par Valéry Giscard d'Estaing que chaque ministre a la possibilité d'opérer des virements à l'intérieur de son budget, Alain Peyrefitte observe : « Voici deux mois, Pompidou n'aurait jamais pris le risque d'égratigner ainsi l'idole du Général — ou le Général ne le lui aurait pas pardonné[188]. »

Dès le printemps 1963, un observateur pertinent des rituels gaullistes peut donc écrire du ministre de la Culture et du Verbe d'une République du silence où l'on gouverne par la parole : « Il n'est plus le génie brûlant et prestigieux qui inquiète et séduit, l'enfant terrible du gaullisme : c'est le vieil oncle dont on tolère les foucades avec une indulgence amusée parce qu'aux yeux des voisins il honore la famille[189]. » Malraux garde alors ses qualités d'écrivain, telles que Gaëtan Picon les a définies : « sous une forme limite la lucidité et l'ampleur d'intelligence [...] l'imagination créatrice, la force visionnaire et le style[190] ». C'est grâce à ce style qu'un député communiste, agrégé de l'Université, lui lance : « La rareté de vos actes est proportionnée à la faiblesse de vos moyens. La France n'a pas de ministre de la Culture, parce que le Gouvernement, au lieu de dégager les moyens d'une politique culturelle, s'est contenté de choisir l'homme le plus habile pour gérer l'absence de moyens[191]. » Sur ce curieux brevet de bon gestionnaire, un éditorialiste du PCF va renchérir négativement, le 7 octobre 1967 : « Sur le plan de la politique réelle, ordonnances, élections, grèves, fusions bancaires, le ministre des Affaires culturelles a-t-il plus d'importance que, dans un banquet, le vase de fleurs posé sur la table d'honneur[192] ? »

Le territoire de l'action culturelle

Charles de Gaulle avait tenté de renforcer l'importance de son ministre dans une lettre du 21 janvier 1966 adressée au Premier ministre : « Il me paraît nécessaire de faire en sorte que le ministre d'État chargé des affaires culturelles ait voix au chapitre dans toutes les affaires, d'ordre intérieur ou extérieur, mettant en cause des intérêts culturels importants. J'ai donc l'intention d'examiner prochainement avec vous-même, M. Malraux et les ministres intéressés, les décisions qu'il y aurait lieu de prendre pour que le ministre d'État puisse à l'avenir se faire entendre efficacement dans différents domaines qui sont étroitement liés à l'action culturelle. Il s'agit notamment de la radio et de la télévision, du moins pour ce qui est des programmes dont la raison d'être est d'enrichir les connaissances et le goût du public ; des échanges artistiques avec l'étranger ; enfin des opérations de construction et d'urbanisme dans la mesure où elles marquent le style de notre époque et sont destinées à porter témoignage de notre temps. » Mais ces instructions sont transmises au seuil d'une année où l'état de santé du ministre est tel[193] que Georges Pompidou a beau jeu de ne pas donner une suite réelle aux vœux du Président. En juin 1967, le Général reprend donc l'offensive :

> Les souhaits et les projets de M. Malraux, quant à la politique de la culture, sont justifiés [...] les moyens dont dispose le ministère d'État doivent en conséquence être réévalués. Le moment vient, en effet, où il convient que notre régime fasse valoir plus nettement la culture française à tous égards. Je vous demande de veiller à ce que, dès le budget de l'année prochaine,

il soit ménagé à ce département ministériel une part plus notable des moyens financiers de l'État, tant pour le renforcement de son appareil administratif que pour l'accomplissement des objectifs du Plan[194].

Malgré le freinage des Finances où l'autorité du ministre Michel Debré — entre janvier 1966 et mai 1968 — n'a pas modifié le scepticisme des bureaux, le bilan des années ministérielles de Malraux est important[195] ; soulignons déjà qu'il a eu le talent des gestes et des mots. En architecture, où on lui a reproché d'avoir laissé détruire des œuvres de Guimard ou de Le Corbusier et d'avoir laissé édifier la tour Montparnasse, peu de traces lui sont dues pourtant, sinon le creusement des fossés du Louvre et la restauration de Trianon. L'importance qu'il attache à ces deux chantiers tient à ce qu'il veut inscrire le temps du pouvoir gaulliste comme une époque de gestes architecturaux.

Le talent des gestes signifiants

Pour le Louvre, il confie fièrement aux députés : « Nous autres, pauvres républicains, nous avons refait le palais des rois comme la monarchie n'avait pas pu le faire. » Pour Trianon, il lance une boutade sur « les fleurs de lys dans les coins : c'est assez joli, ça vaut bien un escargot[196] ». Il sait que les équipes ont eu la charge de 3 120 m^2 de parquets et préfère oublier ce qu'André Ribaud désigne comme *une folie somptuaire sous la dictature du surintendant Malrot, à force de milliards profusément répandus*[197]. Le ministre n'attend pas les observations de la Cour des comptes, qui vont être sévères sur la conduite de ce chantier et sur l'absence d'appels à la concurrence[198]. Il retient le *c'est magnifique !* prononcé par le Général, le 28 avril 1966. C'est sans doute l'un de ses viatiques pendant les semaines où il lui faut, à partir du 2 mai suivant, rester au pavillon de chasse de Marly pour commencer enfin à soigner réellement la dépression dans laquelle il a sombré progressivement après la mort de ses deux fils[199]. Mais sa santé ne l'a jamais personnellement détourné de rester profondément un libéral ; si un Henry Bernard ne fut jamais son genre, l'architecte n'en a pas pour autant subi de conséquences malignes[200]. Le ministre n'a pas obtenu qu'une tour soit édifiée à Jussieu par Albert ni que son architecte préféré, Jean Faugeron, puisse édifier, pour installer un ministère, une tour fuselée sur l'emplacement de la prison de la Santé[201]. En réalité, c'est moins le libéralisme de Malraux que ses opposants et les promoteurs du *gaullisme immobilier* qui ont fait échouer ses projets importants, tels ceux de Le Corbusier pour la gare d'Orsay et pour un musée du XXe siècle à la Défense.

En dehors de la *fosséité malrucienne* qu'il dénonçait, le critique Pierre Cabanne a donné acte au ministre de ce libéralisme et de son attachement aux travaux des sept chefs-d'œuvre : Versailles et Trianon, les Invalides et Vincennes, Fontainebleau, Chambord et la cathédrale de Reims. Avec l'appui vigoureux des Premiers ministres, les lois-programmes pour 1962-1966 et 1968-1970 ont réactivé une politique du patrimoine qui n'avait pas connu une telle effervescence depuis Mérimée et Viollet-le-Duc, au siècle précédent. Vaille que vaille, Malraux est aussi resté ministre de la Parole, ornant ses discours « de paillettes ambiguës et seyantes, qui créaient la distance, le rendaient inclassable et désarmaient l'opposant potentiel[202] ». Plus de dix ans orateur du régime, le ministre fut enfin un interlocuteur privilégié du chef de l'État ; observant ce couple improbable, François Mauriac écrit non sans envie ni perplexité[203] : « Que Malraux, tel qu'il est, plaise à de Gaulle, c'est le signe qu'il subsiste dans ce grand homme, comme dans tout génie, une part un peu folle. » C'est sans doute un jour où le Général laissait place à cette part qu'il ponctua un exposé de Malraux sur l'enthousiasme de la foule d'un pays africain nouvellement indépendant d'un trait d'humour rare en Conseil des ministres : *Quel délire, si vous-même, Malraux, aviez défilé à motocyclette*[204] *!*

UN ORATEUR INCOMPARABLE

Une grande voix prophétique [...] *la voix d'un mage, d'un poète, d'un chef de religion.*

Claude MAURIAC,
Un autre de Gaulle. Journal 1944-1954.

Dans le combat antifasciste où il s'était engagé totalement, Malraux s'était révélé un merveilleux orateur dans la grande tradition française : « exaltant par son agressivité même, pathétique dans ses évocations de souffrances et d'espoirs, le verbe tour à tour brisé ou modulé, les images fascinantes par leur inattendu[205] ». Dans la préface de son ouvrage le plus proche des idées communistes[206], *Le Temps du mépris*, Malraux avait affirmé : « Il est difficile d'être un homme. Mais pas plus de le devenir en approfondissant sa communion qu'en cultivant sa différence — et la première nourrit avec autant de force au moins que la seconde ce par quoi l'homme est homme, ce par quoi il se dépasse, crée, invente ou se conçoit[207]. » À partir de 1945, l'écrivain a choisi la fidélité à Charles de Gaulle. Sur la tribune de la salle Pleyel, il affirme hautement : « Nous n'y renions pas l'Espagne. Qu'y monte un jour un stalinien pour défendre Trotski[208] ! » Ses auditoires des années 1945-1975 ont parfois envie de se souvenir de ce qu'écrivait de ses discours un écrivain néerlandais, son ami Eddy du Perron : ce perpétuel élan, la tension qui lie toutes ses paroles, ce visage à la fois mat et enflammé, et, à mesure qu'il parle de politique, le chaos qui s'ouvre — contradiction de l'idéologie et de l'action, compromis provisoires, insécurité de voiture sans volant ni frein, mais que l'on feint d'avoir bien en main —, tout cela m'amène encore une fois à me demander ce qu'il fuit pour se jeter ainsi dans la mêlée ; ce qu'il fuit, non dans la société, mais en lui-même[209].

Le grand orateur des campagnes électorales

Dans le régime gaulliste fondé en 1958, le ministre approfondit sa communion ; pour toutes les campagnes électorales jusqu'au départ de son Général, André Malraux, s'il n'est jamais candidat à titre personnel[210], est le Grand Orateur. Le 24 juin 1958, le porte-parole du gouvernement ne rejette pas les Français « qui ont défilé le 28 mai de la Nation à la République », sauf ceux qui y proclamaient leur attachement « à la République russe ». Il se dit convaincu que le vieux peuple fier de ses libertés l'entendra lorsqu'il criera : Nous ne sommes pas vos ennemis ! Le 14 juillet, il pose la question du fascisme pour soutenir qu'il a plus reculé que triomphé depuis le retour au pouvoir du Général. Vilipendant le régime du malheur, le système du malheur, il soutient qu'il n'est pas tolérable que le peuple français « reste l'un des plus mal logés d'Europe, que les professeurs de la Sorbonne, université illustre, doivent défiler dans la rue pour demander des classes ». Les deux agrégés de philosophie que sont Beauvoir et Sartre doivent sans doute se gausser qu'il parle de classes plutôt que de salles de cours. Car, pour le couple phare de l'existentialisme, Malraux participe à une mystification politique, en redevenant ministre ; légitimés par leur cursus universitaire, ils entendent dénier au nouveau ministre sa qualité d'intellectuel puisqu'il a choisi de convertir son capital symbolique en un capital social. Pourtant, Simone de Beauvoir fait jouer à Malraux un rôle important : « incarner l'antithèse de l'intellectuel tel qu'elle le conçoit[211] ».

Le 4 septembre 1958, à Paris, avant que le rideau ne s'ouvre sur la DS de Charles de Gaulle qui vient lancer la campagne du *Oui* pour le référendum d'où naîtra la Ve République, c'est à André Malraux que revient l'honneur d'annoncer cette apparition. Il a mis en scène la cérémonie de la place de la République et a fait aménager les tribunes de telle manière qu'on n'entende pas trop les contre-manifestants et qu'il lui soit facile d'affirmer la présence du peuple de Paris[212]. Du podium placé sous la grande statue de la République, il l'appelle à voter « pour la volonté de résurrection nationale [...] en réponse à un homme qui tient de l'histoire le droit de nous appeler en témoignage mais dont l'entreprise ne peut tenir que de vous sa légitimité[213] ». Ainsi tente-t-il d'écarter l'accusation de putsch surgie des gauches avant que Vincent Auriol et Guy Mollet ne servent de caution socialiste à la Ve République. Dix jours auparavant, il a commémoré la libération de Paris pour que la jeunesse éparse puisse confondre Histoire et souvenir ; il espère qu'on assimilera les militants gaullistes de 1958 et les résistants, « éternelle poignée de ceux par lesquels tout ce qui transfigure les individus commence ou recommence[214] ».

Outre-Atlantique, du 17 au 22 septembre 1958, il réussit à rallier Aimé Césaire en Martinique et entend « le hurlement de la liberté noire [...] et de l'éternelle jacquerie — *inextricablement mêlé à l'espoir révolutionnaire, à la fraternité physique* ». Plus tard, les lecteurs des *Antimémoires* ressentiront le rythme d'une *Marseillaise* accompagnée d'un trépignement comme un tam-tam assourdi la liant à la terre comme les chants des pagayeurs sont liés à la rivière[215]. Évoquant son escale en Guadeloupe, Malraux y affirme que la politique ne joua aucun rôle, préférant s'attarder sur « les écroulements de bougainvillées [...] et le crissement des grillons nocturnes sur lequel passait la plus mélancolique chanson créole : Adieu madras, adieu foulards[216]... » Il déplore aussi qu'en bas on palabre sans faire grand-chose, tandis qu'en haut on promet sans rien faire. En Guyane, il reçoit la bonne société de Cayenne introduite par un huissier à chaîne, « égorgeur distingué », suspend le préfet après avoir constaté l'« ivresse meurtrière » de la masse. Il contribue utilement aux 92 % de *Oui* du référendum. En 1967, le ministre-romancier a ajouté à sa scène des lanceurs de clous qui n'ont laissé aucun souvenir à son épouse, pourtant à ses côtés dans ce périple[217]. Ce sens du récit dramatisé a peut-être poussé un critique communiste à écrire que « la reconquête par Malraux, chevalier gaulois, de la Guyane, c'est Tartarin à Cayenne[218] ! ». L'écrivain a aussi fait du secrétaire général de la Préfecture et futur préfet d'Île-de-France, Olivier Philip, remplaçant du préfet qu'il avait suspendu, un croquis artistique donnant l'impression du marin à pompon des dessins animés, avec une casquette semblant un petit champignon[219].

Anticommuniste affiché dès la fin de la Deuxième Guerre mondiale[220], André Malraux invite ses anciens compagnons de route à partir défiler à Budapest. Il affirme en 1958 : les « amateurs de propagande totalitaire seront déçus : celle du gouvernement consistera à faire connaître à tous ce qu'il a fait ». Même si, dans les débuts du nouveau régime, il garde ses réflexes de propagandiste du RPF en écrivant : « Pas de nuit du 4 août dans la combine et dans la peur »[221], et en considérant comme forces hostiles la presse, la radio, l'administration, l'écrivain-ministre continue d'être apprécié par l'opinion publique[222]. Il continue de penser, comme en 1952, que la mystique a plus d'importance que la tactique ; certains de ses discours sont d'un ton violent pour que la parole de Charles de Gaulle apparaisse comme celle d'un conciliateur. Ses proches collaborateurs connaissent ses réflexes militants, du temps où il soutenait que tout mouvement de dissidence devait être frappé à la tête, « le plus rapidement et le plus durement possible[223] » ; ils appliqueront parfois la recette pour des changements de directeurs !

La caution de gauche de la Ve République

Le PCF, qui avait âprement combattu Malraux au temps où il dirigeait la propagande du Rassemblement, le dénonce avec virulence. En 1959, une série d'articles présente Malraux et son ministère comme « une caution de gauche à la politique fasciste et à la propagande ». L'écrivain est vilipendé comme un ministre sans scrupules : « L'homme n'a pas de principes sinon ceux d'un gouvernement bourgeois jaloux de son absolutisme [...]. Le ministère de Malraux, c'est du génie la promesse toujours recommencée. Il est douteux qu'elle soit tenue[224]. » Mais bien des militants des partis de gauche se souviennent qu'ils ont puisé des raisons de s'engager dans la lecture de *La Condition humaine* et de *L'Espoir* ; André Malraux va donc rester le grand garant du caractère non partisan de la Ve République. En 1967, seuls 23 % des électeurs communistes et 5 % des électeurs de la Fédération de la gauche démocrate et socialiste déclarent avoir de lui une mauvaise opinion[225]. Cela ne dissuade pas Jean-François Revel de dénoncer, dans *France-Observateur*, le néant politique d'un gaullisme illustré par la prose soufflée de Malraux et la prose dépouillée du Général[226]. Le polémiste y gagne d'être ministre de la Culture dans le *contre-gouvernement* imaginé par François Mitterrand, alors président de la Fédération de la gauche démocrate et socialiste ; mais le verbe de Malraux continue d'émerveiller ses auditoires.

Illustrer les vertus de la nouvelle République et les vices de ses opposants a fait partie des charges du ministre d'État qui demeure la plus illustre caution intellectuelle du pouvoir gaulliste. Ses devoirs ministériels par rapport à l'Assemblée nationale, il les remplit à travers 26 interventions — 11 pour présenter ses budgets annuels, 8 pour des discussions, 7 pour répondre à des questions orales[227]. Il se refuse à répondre à la tribune aux questions de détail, se réservant de reprendre les points litigieux avec chacun des rapporteurs ; en revanche, il accepte de répondre aux questions d'intérêt général ou qui présentent un caractère politique[228]. Sur le fond, il admet comme évidente l'assertion qu'il n'y a pas assez d'argent mais ramène la majorité à ses devoirs gaullistes : avoir une confiance absolue dans la France, reconnaître que l'État est le moyen de cette confiance.

Le ministre est sans doute plus à son affaire quand il polémique avec talent et plaisir. Il évoquera d'ailleurs ensuite ces temps bénis où l'on ne tolérait pas le pouvoir gaulliste[229], où le Général et lui-même étaient hebdomadairement flétris par maints Ruy Blas avec l'accent de Duclos ! Il retrouve sa vigueur des années quarante pour les législatives de 1962, 1967 et 1968, comme pour la présidentielle de 1965 et l'ultime référendum de 1969. En 1962, quand Gaston Monnerville, président du Sénat, dénonce le choix d'un référendum pour décider de l'élection du président de la République au suffrage universel direct en affirmant que la Constitution est violée, Malraux réplique qu'il n'y a pas de coup d'État dans une consultation du peuple. Le ministre se fait narquois et interroge : « Si la France subit une dictature, d'où vient que l'on peut nous en accuser tous les matins ? » Il critique à nouveau la IVe République, où le pouvoir n'arbitrait pas mais conciliait, et insiste : « Il n'y a pas de gouvernement moderne sans décision, pas de décision sans légitimité fondée sur la nation. » Pour lui,

« l'indispensable autorité de l'État moderne [n'est pas] l'ennemie des libertés des citoyens ». Il récuse l'accusation de fascisme, l'assimilation au Second Empire comme le procès en dictature : « Assez de ces sornettes ! Ce qui menace les libertés des citoyens dans un État moderne [...] c'est l'union d'un régime policier et d'un parti unique. Parler de régime policier, ce serait drôle si ce n'était dérisoire. »

Le chantre d'un pouvoir historique

André Malraux soutient qu'il n'aurait pas été difficile de faire un parti unique en 1958, mais que le général de Gaulle n'a pas voulu « d'autre arme que la confiance de la nation ». Le 24 novembre 1963, devant les compagnons de l'Union pour la Nouvelle République et de l'Union démocratique du travail — l'UDT, fragile gauche du gaullisme —, il déclare que ce n'est pas Marx qui a triomphé mais Nietzsche puisque nous vivons dans un monde de nations : *la France est la forme de notre destin ; elle ne vient pas du tout du sursaut du 13 mai. Elle vient d'un drame qui avait commencé à Montoire et fini à Diên Biên Phu*. Le 15 décembre 1965, il dénonce le poujadisme sentimental de François Mitterrand : « De quel droit venez-vous vous prévaloir de Fleurus — vous qui n'étiez même pas en Espagne ? » Face à ce médecin de quarante-neuf ans qui a déjà tué onze malades, face à l'ancien ministre qui a fait onze fois l'expérience de l'impuissance impersonnelle, André Malraux veut qu'on cesse de confondre en permanence le souhaitable avec le possible. Il fait un parallèle entre Jeanne d'Arc, Saint-Just, Clemenceau et de Gaulle, « homme de l'Histoire qui a assumé la France et que la France ne retrouvera pas demain ».

Le 31 janvier 1967, le ministre fait campagne au Palais des Sports de Paris et dénonce les concours de bonnes intentions ; il récuse l'idée que le gouvernement idéal serait « celui d'une entreprise de sondages qui aurait le mieux découvert les aspirations des citoyens » : *Occuper le pouvoir, c'est jouer le présent. L'exercer, c'est jouer le destin, donc l'avenir.* André Malraux regrette que les intellectuels pensent un peu trop à Karl Marx et pas assez à Richelieu : « Jamais un pouvoir personnel n'aura été si constamment et si ignoblement insulté. » Pour lui, d'ailleurs, ce pouvoir dénoncé comme personnel est à ses yeux un antidote à l'« impuissance collective ».

Quittant une France qui s'ennuie et où il s'ennuie peut-être, le ministre d'État effectue un voyage officiel dans l'URSS encore stalinienne, en mars 1968 ; à son départ, il lance une des formules dont il a le secret : « Je vais organiser l'imprévisible[230] ! » S'il en revient avec l'accord de son homologue, Mme Fourtzeva, qui accepte de prêter à la France les grands Matisse du musée de l'Ermitage, son succès est occulté par l'affaire de la Cinémathèque et les événements de Mai[231]. Après cette grande tourmente où il s'est voulu du côté de la cible, le ministre demeure l'orateur incomparable, le chantre du pouvoir historique du général de Gaulle. Mais le Président s'inquiète de sa santé fluctuante.

Le 18 juin 1968, en prévision d'une grande réunion fixée au 20, Charles de Gaulle dit à Jacques Foccart, fondateur du Service d'action civique avec Charles Pasqua : « En ce qui concerne Malraux, prévoyez un orateur de remplacement. Je le trouve fatigué ces derniers temps et j'ai quelquefois l'impression qu'il se dope un peu. Je ne voudrais pas que, dans une réunion de cette importance, basée sur lui, il craque au dernier moment. » Le Général demande donc que Maurice Schumann soit sur la tribune pour « prendre la parole si Malraux n'était pas bien [...] il ne faut pas que la réunion tourne court[232] ». Le 19, réservé sur l'idée que Pompidou remplace Malraux, il répète :

« Malraux peut être fatigué, il peut aussi s'être un petit peu dopé, il peut aussi avoir bu un peu, vous voyez ce que je veux dire. » Ses craintes se révèlent vaines et l'orateur égal à lui-même pour dénoncer le sombre peuple du drapeau noir, les trotskistes et maoïstes aussi bien que le secrétaire général du PCF, le chanoine Waldeck Rochet rentrant ses griffes. Soucieux de laisser croire à un péril rouge et à l'improbable collusion de l'extrême gauche et du PC, il enlèvera du *Miroir des limbes* la dénonciation par *L'Humanité* de « l'anarchiste allemand Cohn-Bendit [et des] petits groupuscules pseudo-révolutionnaires qu'il ne faut pas confondre avec la masse des étudiants[233] ».

Après avoir encouragé les jeunes gaullistes en leur affirmant : « Il n'y a pas de destin par procuration, et votre destin sera ce que vous le ferez[234] », le ministre livre sa dernière bataille électorale gaullienne le 23 avril 1969, au nom des partisans d'un gouvernement qui gouverne et de l'adaptation de la France à son temps. Il ne croit pas à « l'accord du centrisme pro-atlantique avec le communisme pro-soviétique » ; il se refuse à voir dans le président du Sénat l'héritier de Danton et de Saint-Just. Il dénonce la bonhomie d'éternels vaincus des opposants. Arc-bouté à la tribune, il se dit prêt, si d'aucuns veulent refaire Mai 68, à recommencer le défilé des Champs-Élysées. Il confirme le caractère plébiscitaire de ce référendum : « Comme en tant d'autres circonstances, le *Oui* ce n'est plus que la confiance en de Gaulle ; le *Non* ce n'est plus que le désir de son départ. » Il réaffirme que le général de Gaulle demeure « le garant de l'intérêt public contre les intérêts privés » et « qu'il n'y a pas d'après-gaullisme contre le général de Gaulle ». La mollesse des applaudissements des partisans de Georges Pompidou illustre alors qu'une page est en train de se tourner. Malraux ne s'associera pas à ce Destin-là. Il avait perçu, avant d'autres, l'agacement que provoquaient chez Pompidou certaines idées gaulliennes ; mais il n'avait pu empêcher que les 3 000 adhérents de l'Union des jeunes pour le progrès, réunis à Strasbourg le 12 avril 1969, ne fassent un triomphe au futur Président qui — très gaullien — leur avait lancé : « Je ne permets à personne de traduire mes pensées et mes arrière-pensées[235]. »

André Malraux a été, politiquement, le héraut du gaullisme et ses discours politiques comme tous ceux qu'il a rassemblés dans ses *Oraisons funèbres* illustrent un dernier flamboiement de l'éloquence passionnée des romantiques. Mais le ministre d'État chargé des Affaires culturelles s'est voulu surtout le prophète des transformations de la vie culturelle. Les métamorphoses de sa vie d'aventurier et d'écrivain l'avaient persuadé qu'il pouvait être l'homme des ruptures fondamentales. Espérant que sa charge de ministre d'État lui permettrait d'écarter le secondaire, il se voulait le combattant de l'essentiel : *Depuis que le monde est monde, c'est le génie même de l'action*[236].

CHAPITRE II

LE MINISTRE DES MAISONS DE LA CULTURE

Si la culture existe, ce n'est pas du tout pour que les gens s'amusent.

Discours d'André MALRAUX à l'inauguration de la maison de la Culture de Bourges, le 18 avril 1964.

DES BEAUX-ARTS AUX AFFAIRES CULTURELLES, UNE TRANSITION DIFFICILE

Nous étions peu armés pour être déterminants.

Albert BEURET, ancien coiffeur
et ancien sous-officier
du soldat Malraux,
conseiller technique
du ministre d'État puis exécuteur
testamentaire de l'écrivain.

L'axiome gaullien — il n'y a pas de politique qui vaille en dehors des réalités — Malraux en a senti le poids en juillet 1958 quand ses fonctions de ministre délégué à l'Information lui ont été retirées au bénéfice d'un partisan de l'Algérie française. Cette vive réaction à sa liberté de parole a sans doute pesé sur sa façon de conduire sa vie ministérielle. Elle l'a freiné dans son expression politique des années soixante ; à la différence d'un Edmond Michelet, il n'est jamais intervenu auprès du ministre des Armées pour s'inquiéter des méthodes d'interrogatoire des troupes françaises engagées dans les « opérations de maintien de l'ordre » en Algérie[1]. Sauf dans les voyages officiels où il considérait qu'il représentait tout le gouvernement et qu'il parlait au nom de la France, Malraux s'est cantonné dans son vaste domaine des Affaires culturelles à moins que le président ne lui demande d'opiner en Conseil des ministres. Il y est à la droite du Général, comme naguère au conseil de direction du RPF ; mais il y reste dans l'attitude que son psychiatre a définie peu après sa mort : « une subordination formelle et une subordination profonde du cœur et de l'esprit[2] ».

Un ministre imposé par le Président

Malraux se veut uniquement ministre du général de Gaulle et subodore sans doute que le Président l'impose à son Premier ministre. Michel Debré a révélé cette suggestion : « Il vous sera utile de garder Malraux. Taillez pour lui un ministère, par exemple, un regroupement de services que vous pourrez appeler "Affaires culturelles". Malraux donnera du relief à votre gouvernement[3]. » Le Général est d'autant plus obéi que le chef du gouvernement croit que les nations peuvent être plus heureuses si elles sont « soudées par le long héritage d'un patrimoine et d'une culture[4] ». Mais sa conviction profonde, il l'exprimera trente ans après : « Une politique culturelle est une formule trop ambitieuse pour un ministre et même pour l'État ! Je ne vois que la protection du patrimoine et son enrichissement qui puissent être l'apanage et une obligation de l'autorité[5]. » C'est à la lumière de ces sentiments et de son jugement circonspect sur les capacités d'administrateur d'André Malraux qu'il octroie à son ministre une administration centrale à périmètre étroit, avec des moyens réduits tant pour ses budgets que pour ses effectifs. Dans de longs témoignages, il m'a confié qu'il était contraint d'offrir à l'écrivain « quelque chose à sa mesure » mais qu'il s'était refusé à dépecer les services chargés d'éduquer les jeunes Français. Il ne voulait pas non plus amputer le Quai d'Orsay des missions de sa direction générale des Relations culturelles, d'autant moins qu'il n'imaginait pas Malraux s'occupant de gérer des centaines de lycées français à travers le monde.

Pendant ses trois années à Matignon, le Premier ministre s'est assurément agacé aussi de ce que Malraux ne reconnaissait guère d'autre autorité que celle du Général. S'il admirait l'homme de lettres éclairant l'action « d'une lueur surprenante, parfois artificielle mais toujours exaltante[6] », Michel Debré a gardé une vision pessimiste des capacités de son ministre d'État. Il est vrai que le concepteur de la Constitution de la Ve République n'a pas hésité non plus à critiquer aussi son premier président, comme n'ayant pas un tempérament « volontaire et volontariste en tout et pour tout[7] » et ne s'attachant qu'à quelques problèmes, ce qui fut aussi la manière de fonctionner de Malraux. Je pense que l'homme d'État ne comprenait ni les rapports du Président et de l'écrivain, ni les fréquents mélanges d'irréel et d'irrationnel qu'il discernait dans les envolées de son ministre. Il a tout de même tenu à me dire que la présence d'un génie dans son cabinet avait, au-delà de l'intérêt politique, un intérêt humain compte tenu de ses qualités oratoires, de sa grandeur et de son imagination. Il a atténué ses jugements les plus sévères, en m'écrivant : « Je n'ai jamais dit que Malraux fut un mauvais ministre. Je me suis borné à dire que ses qualités d'administrateur étaient moins nettes dans mon souvenir que son génie littéraire[8]. » Cela a pesé sur la manière dont, comme Premier ministre puis comme ministre des Finances et comme ministre des Affaires étrangères, Michel Debré a arbitré dans les dossiers qui concernaient *l'ami génial* du Général. Il a toujours redouté sa propension à l'imaginaire et l'a durement signalée plus tard. Nourri peut-être de la lecture du livre d'Alain Malraux citant une correspondance déplaisante[9], son agacement va éclater, dix ans après, dans son évocation de la mort de Gauthier et Vincent Malraux. D'une réflexion de leur père sur les corps allongés qui « paraissaient morts au combat », il a cru utile d'ajouter : « si je n'avais pas été au fait de leur accident, il m'aurait dit "ils sont morts au combat" et je l'aurais cru[10] » !

Un ministère au périmètre limité

C'est par le décret n° 59-212 du 3 février 1959 que le premier des quatre ministres d'État du gouvernement Debré reçoit les attributions précédemment dévolues au ministre de l'Éducation nationale en ce qui concerne la direction générale des Arts et Lettres, la direction de l'Architecture, la direction des Archives de France et les activités culturelles du Haut-Commissariat à la jeunesse et aux sports, ainsi que des attributions du ministre de l'Industrie et du Commerce relatives au Centre national de la cinématographie. Mais le Premier ministre contraint la commission chargée de lui proposer une nouvelle organisation des services à travailler très rapidement. Constituée le 13 mars, elle doit rendre son rapport à Matignon avant le 25 mars. Cette hâte permet un contrôle des opérations qui, pour Michel Debré, ne doivent pas aboutir au dépeçage du ministère de l'Éducation nationale ni, bien sûr, à celui du ministère des Affaires étrangères. C'est sur le plan de son rôle international que Malraux se plaignit car il n'oubliait pas son rêve d'un ministère du rayonnement français. D'une façon générale, il fut plus accommodant que ses collaborateurs ; ainsi renonça-t-il aisément à la tutelle de la télévision avant de dire qu'il l'avait espérée. Or il ne souhaitait pas se retrouver dans la situation qui lui avait valu de perdre ses fonctions en juillet 1958. Le Premier ministre voulait garder le contrôle politique des médias et considérait que trancher des dossiers de l'information politique et d'une masse de décisions n'était pas dans le génie de son ministre[11]. Le fait que même la partie culturelle de l'ORTF soit restée en dehors du périmètre de responsabilité de Malraux lui valut ensuite des pamphlets à propos de *la culture pour les veaux* et de *la grande entreprise de crétinisation par la chansonnette*[12]. Après Mai 68, le ministre lui-même a d'ailleurs dénoncé la soumission à l'infantilisme et déploré qu'on propose à tous les hommes de la terre « un peuple de rêves qui ne signifient rien au-dessus de quinze ans[13] ».

De grands textes du ressort de son ministère, comme la loi-programme sur les monuments historiques et celle des secteurs sauvegardés, furent des projets structurés par Matignon, du temps de Michel Debré. Devenu ministre de l'Économie et des Finances, il imposera plus tard la loi sur les dations. Le caractère technique des mesures de ces lois plaide en faveur de la version de l'ancien Premier ministre[14]. Mais la loi sur la protection des quartiers anciens a bien été défendue par Malraux, ce qui explique qu'elle soit restée la *loi Malraux* dont, au XXIe siècle, il est dit qu'on peut encore y investir. De même, si le blanchissement des immeubles de Paris fut lancé par Pierre Sudreau, c'est Malraux qui le fit rayonner à travers les palais et les bâtiments civils. Le Premier ministre aurait aimé que Malraux se penche sur les dossiers d'urbanisme et que son nouveau ministère s'occupe des loisirs dont il affirma publiquement qu'il s'agissait d'une affaire sociale : « Notre siècle demande des maisons de la culture à la ville, des villages de vacances, un lot varié d'installations qui mettent à la portée de tous, selon l'âge et les familles, des possibilités de délassement[15]. » Sur ce plan, Malraux pensait au contraire qu'il ne fallait surtout pas prendre le risque qu'on confonde la culture et les loisirs. À ses yeux, les loisirs font partie des entractes où les masses peuvent seulement se distraire ; il vaut donc mieux ne pas s'en occuper et il le claironne à Bourges, au printemps 1964 : « Si la culture existe, ce n'est pas du tout pour que les gens s'amusent. » C'est du reste en janvier 1964 que les mouvements d'éducation populaire sont tous repassés sous la responsabilité du secrétariat d'État à la Jeunesse et aux Sports.

Depuis 1959, Malraux restait hanté par le risque d'une confusion entre les MJC — les maisons des jeunes et de la culture — et ses chères *cathédrales du XXe siècle* — les maisons de la Culture[16] ; il demanda d'ailleurs que les premières ne soient plus appelées que maisons des jeunes[17]. Dans le dialogue imaginaire, daté de mai 1968, qu'il écrit ensuite, il tient à préciser que la Jeunesse ne fait pas partie des attributions de son ministère et se fait dire : « les États ne peuvent rien pour elle[18] ». C'est une raison supplémentaire qui poussa Michel Debré, partisan d'une France de cent millions d'habitants forte de sa nombreuse jeunesse, à soutenir un peu cruellement qu'aux Affaires culturelles on vit à l'œuvre plus « un héraut qu'un réalisateur[19] ».

L'équipe des compagnons et des copains

La première équipe réunie par le ministre d'État avait pu inquiéter Matignon, notamment après le départ fort rapide de l'avisé Pierre Juillet ; fils de préfet et avocat, l'éphémère chef de cabinet fut remplacé dès le 31 juillet 1959 par le chef du secrétariat particulier, l'ancien *maréchal des logis* du soldat Malraux. Là encore, pour le fondateur de l'École nationale d'administration, ce choix s'avéra malencontreux ; en octobre 1960, celui de son successeur Marcel Brandin, camarade du collégien Malraux, ne fut pas jugé beaucoup plus judicieux[20]. Des entourages dont il s'était éloigné — « tous ces justes qui témoignent au nom de la culture » —, Pierre Juillet m'écrivit plus tard : « Si les gestionnaires finissent toujours par étouffer le visionnaire, ce n'est pas par supériorité, mais sous le nombre[21]. » Beaucoup pensent surtout que le choix du premier directeur de cabinet a été déplorable ; comme me l'a confié un haut fonctionnaire qui le vit en action : « Il a bien tué Philippe Henriot mais il a mal démarré le ministère[22]. » Membre du commando qui exécuta, en 1944, le pro-nazi ministre de l'Information de Vichy — ce qui lui valut l'admiration durable de Malraux —, Georges Loubet était devenu, en 1947, un membre du service de propagande du RPF. Il n'était pas le haut fonctionnaire qui aurait pu aider son ministre à exiger un budget à la hauteur de leurs ambitions. Un directeur de cabinet, « brave type »[23] qui joue au billard électrique dans les bars proches du ministère et y descend allègrement ses whiskies n'est pas, notamment aux yeux des équipes proches du ministère des Finances et singulièrement du grand corps des Inspecteurs, un interlocuteur crédible. Membre de la Cour des comptes, Pierre Moinot l'a dépeint comme un homme au caractère étrange, secret, beaucoup plus intéressé par la politique que par l'administration[24] ; or il aurait dû pouvoir faire face à de hauts fonctionnaires chevronnés et très soucieux de leur indépendance. Quand on sait au surplus que Loubet n'était que simple chef de bureau dans l'administration de la Ville de Paris, on peut être certain que, dans la caste de la haute administration, sa parole ne pouvait pas compter.

Des personnels peu motivés

« Quand un ministère en féconde un autre, il ne donne pas les meilleurs[25] » : cette amère constatation, André Holleaux l'a faite vingt et un ans après avoir quitté la direction du cabinet de Malraux. Il savait, dès 1962, qu'à la naissance du ministère, les services de la rue de Grenelle avaient gardé plus de deux cents des emplois demandés, en conservant les individualités les plus affirmées[26]. Alors que le secrétaire général du nouveau ministère, Jacques Jaujard, avait estimé que, pour démarrer, ses besoins en personnels se chiffraient à 589 agents[27], l'administration centrale des Affaires culturelles ne rassembla, en 1960, que 377 personnes, toutes catégories confondues : 173 à l'Architecture, 106 aux Arts et Lettres, 69 à l'administration générale, 26 aux Archives. Au surplus, si 0,88 % des effectifs de la citadelle Éducation sont laissés à Malraux, ce ne sont pas les agents les plus dynamiques et on n'y trouve que quatre administrateurs civils. L'impression de n'accueillir que les fonctionnaires les moins motivés désenchante le cabinet Malraux et le ministre dira cruellement de certains : *ils n'ont qu'une idée, ne rien faire !*

Membre du premier cabinet de Malraux puis, à la fin de son temps au pouvoir, son dernier directeur général des Arts et Lettres, Pierre Moinot m'a éclairé sans complaisance sur cette particulière conjoncture : « Ce ministère, créé sur la chair arrachée à l'Éducation nationale, doté seulement du personnel dont ce grand ministère cherchait à se débarrasser, privé de tout le domaine du livre, écarté de celui de l'audiovisuel et des affaires culturelles extérieures, n'a dû sa survie qu'à une lutte de tous les instants contre plusieurs départements ministériels qui réfutaient jusqu'à son existence, ne croyaient qu'à ce qu'il est convenu d'appeler "les Beaux-Arts", et attendaient la chute d'une tentative qu'ils jugeaient éphémère et sans avenir. Il n'est pas jusqu'à M. Michel Debré qui n'ait cessé de contrôler étroitement ce territoire dangereux et apparemment subversif[28]. » En 1967, dans une note confidentielle, P. Moinot critique lui-même très vigoureusement la grande direction de l'Architecture ; dans la dizaine d'anciens parmi les plus mauvais, il ne distingue que deux ou trois bons éléments. Malgré le renfort de huit énarques, il conclut que cette direction « passe à juste titre pour l'une des plus mal organisées et dirigées de tout l'État[29] » ! On s'étonne moins dès lors des critiques extérieures relevées par Moinot : « On ne nous souhaitait qu'une chose, l'échec. Les Finances ne nous voulaient aucun bien, les calculateurs n'aimaient pas les danseurs, nous étions une menace de gouffre à argent pour payer du surplus, du luxe, du plaisir. Au-delà des vieilles directions budgétairement contrôlables, le reste était du rêve, et le rêve ne se finance pas[30]. »

La méfiance de Matignon

Opposés sur la politique algérienne, Malraux et Debré peuvent aussi accroître leur mésentente en matière de théâtre. Président des Amis de Labiche, le Premier ministre s'agace d'une tentative de voir promues plus de tragédies à la Comédie-Française. Il a vite été édifié aussi par les méthodes du cabinet Malraux, s'irritant moins de son côté subversif que de son amateurisme dans la pratique du pouvoir. Ainsi, un protocole d'accord, signé en mai 1959 par lui-même et MM. Boulloche et Malraux, ses ministres de l'Éducation nationale et des Affaires culturelles, avait été remis en cause par la Rue de Valois dès le 2 juillet suivant. Le 12 août 1959, Michel Debré faisait donc remarquer : ce protocole « ne saurait avoir une valeur éternelle, mais il ne doit pas non plus être éphémère. Je pense que nous pourrions attendre une période suffisante, deux ans par exemple, avant d'envisager de le remettre en cause[31] ». La réaction rageuse du cabinet, notée sur le courrier, a beau parler de bonne foi surprise, d'un « arbitrage à la sauvette sans consultation ni accord des parties » et évoquer une nouvelle démarche du ministre, le protocole va être mis en œuvre. Pour le sociologue qui a analysé cette crise, le ministère a ainsi perdu deux années pour intégrer des bases de l'éducation populaire dans sa politique de démocratisation. Mais c'était inévitable dès lors que, dans une réunion du 21 janvier 1959, on percevait déjà qu'à l'inverse du cabinet Malraux, le Haut-Commissariat à la Jeunesse et aux Sports savait très précisément ce qu'il voulait[32]. Les mêmes causes produisant les mêmes effets, en 1960, sur des projets d'action culturelle notamment, le Premier ministre a rendu aussi des arbitrages défavorables[33]. Si, en 1961-1962, la guerre des crédits pour les maisons de la Culture a été perdue pour des raisons semblables, des solidarités de corps ont permis quelques victoires. Pour les avances sur recettes aux films, une entente éphémère s'est concrétisée entre trois membres de la Cour des comptes — le directeur du Centre national du cinéma, le directeur du cabinet d'Antoine Pinay et Pierre Moinot. Ce dernier, alors membre du cabinet de Malraux, a passé presque toute la journée du 15 juin 1959 dans une antichambre de la rue de Rivoli[34] ; son collègue Partrat a fini par lui faire porter des sandwiches avant de lui rendre, signé, le décret qui a été paraphé le 16 juin par le Premier ministre Michel Debré.

La haute ambition du ministère

Fort du soutien du président de Gaulle, du printemps à l'été 1959, après avoir désigné ses premiers collaborateurs — surtout des fidèles du RPF et ses copains —, André Malraux se projette en termes de Destin. Il le dit sans ambages dans sa conférence de presse du 8 avril. Il veut tenter « d'accomplir le rêve de la France ; rendre la vie à son génie passé, donner la vie à son génie présent et accueillir le génie du monde ». Dans le décret qui, le 24 juillet 1959, définit les missions de son nouveau département ministériel, Malraux fixe la barre au plus haut : « Rendre accessibles les œuvres capitales de l'humanité et d'abord de la France, au plus grand nombre possible de Français ; assurer la plus vaste audience à notre patrimoine culturel et favoriser la création des œuvres de l'art et de l'esprit qui l'enrichissent. » La rupture avec les Beaux-Arts s'affiche et on la saisit encore mieux quand on sait les modestes objectifs que lui avait proposés le vénérable directeur général des Arts et Lettres : « Il est constitué un ministère des Affaires culturelles dont la mission est de promouvoir, encourager et répandre l'éducation et l'action culturelles et artistiques sous toutes leurs formes et d'assurer la protection et la mise en valeur du domaine national. »

La puissance des vieilles équipes

L'esprit de l'Académie des Beaux-Arts imprégnait le projet initial de Jacques Jaujard, d'ailleurs membre de cette institution. Le ministre avait forcément perçu le grand écart existant entre ses ambitions et les propositions de son collaborateur académicien. Il décida pourtant que le secrétaire général du ministère pouvait être celui qui était déjà, dans les années trente, un directeur des Musées. Ce haut personnage qui apparut à la jeune Frédérique Chamson comme très beau, ressemblant à Septime Sévère et n'ayant pas la vertu assommante[35] a été, tout au long de la IVe République, l'inamovible directeur général des Arts et Lettres. Dès le 7 juillet 1959, Jaujard a perçu l'irritation de ses vieilles équipes dans une note de son sous-directeur des spectacles : « Si un service doit être chargé de la gestion d'un crédit nouveau, c'est plusieurs mois à l'avance qu'il doit être informé de cette tâche[36]. » C'est un des paradoxes des premiers semestres d'action de l'équipe Malraux, rue de Valois : l'existence d'académiciens et de burgraves dans les cercles dirigeants des Affaires culturelles freine les collaborateurs d'André Malraux les plus décidés à conduire le changement. D'une certaine façon, la peur qu'éprouve le ministre par rapport à l'administration[37] explique qu'il n'affronte pas ses hiérarques. André Holleaux a eu beau tenter de dire que son ministre pouvait être un bureaucrate et qu'il savait ce qu'était gouverner, du temps de sa première équipe, il a préféré contourner ses opposants. La direction générale des Arts et Lettres ne bénéficie officiellement de son nouveau directeur[38] que le 16 juillet 1961. Jusqu'en avril 1963, la direction de l'Architecture, prestigieuse et léthargique[39], reste aussi sous l'autorité de René Perchet qui, entré dans les bureaux dès 1920, y est directeur général depuis 1947. Dans son cocon protectionniste, « avec le confort moral que procurent les certitudes gestionnaires du patrimoine monumental de la Nation », il dispose de la moitié du budget du ministère. L'adjoint de son successeur a pu parler de son attitude frileuse, ajoutant que « de vastes perspectives ne s'ouvraient pas naturellement à lui[40] ». On comprend mieux que Michel Debré se soit irrité de ce « conservatisme qui ennoblit volontiers la routine et la traite comme une respectable tradition[41] ».

Quant au vénérable directeur général des Arts et Lettres, s'il a quitté l'hôtel particulier de la rue Saint-Dominique où son bureau de travail était un véritable décor ministériel[42], c'est parce qu'il croyait qu'en sa qualité de secrétaire général il pourrait concentrer le pouvoir par le contrôle des courriers[43]. Avant de se lasser d'entendre Jaujard lui répéter « nous n'avons pas d'argent ; nous ne pouvons pas nous engager dans une affaire d'aussi grande portée »[44], Malraux interdit aux directions de traiter directement des affaires relevant du secrétaire général[45]. Mais les réactions de recul affichées par ce dernier à propos des initiatives de son ministre finissent par le cantonner aux rapports avec le

Quai d'Orsay et à la préparation des échanges d'expositions, du moins celles qui n'intéressent pas André Malraux. Il n'a pas été ce grand secrétaire général qui, selon Michel Debré, aurait seul pu empêcher que la vie quotidienne l'emporte[46]. Toutefois, le Premier ministre a laissé durer Jaujard aussi bien que le directeur de cabinet Loubet dans des fonctions pour lesquelles ils n'étaient pas faits, peut-être parce qu'il considérait lui-même que les projets du ministre étaient trop souvent flous pour mériter d'être menés à terme.

Les dysfonctionnements des services

Un éminent membre de la Cour des comptes, recruté par le premier directeur de cabinet parce qu'ils jouaient au judo ensemble (!), m'a confié que « le cabinet Loubet, c'était l'épouvante »[47] à cause notamment de l'enlisement d'affaires importantes. Cette situation s'est prolongée bien au-delà des premiers mois du ministère. Le 11 avril 1961, Pierre Moinot fait encore remarquer à Marcel Brandin, censé avoir l'oreille du ministre, qu'un projet de note de service est bloqué depuis dix jours chez le directeur du cabinet. Cette lenteur suscitait chez Pierre Moinot « une peur panique[48] ». Ajoutée aux restrictions budgétaires et à ce qu'il constatait des effets sur le ministre de la perte de ses deux fils à partir de mai 1961, cette peur a, selon moi, contribué à son départ de la Rue de Valois pour près de cinq ans. Il a avoué qu'il se sentait parfois désespéré, se disant — *le visage couvert de larmes* — qu'il n'arriverait jamais à atteindre ses objectifs[49]. S'il m'a écrit ensuite, à tort à mon sens, qu'il était antinomique de reprocher au ministre de n'avoir pas su obtenir plus d'argent et de n'avoir pas su dépenser les crédits obtenus, il avait, pour ce qui le concernait, tiré dès 1961 une conclusion nette. Il avait quitté le ministère parce qu'après une rencontre de travail entre Giscard d'Estaing et Malraux, accompagnés de leurs collaborateurs, la réduction de moitié des crédits espérés par la commission du Plan, pour l'action culturelle, avait été actée. Il n'avait pas voulu « couvrir la fin du grand mouvement d'espoir suscité[50] ».

La manière dont, tour à tour, des hommes aussi expérimentés que Pierre Juillet puis Pierre Moinot, puis André Holleaux décident, au fil des ans, qu'ils ne peuvent pas rester aux côtés de leur ministre me semble témoigner d'un malaise. En avril 1963, c'est peut-être parce qu'il a eu des échos de dysfonctionnements trop fréquents que Max Querrien, avant de devenir directeur de l'Architecture, explique qu'il aura besoin, avec le ministre et ses collaborateurs directs, d'une « réflexion en commun sans laquelle il ne peut y avoir d'action efficace[51] ». L'hostilité du ministre aux réunions à plusieurs comme la coexistence d'incompétents, d'anciens et de trop rares modernes dans les bureaux du ministère ont continué à peser sur certaines décisions. Ces séries de facteurs ont encouragé la persistance ou la reprise d'habitudes qui ne pouvaient contribuer à la rupture radicale espérée par André Malraux, d'autant que les personnels restaient peu nombreux et que les crédits ne surabondaient pas.

La jeune administration des Affaires culturelles n'avait obtenu que 2,78 % des crédits de fonctionnement de l'Éducation nationale et 3,15 % de ses crédits d'équipement. Elle n'a disposé, pour démarrer son action, que de 0,38 % du budget de l'État ce qui explique, dans une large mesure, pourquoi la part « Culture » dans le budget de la nation dépassait à peine 0,40 % du budget général en 1969. Au-delà des contraintes politiques et économiques, Pierre Moinot a voulu y voir l'incapacité du ministre à obtenir assez d'hommes lui permettant d'organiser les structures dépensières qui eussent donné aux services l'assise administrative nécessaire[52]. Mais si la part « Affaires culturelles » du budget de l'État s'établit à 0,39 %, en pourcentage moyen sur la décennie, c'est que ni Michel Debré, ni Georges Pompidou, ni Maurice Couve de Murville n'ont jamais jugé utile d'octroyer à André Malraux une augmentation significative de son budget et que le ministre n'a jamais osé l'exiger du président de la République.

Le soutien du Général au « style Malraux »

La durée éphémère des deux premiers postes ministériels de Malraux — 61 jours en 1945-1946 et 36 jours en 1958 — permet aux éléments conservateurs de croire que le ministre ne va pas durer dans sa charge. Pour les administrations centrales, les services de la Rue de Valois sont considérés à l'aune de leur poids budgétaire. L'exceptionnelle amitié de Charles de Gaulle pour André Malraux n'a pas suffi à dissiper cette circonspection des bureaux, d'autant plus que le ministre répugnait à faire arbitrer l'Élysée en sa faveur. Si le président de la République admire son compagnon, pour lui les Affaires culturelles sont toujours un peu les Beaux-Arts et il utilise encore ce terme deux ans après la création du ministère[53]. En décembre 1961, il félicite quand même son ministre pour la manière dont il a présenté aux députés la nécessité de restaurer les grands monuments historiques : « Il y a là, bien sûr, une pensée éminente, un style magnifique, une "action" fulgurante. Il y a aussi une politique et il fallait qu'elle fût et qu'elle fût celle-là. Merci. Bien amicalement à vous[54]. » Un an après, le Général marque toujours son exceptionnelle estime à son compagnon : « Quant à la France, elle mesure chaque jour ce que vaut de compter André Malraux parmi ses enfants[55]. »

Toutefois, en janvier 1968, les vœux gaulliens aux corps

constitués évoquent les problèmes de l'aménagement du territoire comme les affaires scientifiques et techniques, mais pas la culture. Le Général se contente de dire que la réussite de l'État exige que le gouvernement dispose des moyens de suivre des desseins à longue portée pour « susciter les foyers de ses arts et de ses lettres ». Il reste dans un état d'esprit qui s'attache à des symboles comme lorsque, pour l'Opéra, il demande à Georges Pompidou « le financement de mises en scène de très haute qualité et la rémunération, sous contrat d'exclusivité, de quelques artistes de grand renom[56] ». Ses *Mémoires d'espoir* vont rappeler les 300 visites d'hôpitaux d'Yvonne de Gaulle et les 207 supermarchés construits pendant sa présidence[57] mais feront silence sur l'action culturelle de son temps même s'il a soutenu Malraux quand il l'a senti psychologiquement affaibli. Il comprenait que son secteur d'activités puisse être métamorphosé[58] ; il est faux cependant de parler d'une atmosphère de camaraderie entre le Président et son ministre des Affaires culturelles[59]. Il n'est malgré tout pas impossible qu'ils aient échangé quelques blagues d'ordre militaire ; on connaît ainsi la différence entre la chasse et la guerre selon Malraux : *À la guerre, le lapin tire !*

Des partenaires hostiles au nouveau ministère et au ministre

Malheureusement, quand le ministère se construit, les technocrates et les vrais politiques ont plutôt envie de tirer sur la nouvelle structure. Ils refusent de se « compromettre » dans un ministère qui risque d'être éphémère et avec cette équipe de copains pour qui adresser un « cordial salut » est une formule acceptable pour achever un courrier administratif. Le juriste Pierre Juillet, futur pilier du cabinet présidentiel de Georges Pompidou, décide de quitter son poste de chef de cabinet après un semestre parce qu'il comprend que la haute fonction publique et les grands corps techniques des musées ou des monuments historiques se méfient de ces hommes politiques autodidactes dont le ministre est la plus remarquable incarnation. Au Louvre, sans même parler de la révolte suscitée par les voyages de *La Joconde* vers l'Amérique du Nord ou le Japon[60], Germain Bazin ne fut pas le seul conservateur à détester Malraux, qui le lui rendit bien et qui eut à nommer quatre directeurs en quatre ans à la direction des Musées de France. Ses collègues avaient déploré que le ministère autorise l'exportation vers l'Angleterre d'un remarquable Cézanne, *Les Grandes Baigneuses* ; le ministre, pour sa part, avait été mécontent de devoir expliquer aux parlementaires, le 2 décembre 1960, la vente au Metropolitan Museum d'un des rares tableaux de Georges de La Tour, *La Bonne Aventure*[61]. La réaction de l'administration fut d'ailleurs assez rapide puisque, dès le 20 avril 1961, fut publié un arrêté relatif à l'exportation des objets présentant un intérêt national d'histoire ou d'art. Par la suite, Malraux fut mieux tenu informé des projets de ventes à l'étranger ; le plus souvent, c'est Albert Beuret qui faisait la liaison avec la direction des Musées, où le futur président-directeur du Grand Louvre, Michel Laclotte, indiquait si le ministère pouvait ou non laisser faire[62].

Du côté des Musées, l'idée d'exposer des reproductions de chefs-d'œuvre plutôt que des tableaux authentiques n'avait jamais séduit malgré l'initiative d'un musée des Copies, dès 1873[63]. L'idée du Front populaire — entreprendre « l'organisation des musées pour le peuple qui les ignore[64] » —, séduisante pour Malraux, restait une utopie pour la majorité des conservateurs. Ils n'avaient pas admis l'évidence énoncée par Henri Focillon, dès 1921 : « les musées sont faits pour le public[65] ». Le succès des publications et des expositions, vulgarisation effective, apparaît à beaucoup d'entre eux comme l'« illusion d'une culture ». Ils trouvent qu'on se sert des œuvres au lieu de les servir et qu'elles n'ont pas à être utilisées comme de simples prétextes à des manifestations de prestige, même populaires[66]. Certains ressentent le début du succès des grandes expositions comme une atteinte à des sanctuaires de l'intimité de l'art et pensent que les foules n'ont « aucun des moyens qui leur permettraient d'en tirer plaisir ou profit[67] ». Le milieu des conservateurs sait également que, même si Malraux a succédé à Gide au conseil artistique de la Réunion des musées nationaux, il ne s'intéresse pas à l'*institution-musées* ni à l'administration tandis que l'histoire de l'art traditionnelle l'ennuie[68]. On y a sans doute su aussi qu'André Malraux avait obtenu, en Conseil des ministres, de pouvoir négliger l'intervention du vice-président du Conseil d'État déplorant la situation misérable du corps administratif des conservateurs. Hostile à une revalorisation de leur statut, il avait déclaré qu'ils étaient « une catégorie particulièrement favorisée[69] ». Ils ont donc écouté avec rage, en 1964, leur ministre inaugurer la Fondation Maeght ; il se félicitait qu'elle ne soit pas un musée[70] et cataloguait l'illustre Fondation Barnes comme ayant cinquante ans de retard parce que musée.

Les espérances du ministre d'État

Si Malraux partageait en partie les soucis du monde de la conservation quant à l'éducation des visiteurs, il refusait l'idée d'une leçon d'art ; pour lui, elle empêchait le dialogue singulier de l'individu face à l'œuvre. Le ministre, fidèle à l'homme des *Écrits sur l'art*, voulait que chaque Français puisse voir un maximum de chefs-d'œuvre, au besoin en reproductions. Il a ensuite soutenu que, s'il avait contrôlé la télévision, il aurait veillé à ce que les maisons de la Culture projettent chaque année, pendant un mois, les images des œuvres majeures de l'art mondial, les choses de base[71]. Il ne craignait pas d'affirmer que l'État « aurait fixé un ordre de priorité des connaissances » et que, de la même façon qu'il faisait connaître l'état de la biologie du cerveau, l'état de la matière, il aurait appartenu à la structure étatique chargée des affaires culturelles de faire connaître « l'état actuel du rapport de l'homme avec l'art mondial[72] ». Mais son projet de *Musée du XXe siècle*, envisagé sur l'emplacement des Halles puis à la Défense, s'enlisa au point que Jean Cassou préféra quitter son Musée national d'art moderne pour devenir directeur d'études dans la future École des hautes études en sciences sociales[73] ; son poste devait rester vacant plus de deux ans[74]. Quand il fut question de développer les commandes au titre du 1 % dépensé en faveur d'artistes vivants, Malraux demanda s'il s'agissait d'aider des artistes pauvres ou si on voulait réellement éduquer les enfants[75]. Il attendait, sans le croire possible, qu'on lui « montre le malin capable de dire ce qu'est l'enseignement de l'art[76] » et continuait d'espérer que se crée, par l'amour, un univers dans lequel chacun pourrait dire d'une œuvre d'art : *elle m'est nécessaire*. Le résultat des commandes au titre du 1 % fut ensuite jugé par le président Pompidou « souvent médiocre, parfois désastreux »[77].

Du côté des monuments historiques, la mise en œuvre des secteurs sauvegardés préluda au renouveau des quartiers anciens de nombreuses villes. Mais la loi du 4 août 1962 n'a pas changé les principes traditionnels du corps des architectes en chef et n'a pu être utilisée que grâce à des crédits provenant majoritairement du ministère de la Construction[78]. C'est sans doute ce qui explique que certains plans, tel celui pour Avignon, ont distingué les parties à réhabiliter de parties à rénover dans lesquelles les promoteurs pouvaient bâtir, y compris donc dans les zones

« présentant un caractère historique, esthétique ou de nature à justifier la conservation, la restauration et la mise en valeur de tout ou partie d'un ensemble d'immeubles ». Si le ministre de la Construction Pierre Sudreau ne renouvelle pas sa tentative de 1961 pour s'emparer de la direction de l'Architecture[79], ses équipes ne peuvent oublier qu'en 1956 il s'était réjoui qu'on abandonne la hauteur limite des immeubles parisiens (31 mètres) : « Nous en finissons ainsi sur le plan vertical avec la politique du centimètre[80]. » Devenu président de la République, le Premier ministre Pompidou exprima clairement sa volonté d'adapter Paris à l'automobile ; ses convictions ont forcément pesé sur la politique des services de son ministre à partir de 1962. Les Affaires culturelles ne pouvaient faire prendre réellement en compte l'avenir qualitatif du cadre de vie car le pragmatisme quantitatif régnait « grâce à l'euphorie industrielle des mises en chantier[81] ». L'air du temps n'est encore ni à la réhabilitation du pastiche, « au nom de l'harmonie de l'environnement[82] », ni à la protection intensive du patrimoine. Ainsi, dans les églises d'après le concile Vatican II, le clergé se sépare parfois de décors historiques au prix de ce que le directeur de l'Architecture appelle de « coûteux travaux d'appauvrissement[83] » mais, sauf pour les cathédrales, le ministère n'a que peu de moyens d'intervenir.

La sage lenteur des bureaux

Cependant, l'inexpérience ministérielle de 1945, attestée par Raymond Aron[84], avait eu son rôle formateur. Si, pour le nouveau ministre d'État, être au pouvoir c'est se préoccuper du Destin de la France, il admet qu'il lui faut des structures et il sait que, pour le général de Gaulle, un ministre sans services, cela ne se conçoit pas. Mais il n'entend pas être noyé dans des affaires subalternes, comme l'illustre une note à son ami d'enfance Marcel Brandin : « Que l'on ne nous passe pas, pour examen, des questions qui doivent être résolues par les services[85]. » Or, dans les vieilles directions du ministère héritées des Beaux-Arts, aux Musées, aux Archives, on laisse venir les dossiers ; on les traite avec une sage lenteur dans des bureaux où les personnels sont persuadés qu'ils ont des décennies devant eux. Comme, d'autre part, ils manquent cruellement de moyens, ils estiment naturel de déployer leurs activités avec circonspection, sans coordination entre les services.

Cette gestion de pénurie qui a longtemps marqué la vieille direction des Beaux-Arts, on peut en voir un bel exemple dans le bureau de la Musique. Il fonctionne avec une administratrice civile, deux institutrices faisant fonction d'attachées, un adjoint administratif, une auxiliaire, une « chômeuse intellectuelle » qui gère les secours aux artistes et une ancienne fonctionnaire, payée à l'heure pour confectionner des diplômes de la médaille d'honneur des sociétés musicales et chorales ! Le budget musique est à l'image de ce bureau et l'on ne s'étonne plus de savoir alors que l'État contribue à moins de 10 % des budgets des écoles nationales de musique[86]. Quant aux commandes aux compositeurs, le crédit de 120 000 francs alloué en 1959 voit son montant inchangé jusqu'en 1965, peut-être dans l'attente de propositions novatrices. Sur cette politique « en creux » que la constitution d'une commission, le 27 décembre 1962, ne suffit pas à supprimer, André Malraux s'attire les sourires des députés en leur lançant : « on ne m'avait pas attendu pour ne rien faire[87] » ! C'est l'époque où il critique le genre archaïque de l'opéra, « divertissement pour concierges, dont on ne voudrait pas au casino de Romorantin[88] », et où il fait changer le mode de nomination de son directeur afin d'imposer des mises en scène modernes[89] au Palais Garnier. Il annonce peu après que les crédits pour la musique vont croître de 450 % en 1966 mais on peut se demander s'il n'a pas fait une erreur en lisant sa fiche puisque l'augmentation réelle sera de 450 000 francs dans un budget de 1966 qui fournit 3 300 000 francs aux théâtres nationaux et presque deux millions aux maisons de la Culture[90]. La signification des procédures budgétaires est de toute façon loin des préoccupations des services : en novembre 1964, le directeur du cabinet déplore qu'une décision modificative pour un budget de 1963 ne lui soit parvenue qu'au début de l'été 1964 ; il dénonce forcément le caractère déplorable des méthodes dans les établissements dépendant du ministère[91].

La tutelle de Matignon

Pendant les trois premières années du ministère, la tutelle de Matignon a été forte ; Michel Debré en a témoigné sans ambages : « C'est moi qui arrêtais le budget, fixais le niveau des lois-programmes. Malraux ne s'y intéressait pas, mais voulait des crédits pour une chose, pour ce qu'il voulait faire. Il pouvait avoir une volonté pour une chose[92]. » En mars 1961, les services du Premier ministre font savoir à celui qui sera, en 1962, le premier directeur de l'administration générale du ministère que le Premier ministre « n'envisage pas de signer, tel qu'il lui est présenté, le décret créant des cadres propres au ministère[93] », décret qui, après visa des Finances, était arrivé à Matignon en octobre 1960. Jean Autin insiste auprès d'André Malraux sur le caractère peu tolérable de ce retard : idéologiquement, le ministère des Affaires culturelles doit avoir les mêmes moyens qu'un département définitivement constitué et destiné à durer ; administrativement, l'absence de cadres est source de troubles constants ; psychologiquement, cette absence éloigne du ministère les fonctionnaires qui souhaiteraient y servir car ils ne pensent pas pouvoir y faire leur carrière[94]. Mais, sur ce dossier comme sur beaucoup d'autres, le ministre se refuse à être en première ligne. Ainsi, pour la réorganisation de la direction générale des Arts et Lettres, il charge son ami Marcel Brandin de revoir les propositions de Jean Autin, de prendre contact avec les deux délégués des Finances désignés par le secrétaire d'État Giscard d'Estaing, de trouver un accord et, s'il ne se dessine pas, de revoir Loubet[95].

En 1962, un seul énarque collabore avec les ex-administrateurs coloniaux pour construire les structures du ministère ; les habitudes de ces derniers contribuent à quelques succès parce qu'ils ne s'embarrassent pas souvent des procédures traditionnelles[96]. Après l'arrivée à Matignon de Georges Pompidou et avec son appui, une direction de l'administration générale est finalement créée par arrêté du 14 avril 1962 pour être un « organe d'étude, d'information et d'exécution »[97]. Le cabinet est repris en main par un maître des requêtes du Conseil d'État, André Holleaux ; il obtient d'abord que son ministre renonce à son extravagante idée : qu'il fasse le travail[98] en laissant le titre à Georges Loubet ! Mais le compagnon du RPF reste, jusqu'en 1964, conseiller auprès du ministre car Malraux est admirablement fidèle à son petit groupe de camarades[99]. Il a aussi une conception égalitaire pour les primes de cabinet : pendant les premières années, leur répartition est faite par onzièmes de montants identiques, du directeur du cabinet à la secrétaire particulière du ministre[100]. Pendant les années où Holleaux est son collaborateur administratif le plus proche, la façon de travailler de Malraux est méthodique ; mais il tente de préserver son mode de vie et au ministère, comme au temps du RPF, il est protégé par ses absences et ses amis[101].

Malraux exaspérant et irremplaçable

Pierre Moinot, qui pratique André Malraux de 1959 à 1961 et de 1966 à 1969, le juge mal à l'aise dans les réunions à plusieurs ; c'est à ses yeux un ministre « exaspérant et irremplaçable[102] ». Il a fini par le décrire comme un chef de bande qui laisse improviser les détails mais sans aucun droit à l'erreur ; un homme « animé d'un grand dessein, avec pour le réaliser des moyens si dérisoires que cette disproportion pouvait faire rire les imbéciles[103] ». Tout en témoignant d'une approche rationnelle des questions et d'un sens réel de l'organisation, la collection des *notes vertes* adressées par Malraux à son deuxième directeur de cabinet[104] illustre que le ministre garde son style particulier jusque dans sa vie administrative. Il a choisi une couleur de fiche pour chacun de ses interlocuteurs. En fonction des cartons verts, le directeur de cabinet doit examiner les urgences avant leur entretien quotidien afin de parler « seulement de ce qui pose des questions ». Au seuil d'une année, André Malraux émet le souhait qu'une note soit établie « sur chacune des questions en cours » ; il refuse par avance d'être transformé en jury ou de « passer dix jours par mois en promenades ». Élevé dans une banlieue parisienne plutôt pauvre, il n'aima jamais les provinces, même devenues régions administratives ; il resta dans l'état d'esprit qui, dès 1924, lui faisait accoler au mot province l'adjectif *immonde*.

Un universitaire alsacien l'accusera d'avoir, par parisianisme et intellectualisme, accéléré le processus de rupture entre une vision traditionnelle de la société et une vision anarchisante[105]. Il prête trop d'influence aux rares correspondants régionaux du ministère ; l'impression d'un encadrement faible des actions culturelles en régions me paraît plus exacte. En 1967, cette carence est dénoncée au grand public : « Le bataillon culturel est souvent limité dans un département à deux ou trois personnes, l'archiviste, la bibliothécaire, le conservateur, fonctionnaires consciencieux que leur activité coupe trop de la vie économique et sociale du département pour avoir beaucoup de poids réel sur les décisions des technocrates. Ceux-ci les considérant souvent comme les derniers représentants d'une espèce négligeable, en voie d'extinction[106]. »

Le ministre-écrivain a affirmé que son ministère l'obligeait à penser souvent au futur[107], ajoutant que c'était « d'une façon impersonnelle, administrative. Ce qui, en somme, le supprime ». Si, après 1962, il enjoignit souvent à son directeur de cabinet de suivre, de surveiller, de mettre de l'ordre, il n'a pas développé de passion pour les réglementations. Homme très méticuleux, il a parfois préféré passer « un grand temps à s'occuper d'un problème qu'on pourrait qualifier de mineur par rapport à l'ensemble des actions du ministère mais qui, pour lui, était particulièrement significatif[108] ». Au demeurant, seule l'arrivée des anciens fonctionnaires de la France d'outre-mer a fourni en fin de compte le nombre de praticiens nécessaire pour que les idées nouvelles prennent corps. De grands projets se préparent alors, tel l'Inventaire général des monuments et richesses artistiques lancé finalement en 1964, avec le concours du professeur André Chastel et à travers deux équipes pionnières, en Alsace et en Bretagne[109]. Elles vont faire de la recherche scientifique approfondie, avec la conviction qu'on ne peut « être utile au savoir en affaiblissant son niveau » ; leurs recensements engendrent des découvertes et une nouvelle dimension intellectuelle des connaissances, dans la ligne de ce qu'avaient fait les Anglais, dès 1900, sur une paroisse[110].

L'amitié de Georges Pompidou

En 1959 et 1960, le ministère donne l'impression à ses pionniers qu'ils sont dans « une petite cabane en planches dans un terrain vague, abritant les ouvriers chargés de faire sortir de terre une maison[111] ». À partir de 1962, le soutien amical de Georges Pompidou permet quelques évolutions positives. L'agrégé de lettres avait écrit, dès 1955 : « Tout est là pour nous permettre d'affirmer que la vie de Malraux n'a pas fini d'étonner[112]. » En 1958, celui qui n'était que le directeur de cabinet du Général avait rencontré huit fois l'écrivain ; ils étaient déjà des amis personnels puisque leurs familles s'étaient fréquentées et que leurs enfants avaient des liens d'affection[113]. L'amitié vigilante du Premier ministre a permis à son ministre d'utiliser sa résidence officielle de repos, La Lanterne, dans le parc du château de Versailles, après l'attentat qui força André et Madeleine Malraux à quitter Boulogne[114]. Cependant, Georges Pompidou s'est agacé parfois de son absentéisme puisque, après trois ans à la tête de sa si fragile administration, son ministre d'État pensait encore qu'il pouvait être absent du ministère, pour réfléchir, deux demi-journées par semaine. Il alla jusqu'à l'écrire à son nouveau directeur de cabinet[115], lui suggérant la même méthode, ce qu'André Holleaux s'est évidemment interdit !

Dès le départ de Michel Debré, Matignon a fait savoir à Malraux qu'il fallait changer la direction de son cabinet. Le choix du rigoureux André Holleaux, ancien directeur adjoint du cabinet de Robert Buron aux Travaux publics en 1958, directeur du cabinet du garde des Sceaux Edmond Michelet de 1959 à 1961, a été conseillé. Dès le 22 mai 1962, Holleaux prescrit aux directeurs d'établir une note succincte de présentation pour les affaires d'une certaine importance aussi bien que pour les décisions intéressant le personnel : « L'observation attentive de ces quelques principes essentiels facilitera l'harmonisation des méthodes de bonne administration indispensable au fonctionnement du ministère[116]. »

D'avril 1962 à juillet 1968, le Premier ministre reçoit très régulièrement son ministre d'État : vingt et une fois en 1962, dix-sept en 1963, quatre en 1964, treize en 1965, douze en 1966 et 1967, quatre en 1968[117]. Anne-Marie Dupuy, chef du cabinet de Pompidou, remarque combien Malraux redoute d'avoir mal noté l'heure de ses audiences ou de ne pas s'être fait comprendre ; il lui arrive d'avoir envie de dire au ministre-écrivain qu'elle n'est pas analphabète et qu'il n'a pas besoin de répéter ses messages pour être sûr qu'ils seront retransmis intégralement[118]. Elle respecte cependant « le merveilleux oracle » dont elle a lu tous les livres ; mais, à Matignon comme ailleurs, le ministre-écrivain est souvent catalogué comme trop farfelu. C'est ainsi qu'André Malraux ne participe pas à tous les conseils sur l'aménagement du territoire et d'abord de Paris.

Un ministre à temps partiel ?

Officiellement, Malraux n'est plus homme de lettres ; le 22 août 1963, son condisciple de l'école primaire supérieure Brandin écrit au directeur d'une revue qui voudrait un texte rendant hommage au romancier allemand Gustav Regler, ancien des Brigades internationales en Espagne : pendant la durée de ses fonctions, le ministre est contraint de renoncer à toutes activités qui ne dépendraient pas étroitement de son ministère et par conséquent à son ancienne activité littéraire[119]. Toutefois, le lancement de la collection « L'Univers des formes » qu'il dirige et la préparation de diverses rééditions et de préfaces occupent une partie de son temps, même avant qu'il ne se lance, de 1965 à 1967, dans ses *Antimémoires*. Alain Peyrefitte a consigné que, de notoriété publique, le ministre reste le matin, en période d'écriture, chez lui et ne vient au bureau que l'après-midi[120].

Sans même parler des périodes de voyages, ce ne serait donc pas deux demi-journées par semaine mais six où le ministère aurait fonctionné sans son mentor, pendant plusieurs années. De 1967 à 1969, il y eut aussi les escales vespérales journalières chez Louise de Vilmorin, à Verrières-le-Buisson ; elles commençaient à l'heure du thé, quand la DS ministérielle avait fini de parcourir la quinzaine de kilomètres séparant la capitale du château de son égérie[121]. Sachant que, de 13 heures à 15 heures, il y avait aussi des déjeuners hors du ministère, on comprend que, dès l'automne 1962, Georges Pompidou se soit plaint, en Conseil des ministres, de ne pouvoir joindre son ministre des Affaires culturelles, même en dehors de ses missions officielles. Six mois après son arrivée à Matignon, il ne résista pas « à la tentation de jeter une pierre dans le jardin de Malraux », et de montrer à tous qu'il surveillait chacun[122]. Si Charles de Gaulle vole alors au secours de son ami génial, le Premier ministre tire ensuite des conclusions des habitudes de son ministre comme de son état de santé fluctuant. Même s'il assiste à quelques séances, on se contente souvent de le laisser parler. André Holleaux a témoigné que, dans une réunion traitant de l'architecture des préfectures des nouveaux départements de la future Île-de-France, l'exorde malrucien sur la nécessité d'un geste architectural avait été écouté « avec une certaine tendresse [...] mais on sentait bien que les choses en resteraient là », d'autant que le ministre ne tenait pas tout à fait compte des besoins fonctionnels : ils lui furent rappelés par le ministre de l'Intérieur[123]. C'est aussi pourquoi son projet de voir la préfecture du Val-d'Oise installée dans l'ancienne abbaye de Maubuisson à Saint-Ouen-l'Aumône demeura à l'état de rêve. Le ministre des Affaires culturelles est également exclu d'un conseil sur l'enseignement par l'audiovisuel qui était pourtant l'une de ses intuitions énoncées dès 1945. Malraux est maintenu au gouvernement, y compris quand sa santé s'altère gravement, en 1966 ; c'est en stratège des élections de 1967 que le Premier ministre Georges Pompidou s'exprime : « Malraux, c'est 500 000 voix[124]. »

Le sage farfelu face aux fourberies bureaucratiques

Le ministre d'État n'oublie quand même pas sa vieille indulgence pour le *farfelu*. Quand il n'inscrit pas corbeille ou cocotte sur des documents jugés sans intérêt, il suggère de les placer au dossier farfelu[125]. Lui qui, dans sa jeunesse, avait édité des romans érotiques en créant une fausse domiciliation *rue du satyre farfelu*, propose à André Holleaux de ne répondre « qu'aux lettres officielles sans fautes d'orthographe ». L'amateur d'art sait aussi noter sur une feuille volante : « Ce n'est pas Picasso qui interroge l'art nègre, c'est celui-ci qui interroge Picasso. » Il n'hésite pas non plus à commenter l'annonce d'un vol au musée d'Aix-en-Provence en faisant remarquer que le tableau dérobé n'est pas un Cranach mais de l'école du peintre et il ajoute : « le voleur aurait mieux fait de voler le Rembrandt au béret, à peine plus grand » ! Tantôt il consigne comme extravagant qu'on ne puisse lui trouver une statue de la Vierge, tantôt il énonce — pour le danseur Jacques Chazot[126] — qu'il n'y a plus de professeur de maintien mais qu'il faudrait trouver un job à cet ami du couple Pompidou. Sur un dossier relatif au cinéaste Georges-Henri Clouzot, il note : *c'est un fol, mais de grand talent* ; dans un autre cas, il écrit : *Il a raison mais ce n'est pas une raison.*

Dans le dialogue en tête-à-tête, qui se passe parfois dans des déjeuners pris dans des restaurants renommés[127] mais plus souvent en tournant autour de la table de son bureau, André Malraux expose ses visions fulgurantes et perçoit la difficulté qu'il y aura à les traduire, sans pour autant renoncer à ses rêves. Aussi l'équipe de l'action culturelle apprécie en Holleaux un directeur pondéré qui sait faire la part des songes dans les propos de son ministre et qui comprend la prudence avec laquelle il faut orienter un ministère fait de pièces et de morceaux disparates. Émile Biasini, principal promoteur des maisons de la Culture qui devait ensuite être le secrétaire d'État aux Grands Travaux de la présidence Mitterrand, en a fait un vibrant éloge : « Si Malraux a pu ressembler à un vrai ministre, c'est à André Holleaux qu'il l'a dû ; loyal, rigoureux, objectif, il a réussi à faire fonctionner correctement cet agglomérat très disparate[128]. » Lorsque le deuxième directeur de cabinet choisit de quitter André Malraux après trois années de travail en commun, son remplaçant vient aussi du Conseil d'État. Antoine Bernard, troisième et dernier directeur du cabinet de Malraux, a fait partie du cabinet d'un secrétaire d'État aux Arts et Lettres en 1956-1957 ; la santé de son ministre et son propre caractère lui font choisir d'autres méthodes de travail. C'est ce qui explique le portrait peu flatteur qu'en a dressé le premier directeur qu'il fit tomber : « Ébloui d'être au service d'un tel ministre, il mit sa loyauté à en épouser les méandres caractériels. Il n'avait qu'un souci : affermir l'administration et mettre au pas les aventuriers qui lui avaient donné son style[129]. »

Avant la rupture de 1966 et après trois ans d'une gestion qui laissait trop de place ou aux vieilles habitudes ou à la fantaisie, une note de Gaëtan Picon, l'ami et admirateur de Malraux promu directeur général des Arts et Lettres, avait prouvé, le 25 septembre 1962, que l'exemple donné par Holleaux faisait boule de neige. La « structuration définitive » des services de la direction générale des Arts et Lettres allait entrer en vigueur. Parce qu'il a décelé « les perfidies administratives dont l'objectif était de maintenir le plus longtemps possible le statu quo et la paix des couloirs », son plus proche collaborateur veut mettre fin aux « fourberies bureaucratiques et aux alchimies comploteuses des hiérarchies bousculées[130] ». Émile Biasini comprend aussi que son ministre souhaite que les problèmes financiers et de gestion n'encombrent pas son cabinet. Considérant qu'il a « la bonne fortune de recevoir la charge d'un domaine entièrement nouveau, l'action culturelle[131] », le jeune directeur entend « mettre en place les moyens d'une décentralisation sociale et géographique pour diffuser les chefs-d'œuvre ». En 1965, tout en mesurant les dangers d'un manque de rigueur, à l'issue de son inspection sur les préfigurations des maisons de la Culture, Robert Lion avalise les positions parfois aventurées d'Émile Biasini. Le ministre maintient son choix de toujours préférer la liberté des créateurs. De même qu'il fait dire, à propos du montage d'une pièce, que sa proposition n'est qu'une simple suggestion[132], il fait approuver la position de Biasini, qui ne veut pas qu'on expédie des circulaires aux directeurs de théâtres subventionnés sur « le danger d'une politisation de leurs actions[133] ». Si André Malraux monologue souvent, il a aussi la grande sagesse de dire au directeur qui a sa confiance : « Faites ce que vous préférez. C'est ce que vous ferez le mieux[134]. »

LES MAISONS DE LA CULTURE, UN GRAND RÊVE INACHEVÉ

Est culture la connaissance qui féconde celui qui la porte, et celle-là seule...

Gaëtan PICON,
directeur général des Arts et Lettres,
« Création et Culture ».

Pour distinguer sa nouvelle structure des trois administrations dont il reprend certaines missions — les Beaux-Arts, l'Éducation nationale, la Jeunesse et les Sports —, André Malraux pense trouver la solution dans les maisons de la Culture. Tout en se refusant à voir dans la culture « un problème d'administration des loisirs[135] », il se souvient de la maison de la Culture imaginée en 1934 par l'Association des écrivains et artistes révolutionnaires ; on y trouvait, au cœur de Paris, des conférences, des expositions, des films, des chansonniers[136]. Il n'oublie pas non plus ce que son ami Léo Lagrange espérait développer, la possibilité pour les travailleurs de trouver « dans les loisirs, la joie de vivre et le sens de leur dignité[137] ». Le 9 juin 1945, salle Pleyel, Malraux avait rappelé l'idéologie sur laquelle reposait son organisation des loisirs : par la démocratie d'une part, et de plus par les découvertes techniques comme le cinéma, et le phonographe succédant à l'imprimerie, la culture devient l'apanage inévitable d'un nombre toujours plus grand d'hommes. Lagrange eût voulu une action de l'État par laquelle le chef-d'œuvre, appartenant à l'humanité, fût mis non pas à la disposition de tous ce qui n'a aucun sens, mais à la disposition de quiconque[138]. Contre la mauvaise volonté de l'Éducation nationale, Malraux ranime donc le rêve des socialistes de 1936, son propre souhait de 1946 : faire une maison de la Culture dans chaque chef-lieu de département, désencombrer les musées de leurs navets académiques et les remplacer par les cent chefs-d'œuvre capitaux de la peinture française, reproduits en couleurs et en vraie grandeur[139].

Le contact avec l'esprit de l'humanité

Dès le 17 novembre 1959, le ministre annonce à l'Assemblée nationale que, dans chaque département français, les maisons de la Culture « diffuseront ce que nous essayons de faire à Paris afin que n'importe quel enfant de seize ans, si pauvre soit-il, puisse avoir un véritable contact avec son patrimoine et avec la gloire de l'esprit de l'humanité ». Il se souvient du réseau provincial de la maison de la Culture de 1936 et s'appuie sur l'action des centres dramatiques développés au début des années cinquante, avec le soutien de Jeanne Laurent. La première vraie maison, celle de Bourges, s'installe dans une maison du Peuple édifiée entre 1934 et 1939 ; Gabriel Monnet, fondateur du centre dramatique local, en prend la direction. D'autres anciens des troupes de théâtre, partis à la conquête de la province à la suite de Jacques Copeau, vont participer à ce projet politique de vaste ampleur. Même dans la capitale, il y aura une maison, la « première grande expérience d'implantation théâtrale en quartier ouvrier[140] ». Luc Decaunes, qui voulait la popularisation culturelle, sera le principal collaborateur de Guy Rétoré au Théâtre de l'Est parisien. Dans son quartier natal de Ménilmontant, Rétoré avait fondé sa compagnie dès 1954 ; la Guilde fut la source de la structure qui obtiendra, en 1972, un statut de théâtre national sans avoir été jamais réellement une maison de la Culture. Pourtant, dès 1964, elle revendiquait 18 000 abonnés et le ministre s'en félicitait : « On ne va pas à Belleville de tous les coins de Paris ! C'est vraiment Belleville qui est en cause[141]. » Malraux martelait alors : « Aucune Sorbonne apportant un enseignement de connaissances ne peut remplir le rôle de la maison de la Culture, qui apporte l'admiration et l'amour[142]. » Le ministre reconnut ensuite que ses maisons n'étaient pas toujours administrées comme il le fallait et qu'on n'avait pas trouvé un bon système de rapports entre leur direction, la municipalité et l'État. Il affirma néanmoins qu'elles n'étaient pas devenues le pire après avoir été le meilleur. Pascal Ory, promoteur de l'histoire culturelle, a justement écrit : « L'écart est plus grand encore entre la légende du grand dessein culturel de 1959 et la réalité des résultats concrets atteints dix ans plus tard[143]. » Mais c'est peut-être parce que, pour le ministre lui-même[144], les maisons de la Culture n'étaient pas du tout quelque chose qui devait être programmé.

La culture par l'amour des chefs-d'œuvre

Que s'est-il passé dans la décennie Malraux pour qu'en 1969 ne soient inaugurées ou ouvertes que dix maisons[145] alors que le ministre en avait rêvé neuf fois plus ? L'évolution de la doctrine à Paris, la réserve d'élus préférant finalement contrôler leur propre politique culturelle — ou n'en pas avoir — et surtout les réticences du ministère des Finances ont raison des utopies ministérielles : faire comprendre que n'est culture que ce qui féconde, faire montrer par les créateurs l'image inachevée de la culture, faire préférer « le difficile au facile ». En 1959, certains croient encore possible de faire le lien entre les maisons des jeunes et de la culture multipliées sous la IVe République sur l'initiative d'André Philip et les futures maisons de la Culture, foyers où doivent se rassembler « toutes les activités créatrices d'une petite ville ou d'un quartier de grande ville[146] ». Or le ministre entend promouvoir une culture reposant sur l'amour des chefs-d'œuvre ; il n'est pas question pour lui de valoriser les pratiques des amateurs. Le désintérêt pour les associations se consacrant à l'éducation populaire sera donc assez vite manifeste et les services du Haut-Commissariat à la Jeunesse et aux Sports en tireront argument pour récupérer la majeure partie des crédits. Dès le mois de mai 1961, Pierre Moinot définit l'exigence de qualité des maisons de la Culture ; elles doivent s'organiser autour d'un centre d'art de caractère professionnel. Le 30 juillet 1962, une note du directeur du Théâtre, de la Musique et de l'Action culturelle précise que resteront sous sa tutelle les seules « associations participant à l'action culturelle que nous animons, soit pour leur caractère professionnel, soit que leur activité en fasse un instrument de cette action, soit qu'elles animent ou préfigurent une de nos maisons de la Culture[147] ».

À l'inauguration de la première d'entre elles, en juin 1961, le simple musée reconverti du Havre, le ministre a déclaré à la presse[148] qu'un tel édifice se caractériserait par sa souplesse, son pouvoir de s'adapter à toutes les formes de l'art, de la pensée, de l'expression. Pour accueillir dignement tout ce qui sera exemplaire, sont alors envisagés la construction de 25 maisons neuves et l'aménagement de 5 bâtiments pour un coût de 63,4 millions de francs[149]. Il est finalement inscrit au IVe Plan, pour les années 1962-1965, une demande de 85,6 millions ; ils doivent permettre de créer 4 maisons importantes, 8 maisons avec des salles polyvalentes et 8 autres sans salles de spectacles. Mais, tandis qu'une loi-programme inscrit, au bénéfice du Haut-Commissariat à la Jeunesse et aux Sports, 90 millions de francs (MF) pour la construction d'équipements socio-éducatifs, les Finances sabrent les demandes de la Rue de Valois et n'accordent que 1,85 MF pour 1962 quand le ministère estime ses besoins à 10 MF[150] ! C'est donc pour des raisons diverses mais d'abord financières que la politique des maisons de la Culture va différer des orientations présentées, en 1960, devant les deux sous-commissions de la commission culturelle du IVe Plan traitant du théâtre et de l'action culturelle[151].

Des orientations culturelles nouvelles

Plus de cinq ans après la création du ministère, le directeur général des Arts et Lettres ne craint pas d'affirmer encore : *Ce que seront les maisons de la Culture, nous le savons moins que nous ne le cherchons ensemble ; elles exigeaient d'exister. L'existence des maisons de la Culture est là pour prouver que le ministère des Affaires culturelles est bien autre chose que la promotion de l'ancien secrétariat d'État. Rien n'est fait : tout est à faire. Rien n'est garanti : tout est à risquer. Par nous. Par vous*[152]. Les technocrates des Finances n'ont nulle envie de miser beaucoup sur ce risque ! Émile Biasini l'a perçu avant même d'être devenu l'adjoint de Gaëtan Picon[153]. Sa note du 25 octobre 1961 l'illustre : à propos du budget de 1962, les chiffres « éclairent cruellement la situation du présent, qui nous voue aux actions exemplaires (Saint-Étienne, Bourges) et interdit les "petits paquets" [...]. Ceci implique d'abord la définition précise d'une politique et d'un plan d'action, et la concentration des responsabilités[154] ». Contrairement à ce que soutint Pierre Moinot[155], les orientations culturelles précisées en 1960 ne sont donc pas maintenues après 1962, ce qui s'explique par le montant des crédits ouverts pour la période 1962-1965 : ils ne représenteront même pas 50 % des prévisions financières initiales.

Dès le 10 mai 1962, Émile Biasini établit, en tant que directeur de l'Action culturelle, un constat que l'on peut trouver sévère mais qui va être la base de son action : « Créé depuis trois ans, ce ministère n'a pu commencer encore à se manifester dans le domaine où il doit témoigner de la plus grande originalité et où il doit apporter un considérable bouleversement dans l'évolution de la vie culturelle en France [...] depuis trois ans nous n'avons pu présenter face aux Finances un instrument administratif — dont elles contestent encore les moyens d'existence — parce que la définition des grands axes de cette politique n'a pu naître que lentement ; nous nous trouvons aujourd'hui pratiquement sur la base de départ[156]. »

Daté d'octobre 1962, *Action culturelle, an I* redéfinit les missions des maisons de la Culture, leurs conditions d'implantation et les projets pour l'Île-de-France ; Émile Biasini y fixe le principe de la parité des financements de l'État et des municipalités. Il veut « transformer un privilège en un bien commun ». Tandis que son ministre lui fait rappeler que « le temps du négligeable est passé », Biasini devient « un véritable voyageur de commerce de l'action culturelle »[157] en s'appuyant sur nombre de directeurs de centres dramatiques décentralisés et sur des maires de diverses tendances. Il voudrait que son ministre vienne plus souvent en province pour soutenir le changement mais ne peut réussir à modifier le rythme de vie d'André Malraux. Il l'influence assez cependant pour qu'il n'envisage pas d'aller inaugurer la maison de la Culture de Caen[158] ; elle allait en effet vite déchoir sur le plan artistique et devenir un Palais des loisirs. À l'instar de Gaëtan Picon, qui lui a laissé la préparation des budgets et la présentation des courriers importants, Émile Biasini a délégué à un autre ancien de la France d'outre-mer le soin d'acheminer les correspondances ordinaires vers les différents services. Guy Brajot a bien compris lui aussi la méthode de Malraux ministre : énoncer les grandes orientations « de manière fulgurante mais parfois un peu sibylline » ; laisser aux directeurs, couverts de son autorité, le soin d'inventer les mécanismes de réalisation ; ne jamais intervenir « dans le déroulement de ces opérations administratives longues et complexes, et parfois politiquement délicates[159] ». Mais le simple nom d'André Malraux reste « un merveilleux drapeau » pour son directeur de l'Action culturelle. Il ne se prive pas de menacer le ministère des Finances, ou des préfets, des foudres ministérielles, voire de celles du Général[160].

Des objectifs contestés

« Dire de bonnes paroles à Biasini pour plus tard ; il faudra faire un jour du "travail en province" mais selon un programme » : ce contenu d'une note verte adressée à André Holleaux exprime bien l'impossibilité physique et psychique du ministre à passer beaucoup de temps dans les régions. L'écrivain n'aime guère sortir de son Île-de-France natale où il a pris des habitudes dans ses restaurants favoris, habitudes dont son collègue Peyrefitte se moquera doucement : « Étonnant, ce héros des révolutions d'avant-guerre qui ne peut déjeuner que dans des restaurants quatre étoiles[161]. » Depuis qu'il a quitté Bondy, rien de ce qui peut lui rappeler la médiocrité de la banlieue de son enfance n'est acceptable pour l'écrivain-ministre. Il n'apprécie pas non plus les horizons des campagnes françaises ; l'un des personnages de ses *Antimémoires* dit à l'époque qu'il imagine « un paysage très con, genre picard, nul en tout[162] ». Toutefois, le discours du ministre à la maison de la Culture d'Amiens énonce que ce qui s'y passe est *dans le domaine de l'Histoire* et conclut : « Vous tentez une des plus belles choses qu'on ait tentées en France, parce qu'alors, avant dix ans, ce mot hideux de province aura cessé d'exister en France[163]. » Malheureusement, quand le ministre parle en 1966, dans la capitale picarde, des 30 milliards d'anciens francs nécessaires « pour faire ce qui se passe ici dans la

France entière » en rappelant que le budget de l'Éducation nationale est de 1 700 milliards, cela ne fait pas bouger ses lignes de crédit.

La position de retrait de Malraux en fait parfois une marionnette dont certains croient qu'ils peuvent tirer les fils mais le pouvoir demeure aux arbitres des budgets. En mai 1966, une note de l'inspecteur général des Finances Hoppenot a été d'une extrême limpidité, détruisant par avance toute chance de faire aboutir les rêves esquissés à Amiens. Elle dénonce de multiples irrégularités dans le maniement des crédits et soutient qu'on ne mettra pas sur pied plus de deux maisons par an même si ce qu'on y rassemble est fait pour « alimenter la vie spirituelle de tous ceux qui voudront bien s'y retrouver ». Les arbitrages des Finances sont déjà rendus quand le ministre s'écrie devant les députés qu'il ne leur demande que l'équivalent de 25 kilomètres d'autoroutes : « La France, pour cette somme misérable, peut, dans les dix ans qui viendront, redevenir le premier pays culturel du monde[164]. » Pourtant, au Havre, la première maison de la Culture demeure toujours dans le musée municipal, ce qui fait dire à un inspecteur des Finances que les conditions matérielles de son installation « sont très défavorables et rendent illusoires ses perspectives de développement[165] ». Affirmant « la mission tracée aux maisons de la Culture, leur nom même sont trop ambitieux », le document Hoppenot évoque quand même le public jeune et enthousiaste rassemblé à Bourges comme à Caen en concluant que c'est un résultat primordial[166].

Des budgets insuffisants

Au cours de la discussion de son dernier budget, le 13 novembre 1968, André Malraux rappelle que les moyens de son ministère ont toujours souffert d'une faiblesse générale puisqu'ils n'ont presque pas dépassé ceux du secrétariat d'État aux Beaux-Arts. L'année précédente, le rapporteur du budget 1968 des Affaires culturelles, Valéry Giscard d'Estaing, s'est fait un plaisir de signaler à son ancien collègue que son ministère se trouvait dans une quasi-impossibilité d'atteindre les objectifs du Ve Plan puisque, aux trois cinquièmes de son exécution, il n'avait été ouvert que 33 % des crédits nécessaires aux enseignements artistiques et 54 % des crédits prévus pour l'entretien et la restauration des monuments. Si l'on voit une ouverture de 51 % des crédits demandés pour les maisons de la Culture, le déficit par rapport à l'enveloppe initiale est de 99 millions de francs.

1968 est pourtant la meilleure année budgétaire de la décennie, probablement parce que le général de Gaulle s'est impliqué au moins deux fois, par écrit, dans cette perspective. Un document très secret[167] du 21 janvier 1967 stipule en effet : « J'ai lu de près la note de M. Malraux et le commentaire de notre Secrétaire général au sujet de la politique de la culture. Il va de soi que les projets de M. Malraux sont éminemment justifiés. » Le 9 juin suivant, le président de la République écrit une lettre à Georges Pompidou pour appuyer la note antérieure ; il y signifie que les moyens du ministère doivent être réévalués, « tant pour le renforcement de son appareil administratif que pour l'accomplissement des objectifs du Plan ». Le général de Gaulle a aussi avalisé l'implantation, sans tarder, à Belleville, d'une maison de la Culture exemplaire[168]. Il avait déjà, en 1964, fait débloquer les crédits de fonctionnement nécessaires à l'ouverture de la maison de Bourges et à la préfiguration du Théâtre de l'Est parisien[169]. L'équipe de Guy Rétoré allait bientôt s'y prévaloir d'une exposition consacrée aux impressionnistes accueillant, en neuf jours, 13 000 visiteurs dont 2 230 utilisant la semaine suivante des tickets d'entrée gratuits pour le musée du Jeu de Paume[170]. En ce qui concerne le TEP, André Malraux avait vite rendu hommage à l'activisme d'Émile Biasini, lui écrivant : « Mon cher Biasini, Je voulais dire à Picon qui, malade, n'est pas venu que je ne me méprenais nullement à ce qui vous revient dans la réussite du TEP — et du reste. Bien à vous. André Malraux[171]. »

L'espoir d'une culture gratuite

Sur la faiblesse des crédits 1968 pour les Beaux-Arts, Valéry Giscard d'Estaing reprend un vieux thème déjà développé par son grand-père Agénor Bardoux[172] dans la discussion du budget de 1873 ; mais il se garde de rappeler la part prise par les services de la rue de Rivoli qu'il a dirigés dans cette politique de crédits rares, surtout à partir de 1963 et du plan de stabilisation. Dénonçant le mauvais usage des subventions pour l'Opéra, cet habitué du Palais Garnier réclame la fermeture de la salle Favart, « où il ne met naturellement jamais les pieds[173] ». Le ministre va riposter en confiant une étude à Jean Vilar mais 1968 aura raison de leurs projets. Le président de la commission des Finances de l'Assemblée nationale a insisté d'autre part sur le fait qu'en 1908 les Beaux-Arts disposaient de deux fois plus de crédits pour chaque monument historique (1 240 francs au lieu de 587 francs). La réponse de son ancien collègue chevaucha à sa hauteur habituelle pour affirmer que, depuis le retour du général de Gaulle, son ministère faisait face à la rupture avec le passé la plus brutale que le monde ait jamais connue : le « monde moderne est le mélange de son futur et de son passé ; il est extrêmement peu son présent ».

Malraux annonce qu'un jour « la culture sera gratuite », préfigurant les pratiques des utilisateurs de l'Internet au début du XXIe siècle. Avant cette intervention devant les députés, le 9 novembre 1967, les vérités prophétiques du ministre de la Parole ont déjà retenti pour les inaugurations des maisons de la Culture de Bourges et d'Amiens en 1964 et 1966 ; on les réentendra à Grenoble[174] en 1968. Le 18 avril 1964, André Malraux rappelle avoir dit, cinq ans auparavant, que « la France reprenait sa mission dans l'ordre de l'esprit » et que, de tous côtés, on lui avait répondu : *faites donc appel aux Français, ils ne viendront pas*. Il salue, dans une ville de 60 000 habitants, « une salle entière de gens qui se sont dérangés pour le domaine de l'esprit ». Dans une humanité tout entière « investie par d'immenses puissances de fiction », alors qu'il y a « en chacun de nous une vulnérabilité du rêve », il dénonce « les anciens domaines sinistres qui s'appelaient démoniaques : le domaine du sexe et le domaine du sang ». Il affirme « qu'en face du cinéma et de la télévision les plus détestables [il doit y avoir] quelque chose qui compte et qui ne soit pas simplement les réprouvés ». Le 19 mars 1966, à Amiens, avant une représentation de *Macbeth*, le ministre salue des abonnés plus nombreux qu'à la Comédie-Française, se réjouissant que 10 % d'une nation soient rassemblés dans l'ordre de l'esprit. Il déplore aussi un déluge d'imbécillité et soutient que le problème de notre civilisation « n'est pas du tout celui de l'amusement » : *la culture, c'est ce qui répond à l'homme quand il se demande ce qu'il fait sur la terre. Et pour le reste, mieux vaut n'en parler qu'à d'autres moments, il y a aussi les entractes*.

À Grenoble, le 4 février 1968, André Malraux se réjouit à nouveau des 11 500 abonnés de la maison de la Culture de Bourges et des 18 000 adhésions grenobloises. Il sait que, pour la saison 1966-1967, les maisons de la Culture ont recueilli 100 000 adhésions et accueilli 700 000 spectateurs. Il soutient que « les maisons de la Culture sont un phénomène historique », que la télévision contribue à les emplir mais qu'elles ne répondent « nullement à un besoin de distraction ». Il reprend un vieux rêve des années trente quand les écrivains et artistes révolutionnaires voulaient réduire la masse à sa fécondité. Il réfute l'idée que le public des maisons de la Culture puisse être assimilé à la bourgeoisie de naguère qui se distrayait par des tournées présentant des pièces du Boulevard : « La culture est devenue l'autodéfense de la collectivité, la base de la création et l'héritage de la noblesse du monde. » Le printemps 1968 va balayer ces certitudes et marquer la fin de l'ère Malraux « tonitruante, unificatrice et, ici ou là, réalisatrice[175] ». Il va devenir évident que c'est un public déjà cultivé, issu des classes moyennes, qui profite de cette multiplication des offres culturelles.

LES CONTESTATIONS ET LES PREMIERS BILANS

Malraux était un merveilleux drapeau, qu'on pouvait brandir et agiter efficacement, à condition qu'il n'intervînt pas lui-même.

Émile BIASINI,
ancien directeur du Théâtre
et des maisons de la Culture.

« Le public d'aujourd'hui n'est pas un public populaire à proprement parler : l'art de masse n'est point un art de classe. » Ce que Malraux a affirmé en 1962 à New York[176], les contestataires de gauche et d'extrême gauche vont le redécouvrir en 1968. Mais ce qui aura été fait en huit ans a infligé un démenti aux propos tenus, le 8 décembre 1959, par le sénateur communiste Roger Garaudy. Dénonçant un despotisme éclairé dans le projet des maisons de la Culture, le futur transfuge du communisme avait cru y voir la création d'un « instrument culturel pour la propagande du régime » avec des directeurs désignés ou agréés par le pouvoir et subventionnés selon leurs programmes. Critiquant par avance une gestion autoritaire, il soutenait que le ministre allait instituer « une sorte de paternalisme culturel apportant au peuple la culture comme un simple héritage ». La manière dont Malraux a choisi ensuite les responsables de l'Action culturelle devait clairement prouver que ses contradicteurs se trompaient. En acceptant même que soit nommé responsable de l'Action culturelle, à Chalon-sur-Saône, Francis Jeanson, qui avait été très lié à la lutte pour l'indépendance algérienne et avait soutenu que 15 % des Algériens étaient parqués dans des camps de concentration[177], le ministre prouva que le libéralisme gouvernemental restait la règle durant sa décennie au pouvoir. Rencontrant Jeanson en 1966, il lui lança : « Pendant cette guerre, il y a ceux qui ont parlé et ceux qui ont agi. Inutile de vous dire auxquels allait ma sympathie[178]. » C'est pour des propos de ce type que la gauche aimait Malraux et que sa majorité parlementaire s'en méfiait, les jugeant trop marqués du sceau de l'irrationnel ou d'un esprit de gauche. Le Premier ministre lança un jour au directeur de l'Architecture, membre du Parti socialiste unifié[179] : *quand me débarrasserez-vous des cocos d'André* !

En privé, Malraux ne craignit pas d'affirmer, à propos des maisons de la Culture « dont profiterait davantage le peuple français » si on faisait les Soviets : « Les communistes vainqueurs seraient obligés de passer par le travail que j'ai effectué. Si je ne l'avais pas fait, il serait à faire[180]. » Cette vision datée, appuyée sur les souvenirs de l'époque où le délégué à la propagande du RPF pensait qu'il n'y avait rien entre les communistes et les gaullistes, fut balayée à la fois par le gauchisme et les conservateurs fortifiés par l'échec du mouvement de Mai 68. Rentrant d'URSS quelques semaines auparavant, André Malraux était en tout cas toujours persuadé que la culture pour chacun qu'il voulait développer restait infiniment supérieure à la culture pour tous ambitionnée par les dirigeants soviétiques : « Leurs maisons de la Culture sont des maisons de pédagogie. Ce n'est pas sérieux. Alors, on peut envoyer Grenoble à Moscou mais pas Moscou à Grenoble[181]. »

Des maisons critiquées

Le fait que les maisons de la Culture, lieux d'amour et non d'enseignement, n'aient pas comporté de bibliothèques fut dénoncé, trente ans après, par Marc Fumaroli : « L'apologétique de la "culture pour tous", secrètement dédaigneuse, n'espérait convertir "le peuple" aux "œuvres capitales" que par le scintillement des images et des éclairages, dans de grands concours de foule. Par vain souci d'épater le bourgeois, Malraux allait dans le sens de la culture audiovisuelle de masse, au lieu de se demander comment lui opposer des contre-feux[182]. » Cette critique savante oublie que, dans le projet initial de Malraux, était envisagée, dans chacune des maisons de la Culture, la mise à disposition gratuite de « toutes les reproductions, et de tous les disques ; enfin de tous les livres qui touchent la culture, le plus largement comprise[183] ». André Malraux soutint même que la diffusion de toute la production de qualité aurait pu se faire « sans dépenser un sou » par un dépôt légal porté à cinquante exemplaires et appliqué aux livres comme aux disques. Quant aux films de qualité, des copies des films détaxées, données gratuitement à un organisme central après un an d'exploitation, auraient aussi circulé. Le 9 juin 1945, rappelant la mémoire de Léo Lagrange, le futur ministre avait déjà fait siens les vœux de son ami, « que l'on pût trouver des disques que l'on pût écouter sans payer ; que l'on pût lire des livres de valeur sans payer », expliquant que c'était autre chose que l'ancien système des bibliothèques municipales parce que c'était étendu

« à la totalité des œuvres humaines[184] » et qu'on voulait « associer la France tout entière à cette volonté de culture ».

Les premiers bilans de l'action culturelle ne sont pas de toute façon orientés par une vision universitaire de ce qui a été lancé grâce au ministère des Affaires culturelles. En 1965, *Le Monde* rappelle que trois centres dramatiques ont été créés et salue les quatre premières maisons de la Culture, Le Havre, Caen, Ménilmontant et Bourges, « modèle du genre ». Michel Debré reconnaît que, pour ses maisons, Malraux « a été passionné, tout feu, tout flamme » ; mais il ajoute que « toutes n'ont pas correspondu à l'idéal romantique qu'il avait[185] ». Toutefois, jusque dans l'enceinte de l'Unesco, son équipe a défendu sa conviction : l'action éducative et l'effort scientifique, au risque de n'être que des techniques, doivent être complétés par l'action culturelle qui vient « leur assigner leur finalité et les faire servir une seule puissance, celle de l'esprit[186] ». Le ministre de l'Éducation nationale a salué, en Conseil, ces propos et Malraux l'a fait savoir à son directeur par une note verte à Antoine Bernard ; Pierre Moinot, mélancolique, confia plus tard : « J'aurais aimé que lui me le dise, mais il était encore dans sa solitude[187]. »

Au seuil du second septennat du général de Gaulle, après le quitus de l'inspection des Finances, à travers le rapport de Robert Lion, les *cathédrales du XXe siècle* pouvaient espérer durer. Ensuite le pamphlet de Jean Dubuffet, *Asphyxiante culture,* dénonça le mot de culture « associé à tout un appareil d'intimidation et de pression » en affirmant : *l'art n'a rien à gagner à être promu au rang de religion d'État. À l'État, je ne connais qu'un visage, celui de la police et je ne peux me figurer le ministère de la Culture autrement que comme la police de la culture, avec son préfet et ses commissaires*. Du côté de l'extrême gauche, les premiers travaux de Bourdieu et d'autres sociologues fournirent des armes. On en trouve également chez des praticiens de l'action culturelle, qui reconnaissent des baisses de fréquentation quand les publics ne s'accrochent pas. Dès 1964, tout en revendiquant un public de 16 000 adhérents (dont 40 % d'ouvriers et d'employés) et un taux de remplissage de plus de 55 % dans les 966 places de son Théâtre de l'Est parisien, Guy Rétoré ne cache pas qu'il continue le travail entrepris depuis 1954 par sa compagnie dramatique La Guilde et qu'il espère « mettre un terme à ce privilège social qu'était la culture ». Il énonce cependant : « Nous avons abandonné un certain nombre d'individus qui n'ont pas voulu s'intéresser à nos programmes, parce qu'ils préfèrent la belote, et le pastis. Ceux-là ne viendront jamais[188]. » Quand le vent de Mai 68 a soufflé dans les régions, d'autres animateurs ont voulu détruire l'utopie de la culture pour chacun car, comme l'énonça ensuite la première thèse sur les maisons de la Culture, l'apparente unanimité initiale avait un caractère trompeur : « Les grands thèmes de la démocratie culturelle, égalité, progrès, démocratie, auréolent tous les discours. Le consensus se réalise dans un vaste projet commun qui édulcore les divergences idéologiques[189]. »

Des maisons dénoncées

La vague contestataire de 1968 dévoile des points de vue hostiles et, le 25 mai, la déclaration de Villeurbanne constitue un réquisitoire contre la politique ministérielle et contre les propres pratiques des responsables de l'Action culturelle. La quasi-totalité des directeurs de maisons de la Culture et de troupes subventionnées veut se tourner vers les exclus, la masse du non-public ; ils font leur *mea culpa* : nous tous « bon gré mal gré, devenions de jour en jour davantage complices de leur exclusion ». Contre les privilégiés d'une culture bourgeoise, ils annoncent leur volonté d'aider le non-public à se libérer des « mystifications de tout ordre » pour que cette immensité humaine invente sa propre humanité[190]. Tandis que les écrivains proclament, avec Guillevic, que « le langage est le confessionnal du peuple », les responsables des maisons de la Culture revendiquent alors le pouvoir aux créateurs sans se soucier du message gauchiste — *tout être est créateur* !

Ces points de vue ne sauraient servir à renvoyer au ministre l'échec supposé de sa grande utopie de référence[191]. Car, numériquement, les maisons de la Culture ont été un succès avec 30 000 adhérents à Grenoble, 25 000 au TEP, 13 000 à Firminy, 10 000 à Amiens, 9 000 à Bourges[192]. Aussi, après la tourmente des « événements » de 1968, André Malraux rappelle aux députés que les maisons de la Culture ne sont pas devenues le pire après avoir été le meilleur[193]. Elles demeurent pour lui des lieux qui n'apportent pas des connaissances mais des émotions, « des œuvres d'art rendues vivantes au peuple qui est en face de ces œuvres d'art[194] ». Mais Malraux sait bien, au fond, qu'il n'a pas eu les moyens de sa politique et que les interventions de l'Élysée, si elles ont été positives, ont été rares malgré la phrase prononcée à Bourges par le général de Gaulle lui-même, comparant le coût des autoroutes et des maisons de la Culture[195]. Le ministre a très rarement cherché à obtenir des arbitrages favorables au niveau du général de Gaulle, qu'il voyait comme un homme harcelé, et il a laissé ses équipes s'épuiser face aux refus réitérés des bureaux de la rue de Rivoli. Le jugement de M. Étienne Burin des Rosiers, secrétaire général de la Présidence de la République de 1962 à 1967, est lucide : « Malraux ne trouvait guère d'appui, ni rue de Rivoli, ni à Matignon, et je crois qu'il répugnait à aborder avec le Général lui-même des questions qu'il jugeait subalternes. Il aurait pu faire davantage, notamment par la multiplication des maisons de la Culture, s'il n'avait été réduit à la portion congrue, alors il se consolait avec des coups réussis[196]. » La parcimonie permanente du ministère des Finances face aux demandes budgétaires de ses services a affligé le ministre d'État, d'où sa réflexion désabusée à son plus proche collaborateur : « Sur le fond, il faut que le gouvernement choisisse entre attendre de nous des développements et en refuser les moyens à nos services[197]. »

Le droit à la Culture

Si les animateurs des maisons de la Culture doivent enseigner aux enfants « ce qu'ils peuvent aimer », des oppositions de tous ordres se lèvent. Dès le 21 février 1963, Jean Vilar, le fondateur du Théâtre national populaire, indique qu'il ne demandera pas le renouvellement de son mandat de directeur, considérant que « l'État n'a pas suffisamment pris en considération l'importance sociale du TNP, son côté d'expérience pilote[198] ». L'action développée sous la IVe République, avec le concours d'une sous-directrice des Beaux-Arts, Jeanne Laurent, n'est pas niée par le jeune ministère, mais son fondateur souhaite afficher une nouvelle politique. Ulcérée par cette ambition et oubliant que les nouveaux équipements n'ont pu fonctionner, pour nombre d'entre eux, qu'avec des équipes soutenues par elle antérieurement, Jeanne Laurent dénoncera « le caractère fondamentalement rétrograde de la politique de Malraux ». Pourtant, en confiant l'Odéon à la troupe de Jean-Louis Barrault et Madeleine Renaud pour en faire le Théâtre de France, le ministre aura témoigné de sa volonté constante : faire des gestes novateurs, sans cesser de respecter la liberté des équipes qu'il subventionne.

En 1959, faire jouer à l'Odéon, en présence du général de Gaulle, une pièce de Paul Claudel, avec une musique de Pierre Boulez et des décors d'André Masson, c'est affirmer avec éclat que le pouvoir veut favoriser les créateurs. Mais Malraux respecte ses interlocuteurs, comme l'illustre ce qu'il fait dire au directeur du Théâtre de France : « Pour le *Don Juan* de Tirso de Molina, ma suggestion était une pure suggestion, rien de plus[199]. » Peu de ministres se sont souciés à ce point de ne pas paraître directifs ! À la différence de son dernier entourage ministériel, d'une façon générale, le ministre se veut partenaire et non donneur d'ordres, même lorsqu'il désire ardemment de grandes manifestations spectaculaires. Ainsi ne verra-t-il pas montée *La Légende des siècles* de Victor Hugo, dont il aurait aimé qu'elle fasse l'objet d'une présentation dans « un lieu illustre de la région parisienne : Place des Vosges, Cour Carrée, Notre-Dame, Concorde, etc.[200] ».

La notion de droit à la Culture est affirmée dans les années soixante bien au-delà des bureaux du ministère mais le dirigisme des animateurs est patent. Ils veulent proposer « non pas uniquement des distractions agréables mais une forme de vie plus intense et plus harmonieuse », et ils prétendent organiser les loisirs des habitants « en les informant intelligemment »[201]. Sur ce qui fut produit dans les maisons de la Culture, la comédienne Frédérique Hébrard critiqua plus tard la métamorphose des gens de théâtre en « grands prêtres des maisons de la culture et de l'ennui[202] ». Vingt ans auparavant, Françoise Sagan, auteure à succès de *Bonjour tristesse*, dénonçait, pour sa part, le snobisme effroyable avec lequel on infligeait « à des malheureux claqués, sortant de leur travail, du Brecht ou du Pirandello » : « Qu'on leur colle des pièces pour les faire penser [...]. Qui est-on pour vouloir tirer les gens jusqu'à soi avec une poulie ? C'est d'une grossièreté ! On devrait leur donner du Feydeau pour qu'ils s'amusent, qu'ils se détendent, comme les bons bourgeois qui paient soixante francs pour voir Barillet et Grédy ou mes pièces. » Scandalisée par la manière qu'ont les maisons de la Culture de parler du « peuple », elle soutient alors que « même s'il y a un théâtre politique, engagé, le théâtre est quand même essentiellement un divertissement[203] ». Peu avant de mourir, le critique Mathieu Galey dénonça quant à lui la fonction politique et sociale que s'était découverte le moindre porteur de hallebarde : « Récusant le vieux principe du divertissement qualifié de "bourgeois", il veut que les spectacles imposent une idéologie, ou dégagent le "vrai sens" des classiques encrassés par des siècles de convention [...] le cabotinage sera d'abord intellectuel et contestataire par principe[204]. » Comparé au vieux dictateur portugais Salazar, l'inventeur du Festival d'Avignon et fondateur du TNP, Jean Vilar, finit par se lasser des mots répétés par ses détracteurs ; il lança à ces esprits demeurés : « Vous n'êtes que des hurleurs, des tapageurs de la nuit, des fils de famille[205]. » Les contestataires de 1968 n'ont de toute manière pas révolutionné les goûts des spectateurs. Presque vingt ans après, le public marquait toujours sa préférence pour les « théâtres à boiseries dorées ». Si, dans le classement de notoriété, Molière vient en premier, Shakespeare n'est qu'au huitième rang derrière Robert Hossein, Darry Cowl, Sacha Guitry, Jacqueline Maillan, Pierre Mondy et Jean Le Poulain[206].

L'action culturelle, marxisation ou embourgeoisement

André Malraux avait dit, à Amiens, en 1966 : « une maison de la Culture se définit par l'audience qui la constitue » ; l'étude sociologique des adhérents a prouvé que l'élitisme culturel n'était mis en cause qu'en théorie. À l'automne 1968, le directeur de cabinet du ministre reçoit les éléments d'un plaidoyer qui estime qu'il faut maintenir les finalités : la décentralisation, l'exemplarité, l'accès à tous les arts ; mais qu'il convient de limiter l'ésotérisme de certaines créations et d'affirmer que les gestionnaires des équipements doivent observer, en politique, un devoir de réserve identique à celui des fonctionnaires. En conclusion, une note interne, où s'inscrit toujours la conviction de Malraux — la liberté du créateur doit être totale —, énonce : « Il y a certainement eu une maladie infantile des maisons de la Culture mais ce n'est pas une raison pour pratiquer à leur égard l'euthanasie que constituerait leur transformation en théâtre municipal[207]. »

Pourtant, la majorité issue des élections de juin 1968 voit dans ces maisons des repaires gauchistes ; le député UDR Claude-Gérard Marcus va soutenir qu'elles ont « apporté leur pierre aux barricades de mai, tant pendant les événements qu'auparavant[208] ». Nombre de ses collègues considèrent que l'art officiel est à la limite de l'absurde et du nihilisme ; Daniel Benoist, député socialiste, dira également en 1971 que le milieu culturel est moins attirant qu'un Prisunic mais plus accueillant qu'un hall de gare. Pour la majorité, il faut tenter d'empêcher la « marxisation de fait » de l'action culturelle[209]. Dès l'automne, rapporteur une seconde fois du budget des Affaires culturelles, Valéry Giscard d'Estaing concède des succès évidents mais observe une faille et une crise : « La faille est celle qui continue de tenir éloignées, dans l'administration et dans l'action, les deux faces de la culture française qui sont le passé et l'avenir [...]. La crise est celle des maisons de la Culture [...] ces établissements ont tendance à se couper de la masse, à devenir un lieu de rencontre pour un nombre restreint d'intellectuels et d'étudiants. L'osmose entre la population et les maisons de la Culture n'est pas réalisée[210]. »

Pendant le quinquennat de Georges Pompidou, au-delà des modestes centres d'action culturelle, ceux qui dénoncent les *marbouls intellectuels*[211] vont faire nommer un député UNR comme président de l'ORTF ; il prétendra y faire dominer les *forces de la joie*[212]. Huit ans plus tard, le président de la République ne se désolera pas de lire le jugement du directeur de l'équipement de Grenoble, le plus emblématique. Bernard Gilman constate que le budget des activités ne représente plus que 24 % des dépenses face aux 56 % représentés par la masse salariale : « La maison de la Culture est irrémédiablement asphyxiée financièrement, mais elle est aussi mourante et condamnée, parce qu'elle manque de générosité et de ferveur[213]. » Dès l'été précédent, *Le Nouvel Observateur*, s'il explore « le désert des illusions perdues[214] », fait remarquer que le Centre Pompidou a un budget de fonctionnement quinze fois supérieur à celui de la plus importante maison de la Culture provinciale et que, sans ces maisons, quelque chose manquerait à l'expression artistique en France. La conclusion est donc favorable à leur fondateur : « Malraux n'était peut-être pas un bon administrateur. Du moins rêvait-il tout haut. »

À la fin de l'ère Malraux, deux maisons de la Culture avaient déjà disparu (Caen et Thonon), mais celle de Chalon-sur-Saône était en construction ; deux ouvertures s'annonçaient (Nevers et Reims), ainsi que deux lancements (Angers et Créteil)[215]. Sept maisons de la Culture existent alors, à Amiens, Bourges, Firminy, Grenoble, Le Havre, Rennes, et à Paris, à travers le Théâtre de l'Est parisien. Commencé sur le plan du théâtre avant la Ve République, le pari de la décentralisation était gagné et celui de la diffusion d'une sensibilité artistique en bonne voie. Aussi Bernard Gournay fut-il fondé à souligner qu'il fallait observer la situation créée par la réalisation des maisons à la situation antérieure et non pas aux envolées propres au génie du ministre : « Le style à la fois lyrique et quelque peu démesuré avec lequel a été présenté ce programme l'a desservi parce qu'on a comparé la réalité au langage d'André Malraux[216]. » Il faut aussi insister sur le fait que la vision ministérielle s'est accompagnée d'une injonction à laisser aux contemporains « le maximum de liberté ».

Après sa cessation de fonctions, Malraux s'est réjoui, devant Pierre Moinot, d'avoir été, avec un Gabriel Monnet « gauchiste » à Bourges, « avec lui contre la municipalité bête, quelle que soit la couleur[217] ». Mais il n'a pas apporté de réponse à la question posée par Monnet des moyens de convaincre le non-public. C'est un peu en plaisantant que ce dernier proposait de le saisir à la sortie de l'école comme on saisit un steak ! Les recettes des animateurs ne permirent pas que la fréquentation ne fût au final d'abord celle des catégories sociales déjà favorisées sur le plan culturel. La tourmente de Mai 1968 a fait éclater ce que Jean-Jack Queyranne appela ensuite les « fausses unanimités de la démocratie culturelle ». Mais, quarante ans après, l'architecte Claude Parent[218] n'hésitera pas à déclarer que les maisons de la Culture marchaient encore et gardaient leur utilité : celle d'abris où s'épanouir.

La défense de la Liberté

En 1968, Malraux veut croire que l'aventure n'en est qu'à son début[219] : « Moins de dix maisons de la Culture fonctionnent, dont plusieurs ne méritent même pas ce nom. Nous continuons de croire que leur finalité est bonne ; il s'agit de mettre la culture à la portée de tous. L'essentiel, c'est la conquête progressive d'un public qui ne serait allé ni au théâtre ni au concert ni au musée, parce qu'il n'en avait pas la possibilité ou parce qu'il pensait que cela ne le concernait pas. Nous devons donc défendre d'abord la qualité des œuvres présentées au public. Nous devons défendre aussi la liberté des animateurs, sans les dispenser du respect d'un minimum de règles de gestion. Une fois choisi, avec tout l'arbitraire qu'un tel choix comporte inévitablement, et tant qu'il assume sa fonction, l'animateur doit être responsable de la conception et de l'accomplissement de sa mission, à l'abri de toute ingérence et de toute pression. »

En 1969, si le ministre défend encore cette création sur laquelle il aimerait qu'on juge ses onze années au pouvoir, il reconnaît qu'il est séparé de la jeunesse par la mort de ses fils. La hantise du néant l'obsède de plus en plus ; on la perçoit dans nombre de ses discours sur et dans les maisons de la Culture. À Bourges, tout en affirmant « une immortalité des hommes », il avait défini la culture comme « l'ensemble des réponses mystérieuses que peut se faire un homme lorsqu'il regarde dans une glace ce que sera son visage de mort ». Il affirme ensuite à Amiens qu'elle est « la seule possibilité de combat aussi forte que celle des ténèbres » puis, à Grenoble, qu'elle est « référence à autre chose que la vie [et qu'elle] délivre l'œuvre de sa soumission à la mort ». Avec sa perception de plus en plus aiguë de la poursuite du déclin de l'Occident et de la fin du gaullisme, Malraux se veut surtout un homme contre la mort.

CHAPITRE III

LE MINISTRE CONTRE LA MORT

Aucune envie de penser à mes antichambres de la mort. Peu importe, on ne parle jamais de ce qui est essentiel.

André MALRAUX,
Le Miroir des limbes, II, *La Corde et les souris*.

UNE SUCCESSION DE DRAMES

Et le cauchemar renaît, avec chaque réveil [...] *on se dépêche de détourner le regard : les survivants n'ont pas bonne mine.*

Alain MALRAUX,
Les Marronniers de Boulogne.

« Danse des morts », tel était le titre du coffret de disques [1] qu'André Malraux offrit, en cadeau de fiançailles, à Madeleine Lioux qui allait épouser son frère Roland [2]. Si le chœur parlé y proclame que « l'amour est plus fort que la mort », le chœur chanté proposait à la jeune pianiste des vers bien singuliers : *Dansons sur le pont de la tombe / On y danse, danse, danse / Sur le pont du tombeau / Tout le monde y danse en rond.* Le destin allait sinistrement frapper l'entourage du futur couple : les deux frères d'André, Claude et Roland, perdraient la vie à la suite de leur engagement intrépide dans les réseaux britanniques de la Résistance française ; Josette Clotis, compagne de l'écrivain, succomberait en novembre 1944, les jambes broyées sous un train. André et Madeleine élèveraient ensemble Alain, le fils unique de Roland, et les fils de Josette, Gauthier et Vincent, qui trouveraient la mort sur une route de Côte-d'Or, le 23 mai 1961. Ces cinq disparitions tragiques n'étaient pas les premières à atteindre André Malraux. Il n'avait pas deux ans quand, en mars 1903, sa mère l'emmena au cimetière de Saint-Maur-des-Fossés où allait être enseveli son frère cadet Raymond-Fernand, né le 25 décembre 1902. Le philosophe Jean-François Lyotard considère que c'est avec les yeux de sa mère, Berthe, qu'il vit « la confusion épouvantable qu'est un visage d'enfant mort et la glaise l'engloutir[3] ». Est-ce ce qui lui rend la mort obsédante et le fait détester son enfance, comme il l'inscrit au seuil de ses *Antimémoires* ? Il y consigne que l'énigme fondamentale de la vie apparaît à presque toutes les femmes devant un visage d'enfant, à presque tous les hommes devant un visage de mort[4]. La mort rapide du dernier-né de Berthe nourrit peut-être son inspiration lorsque dans un de ses premiers textes, à vingt ans, il rêve de tuer la Mort, meilleur auxiliaire de Satan, en dissolvant cette Majesté dans un bain d'acide azotique[5].

Des morts obsédantes

Trentenaire, l'écrivain qui vient d'écrire « Ce n'est pas pour mourir que je pense à ma mort, c'est pour vivre[6] », accepte, sur l'insistance de sa grand-mère Adrienne, de veiller un peu le cadavre de sa mère[7], morte subitement en mars 1932, dans sa cinquante-cinquième année, presque au même âge que son ex-mari. Il constate qu'étaient restés jeunes son visage et le dos même de sa main mais qu'elle avait « presque une paume de vieille femme, avec ses lignes fines et profondes, indéfiniment entrecroisées comme toutes les fatalités d'un destin ». Pense-t-il encore à son cadavre quand il écrit, quatre décennies plus tard, un mort « ne choisit pas son déguisement : il ressemble à sa peau[8] » ?

En tout cas, ses observations sur les lignes de la main morte, écrites en 1934, si elles concernent la mère de son héros Kassner dans *Le Temps du mépris*[9], sont directement inspirées par la mort de Berthe Malraux-Lamy. Il a souhaité l'écarter de sa vie et il a critiqué Clara de s'être rapprochée du trio de Bondy — sa mère, sa grand-mère et sa tante revenues à Paris —, lui lançant « mais qu'est-ce que vous avez été fiche avec ma mère ? »[10]. Toutefois, l'homme qui n'a pas cessé d'être un enfant sait que Berthe est dans sa mémoire : « "Ma mère" ne veut pas dire seulement la mère d'un enfant qui portait mon nom[11]. » C'est peut-être aussi pour cela que son dessin du *dyable de la douceur* représente une poule couvant son œuf[12] S'il occulte probablement le suicide de Grete Goldschmidt, sa belle-mère[13], le suicide antérieur de son père, survenu par asphyxie, le 20 décembre 1930, deviendra aussi matière littéraire. L'écrivain l'admit : « Les moments les plus profonds de ma vie ne m'habitent pas, ils m'obsèdent et me fuient tour à tour [...]. Ce suicide est celui de mon père, ce grand-père est le mien, transfiguré sans doute par le folklore familial. » Le romancier a imaginé, pour son grand-père paternel Alphonse qu'il perdit à quelques jours de son huitième anniversaire, une fin d'un coup de hache évidemment plus spectaculaire que la mort du maître-tonnelier à l'hôpital de Dunkerque après une chute dans son grenier. L'ancien adolescent, frappé par les actualités cinématographiques et leurs gueules cassées, bercé des litanies de deuils provoqués par les hécatombes de la Grande Guerre, a même inventé l'impossible, un pique-nique aux champs de la Marne, quelques jours après la bataille, et du pain que ses camarades et lui lâchent, « épouvantés, parce que le vent le couvrait de la cendre légère des morts, amoncelée un peu plus loin[14] ».

C'est à un jeune ami suicidé, René Latouche[15], que Malraux dédie *Les Conquérants* en 1928. Ses compagnons tombés dans la guerre d'Espagne seront dans son roman

L'Espoir aussi bien que dans son film *Sierra de Teruel* ; ceux de la Résistance hanteront ses discours de ministre. Il choisit pourtant le silence quand il s'approche trop de son monde intime. J'explique ainsi la censure orale et éditoriale d'un paragraphe de l'hommage à Jean Moulin où son tapuscrit[16] indiquait : « Depuis des milliers d'années, les Résistances ont remplacé leurs morts ; mais en combien de temps ? Et dans la nôtre, comme la mort avait déjà terriblement choisi ! » Il est arrivé là trop près de la mort de son compagnon d'Espagne Raymond Maréchal, de l'exécution par balles de son frère Claude, de la tragique disparition en déportation de son autre frère Roland, peut-être même du visage figé de Josette dont il vit le cadavre maquillé. Il ne se sent pas la force de s'interroger sur cette série macabre, sur le temps qu'il lui a fallu pour rejoindre ses frères dans l'affrontement des résistants européens ; il a besoin de silence ou de ses créations littéraires pour supporter l'insupportable.

Un homme défait et raidi

Ce silence observé en décembre 1964, André Malraux l'a choisi déjà quand il est venu, en juin 1961, inaugurer un musée dont il voulait faire la première maison de la Culture. *Le Havre libre* se plut à le présenter comme « un homme d'une trempe exceptionnelle, un héros qui n'a pas vieilli et n'est pas fatigué, un héros qui rayonne plus que jamais et qui donne confiance ». Pour les journalistes qui admirent que l'avion ministériel ait pu percer la brume et atterrir, le ministre est un sur-homme : s'il « ne commande pas aux éléments, il sait comment on les dompte, à grands coups d'audace et de confiance en eux et en soi ». Mais ce Malraux est un mythe car, le 24 mai, il a dû aller reconnaître les corps de ses fils dont la voiture s'était enroulée autour d'un arbre, la veille au soir, sur une route de Côte-d'Or, un peu avant Arnay-le-Duc. Les malades de l'Hôtel-Dieu du XVe siècle s'étaient massés pour le voir passer, le visage émacié, creusé par la douleur ; il n'était pas resté plus de cinq minutes avant de ressortir « très droit, saluant mécaniquement de la main ». *Paris-Jour* titra : « Livide, André Malraux a passé ses mains sur les cercueils de ses fils »[17] ; le « chapeau » de l'article de l'envoyé spécial résumait la tragédie :

> Le soleil est rouge. Sur le haut frêne dont l'écorce a été arrachée jusqu'à épaule d'homme, un oiseau chante obstinément. Au pied de l'arbre, des morceaux de phare, des éclats de pare-brise, des lambeaux de cuir et d'étoffe. Dans l'herbe verte du talus, un chiffon blanc taché de sang. Tout à côté de lui, deux taches rouges qui sont des fraises sauvages. Gauthier et Vincent Malraux sont morts ici, mardi à vingt heures. Gauthier avait vingt ans, Vincent en avait dix-huit.

Sur cinq colonnes, illustrées de deux photos — la voiture devenue tas de ferraille et le ministre saluant du fond de sa DS —, François Crouzet a décrit l'Alfa Romeo bleue aux pneus intacts, n'ayant que 7 420 kilomètres au compteur, les enfants rentrant par la route du soleil :

> À 15 heures, un homme défait et raidi dans sa défaite est arrivé [...]. Il portait un costume bleu sombre. Il enfonçait sa main gauche au fond de la poche de son veston ; la droite, machinalement, serrait d'autres mains. Un teint de cire, un visage brouillé où luisaient deux yeux de pierre dure. Le dos voûté mais la nuque redressée en arrière à mouvements saccadés. Sa voiture portait une cocarde tricolore au pare-brise. Pour accueillir André Malraux, il fallait bien qu'il y eût des préfets et des commissaires ; il fallait bien des flashes et des bousculades. Pour accueillir le père de Gauthier et de Vincent, il n'y avait personne. [...] Il a marché à grands pas sur le sable doux des allées bordées d'ifs et de buis [...]. Quand il a tendu ses mains maigres qui ont tant manié les armes et la plume, tant promené leurs doigts sur les masques d'Afrique et les statuettes

> d'Asie, quand il les a passées lentement sur le bois blanc des cercueils de ses fils, ce grand personnage de l'État et de l'Écrit, cet homme comblé de puissance et de gloire s'est sûrement senti le plus misérable des hommes. [...]

Comprendre ne servait sans doute plus à rien à celui qui était venu saluer ses deux fils morts. Il ne s'est pas attardé devant leurs cercueils ; il devait reprendre la route de Paris pour les y accueillir : « Il s'est redressé de toute sa hauteur. Il serrait ses bras sur sa poitrine mais, sans cesse, comme si elle lui échappait, sa main droite montait jusqu'à son visage. Alors il a fermé ce poing et il l'a serré sur sa bouche. "Je vous remercie, messieurs", a-t-il dit d'une voix blême mais nette. Puis il est remonté dans sa voiture et quand elle est partie, il a salué encore de la main par la vitre ouverte ».

Exactement un mois après, le 24 juin, le ministre salue toujours les officiels mais le père cruellement endeuillé refuse de prononcer son discours au Havre. Il dit seulement quelques mots et remplace sa prise de parole par un toast « aux enfants de quinze ans pour qui commencent aujourd'hui les maisons de la Culture[18] ». Le ministre s'empêche de penser à Vincent Clotis-Malraux, son fils mal-aimé qui venait de fêter ses dix-huit ans. Mais il ne peut oublier la phrase si malencontreuse qu'il a lancée à Vincent au moment où il quittait, pour la dernière fois, la maison de Boulogne : « Mets-toi bien dans la tête que tu peux faire ce que tu veux, ça ne me concerne pas[19]. » La mort a croisé ses voies le long d'André Malraux, « frappant tout près, ne se laissant jamais oublier, veillant à ce que sa route soit déserte[20] ». Plus que par le fardeau de la tragédie algérienne et par le silence qu'il se sent souvent tenu d'observer après ses mésaventures de 1958, sa décennie gaullienne est très assombrie par le terrible destin de ses deux fils. L'évolution du Malraux des années soixante est inséparable de ce drame, même si la presse accepte aussi de l'occulter dès qu'ont été diffusées des images de la voiture fracassée et de rares photos des obsèques[21], dans l'enclos parisien de l'église de Charonne où une tente noire avait été dressée en guise de chapelle ardente, avec deux candélabres électriques. Le 25 mai, Malraux, « livide, mais mince et droit »[22], y avait salué la vingtaine d'intimes présents avant d'écouter le père Bockel qui lui avait suggéré ce service religieux funèbre[23] : *Ces garçons que nous avons aimés, mon Dieu, pardonnez-leur s'ils ont péché, et accueillez-les avec les saints et les anges. Ces garçons, nous continuerons à les aimer*[24].

Une double disparition niée

En juin 1961, au Havre, un journaliste qui veut oublier — ou faire oublier — le double enterrement du mois précédent relève curieusement la tenue de Madeleine Malraux, *vêtue de noir le plus simplement du monde* ! Cette double disparition niée de ses deux fils a pesé sur les rapports d'André Malraux avec ses entourages et sur sa manière d'exercer le pouvoir. Tous les mois de mai qu'il a vécus ensuite l'ont ramené vers ces heures tragiques où, comme pour leur mère agonisante en 1944, on lui parla d'abord d'enfants blessés avant qu'il ne roule vers l'étroite chapelle tendue de noir où quatre cierges brûlaient devant deux longues caisses posées sur des tréteaux[25]. Le préfet de Côte-d'Or a fait détourner le cortège du ministre pour lui cacher « le spectacle des restes de tôle et de pare-brise échelonnés sur le bas-côté de la route fraîchement labourée par les débris de la voiture[26] ». Mais André Malraux a vu les cartons punaisés au pied des cercueils et surtout le carton *Vincent Clotis* qui lui a forcément rappelé ses heurts avec cet enfant officiellement « non reconnu ». Il constate cruellement qu'avec ces deux morts, tout son passé avec Josette retourne au néant ; plus tard, évoquant un moment où, en 1944, il pensa frôler la mort, il écrira : « Ce qui vivait aussi profondément en moi que l'approche de la mort, c'était la caresse désespérée qui ferme les yeux des morts[27]. »

Nul ne peut dire si, en traçant ces mots, il se revoyait devant les cadavres de ses enfants puisque les couvercles de leurs cercueils ne furent vissés qu'après son passage. Dans *L'Espoir*, il avait écrit que les hommes les plus humains « font les bibliothèques ou les cimetières », avant de soutenir, au seuil des années cinquante, que « les corps glorieux ne sont pas ceux du tombeau[28] ». Le bolide italien dans lequel se brisent les jeunes corps de Gauthier et Vincent Malraux fait pendant à la charrette brisée peinte par Vincent peu de temps avant sa mort tragique. L'obligation que s'est imposée André Malraux d'être en habit, à l'Élysée, le surlendemain de l'ensevelissement de ses enfants, a provoqué la stupeur des assistants à la soirée donnée en l'honneur du roi et de la reine des Belges. Fabiola et Baudoin de Belgique avaient expédié au ministre, avant de quitter Bruxelles, un télégramme de condoléances mais ils furent sans doute aussi pétrifiés que l'assistance quand ils le virent. Le silence de la salle des fêtes à l'annonce de son nom a suscité sa brève réflexion, glissée à l'oreille de sa femme : *nous faisons peur* ! Peu après, Madeleine a répondu à Alice de Beaumarchais, la femme du chef du Protocole qui lui demandait comment son mari avait été capable de venir : « Il a toujours vécu avec la mort[29]. » Dans ces minutes surréalistes, sont nées les phrases abyssales des *Antimémoires* : « Jamais, aux jours éclatants, je n'ai assisté à un dîner à l'Élysée, dans le salon d'Honneur surdoré comme les palaces du siècle dernier, sans voir ce dîner partir vers le néant avec ses deux cent cinquante couverts, ses musiciens sous la tapisserie d'après l'*Héliodore* de Raphaël, sa musique de Mozart et son cortège de fin des Habsbourg[30]. » Quand, quelques jours après, il a déployé à

Versailles les fastes de la République devant les Kennedy, il a été content de refouler son double drame, de parler d'autre chose, et il a exigé de ses collaborateurs la même absence du moindre mot de condoléances.

Un intolérable fardeau

Des deuils avortés, William Styron a écrit combien ils constituent « au fil des années un intolérable fardeau dont la colère et le remords, pas seulement le chagrin refoulé, sont des composantes, et deviennent des semences potentielles d'autodestruction[31] ». Secrétaire d'État à la Culture, Françoise Giroud, qui ne perdit pourtant qu'un fils, confiait : *c'est atroce, ça dure des années* ; elle ne nomma plus jamais son Alain-Pierre mais garda le soutien de sa fille Caroline Éliacheff[32]. Puisque, à l'époque, Malraux ne voulait plus voir sa fille Florence, l'oubli dans l'alcool fut l'une des seules ressources. Tout en ayant été touché de la voir aux obsèques de ses frères[33], il ne pouvait adhérer à la pensée exprimée par Clara dans son courrier de condoléances : « Je souhaite que notre Flo, si douce, si fine, soit pour vous une joie, du moins un réconfort[34]. » Il allait attendre cinq ans les chimiothérapies que, vers 1967, il vanterait à Pierre Moinot : cette chimie du cerveau, ces nouveaux médicaments permettant à un père de penser à la mort de ses enfants survenue il y a trois semaines comme à un événement vieux de vingt ans. Mais le dernier directeur général des Arts et Lettres a fini par admettre que son ministre n'avait jamais plus été comme avant et il a reconnu l'influence profonde de ce double deuil sur son comportement pendant les années qui ont suivi[35]. Et lorsque l'écrivain parle du cercueil de Jean Moulin comme d'un « cercueil d'enfant avec son invisible garde de spectres tombés dans la nuit baltique[36] », comment ne pas penser qu'il se souvient à la fois des cercueils de ses fils Gauthier et Vincent et de la mort de son frère Roland, dans l'eau glacée de la mer Baltique ?

Au lendemain de ses quarante-cinq ans[37], Malraux avait déjà déclaré : « De siècle en siècle, un même destin de mort couche à jamais les hommes », mais certains se lèvent « pour tenter de fonder en qualité victorieuse de la mort le monde éphémère ». Vingt ans après, ses *Antimémoires* évoquent l'inépuisable pittoresque du squelette et l'ennui sans fin de la mort[38]. Il y trouve le moyen d'évoquer la berceuse du *P'tit Quinquin* comme un chant funèbre[39] ; elle avait peut-être été murmurée près du berceau de son petit frère, avant qu'il ne meure sans même atteindre l'âge de quatre mois. Au-delà de son titre qui évoque, au moins dans la théologie catholique, le séjour des enfants morts sans baptême et des âmes des justes avant la Rédemption, *Le Miroir des limbes* de Malraux sera ensuite pétri d'interrogations sur la suite des temps. Il reprend des méditations qu'on trouvait dans *Les Noyers de l'Altenburg*. Möllberg y soutenait que le double est au cadavre ce que l'esprit qui rêve est au corps endormi débouchant, après l'invention par les hommes du jugement divin, sur « un double responsable et jugé, eh bien ! ça s'appelle une âme ». Dans son *Miroir*, André Malraux va écrire que le trépas ne l'a jamais intéressé mais avouer aussi : « ma relation avec la mort est loin d'être claire[40] » ; il ne cherchera jamais à éclaircir pourquoi il ne veut évoquer que la mort de Gauthier et occulter systématiquement Vincent, son benjamin.

La soif de transcendance

Pour ses proches, l'écrivain continue d'apparaître comme « assoiffé de transcendance et d'absolu ». Peu avant de mourir, il confie au père Bockel, ex-aumônier de sa brigade : « Ah ! si plus tard, à travers radios et télévisions, devant les hommes enfin prêts à l'entendre, le dernier prophète venait à hurler à la mort : il n'y a pas de néant[41] ! » François Mauriac l'avait fait remarquer : pour passer du destin subi au destin dominé, Malraux finit toujours par revenir « à l'unique réalité pour lui qui ne connaît pas Dieu, à cela seul qui reste de l'homme, pour un peu de temps, fixé sur la toile, dans la pierre, cette part de sa proie que la mort doit abandonner : les chefs-d'œuvre de l'art humain[42] ». Le lauréat du Nobel 1952 considère jusqu'à sa mort que « l'authenticité de Malraux tient dans cette contemplation du néant, dont l'aventure ne le délivre pas[43] ». Mais, lorsque l'ancien ministre doit saluer la disparition de son confrère en littérature avant que son successeur Edmond Michelet ne prononce son éloge funèbre, Malraux écrit : « La mort m'est trop familière pour ignorer que les paroles ne s'accordent pas à elle[44]. » Dix ans auparavant, la mort d'Albert Camus lui avait toutefois inspiré un télégramme, peut-être parce qu'il se souvenait de l'élégance des déclarations du Prix Nobel de Littérature 1957 déclarant que le comité aurait dû couronner l'auteur de *La Condition humaine* et de *L'Espoir*. On ne peut décider si c'est parce que le domaine du Livre ne relevait pas encore de son ministère qu'il n'a pas songé à lui organiser des obsèques solennelles comme il le fera pour Braque et Le Corbusier. Mais il fit annoncer à sa veuve qu'il ferait inscrire une pièce de son mari au répertoire de la Comédie-Française après avoir rédigé un message officiel dont le style se rapproche de celui de ses deux futures oraisons : « Depuis plus de vingt ans, l'œuvre d'Albert Camus était inséparable de l'obsession de la justice. En déposant devant son corps les premières fleurs funèbres, nous saluons l'un de ceux par qui la France demeure présente dans le cœur des hommes[45]. »

Bégayer les mots de l'âme

Le temps n'est alors pas encore venu où les équipes des hautes autorités rivaliseront de rapidité pour envoyer leurs messages d'hommage aux familles des personnalités disparues, jugeant que leur commune médiatisation l'impose. Aussi, à la mort de Jean Cocteau, en octobre 1963, André Malraux peut s'abstenir de réagir alors que l'académicien avait, peu auparavant, admirablement évoqué leur ami commun Max Jacob[46] dont Malraux fut le protégé et à qui il avait dédié son premier livre. Au même moment, l'Élysée, qui ne souhaitait pas saluer les vrais proches du poète, Jean Marais et Édouard Dermit, avait trouvé une Mme Paul Cocteau à qui adresser des condoléances. Le président de la République saluait la mémoire du disparu pour « ce magnifique enrichissement apporté au patrimoine artistique et littéraire français par son génie aux applications si diverses[47] ». En 1964, la disparition de son ami Fautrier laisse aussi Malraux muet et il charge son épouse Madeleine de le représenter aux obsèques d'un peintre dont il avait pourtant salué talentueusement *Les Otages* et leurs « couleurs plombées, depuis toujours celles de la mort[48] ».

Mais Malraux n'avait sans doute pas envie de retrouver, une fois de plus, la hiéroglyphie de la douleur. De toute façon, il avait écrit que les biographies des artistes ne l'intéressaient « que par les événements — assez rares — qui modifient leur art » et qu'il ne voulait pas discuter des galons de Fautrier[49]. Il n'avait donc aucune raison d'aller tenir un des cordons du poêle, d'autant que cette pratique des pompes funèbres était déjà presque tombée en désuétude et qu'il avait fui les obsèques de Georges Bernanos en 1948 comme celles d'André Gide en 1951. Et si, dans les *Antimémoires*, il parle des funérailles religieuses de Georges Bernanos du 8 juillet 1948, c'est d'après le récit que lui en a fait sa femme Madeleine ; elle lui avait décrit le rayon de soleil qui, au travers d'un vitrail, avait éclairé le cercueil[50]. Malraux suggère presque malgré tout son absence puisqu'il écrit qu'il « n'y avait pas d'écrivains » dans l'église pleine[51] mais il tient à parler de Bernanos parce qu'il le considère comme un des trois plus grands écrivains du premier XXe siècle. Il l'admire d'imposer à ses lecteurs l'existence d'un monde surnaturel, capable de « bégayer les mots de l'âme[52] » ; c'est la raison pour laquelle il préfacera, en 1974, une édition de son *Journal d'un curé de campagne* en qualifiant son auteur de « dernier Témoin de la pitié sacrée[53] ».

DES ŒUVRES CONTRE LA MORT

Sans doute Sartre a-t-il raison de dire que, pour Malraux comme pour Heidegger, l'homme est un « être-pour-la-mort ».

— Et si, au lieu de dire pour, on disait contre ? Ce n'est la même chose qu'en apparence...

Phrase de Gaëtan PICON
annotée par André Malraux.

Dans les dix premières années de la Ve République, Malraux se sent dans le domaine « du combat et dans celui de l'histoire ». Si, en rêve, il peut retourner dans le monde des artistes, « dans le domaine incertain de l'esprit et de la fiction[54] », il n'y échappe pas non plus à l'obsession de la Mort. En effet, dès *Lunes en papier*, l'écrivain de vingt ans en faisait « le meilleur auxiliaire de Satan », laissant à l'orgueil le soin de dire *« l'empire de la Mort » s'appelle le Royaume-Farfelu*[55] avant d'écrire : « On m'appelle la Mort, mais vous savez bien que je suis seulement l'Accident. » Puis Malraux faisait tuer la Mort par les péchés et les montrait pleurant car ils avaient tous oublié pourquoi[56]. Avant qu'elle ne meure, la Mort se félicitait d'être tuée puisqu'elle n'aurait jamais pu se suicider et qu'elle en avait assez : *le monde ne nous est supportable que grâce à l'habitude que nous avons de le supporter. On nous l'impose quand nous sommes trop jeunes pour nous défendre*[57]. En 1925, dans les échanges épistolaires imaginés entre un Blanc et un Asiatique, l'Occidental de Malraux méditait sur l'esprit européen qui, après avoir détruit Dieu, ne trouve que la mort et découvre qu'il ne peut plus se passionner pour elle[58]. Refusant la foi proposée par toutes les croix de villages[59] — « ces mêmes croix qui dominent nos morts » —, il interpellait l'Europe : « grand cimetière où ne dorment que des conquérants morts et dont la tristesse devient plus profonde en se parant de leurs noms illustres, tu ne laisses autour de moi qu'un horizon nu et le miroir qu'apporte le désespoir, vieux maître de la solitude[60]. » Dans *La Voie royale* on va lire ensuite : « La soumission à l'ordre de l'homme sans enfants et sans dieu est la plus profonde des soumissions à la mort. » Quarante ans plus tard, il reconnaîtra que son personnage principal Perken est né « d'une méditation sur ce que l'homme peut contre la mort[61] ». À cause de son obsession de la mort, le romancier Martin du Gard évoque l'intelligence de Malraux « qui brûle sans arrêt et consume l'être vivant. [...] Une flamme de catafalque, verte et comme expirante[62] ».

L'absence d'un sens à la vie

En 1930, à Cologne, Raymond Aron écoute une conférence sur le destin des cultures et remarque qu'à la fin ne subsistent, couvertes par le sable, que les pierres sacrées des dieux morts[63]. Dès avril 1931, Malraux soutient que « l'art moderne, dans ses manifestations les plus importantes, s'oppose de plus en plus à l'idée d'éternité[64] ». Mais l'idée de la mort a continué de l'obséder. Quand le prix Goncourt lui est attribué en 1933, il évoque les communistes chinois, jetés vivants dans des chaudières, salue leur sacrifice et affirme : « C'est pour ces morts que j'écris. » Quelques mois après le décès de sa propre mère — fait que ses lecteurs ignorent sans doute —, Malraux dépeint en orphelin son héros Kyo-Gisors ; May, sa compagne, est le seul être pour qui il n'est pas ce personnage mais la plus étroite complicité : « Ce n'était certes pas le bonheur, c'était quelque chose de primitif qui s'accordait aux ténèbres et faisait monter en lui une chaleur qui finissait dans une étreinte immobile, comme d'une joue contre une joue — la seule chose en lui qui fût aussi forte que la mort[65]. » Après les obsèques de Josette, en novembre 1944, le repas de funérailles avait semblé à Madeleine Malraux plutôt gai, conformément aux réflexes du monde rural. Si André avait le visage ravagé à son retour dans la capitale, chez Gide il disserta techniquement de l'accident : « On sent qu'on ne doit pas approcher sa douleur, d'aucune manière[66]. »

Dans ce que son compagnon Romain Gary a défini comme « une lutte acharnée pour combler le Néant par la culture », une empoignade perpétuelle et poignante avec l'absence d'un sens à la vie, Malraux — malheureux dans sa vie conjugale — croit à la métamorphose des œuvres d'art même si Scali, un des héros de *L'Espoir*, déclare : « Aucun tableau ne tient en face de taches de sang. » Autre personnage de ce roman, le capitaine Hernandez marche dans Tolède, sachant qu'il va mourir sans pouvoir se défendre et pense : « La chose capitale de la mort c'est qu'elle rend irrémédiable ce qui l'a précédée, irrémédiable à jamais. » Les héros des romans révolutionnaires de Malraux acceptent cependant la mort puisque leurs combats ont un sens. C'est la raison pour laquelle, dans la vie réelle, le colonel de la brigade Alsace-Lorraine ne craindra pas de lancer à ses hommes, un soir de l'hiver 1945 : « Messieurs, je salue nos morts d'hier et ceux qui, parmi vous, tomberont demain[67] ! » Le sentiment qu'éprouve l'écrivain « de devenir étranger à la terre, ou de revenir sur la terre », il affirme le devoir à l'action singulière, parfois physique, qu'exerce sur lui l'envoûtante conscience des siècles. Conscience rendue plus insidieuse par ses travaux sur l'art, car « tout Musée Imaginaire apporte à la fois la mort des civilisations et la résurrection de leurs œuvres[68] ». Malraux s'est en effet nourri de visites d'innombrables musées et a commencé sa méditation sur l'art avant même son séjour en Indochine. En Italie, Clara a vu son mari « courir comme s'il était en danger, jetant un coup d'œil aux murs pour revenir ensuite auprès de ce que son rapide voyage lui a appris qui en valait la peine[69] ». Les arts plastiques sont polyglottes et imposent au musée imaginaire de la littérature d'être plus modeste[70]. Le jeune romancier des *Conquérants* prête donc à Garine adolescent une réflexion sur Michel-Ange et son art qui « tend toujours vers quelque chose d'inconnu[71] ». Une quinzaine d'années plus tard, son Möllberg soutient que « nous ne sommes hommes que par la pensée ; nous ne pensons que ce que l'histoire nous laisse penser, et sans doute n'a-t-elle pas de sens [...] l'homme est un hasard, et, pour l'essentiel, le monde est fait d'oubli[72] ».

Les histoires renvoyées au néant

Appuyés sur sa bibliothèque artistique personnelle de plus de 2 000 volumes, les *Écrits sur l'art* de Malraux ont presque tous été inspirés par sa volonté d'arracher quelque chose à la mort et par son désir, signifié dès 1935, que « le sens du mot "art" soit tenter de donner conscience à des hommes de la grandeur qu'ils ignorent en eux[73] ». Pendant la guerre, un héros des *Noyers de l'Altenburg* évoque la rage de survie des humains mais énonce qu'il importe peu que les hommes se transmettent pour quelques siècles leurs concepts et leurs techniques « si les civilisations ne sont bonnes à se succéder que pour jeter l'homme au tonneau sans fond du néant[74] ». Si les individus ont leur part de grandeur, ils ne manquent pas de trépasser, même si ceux que Malraux croise en URSS pensent non à leur mort, pourtant certaine, mais à l'éventualité d'être tués. Le ministre-écrivain rêve peut-être d'appartenir parfois à un des peuples qui ont vécu « dans la familiarité des morts, qui mêle la grande nuit funèbre à un humour macabre et attendri[75] ». S'il apprécie particulièrement l'art égyptien, c'est parce qu'il ne le trouve à peu près jamais proprement funèbre ; il aime que la civilisation égyptienne n'ait jamais connu le squelette et qu'elle aille chercher dans la mort comment « concevoir la vie humaine comme une éternité ». Mais si Malraux ne se préoccupe pas « de la durée qui nous emporte, et que la pensée ou l'œuvre d'art reconquiert[76] », il éprouve souvent *un sentiment solennel et sinistre face au Temps meurtrier qui renvoie au néant les histoires et l'Histoire*.

Hanté par le néant, se demandant si l'homme est « obsédé d'éternité, ou d'échapper à l'inexorable dépendance que lui ressasse la mort[77] », Malraux se méfie de l'Histoire et encore plus des historiens ; il croit malgré tout à la puissance de la création. Au Sénat, le 8 décembre 1959, il évoque la fin de Juliette Drouet, « vieille femme ravagée, couverte de rides [...] qui portait sur son visage le masque immortel de l'amour », et soutient qu'en 1940 le grand murmure de la douleur des blessés s'arrête quand on leur récite deux vers du « Booz endormi » de Victor Hugo :

Voilà longtemps que celle avec qui j'ai dormi,
Ô Seigneur ! a quitté ma couche pour la vôtre.

En 1960, Gaëtan Picon marque donc naturellement la source des œuvres de celui qui va le nommer directeur général des Arts et Lettres : « Une angoisse sans visage, un souffle d'abîme venu des profondeurs du temps, la fascination de la mort dont l'ombre, partout projetée, réduit à néant chaque chose [...]. En face du néant et de l'absurde, seule vaut une énergie extrême qui ne peut se révéler supérieure à la mort et à la souffrance que si elle est prête constamment à les affronter[78]. »

Les voix survivantes

Sa première épouse, Clara, a assez partagé sa hantise pour confier un jour à une amie que, quand elle attendait sa fille, elle avait toujours pensé : *je porte un futur cadavre*[79]. La « curiosité presque obsessionnelle de la mort » qui a conduit son père au suicide[80], André continue de la partager avec Clara au-delà de leur séparation. Elle permet de ne pas s'étonner quand le ministre soutient qu'un jeune homme découvrira le sens de la poésie lorsque, regardant sa bien-aimée, il songera aux vers de Victor Hugo : « Lorsque nous dormirons tous deux dans l'attitude que donne aux morts pensifs la forme du tombeau. » Parce qu'il sait aussi la suite de « Tristesse d'Olympio » :

Est-ce que vous serez à ce point insensible
De nous savoir couchés, morts avec nos amours
Et de continuer votre fête paisible,
Et de toujours sourire et de chanter toujours ?

André Malraux — qui ne sourit plus guère — écrit deux fois à l'ancienne fiancée de son fils Gauthier, Marie-Ange Le Besnerais, et la fait recevoir dans une des directions du ministère pour qu'elle soit aidée dans un projet[81].

Les Voix du silence l'ont affirmé hautement : « la mort ne contraint pas le génie au silence » parce qu'il impose son langage sans cesse métamorphosé et que, par ses chefs-d'œuvre, il maintient un invincible dialogue : « Cette voix survivante et non pas immortelle, élève son chant sacré sur l'intarissable orchestre de la mort[82]. » Dans les années soixante, André Malraux perçoit comme un puissant moyen de négliger la mort, le dialogue avec ce qui n'est pas l'homme : astres, brins d'herbe ou grillons[83]. Mais il se refuse à aller au théâtre, sauf pour des représentations officielles ; au début des années cinquante, *Paris-Match* signalait d'ailleurs qu'il n'allait voir des pièces que deux fois par an ! André Holleaux a indiqué qu'en trois ans il ne l'a jamais vu se délasser : la mort semblait rôder et le mois de mai — anniversaire du double deuil de ses fils — était une période particulièrement difficile. La mort est pour lui un irrémédiable absolu, rendant sa vie sanglante et vaine. L'ensevelissement de ses fils lui a fait subir des heures extrêmement pénibles car il se faisait très rarement violence pour assister à des obsèques : ainsi, en 1938, malgré sa promesse, il n'était pas aux côtés de Clara pour enterrer sa belle-mère suicidée[84].

Les couleurs de la mort

Les pensées morbides hantaient déjà l'écrivain en juin 1936, dans les tribunes de la Chambre des députés, quand il contemplait les huissiers dans l'Hémicycle, se baladant « comme des fantômes — noir et argent, couleurs de funérailles, inutiles et irréels ». Elles l'obsédaient encore quand il reprit ce texte en pensant le réinsérer dans son *Miroir des limbes*, avec le même irréel jour blême qui tombait de l'affreux plafond de verre et les huissiers « comme des figures de funérailles, noir et argent[85] ». En 1941, l'homme privé n'avait pas craint d'offrir « Danse des morts » à la fiancée de son frère ; l'homme public continue à associer l'amour, la culture et la mort. La pensée de la mort reste constamment présente dans son œuvre comme dans sa vie. Le 18 avril 1964, quand il inaugure la première véritable maison de la Culture, à Bourges, le ministre soutient que la culture, c'est « l'ensemble de toutes les formes, fussent-elles les formes du rire, qui ont été plus fortes que la mort ». Le 19 mars 1966, à Amiens, il reprend son obsession de l'être humain regardant dans la glace « ce qui sera son visage de mort[86] » et soutient que « la culture, c'est ce qui répond à l'homme quand il se demande ce qu'il fait sur la terre ». Le 27 octobre 1966, défendant devant les députés *Les Paravents* de Jean Genet, il continue de jouer avec l'idée de mort quand il explique que la pièce est jouée malgré ce qu'on lui reproche, comme on admire Baudelaire pour la fin d'« Une charogne » et non pour la description du cadavre[87].

En 1969, la disparition brutale de Louise de Vilmorin, après un seul semestre de cohabitation, le replace devant le trépas même s'il trouve du réconfort dans le bref message de Charles de Gaulle : « Mon cher ami, dans votre peine, je pense à vous. Fidèlement[88]. » Il n'est pas rasséréné de savoir que les Vilmorin respectent un vœu ancien de la poétesse demandant que, lorsqu'elle serait figée à jamais[89], elle repose dans le parc de Verrières. Il n'a nulle envie d'aller s'asseoir près de la tombe de son éphémère compagne, sur le banc portant son « au secours ! », ni de relire le calligramme qu'elle lui avait envoyé en 1968 et qui parlait de son désir d'être sourde pour que ne lui parviennent plus « la voix des crève-cœurs ni le bruit des cailloux qui construisent [sa] tombe[90]. » Continuant à vivre dans la propriété où Louise est enterrée, seule, loin des « tombeaux très beaux des expirantes-nées[91] », il veille à la réédition de ses œuvres en se refusant de croire à ce que la poétesse écrivait dans « Sieste » : « De l'étang des demi-remords / Ne tirez pas vos personnages / Le soleil en ferait des morts[92]. » Il peut penser à *Fiançailles pour rire*, une suite de six poèmes mis en musique par Francis Poulenc, où la future auteure de *Madame de* avait inscrit « mon cadavre est doux comme un gant »[93].

Le frôlement de la mort

Retiré de la vie politique, Malraux continue à écrire et ses derniers textes « respirent tous l'air des cimetières[94] ». Il se sent comme un nouveau ressuscité après son séjour à l'hôpital de la Salpêtrière, du 19 octobre au 16 novembre 1972. Sa conscience se réfugie dans son effort et les 37 premières feuilles du manuscrit de *Lazare*, qui comportent déjà des collages, se veulent une résurrection d'instants et d'abord de ceux où leur auteur était sous menace de mort[95]. La genèse de ces *Antimémoires-2-Salpêtrière*, futur fragment du *Miroir des limbes*, finira par comprendre 1 702 feuillets[96]. Moins qu'un tombeau-inventaire, ils constituent un bilan de vie où les chevaux de bois tournent dans la solitude tandis que « l'éternelle rosée répond peut-être à la mort éternelle[97] ». Pendant ses quatre semaines de séjour, il a constaté que le rapport avec la maladie était très peu individuel mais qu'avec les grands malades, la conversation se plaçait à un vrai degré de profondeur[98]. Dans « ce lieu hanté de douleur », l'écrivain fait entendre le râle qui pense pour lui, avec ses plaintes moins fréquentes, « le frôlement de la mort » qui chasse l'examen, le « murmure de plaintes » dont il se demande s'il reprend « à la même heure dans tous les hôpitaux du monde[99] ». Un an avant de trépasser, Malraux poursuit son interrogation planétaire parce qu'il espère « frôler la postérité, entrevoir le ferment par lequel les œuvres échappent à la mort[100] ».

Pendant sa longue hospitalisation de l'automne 1972, enveloppé dans la chaleur et la rêverie de la fièvre, Malraux déplorait que « notre civilisation, où l'instant devient roi, traite le passé comme le fait la mort [...] qu'est-ce qu'un passé qui n'est pas une biographie ? Une conscience d'exister, plus profonde que la connaissance[101] ». L'écrivain soutient qu'il n'a pas d'attendrissement pour ce qui doit disparaître avec lui : « L'homme ne se juge guère. Je ne commencerai pas cette nuit. [...] Les décisions capitales sont des lapins qu'on tire au passage ; mieux vaut savoir tirer[102]. » Attendu à sa sortie par le directeur du *Figaro littéraire*, il lui confie : « J'ai passé ma vie à donner un visage à la mort, c'était aussi une façon, disons, de la tenir en respect [...] le trépas ne m'intéresse pas. L'homme vient au monde pour mourir. Il meurt. Point. Sans intérêt. Mais le rapport d'ordre métaphysique, lui, nous intéresse parce que l'homme a prise sur cette mort-là[103]. » Dans la même veine, on va lire dans *Lazare* : « L'importance que j'ai donnée au caractère métaphysique de la mort m'a fait croire obsédé par le trépas. Autant croire que les biologistes voués à l'étude de la naissance cherchent des places de nourrice[104]. »

La pureté de la mort

Lazare se veut en partie un parcours biographique puisque son auteur, avant d'attaquer sa troisième version, rédige un plan qui le fait passer d'images de lui (l'enfance, le collège, Montmartre) à ses voyages, de la guerre à la Résistance, du retour du Général à sa mort avec ses missions et ses discours, avec une giclée d'images : le Bangladesh, Nixon, le cimetière d'Arlington et les tombes des frères Kennedy, son allocution à Durestal pour ses amis résistants du Sud-Ouest[105]. Mais plus son livre se construit, plus la méditation de Malraux devient abstraite parce qu'il fait des événements biographiques un matériau littéraire ; il s'agit pour lui que l'écriture fixe les images « comme l'épingle fixe le papillon[106] ». Le professeur Jeannelle montre qu'alors l'écrivain élabore sa leçon anti-autobiographique dont nous pouvons penser qu'elle l'avait inspiré quand il écrivait, avec *Les Chênes qu'on abat*, son portrait de Charles de Gaulle, véritable Tombeau à l'image du *Tombeau de Baudelaire* qu'avait rédigé Mallarmé. D'ailleurs, après la disparition du Général, l'ancien ministre avait déclaré à Bernard Tricot, dernier grand témoin de la fin du règne gaullien : « Le gaullisme prend de la pureté, la pureté de la mort et le peuple s'en aperçoit[107]. »

Dans *La Tête d'obsidienne*, l'ancien commensal de Picasso énonce que, « sur fond de néant, la plus humble création est un miracle », même si la rivalité de l'art et de la mort est inimaginable ; il a aimé que ses femmes de *Guernica* soient prises entre le néant et l'éternité. En 1974, André Malraux répète à la Fondation Maeght que « hors de la religion, le musée est le lieu du seul monde qui échappe à la mort[108] ». Bien que son ancien collaborateur P. Moinot ait consigné dans un livre que la vie était « l'autre nom de la mort quand elle est jeune[109] », il avoue que la proximité entretenue par Malraux entre le mot « art » et le mot « mort » le gêne, parce que, pour lui, l'art ne cesse de parler de l'affirmation de la vie[110]. Pour Moinot, futur académicien, l'être véritable est dans un temps plus grand que celui de l'histoire, « dans l'impassibilité peuplée de dieux de la nature[111] ». Mais il sait que son ministre n'atteint pas la sérénité et qu'il vit dans une sorte de désespoir permanent[112]. Toutefois, l'écrivain a survécu quatre ans à son hospitalisation de 1972 et en a été reconnaissant à son médecin : l'exemplaire de *La Tête d'obsidienne* qu'il lui dédicace l'indique en quelques mots : *pour Louis Bertagna, coupable encore de celui-ci, son ami, André Malraux*[113]. Continuant son métier, l'homme de lettres consigne : « Notre plus profonde conscience est à la fois hantée par notre mort et pleine d'une étrange immortalité » et affirme : « Un nain ressuscité n'est pas moins étonnant qu'un géant, et il ressemble plus à un géant ressuscité qu'un géant mort[114]. »

La survie des œuvres

Pour Malraux, la plus profonde métamorphose est celle qui a « changé en musée l'empire de la mort[115] » puisque, pour les artistes occidentaux, la lutte contre la mort est « dans la postérité, ou dans la métamorphose liée à la survie des œuvres[116] ». Le mausolée de la création est « hors du temps, même si les siècles emprisonnent Picasso dans le nôtre[117] ». Celui qui a soutenu que « l'important est ce que la mort nous fait penser de la vie[118] » considère, jusqu'au bout de son existence, que seul l'art est un antidestin même s'il ne confond plus l'immortalité et la métamorphose. Ses lecteurs connaissent sa certitude : « Le secret de notre vie ne serait pas moins poignant, si l'homme était immortel[119]. » Ses proches savent ses réactions : face aux êtres humains morts, il est pratiquement en transe, selon Madeleine, sa seconde femme. En 1946, il l'oblige à quitter sa veille au chevet de Lilette Godard-Malraux, la mère de Roland et de Claude, quand elle est à l'agonie[120]. Quelques mois avant son propre trépas, André Malraux n'hésite pas à dire à une journaliste, pour en rêver peut-être : « Il n'est pas certain que dans cent ans on ne se dise pas que l'essentiel, pour une civilisation cohérente, ne sera pas d'arriver à ce que la question de la mort ne soit pas possible. Non pas à ce qu'il n'y ait pas de réponse, mais à ce qu'il n'y ait pas de question[121]. » Il prophétise ainsi le temps où la mort devient *une réalité cachée et socialement insensée*[122].

LA MORT, EN MOTS ET EN SCÈNES

> *Le sage ne pleure ni sur les vivants ni sur les morts.*
> *Car jamais nous ne fûmes, ni moi, ni toi, ni ces rois ;*
> *Et jamais aucun de nous ne cessera d'exister désormais...*
>
> *Bhagavad-Gîtâ*, I, 33-34,
> dans André MALRAUX,
> *Le Miroir des limbes*, I, *Antimémoires*.

André Malraux considère que « les millénaires n'ont pas suffi à l'homme pour apprendre à voir mourir[123] » ; les morts mis en mots ou en scènes par le romancier ou le cinéaste, les morts des proches ou des camarades appartiennent au paysage mental du ministre. Il parle de la mort « non pour la conjurer mais pour l'approcher[124] ». Il peuple ses discours de nuits funèbres et de tambours de deuil escortant ceux que la grâce fatale de la Mort a touchés. En dehors de la cohorte des proches disparus, il a subi aussi, pendant le congrès des écrivains de juin 1936, le suicide de René Crevel. Au temps de la guerre d'Espagne, il évoque une quête à la fin d'un meeting monstre à Paris, dans des draps tapissés de photos d'enfants ; après avoir écrit qu'il s'agissait d'enfants blessés à Madrid, il choisit d'en faire des tués dans des bombardements et dépeint les militants qui passent, portant leurs gosses sur leurs dos et inclinant, « devant les enfants morts, leurs enfants vivants, avec le même salut désolé[125] ». La scène des aviateurs blessés descendant la montagne, dans *L'Espoir*, comporte une mitrailleuse « attachée là où sont d'ordinaire les couronnes » et l'auteur affirme que « tout le cortège était, à des funérailles, ce qu'était à des couronnes cette mitrailleuse tordue ». Les femmes aux cheveux cachés sous des fichus sans époque préfigurent « les femmes noires de Corrèze, immobiles du haut en bas de la montagne », qui surgiront dans l'hommage à Jean Moulin pour incarner l'humanité fondamentale[126].

Les puissances de la Nuit

Dans les années soixante, le ministre s'efforce d'occulter son souvenir du cimetière de Charonne où sont ensevelis Josette Clotis[127] et leurs deux fils mais il se félicite sans doute de l'aspect campagnard de cet enclos ; il avait en effet avoué que les grands cimetières urbains faisaient surgir en lui des *sentiments hideux*. Il n'oublie évidemment pas qu'en mai 1961, s'il a accédé à la demande du père Bockel, l'ancien aumônier de la brigade Alsace-Lorraine, de célébrer des funérailles religieuses pour Gauthier et Vincent, cela lui a aussi permis de différer de quelques moments la descente au tombeau des cercueils de ses fils. À sa fille, cet agnostique a aussi déclaré[128] : *ils n'étaient pas athées, ils avaient droit à des prières ; il n'était pas possible de les enterrer comme des sacs de pommes de terre.* Il ne s'était sûrement pas soucié alors du fait que reposait aussi, dans la terre de Charonne, la dépouille de l'écrivain Robert Brasillach, fusillé le 6 février 1945 pour intelligence avec l'ennemi ; Brasillach qui avait salué la fureur destructrice de Malraux et affirmé que les lecteurs des *Conquérants* n'oublieraient « jamais les tableaux d'horreur qui terminent le livre, les supplices atroces de morts auxquels on a coupé les paupières[129] ». Mais il n'avait pu manquer de remarquer, à une vingtaine de mètres au-dessus de la sépulture de Josette, Gauthier et Vincent, la statue souriante de Bègue dit Magloire[130], le secrétaire de Robespierre guillotiné en 1794. Il pensait peut-être encore à ce dernier cimetière parisien autour de son église, au caveau où sont ensevelis les corps de ses deux fils, quand il affirma, en 1972 : les morts de la civilisation chrétienne, « ce ne sont pas des effacés[131] ». Probablement sensible au calme de cet enclos paroissial, Malraux dira aussi : *Le cimetière chrétien, c'est le contraire de la mort ; bien sûr, ce n'est pas la même chose que les vivants*... Dans les années soixante-dix, devant des caméras de télévision[132], il évoque également le Panthéon ; pour les Grecs, c'est le temple de tous les dieux, pour lui, le *temple des morts qui n'avaient pas la foi*. Fixant son interlocuteur, il déclare, en secouant la tête : « L'humanité a eu bien plus l'habitude de penser que les morts, il leur était arrivé de mourir, comme les malades il leur arrive d'être malades. » Malraux, ouvrant ses mains, lance alors son cri d'espérance : *métamorphose mais pas du tout disparus !*

Quand son ministère se structure, malgré le poids de la guerre d'Algérie et le double deuil du ministre, Pierre Moinot, tout en étant volontaire pour aider une autre époque à être accouchée, est sensible à cette atmosphère mortifère : « La mort rôdait derrière les conversations, la mort des soldats, la mort d'un pays, d'une époque[133]. » Le ministre ne cesse jamais de parler de la mort. Quand le général de Gaulle visite la maison de la Culture de Bourges, plus d'un an après son inauguration, Malraux tient à affirmer au nom des personnels qui les entourent : *en face de la mort, il n'y a que ce qui résiste à la mort ; en face des puissances de la nuit, il n'y a que l'immortalité*[134]. Les hommages solennels mais laïques que le ministre rend à quelques grands artistes sont l'expression publique et de sa volonté d'atteindre un enjeu, la *communion funèbre*, et de son souhait de venger le terrible enterrement de Verlaine avec sa maîtresse criant sur la fosse[135] : *Paul, tous les amis sont là !*

Les oraisons funèbres

Deux ans après la fin de ses fonctions gouvernementales, Malraux place au rang des oraisons funèbres huit de ses discours, même si quatre ne relèvent pas de ce genre. Cet ensemble qui lui avait échappé[136] regroupe donc, outre les quatre oraisons funèbres au sens rigoureux — ses hommages à Jeanne d'Arc, Georges Braque, Le Corbusier et Jean Moulin — son discours commémorant, le 24 août 1958, la Libération de Paris ; son hommage à la Grèce qui salue, le 28 mai 1959, la première illumination de l'Acropole ; sa réponse à l'appel de l'Unesco, le 8 mars 1960, pour sauver les monuments de Haute-Égypte et son allocution pour célébrer, le 21 juin 1960, le centenaire de l'Alliance israélite universelle.

Dans les Français combattants, il salue la légion des témoins, une « poignante assemblée d'ombres [...] l'éternelle poignée de ceux par lesquels tout ce qui transfigure les individus commence ou recommence[137] ». À Athènes, il évoque « le grave cortège des morts de jadis et d'hier » ; il proclame la gloire de la Grèce « première civilisation sans livre sacré [qui a fait de la culture] un moyen majeur de formation de l'homme » et la fécondité des valeurs de l'esprit qui naissent de la communion et du courage[138]. Pour l'Égypte, il parle d'une résurrection géante, d'une mystérieuse présence des œuvres « des plus grands morts et des plus grands vivants — dans le Trésor de la première civilisation mondiale ». Au murmure éternel du vieux Nil, il soutient qu'un acte prévaut, « l'acte par lequel l'homme arrache quelque chose à la mort[139] ». Dans l'histoire d'Israël, il retient l'esprit, valeur suprême ; les pauvres instituteurs enseignant la dignité humaine ; le révolté mort dans la torture pour en assurer la mémoire et le vaste murmure des morts sans nom[140].

Le rêve d'un Panthéon significatif

Parce qu'il se savait dans « la première civilisation capable de conquérir toute la terre, mais non d'inventer ses propres temples, ni ses tombeaux[141] », André Malraux avait, dès 1960, fait recenser les morts disponibles pour rêver à un Panthéon significatif ! En 1962, il fit aussi classer comme site historique et pittoresque près de la moitié du cimetière parisien du Père-Lachaise. En 1963, parallèlement à l'organisation d'un musée des Gloires de la France aux Invalides, il demanda qu'on étudie « l'emplacement des tombes totales ou "partielles" des "grands capitaines" qui ont illustré à travers l'Histoire les faits et gestes les plus augustes de l'Armée française » et fit souligner que le général de Gaulle s'y montrait « pleinement favorable[142] ». Le ministre rejetait résolument le principe de Paul Morand, un panthéon portatif composé d'hommes éclairs, une petite galerie de génies familiers[143]. Dans l'église Sainte-Geneviève désaffectée, il n'était satisfait ni de la plaque « Aux héros inconnus, aux martyrs ignorés morts pour la

France », ni de celle rappelant les noms de 563 écrivains morts pour la France pendant la Première Guerre mondiale. La liste des personnages dont les restes étaient rassemblés dans le temple dédié par la Patrie aux Grands Hommes[144] comportait, à ses yeux, beaucoup trop de dignitaires du Premier Empire[145] ; car, de 1806 à 1814, Napoléon y avait fait inhumer 41 personnalités, dont 22 sénateurs. Malraux aurait aimé panthéoniser Rouget de l'Isle, l'auteur de *La Marseillaise*, et le sculpteur Rude mais aussi Bergson. Se rappelant l'hommage rendu à ce prix Nobel par Raymond Aron, à la radio de Londres[146], quand Vichy refusait des obsèques officielles à ce membre de l'Académie française, fils d'une Irlandaise et d'un juif, le ministre parla, en conseil[147], du caractère insuffisant de la plaque apposée en l'honneur de ce philosophe. À l'automne 1968, le ministre salua aussi comme admirable la suggestion d'un député de panthéoniser Berlioz[148], mais l'idée resta à l'état de projet.

Charles de Gaulle ne voulut pas procéder à une autre panthéonisation que celle de Jean Moulin. Il avait commencé à restreindre le nombre des membres de la Légion d'honneur et tenait au caractère réellement exceptionnel des entrées au Panthéon. Le rêve malrucien d'un grand rassemblement des morts illustres, sortis de leurs tombeaux provinciaux, a duré plusieurs années. André Holleaux lui avait signalé que les municipalités seraient défavorables à ces transferts ; l'avisé directeur de cabinet m'a confié[149] qu'en lui proposant d'en parler au général de Gaulle, il était à peu près sûr que le projet serait enterré... Il subodorait justement que le Président serait hostile à de nouvelles panthéonisations spectaculaires, lui qui avait déjà décidé que sa sépulture serait celle de Colombey où, depuis 1948, reposait sa fille Anne. Jusqu'à son départ du pouvoir, la Ve République n'a compté qu'un panthéonisé pour onze sous la IIIe [150] et cinq sous la IVe[151]. Faute de cette concentration des grands morts, Malraux a pu en magnifier quelques-uns.

Les hommages funèbres de la France

Le décès de son ami Georges Braque lui donne l'occasion d'assurer « la revanche des pauvres obsèques de Modigliani, du sinistre enterrement de Van Gogh ». Devant la colonnade du Louvre, le 3 septembre 1963, « l'un des plus grands peintres du siècle » se voit apporter l'hommage solennel de la France. Le ministre, qui accompagnera sa veuve[152], le lendemain, jusqu'à l'église villageoise et au cimetière marin normand choisis par Braque, salue son rôle décisif « dans la destruction de l'image des objets » ; il dit éprouver la même tristesse que lorsqu'il apprit la mort du compositeur Claude Debussy. L'amateur d'art éclairé ose affirmer que les cultivateurs et les marins de Varengeville aimaient Georges Braque « évidemment sans comprendre son art ». Il pense sans doute plus à *L'Homme à la guitare* qu'aux grands oiseaux dessinés par le peintre qu'on retrouvera, en mosaïques, sur sa tombe. Toutefois, l'écrivain politique préféra supprimer cet « évidemment » pour l'édition de son texte[153], même s'il correspondait à son opinion assez élitiste sur la capacité des masses à communier avec les créateurs.

Deux ans après avoir proclamé qu'une part de l'honneur de la France s'appelle Braque[154], la mort de Le Corbusier permet à Malraux de parler à nouveau au nom du Gouvernement français[155]. Il chevauche les continents pour lui apporter les fleurs funèbres de New York et de Brasília, l'eau sacrée du Gange et la terre de l'Acropole. Le 1er septembre 1965, dans la Cour Carrée du Louvre, « cour illustre qu'ordonnèrent tour à tour Henri II, Richelieu, Louis XIV et Napoléon », le ministre énonce qu'il est beau que « la déesse pensive incline une fois de plus sa lance sur un cercueil ». S'éloignant d'Athéna, il salue la véhémence du combat de l'architecte, « si longtemps, si patiemment insulté » pour que la maison soit l'écrin de la vie, la machine à bonheur[156]. Oubliant les accusations staliniennes sur le fascisme de Le Corbusier, *L'Humanité-Dimanche* salue « l'Alexandre le Grand des villes modernes » tandis que *L'Humanité*, en fidèle organe central du PCF, déplore que « les beaux sites et les belles constructions, en dépit des désirs de Le Corbusier, soient pour les riches tandis que les cités HLM et les grands ensembles, hâtivement construits et aux moindres frais, sont pour le monde du travail[157] ». Ces propos qu'il pressent ne détournent pas Malraux de soutenir que, dans les ferments du siècle, figurent les constructions et les prises de position de Le Corbusier, ses théories prophétiques et agressives aussi bien qu'une logique enragée. *Au seuil sévère du tombeau*, l'admirateur de Victor Hugo rappelle le trépas de son vieil ami près d'un simple cabanon. En théoricien, il réaffirme qu'en annonçant l'avenir l'architecte a métamorphosé « le passé des morts pour l'apporter aux vivants ». En poète, il convoque au-dessus de la proue de Ronchamp, battue par les nuages des Vosges, des moineaux pourtant bien incapables de vivre à cette altitude[158]. Admirablement arbitraire, le ministre homme de lettres choisit d'inventer. Il a déjà donné toute sa mesure en 1964, dans la résurrection de la légende de Jeanne d'Arc et dans la glorification de Jean Moulin.

À Rouen, pour commémorer Jeanne d'Arc morte, il l'a proclamée vivante « par le rougeoiement sanglant du bûcher » ; il a fait entendre, avec la première flamme, son cri atroce faisant se lever, dans ses tombes, la vieille chevalerie morte. Il a salué l'universalité et le rôle de rassembleuse de l'armée — un 18 juin — de celle qu'il érige en sainte de bois, *âme invulnérable, fémininement humaine*. Celle dont il estimait que le suprême éclat de sa légende venait de la tardive découverte de sa personne, il l'a dressée

« sur les routes où les tombes des chevaliers français voisinent avec celles des soldats de l'An II ». L'immense talent oratoire d'André Malraux sexagénaire s'est brillamment déployé pour évoquer *le corps rétracté devant les flammes, le cœur descendant le fleuve où le bourreau l'a jeté et les fleurs marines remontant la Seine dont les berges se couvrent des chardons bleus des sables, étoilés par les lys*. C'est bien avant sa péroraison pour « la seule figure de victoire qui soit une figure de pitié » qu'il a réaffirmé sa conviction la plus profonde, nourrie de la mort de nombre des hommes de sa brigade en 1944-1945 mais aussi bien sûr de celles de Claude et Roland, ses deux frères morts pour la France : « Depuis que la terre est battue de la marée sans fin de la vie et de la mort, pour tous ceux qui savent qu'ils doivent mourir, seul le sacrifice est l'égal de la mort[159]. »

Jean Moulin et l'ordre de la nuit

Quelques mois plus tard, la panthéonisation de Jean Moulin — initialement demandée par les associations de résistants de l'Hérault[160] — va lui donner toute latitude pour ressusciter *la grande lutte des ténèbres, le peuple né de l'ombre*, ses frères « dans l'ordre de la nuit ». Il met en scène la veillée dans la crypte de la déportation sur l'île de la Cité, l'escorte du char remontant dans la nuit vers le Panthéon, « dans le piétinement des chevaux de la garde qui présentait les armes, et le reflet de la lune enchantée sur les sabres[161] ». Tous les discours que Malraux a déjà consacrés et consacrera ensuite à la Résistance se placent sous le signe de la mort. Sur cette assimilation mortifère, sur la mort « nuit sans retour », Olivier Wieviorka a montré[162] combien on pouvait les expliquer par ces thèmes de la torture et de la mort qui sous-tendent l'ensemble de l'œuvre de Malraux. Mais, grâce à Pierre Laborie[163], on ne saurait oublier que les emboîtements de sa pensée le font aller de l'expérience à la transcendance et qu'il a fait de la Résistance un des événements par lesquels « l'homme arrache quelque chose à la mort ». Il a consacré à son discours pour Jean Moulin plus d'une semaine de son temps, se déchargeant de toutes ses autres tâches pour procéder à des vérifications historiques et réécrire divers passages[164]. Il n'a vu alors que sa secrétaire, Madeleine Caglione, et Albert Beuret, de plus en plus élevé au rang de confident. Avant que le vent ne transforme son oraison dans ce qu'il a qualifié de sorte de psalmodie hurlée, ses modifications ont pris un sens politique évident. On en trouve la démonstration tant dans les corrections qu'il a faites sur son tapuscrit que dans les suppressions qu'il a décidées à la fois pour ce qu'il a dit en présence du général de Gaulle et pour ce qu'il n'a pas publié ou a fait ajouter dans la version définitive de cette œuvre[165].

Il faut relever d'abord le jugement de Malraux sur la Résistance de 1940-1941, « vaine poussière de courage désarmé », et lui donner acte qu'il a senti que ses mots blesseraient ; il les a donc remplacés en parlant d'une Résistance qui n'était encore qu'un désordre de courage. Ses ajouts ou omissions prouvent sa volonté de rassembler les Français. Afin de ne pas choquer l'armée, la formule sur « les officiers réactionnaires » est complétée à la main par « ou libéraux » ; pour n'oublier personne à gauche, il cite les trotskistes à côté des communistes, « tous promis à la même délivrance ou à la même prison ». Il renonce cependant à parler de Jean Moulin comme d'un « préfet de gauche » et préfère la formule de préfet radical[166] qui ne fait pas de cadeau à l'opposition. Quand il ajoute les cendres de Jaurès veillées par la Justice à celles de Victor Hugo avec *Les Misérables*, sans doute se souvient-il qu'il a déjà évoqué le tribun assassiné en 1914 et qui incarnait la générosité de la France, annonçant à ses compagnons du RPF[167] : « Nous retrouverons cette voix disparue. »

Sans aller jusqu'à psychanalyser le paragraphe non écrit initialement mais prononcé et publié sur Jean Moulin qui « n'a nul besoin d'une gloire usurpée », je crois qu'André Malraux pense alors un peu à son engagement clandestin tardif. Il n'oublie certes pas le sacrifice de ses deux frères Claude et Roland et de son camarade Raymond Maréchal lorsqu'il rature ces autres lignes : « Depuis des milliers d'années, les Résistances ont remplacé leurs morts ; mais en combien de temps ? Et dans la nôtre, comme la mort avait (déjà terriblement) choisi ! » Les deux mots entre parenthèses avaient été rayés sur son manuscrit mais c'est toute la phrase que son auteur jugea impossible à énoncer puis à publier. Moins de trois ans plus tard, écartant toujours vigoureusement son tas de secrets, l'écrivain va d'ailleurs écrire : « L'introspection-aveu a changé de nature, parce que les aveux du mémorialiste le plus provocant sont puérils en face des monstres qu'apporte l'exploration psychanalytique [...]. De la chasse aux secrets, la névrose ramène davantage, et avec plus d'accent[168]. » Sans plonger plus loin dans les inconscients, en 1948, alors qu'il va épouser la veuve de Roland qui dira elle-même plus tard « je l'aimais comme un frère malheureux », comment ne pas relever qu'il parle[169] *du fond fraternel de la mort...*

Les obsèques du Général

S'il cesse d'être ministre des Affaires culturelles en juin 1969, l'écrivain Malraux va s'offrir le luxe de transcender les obsèques de Charles de Gaulle et d'imaginer les funérailles du dernier compagnon de la Libération, dans la crypte du mont Valérien, affirmant que « l'Ordre est un Cimetière » et la croix suspendue au ruban vert et noir, une dalle funéraire. Pour la cérémonie villageoise où ses compagnons font à la mémoire du général de Gaulle l'honneur d'accompagner son corps, Malraux est arrivé haletant suivi de Romain Gary dans son uniforme de Français libre. Le testament du Général, écrit dans la semaine des fastueuses obsèques du maréchal de Lattre[170], a prévu une présence modeste des armées françaises ainsi que la participation du conseil municipal de Colombey-les-Deux-Églises et des Compagnons de la Libération[171]. Les barrières de sécurité n'ont évidemment pas permis à Malraux de faire passer la vieille paysanne qu'il a représentée ensuite, désireuse d'atteindre le petit sanctuaire, parlant comme la France et criant « le Général a dit : tout le monde » avant de se hâter en claudiquant vers l'église, devant le grondement du char qui porte le cercueil, tandis qu'un marin semble « présenter les armes à la France misérable et fidèle[172] ». Cette femme fictive qui boitille, c'est aussi sans doute l'ombre de Louise de Vilmorin qui hante l'esprit de l'écrivain[173]. Elle est tellement un *pur esprit* que, dans un autre récit des obsèques[174], Malraux prend la femme « sous le bras » pour que le soldat la laisse venir sur le chemin du cimetière : la configuration de celui-ci, strictement attenant à l'église, comme toutes les images de la cérémonie montrent que la scène est une invention absolue : mais, puisque cette paysanne est alors *sous son bras*, tel un fantôme, tout est forcément possible, par la vertu de l'écriture !

Si Malraux était resté ministre, peut-être aurait-il demandé — en metteur en scène de cinéma — qu'on change l'engin blindé de reconnaissance[175] en plateau de bois à l'image de ceux qui emportaient sur les flots les dépouilles des chefs vikings ; il confia ensuite à Pierre Lefranc que les Compagnons avaient été comme « les chevaliers réunis autour de la dépouille de leur seigneur[176] », *l'unique grand maître de l'ordre de la Libération*. Cet ordre, le 17 juin 1971, André Malraux le décrit, pour la télévision ; il affirme parler « au nom de nos survivants — qui parlent au nom de leurs morts — qui parlent au nom de tous les morts[177] » : « Le dernier cercueil du mont Valérien ne sera pas non plus un cercueil solitaire [...]. Comme les gisants de la Chevalerie morte écoutaient crépiter le bûcher de Rouen, tous ceux qui se sont réfugiés dans l'âme de la France, écouteront le marteau sur les clous funèbres. Des archers d'Agnadel aux clochards d'Arcole, de la Garde Impériale jusqu'aux trois cent mille morts du Chemin-des-Dames, des cavaliers de Reims et de Patay aux Francs-Tireurs de 70, montera le silence séculaire de l'acharnement. Avec la phosphorescence des yeux des morts, ceux qu'on ne verra plus veilleront notre dernier Compagnon — non pour son courage, mais parce que l'ouvrier qui clouera le cercueil, le clouera sur la confuse multitude de tous les morts qui auront tenté de soutenir à bout de bras les agonies successives de la France. [...] Et avant que l'éternelle histoire se mêle à l'éternel oubli, l'ombre étroite qui s'allongera lentement sur la France, aura encore la forme d'une épée. »

Le rêve d'une fin fulgurante et noble

Ces deux cérémonies imaginées, pour Charles de Gaulle et pour son dernier compagnon, ont permis à André Malraux de transcender à nouveau sa funèbre passion ; mais il n'a pu vivre la mort dont il avait rêvé, ni au moment de son engagement pour le Bangladesh qui lui fit sans doute espérer une fin fulgurante et noble[178], ni déjà en 1968, quand il craignit une attaque du Louvre, pris comme symbole de la culture[179] : « À partir de l'escalier, devant Samothrace, je serai là au milieu des marches. Vous serez tous derrière moi. Nous serons là, les bras étendus. » Ce rêve, Pierre Moinot en a dépeint la morbidité : « Pathétiquement il imagine sa fin de vieux révolutionnaire, ayant perdu tout amour pour ce monde, ne chérissant plus comme seul bien que ces œuvres tant interrogées et par lesquelles la mort viendra, en les défendant. Face à la foule des briseurs d'idoles, devant Samothrace et pour protéger cette pierre froide et divine, André Malraux rêve qu'il meurt[180]. » Imprégné de la culture gréco-romaine qui faisait un symbole admirable du héros préférant la mort à l'esclavage, Malraux continue à penser que l'héroïsme ultime, c'est dans la mort qu'on le trouve. Les lecteurs de *Lazare* se voient proposer la mise en ballottage du néant : « L'agnosticisme, lorsqu'il accepte son propre irrationnel [...] découvre, dans l'angoisse de la mort, la réincarnation de la Danse macabre, provisoire comme elle : les charniers fermés ont désincarné cette Terreur éphémère. » Quand un lecteur lui écrit qu'il est « un personnage dantesque en enfer », l'écrivain trouve la formule plutôt flatteuse[181].

Presque jusqu'à son décès banal dans un lit de l'hôpital de Créteil[182], à l'automne 1976, celui qui fut le ministre de l'Irrationnel parle en obsédé de la mort lorsqu'on le prie d'incarner le grand orateur de la Résistance. Ses deux discours des Glières et de Chartres en ont été d'exceptionnels témoignages. Le 2 septembre 1973, sur le plateau savoyard, inaugurant le monument de Gilioli, il dit parler « en mémoire du général de Gaulle, pour les survivants et pour les enfants des morts ». Il évoque la dispersion du maquis et le monde reconnaissant que la France avait « au moins retrouvé une de ses voix, puisqu'elle avait retrouvé la voix de la mort ». Il proclame le maquisard obscur collé à la terre pour sa première nuit de mort, compagnon de Jeanne et d'Antigone pour avoir su dire non. Face à la mort qui connaît le murmure des siècles, les morts des Glières entourés des montagnes ont « enseigné que toute leur solennité ne prévaut pas sur le plus humble sang versé, quand il est un sang fraternel ». Ce sang fraternel, comment là encore ne pas penser que, pour André Malraux, c'est d'abord le sang de Claude et de Roland. Par contre, quand il évoque les femmes déportées, c'est à l'expérience de Brigitte Friang qu'il se réfère. Sa complice de la propagande du RPF, revenue des camps, sait bien que toute son œuvre et sa démarche ont été sous-tendues par le sang et la mort[183]. Elle ne s'étonne donc pas qu'il veuille faire bruire dans l'ombre « l'immense essaim des mortes », lui qui a déjà dit de la libération des camps que ça n'avait « pas grand sens en face des nébuleuses spirales ». Elle comprend aussi, sans l'approuver, qu'il soutienne que les résistantes, joueuses d'un terrible jeu, étaient « les volontaires d'une atroce agonie ». Elle l'approuve d'expliquer que ses compagnes ne pouvaient témoigner « qu'en continuant à vivre » et qu'elles méritent donc de recevoir le sacre du courage. Ce sacre-là, nul doute que Malraux pense le mériter aussi, parce qu'il a continué à vivre malgré tous les deuils qui n'ont cessé de l'accabler, malgré la mort qui l'a hanté en permanence. Quand il écrit que « le pire malheur s'use », il songe peut-être à la manière dont ses deux fils, après leur mère, lui furent arrachés et il déplore qu'une vie de courage ne repousse pas la mort de quelques siècles comme le fait l'art. C'est assurément pour repousser la mort qu'il a assumé ses nombreux jours de peine et sa mission ministérielle sans cesser de travailler à son œuvre littéraire et sans nier sa précarité.

CHAPITRE IV

LE MINISTRE DES JOURS DE PEINE

À la grande dérision sinistre qu'apporte la mort s'est substituée la dérision quotidienne de la vie.

André MALRAUX,
Le Miroir des limbes, I, *Antimémoires*.

Le vieil
aviateur

LES « PERSONNELS PROBLÈMES »

Des jours de peine et de malheur, cruellement nombreux dans ce superbe mais tragique destin.

Docteur Louis BERTAGNA,
chimiothérapeute, psychiatre
d'André Malraux,
La NRF, n° 295, juillet 1977.

« L'irrémédiable, le : tu ne sauras jamais ce que tout cela voulait dire. En face de cette question, que m'importe ce qui n'importe qu'à moi ? » En rejetant toute perspective précisément autobiographique dès la deuxième page de ses *Antimémoires* [1], André Malraux est fidèle au jeune écrivain qui, à vingt-quatre ans, énonçait : « image mouvante de moi-même, je suis pour toi sans amour [2] ». Toutefois, comme l'a si bien exprimé son neveu-fils Alain [3], à partir de 1958, la vie de la famille Malraux a cessé d'être privée, à jamais. Et même si, chaque soir, André continue d'effacer les traces de ses activités en déchirant la page du jour dans l'agenda Hermès que lui offre, chaque année, son épouse Madeleine, la vie du chef de famille et celle du ministre-écrivain continuent d'interférer, chacune pesant sur l'autre. L'existence matérielle demeure celle d'un grand bourgeois car le cadre reste, jusqu'en 1962, les étages nobles de l'hôtel particulier proche du bois de Boulogne. Dans les années cinquante, chauffeur, cuisinière et nurse y ont assuré le confort domestique tandis que les enfants étaient priés de ne pas encombrer. Le dernier des trois garçons n'avait pas dix ans quand le trio s'entendit signifier : « Vous avez un âge où il ne faudra plus nous embrasser. Vous pouvez disposer[4]. » Il est vrai qu'en 1945, revoyant sa fille qui venait de traverser les angoisses de l'Occupation et pensait être embrassée, il lui avait seulement dit bonjour, en lui tendant la main, avant de demander aussitôt ce qu'elle lisait : le père-écrivain avait été rassuré[5], Florence lisait déjà *Les Frères Karamazov*, à douze ans ! Quand elle fêta ses dix-huit printemps, il crut utile de la mettre en garde : *les jeunes gens qui te courtiseront, ne le feront que pour m'approcher !* Florence eut la présence d'esprit de répondre que son charme pourrait aussi agir et, après réflexion, il lui lança tout de même : *tu as raison*[6] !

Un père impossible et fragile

En un temps proche de celui où Emmanuel Mounier évoquait le regard de Malraux — son dur et inquiet regard, jeté comme un fouet dans tous les recoins de lui-même[7] —, dans ce que leur gouvernante appelle un mausolée, l'écrivain doit pouvoir travailler en paix, *au sein d'un énorme nuage bleuté, la tabagie de ses Camel*. Pour se détendre, il lance parfois à sa femme : « Tapez sur votre piano ! Jouez-moi *Les Idées heureuses* de Couperin[8] » ; elle obtempère pour lui laisser sa liberté d'esprit. Alain note qu'André riait parfois, mais peu, en dehors des 29 février : on le sentait fragilisé, de plus en plus clos sur lui-même, et sur ce qu'il nommait ses « personnels problèmes »[9]. Le fils de Madeleine trouve alors ses cousins-frères beaux mais pas gais. Juste après leur mort, *Paris-Match* va sortir une double page où André et les trois enfants contemplent, sans un seul sourire, les poupées fabriquées par les Indiens Hopi : sur cinq lignes, en caractères gras, on peut lire : « La tragédie était déjà sur cette photo heureuse. » L'hebdomadaire poursuit : « Tant de fantômes déjà habitaient cette image. Vincent et Gauthier étaient encore des enfants. Aujourd'hui ils se tuent ensemble sur la route. »

À partir de 1959, l'entourage professionnel du ministre travaille parfois à accroître les dissentiments avec ses proches. Sa fille Florence, après l'apparition de son nom sur le *Manifeste des 121* contre la guerre d'Algérie[10], est tenue presque complètement à l'écart pendant sept ans. André trouve qu'il a assez vu sa fille qu'il croit, à tort, manipulée. Ils ne s'expliqueront qu'après 1968 et il lui dira qu'à son âge il aurait aussi signé mais qu'il aurait mieux compris qu'elle s'engage dans la guerre comme infirmière, pour soigner les blessés du FLN[11]. Comme tous les autres signataires, pendant plus d'une année, Florence Malraux n'a pu faire figurer son nom sur ses travaux pour des réalisations de la télévision française. Madeleine Malraux a subi d'autres agissements d'Albert Beuret, le factotum qu'elle finira par appeler Scapin ou Tartuffe, voire Iago, selon l'intensité de ses manœuvres ; elles ont eu leur part, après les drames de 1961 et 1962, dans sa relégation progressive[12]. Avant elle, en 1958-1959, une collaboratrice du ministre, l'ancienne déportée Brigitte Friang, avait fait l'objet du même type de manœuvres d'élimination, d'autant plus qu'elle était favorable à l'indépendance algérienne et qu'on la trouvait donc compromettante pour son ministre. Elle a raconté le travail de sape de Scapin, assisté de Madeleine Caglione — *à l'œil opalin dans le vague.* Albert Beuret la fit rayer des listes de deux voyages en

1958 — la tournée antillaise et le périple indien — et veilla à ne pas lui attribuer de bureau rue de Valois, en janvier 1959. L'été précédent, le ministre avait souhaité qu'elle dispose d'un bureau gouvernant le sien, ce qui retentit « comme un tam-tam de guerre, comme un coup de stylet dans le cocon douillet de la garde rapprochée de Malraux ». Le directeur de cabinet la reçut pour lui avouer : « c'est avec l'Algérie qu'on a eu ta peau » ; le ministre expliqua directement à sa camarade qu'elle était trop politique pour s'occuper d'affaires culturelles ! Brigitte Friang en a conclu qu'il avait besoin de Beuret, « dévoué jusqu'à la moelle, qui s'occupait avec compétence depuis plus de dix ans de l'administration de son privé, de ses problèmes d'édition, des corvées du quotidien de sa vie publique », mais a tout de même jugé que, ce jour-là, Malraux avait été d'une indéniable lâcheté[13].

La disparition de Vincent et Gauthier

Avec Vincent, son dernier fils, l'entourage ministériel ne met aucun liant non plus et les routes de la communication ne cessent d'empirer. Au demeurant, Vincent Clotis-Malraux n'est le préféré de personne bien qu'il s'apaise quand sa tante-mère lui joue les pièces de Prokofiev qu'il affectionne[14]. Sa sœur admire sa beauté qui séduira aussi Clara Saint, auprès de qui Vincent connaîtra quelques mois de bonheur. Mais ses rapports avec son père restent constamment exécrables. Au fil des tensions, André l'avait expédié dans une pension suisse puis à Verneuil-sur-Avre avant de l'assigner à résidence en Alsace ; Vincent y multipliait ses fugues même si le père Bockel lui apportait alors une référence adulte rassurante. À Villars-sur-Ollon, l'enfant s'était dessiné quittant sa « prison » et marchant dans la montagne vers un groupe de chevaux libres ; adolescent, il peint un oiseau crucifié et une charrette explosée. Après une vive discussion sur *Le Testament d'Orphée* de Cocteau, où Vincent soutient que son père n'y comprend rien, André confie à Madeleine son envie de jeter son fils par la fenêtre ! Vincent mesure alors 1,92 mètre et multiplie ses facéties : descendre les escaliers du parc de Versailles en Deux-Chevaux Citroën, aller à l'Opéra avec un hamster apprivoisé dans la poche de son smoking[15]. Au printemps de 1961, un projet de court voyage vers le Midi suscite, à l'intention du fils indocile, une sèche réplique d'André : « Mets-toi bien dans la tête que tu peux faire ce que tu veux, ça ne me concerne pas. » Moins de quinze jours plus tard, ces enfants que la marraine de Gauthier trouvait *beaux comme des astres, obstinés, rétifs et solitaires*, Vincent et Gauthier Malraux, se retrouvent définitivement immobiles.

Si, du fond de sa DS officielle, le 24 mai 1961, le ministre qui repart de Beaune esquisse encore un salut d'homme public pour les curieux agglutinés et les photographes aux aguets, le père livide qui a dû reconnaître ces deux corps sans vie limite au maximum le nombre de personnes conviées aux obsèques parisiennes des fils de Josette. Elles ont été retardées d'une nuit puisque l'abbé Bockel a suggéré la célébration d'un service religieux sans lequel les cercueils partis de Beaune peu après 15 heures auraient pu être inhumés le soir même de la *levée des corps*. Malraux finira par dire que ce double deuil l'a séparé de la jeunesse. A-t-il communiqué les quelques photos du reportage de *Paris-Match* relatives à la période de l'Occupation ? C'est improbable, mais l'entourage ministériel a sans doute autorisé leur publication et s'est satisfait des commentaires placés au bas des clichés. Ils sont légendaires et font naître les enfants « au maquis » en présentant le colonel Berger en civil : « Mitraillette en bandoulière [...] il commande les maquis de la Corrèze ». Au-dessus d'un texte en gras qui proclame : « C'est le prologue épique dans un morceau de

France libre au cœur de la Corrèze », les lecteurs apprennent une prophétie tragique de Josette avant qu'elle ne soit écrasée par un train : « Je suis effrayée quand je vois les lignes de vie de mes enfants. Elles s'arrêtent comme la mienne au milieu de la main[16]. »

La mort des Enfants terribles

André ne lit sans doute pas les témoignages autour de l'accident de ses fils mais il apprend sans doute ce que le garagiste a vu : *C'était affreux. L'Alfa Romeo bleu ciel paraissait enroulée autour de l'arbre. J'ai entrevu une forme humaine écrasée contre le tableau de bord, à la place du volant. Il était absolument impossible de le dégager. À quelques mètres, dans l'herbe du talus, gisait un autre corps inanimé. C'était celui d'un adolescent blessé à la tête. Il respirait encore. Pour tenter d'extraire le conducteur de sa prison d'acier en arrachant le toit de la voiture, je suis revenu à mon garage chercher ma dépanneuse.* Le transport vers Beaune du conducteur décédé à son arrivée est relaté par *Le Figaro*, comme le dernier soupir de Vincent à l'hôpital d'Autun : « sa dépouille mortelle, ramenée aussitôt à Beaune, déposée, au petit matin, dans la chambre de clinique où se trouvait déjà celle de son frère[17] ». Lucien Boitouzet décrit l'arrivée du ministre à la sous-préfecture à 14 h 45, en présence du préfet et du sénateur-maire revenu de Paris ; puis il fait le récit du passage à l'Hôtel-Dieu où deux religieuses veillaient sur le seuil de la chapelle ardente : « M. André Malraux, très pâle, le visage crispé, pénétra auprès des deux cercueils de chêne clair, dont les couvercles avaient été enlevés. Mme Malraux surmonta sa défaillance pour jeter un dernier regard sur le visage de ses fils. Après avoir reçu les condoléances des autorités locales et de M. le chanoine Bourgeon, archiprêtre de Beaune, ancien aumônier d'une unité commandée par le général de Gaulle, M. et Mme Malraux reprirent la route de Paris, en même temps que le fourgon mortuaire[18]. »

La presse pose trois hypothèses, la voiture gênée par une autre, l'attention du conducteur détournée par un insecte ou une cigarette qui tombe, le dérapage à grande vitesse. Les journalistes retiennent la vitesse comme cause la plus vraisemblable de l'accident, une marche vers la mort à 130 kilomètres/heure. Le 25, précisant que le ministre a lui-même fait les démarches en rentrant de Beaune, *France-Soir* annonce les obsèques, célébrées dans la plus stricte intimité par l'aumônier de la brigade Alsace-Lorraine : « À onze heures, une messe est dite dans la vieille église de Saint-Germain de Charonne qui date du XIIe siècle. » Le plus littéraire des envoyés spéciaux souligne que la seule mort à laquelle ressemble celle de Gauthier et Vincent Malraux, c'est la mort des *Enfants terribles* de Cocteau, et il plaint leur père : « Il avait deux fils. Il n'a plus que deux prénoms à répéter, des photos à remuer, des lettres à relire, des cendres. "La vie ne vaut rien", a écrit André Malraux. Mais rien ne vaut une vie[19]. »

Alors qu'il a hérité de la charge des Affaires culturelles depuis moins de deux ans, cette tragédie intime va creuser un gouffre, même si ses proches lui cachent quelques lettres anonymes ou maladroites[20]. De cette époque, son collaborateur Pierre Moinot garde des mots de lui, « d'une écriture vacillante de vieillard, presque illisible. De ce jour, les déjeuners de travail se sont espacés, on ne le voyait plus, seulement lorsque c'était absolument nécessaire. Le visage s'était extraordinairement creusé, les tics avaient recommencé[21] ». L'impression des dîners officiels partant vers le néant est nécessairement renforcée par ce que le ministre s'impose dans les quelques jours qui suivent son double deuil qu'il voudrait tant oublier[22]. La soirée élyséenne avec Baudouin et Fabiola de Belgique, la soirée versaillaise avec les Kennedy n'ont pas dissipé la vision des cercueils à Beaune puis dans le cimetière de Charonne. La visite de condoléances de Charles et d'Yvonne de Gaulle, venus ensemble au domicile des Malraux, n'a apporté qu'un très provisoire réconfort ; l'accolade du Général pèsera moins que le « il faut tout garder » lancé par Yvonne à Madeleine. Or, s'il ouvre les carnets de Gauthier, André y trouvera « sa terreur de ne pas être digne du nom qu'il porte » et cette prémonition notée après la lecture des *Conseils à un jeune homme* écrits par Josette en 1929 : « Plus je pense à elle, plus je suis pessimiste quant à mon avenir... je veux dire mon bonheur[23]. »

Survivre dans l'absurde

Pour ce père impossible, cet incroyant hanté par le néant, la vaste maison de Boulogne ne peut être un sanctuaire. Il se retrouve comme Garine, son héros des *Conquérants* privé de la compassion qu'on peut éprouver pour ceux dont la vie a un sens : « Vies murées. Le monde se reflète en elles en grimaçant, comme une glace tordue. [...] On peut vivre en acceptant l'absurde, on ne peut pas vivre dans l'absurde. » Malraux va tenter d'oublier qu'il a eu des fils et qu'il les a perdus. Même l'existence de Gauthier qu'il appréciait et qu'il avait emmené en Grèce pour son discours sur l'Acropole en 1959, il la nie quand il évoque la fin de sa soirée où « nul ne le rejoignit » pour venir boire du vin résiné dans un restaurant à treilles[24]. Or Gauthier l'accompagnait à Athènes et il a raconté, dans un cri d'amour, le début de la soirée athénienne, voyant en même temps, dans une vitre, le reflet d'André et celui du Parthénon : « C'était si beau ! » Il est vrai que même ce fils aîné, qui a tant admiré son père, confiait aussi avec amertume : « Ce que mon père m'a dit de ma mère tiendrait aisément au dos d'un timbre-poste[25]. » Sa marraine a tristement résumé leur dialogue impossible : « Son père lui donne tout : les voyages, New York, Rio, tout sauf ce qu'il n'a pas : du temps ; ce qu'il ne sait exprimer : une attentive tendresse ; ni créer : une intimité confiante[26]. »

Pendant l'Occupation, Malraux avait écrit, à propos de Lawrence d'Arabie : quiconque met en question « sa nature, n'a plus guère de choix qu'entre la foi, le suicide ou la névrose[27] ». Après avoir choisi de faire dire une messe pour ses fils parce qu'ils avaient droit à des prières et qu'on ne pouvait les enterrer comme des sacs de pommes de terre[28], le ministre agnostique, qui avait ainsi différé d'une nuit la disparition définitive des deux corps, choisit d'occulter ses deuils. Le père, à qui il arriva de parler d'un de ses enfants en disant *l'objet*, ne va plus cesser de se déchirer intérieurement. Au 19 *bis* de l'avenue Victor-Hugo, le domicile ministériel est un lieu débordant d'une double absence et la nuit du 24 au 25 mai 1961 que Florence y a passée, avant les obsèques de ses jeunes frères, n'a rien effacé !

L'attentat de l'OAS

Le 7 février 1962, le fracas d'une bombe de l'Organisation de l'armée secrète signifie que, pour les ultras de l'Algérie française, André Malraux continue d'incarner l'anticolonialisme. Delphine Renard, la fille de ses propriétaires, y perd pratiquement la vue tandis qu'Alain réchappe à l'attentat. Un journal de l'OAS se gausse du branle-bas d'indignation sur le plan humain : « Atrocité nazie, sanglots antifascistes, gala des professeurs de vertu [...]. Ils ont enfin leur petite fille blessée [...]. Pourvu qu'elle devienne aveugle[29] ! » La manifestation antifasciste du 8 février est renforcée par ce drame mais elle débouche sur une tuerie au métro Charonne, la station de métro fermée se transformant « en piège mortel par la charge de police[30] » ; elle provoque neuf morts. Le conseiller de Matignon pour les affaires secrètes a sévèrement jugé ce regroupement interdit et ses suites : « Des morts quoique aussi adorés et pleurés que ceux-là — cinq cent mille personnes défileront aux obsèques dans l'un de ces beaux cortèges dont la gauche a le secret — peuvent n'avoir servi à rien. La paix était en vue, la négociation avec le FLN irréversible, la lutte contre l'OAS enclenchée. Mourir à Charonne était la dérision des dérisions. [...] La conséquence de Charonne sera, dans l'immédiat, de mettre un terme à l'hystérie de manifestations de rues aussi inutiles que déplacées[31]. »

Le déménagement des Malraux survivants vers La Lanterne de Versailles a lieu au début de l'été suivant, grâce à Georges Pompidou qui laisse à son ami la jouissance de cette résidence du parc de Versailles, alors traditionnellement dévolue au repos des Premiers ministres[32]. Avec le concours d'André Holleaux, le conseiller d'État qui dirige son cabinet à partir du printemps 1962, André Malraux s'acharne à assumer ses obligations ministérielles ; il n'est pas piqué seulement par les épingles avec lesquelles Holleaux attache les réponses à ses notes vertes et ressent le caractère dérisoire de ses priorités. Les astreintes de la vie officielle finissent par faire une procession de faux-semblants qui fait écrire à Alain : « La mort de Gauthier et Vincent, [André] ne l'avait pas encore tout à fait perçue, n'avait pas encore pesé tout son poids de vide : il savait, il ne ressentait pas. Du moins pas encore[33]. » En 1966, après son premier vrai traitement, Malraux va évoquer le chat de Mallarmé jouant au chat, suggérant un peu qu'il joue à être ministre ; il se peint séparé de ses collègues du gouvernement qui devisent à la table du Conseil comme si leur discussion « existait par elle-même et ne devait jamais finir[34] ».

Malraux décorateur de La Lanterne

S'il se souvient d'avoir écrit, vingt ans avant : « rien, mieux que mille vestiges convergeant vers les dieux morts, ne nous contraint [...] à voir appareiller pour le néant les grands décors historiques — et le nôtre[35] », le ministre décide quand même de se distraire en s'attachant à la décoration de son nouveau domicile. C'est un moyen d'oublier Boulogne et les drames des années passées. Concernant les meubles devant orner les pièces du pavillon et les dimensions qui conviendraient pour les peintures, des instructions précises, dactylographiées ou de sa main, parviennent à Jean Coural[36]. Ce jeune conservateur au château de Versailles reçoit aussi des listes d'armes, de vases et de tableaux à faire déposer pour les décors des murs. Dès l'entrée, deux « consolettes Louis XIV » doivent accueillir les têtes gréco-bouddhiques de la collection personnelle du ministre. Une *Vierge à l'Enfant* de Fra Bartolomeo va voisiner avec le portrait de la duchesse de Parme de Drouet ; le portrait du duc de Choiseul par Roslin accompagne une *Danse dans un paysage* de l'école française du XVIIIe siècle. Un marbre du sculpteur Pigalle, le buste de Mme de Pompadour, fait pendant à un *Berger flûteur* de Coysevox et à deux têtes d'hommes du Ve siècle avant l'ère chrétienne, l'un barbu et l'autre imberbe. Choisissant seul parmi les échantillons de tissus qu'on lui remet, André Malraux décide qu'un petit bureau aura des rideaux jaunes avec un galon amarante à motif de grecques, que le salon de musique aura des rideaux de faille feu avec des embrasses noir et feu ou feu et bleu, et que les escaliers auront un tapis panthère ! Il ordonne que son couloir et sa salle de bains soient tendus de toile de Jouy, les chaises de la salle à manger d'étoffe rose[37] et que les rideaux de la salle de bains de sa femme soient blancs. Le ministre charge sa secrétaire Madeleine Caglione du soin de notifier quelques autres décisions; elles concernent notamment des délais de restauration pour une commode et un clavecin et une demande d'échantillons de bonne taille (un mètre) afin qu'on se rende aisément compte des effets souhaités.

Passionné par ses travaux de décorateur, André Malraux traverse parfois la chambre de sa femme, avec son conservateur, alors qu'elle est encore couchée[38]. Il commence à la tenir pour quantité négligeable. Madeleine connaît sans doute, au moins concrètement, la réflexion entendue jadis par André pendant son premier voyage à Moscou: « Les femmes d'écrivains doivent être malheureuses. Ma femme est malheureuse parce qu'elle a épousé un homme qui est toujours saoule (sic)[39]. » Son mari se plaint à son fils de vivre « avec une muette » ; il est loin du temps où il écrivait: « La littérature, lorsqu'il s'agit du bonheur, est un pauvre moyen en face de la musique[40]. » Sa femme a heureusement ses passions musicales pour s'évader: la querelle n'étant pas la clé de son existence[41], elle garde la courtoisie qui la caractérise même quand, chargée de paquets, elle n'obtient pas que son mari l'en décharge sous prétexte que, *si le général de Gaulle porte des paquets, il n'est plus de Gaulle* ! Parfois, celle qui fut l'indispensable collaboratrice des *Voix du silence*, et à qui l'œuvre fut dédiée, indique tout de même à son mari qu'il ferait mieux de reprendre ses travaux littéraires et de ne pas s'attacher à une maison dont il n'est qu'un occupant provisoire.

Un goût pour le luxe

Même s'il se lamente sur ses difficultés de ministre — *ce que je veux est fou, ce que je peux est nul* —, entouré de services n'ayant qu'une idée, *ne rien faire*, André Malraux n'entend pas quitter ses cadres de vie. En 1969, il ne faudra pas moins de sept listes pour pointer les divers objets venus agrémenter ses appartements de fonction[42]. En 1967, il s'était encore fait apporter des tableaux d'Hubert Robert, de Guardi ainsi qu'une *Vue du palais des Doges de Venise* et un *Portrait d'une jeune femme en noir* attribué à Goya : qui sait si ce n'est pas sa mère en deuil allant enterrer son petit frère qu'y voyait alors André Malraux ? Le ministre reconnaît publiquement que l'enfance est le « pôle secret de la vie[43] » ; de même qu'il a écrit que Napoléon, au soir d'Austerlitz, pense fermement « que l'enfant d'Ajaccio, c'est lui[44] », il sait qu'il reste l'enfant de Bondy, celui qui peut se souvenir du temps de ses premières boules de neige ou de ses jeux avec des arrosoirs aux pommes en champignons[45]. Même s'il affirme détester sa jeunesse, sans doute parce qu'il préfère oublier que son acte de naissance en fait le fils d'un employé de commerce, il n'avait pourtant pas été réellement malheureux dans l'épicerie de sa grand-mère[46]. Trois femmes lui épargnaient toutes les corvées, au point qu'il ne découvrit les obligations ménagères qu'en 1940, écrivant à Josette Clotis, sa compagne d'alors : « Je ne savais pas que balayer donnait si chaud[47] » !

Le bureau du ministre répond aussi à son goût pour le luxe, même s'il y séjourne de moins en moins. Il débouche sur une terrasse dominant les jardins du Palais-Royal et, malgré sa taille modeste, son occupant apprécie ses dorures ; il a décrit son cadre dans les *Antimémoires*. On y retrouve cette pièce irréelle, les petites sphinges dorées du lustre, les lourds fauteuils blancs du roi Jérôme et l'écrivain-ministre s'est plu à faire voir « les moulures Louis XVI sur les panneaux blancs, les hauts rideaux jaune pâle aux embrasses d'amarante Empire, les fauteuils aux tapisseries héraldiques[48] ». Prenant un peu de recul en contant un dialogue imaginaire avec un visiteur venu de Californie, André Malraux ajoute : « Ce mobilier d'État n'est sans doute pas sans pittoresque, vu de Berkeley[49]. » Dès 1963, il s'attache à rester dans ses décors ; il refuse aussi bien d'aller encourager en province les compagnies d'art dramatique que d'assister aux festivités d'Avignon et plus encore à celles de Monaco, rejetant l'invitation du prince Rainier à venir au Festival international de télévision[50].

Le ministre a dit, en public, qu'on n'imaginait pas Périclès au milieu de meubles égyptiens et il va relancer le mobilier contemporain en créant un atelier de recherche et de création au Mobilier national[51]. Mais, pour sa part, l'écrivain préfère travailler et vivre dans des meubles d'époque, adaptés à l'architecture de ses résidences. Il choisit toutefois d'avoir, dans son grand salon de Versailles, un mobilier des années vingt, entièrement orné de tapisseries de Raoul Dufy figurant des monuments de Paris ; un paravent regroupe tous les édifices dont les façades dessinées ornent fauteuils et chaises. Malraux peut y rêver à ses jeunes années, à ses amis peintres montmartrois. Les amateurs de décors historiques se gaussent de ses choix affectifs mais écoutent toujours la femme du ministre qui utilise, dans ce salon, le grand piano double que son mari avait fait céruser, à Boulogne, pour que leur séjour ne ressemble pas à un décor bourgeois[52]. Pour Madeleine et son fils Alain, cet intérêt à décorer *La Lanterne* semble devenir d'un jour à l'autre une sorte de manie compensatoire, une façon pour André de se distraire de réflexions qu'il ne voulait pas supporter : « À ceci près que, les jours étant faits d'heures, nul ne peut moralement souffrir sans pause, sauf à basculer dans ce qu'on baptise la folie[53]. »

La rupture avec la seconde épouse

Madeleine, pianiste soucieuse d'harmonie, décide d'aller vivre à Paris, avec son fils, avenue Raphaël puis avenue

Montaigne, pour échapper à « cette atmosphère, tour à tour crépusculaire et hypertendue[54] » où son fils et elle sentent que se prépare quelque chose de sinistre. Même si la venue temporaire de Jean Grosjean, son ami poète, adoucit parfois la solitude tragique du ministre, Alain Malraux se souvient que, dans les phases aiguës de son mal-être, André trouvait tout menaçant et qu'il n'assumait pas d'être aussi un individu[55]. Est-il alors un homme d'exception mélancolique ou un dépressif ou encore un névrosé souffrant d'une trop grande surcharge de non-dits ? De toute manière, mélancolie et dépression sont en rapport, étant « toutes deux le malheur d'une conscience de soi aiguisée à l'extrême, une conscience de n'être que soi-même[56] ». L'adolescent survivant et sa mère expliqueront le comportement du ministre par « la constance d'une souffrance profonde, jamais définie, et qui s'exprimait indirectement dans tous les domaines ». Ils s'étonnent à peine que, parlant de la mort de ses deux fils, il n'évoque jamais que la mort de Gauthier : « Dans une zone de la sensibilité minée à ce degré, on retient son souffle[57]. » Il faut dire aussi que le souvenir de Gauthier jouant dans la lumière de la Côte d'Azur s'était ancré fortement en lui. Le bruit de ses sabots d'enfant qu'il voulait mêler aux derniers battements de son cœur passait déjà, en 1954, dans l'adaptation théâtrale de *La Condition humaine*, dix-huit ans avant qu'on ne les retrouve dans *Lazare*[58].

La solitude du déprimé

Le médecin qui va guérir Malraux reprendra plus tard le lapsus ministériel en évoquant le mal-être de son patient et la mort de SON fils tout en niant que son état de santé ait pu être une conséquence directe de la disparition de ses enfants[59]. Il semblerait donc avoir exclu la dépression exogène, liée à cet événement tragique, et on peut poser l'hypothèse d'une dépression endogène où le désir de mort est lié à des antécédents familiaux — et le suicide du père d'André, à cinquante-quatre ans, a forcément hanté sa mémoire[60]. Toutefois, avant d'être réellement pris en charge, André Malraux est resté longtemps seul avec ses démons car les médecins sont alors circonspects quant à l'usage des antidépresseurs. Si, en 1955, le professeur Jean Delay confiait qu'il aimerait bien « pouvoir disposer en psychiatrie de quelques "aspirines"[61] », il n'ignore plus, dans les années soixante, leurs effets secondaires et leur lenteur d'action. Comme la plupart des sommités médicales pressenties, il a peur de rater le traitement de Malraux et constate aussi que le ministre apprécie modérément d'être soumis à des tests de comportement[62]. Même s'il sait garder une certaine distance, le ministre est, comme la plupart de ses collègues, sujet à ce que Françoise Giroud a appelé *la dilatation du Moi dans laquelle* Je *se gonfle, entretenu par tout l'appareil qui l'entoure dans le sentiment de son importance et de sa singularité. Car* JE *ne fais plus rien comme tout le monde*[63].

Les médecins pressentis hésitent trop longuement à traiter cette personnalité d'exception mais ils pressentent « un Moi fragile, vulnérable, incertain, contesté dans quelque autre part de sa vie[64] ». Constatant le refoulement de tous ses deuils, Jacques Chaban-Delmas, président de l'Assemblée nationale, a évoqué plus tard l'explosion intérieure et le désarroi physique et moral de son compagnon[65]. Tandis que son cabinet occulte les réalités, le ministre se bat donc pratiquement seul avec ses problèmes dépressifs, s'appuyant sur des consommations croissantes d'excitants et d'alcool. C'est au début de 1966 qu'il écrit, faisant parler un interlocuteur imaginaire, Méry : « Je vis sur l'opium ; et quand il n'y a pas d'opium, sur le whisky, compensation bizarre, puisque l'alcool, vous le savez, joue en sens inverse.

Enfin, les choses sont ainsi, pour moi et pour beaucoup d'autres, depuis qu'il est devenu difficile de trouver de l'opium. Je ne peux plus supporter de vivre ; et je ne me tuerai sans doute pas. Vous comprenez, Malraux[66] ? »

L'écrivain Malraux est alors confronté à la grande différence entre l'artiste et l'homme de pouvoir. Comme l'a analysé le psychanalyste Michel Schneider, « créer, c'est faire face à l'angoisse [...] gouverner, c'est lui tourner le dos [...]. Le pouvoir ne crée pas et le créateur ne peut rien[67] ». Or le ministre d'État entend bien prouver qu'il peut comme ministre mais il n'abandonne ni sa volonté de créer ni son espoir d'occulter ses problèmes personnels. Or il ne dispose pas d'une « drogue qui n'apporte ni dépression ni accoutumance », cette pilule de sérénité dont il rêvera en écrivant *Le Miroir des limbes* : « une amphétamine sans contrepartie ; quelque chose comme un whisky sans intoxication et sans dépression[68] ».

Louise de Vilmorin ou le réconfort passager

Son entourage ministériel s'est contenté, plusieurs années durant, de signaler aux nouveaux arrivants que les mois de mai étaient spécialement difficiles car correspondant à l'anniversaire de la double disparition. En avril 1965, il est ainsi envisagé de différer à la dernière semaine de juin un déplacement vers l'Angleterre ; le conseiller et ami Brandin note alors : « Je pense que cela t'arrangera plutôt[69]. » L'invitation officielle qui arrive pour lui et son épouse, le 12 mai, laisse le ministre hésitant et il invente, pour son secrétaire général Jaujard, qu'il ne peut savoir *si Madeleine sera rétablie* ! Il apparaît de plus en plus clairement que même les voyages officiels ne peuvent plus le sauver de son face-à-face avec lui-même. Les retrouvailles avec

Louise de Vilmorin, qui avait été une de ses brèves liaisons en 1933, ne sont qu'un dérivatif passager. Il commence cependant à apprécier les fins d'après-midi où, revenant du ministère, il s'arrête à Verrières prendre du thé et du whisky[70] avant de rentrer à La Lanterne. Il fait d'ailleurs donner des ordres pour que les chantiers du château de son hôtesse reçoivent un maximum de subventions : « Le ministre vous prie d'envisager, pour les travaux à effectuer dans le domaine de Verrières, un concours financier de l'État aussi élevé que possible, dans la limite cependant des aides consenties dans des situations analogues[71]. » Tenant sans doute pour acquis l'appui ministériel, la poétesse écrit : « mon amour pour vous est un mélange de gratitude et de *mea culpa*[72] ». Quelques semaines plus tard, croyant voir en Malraux l'occasion de *faire une fin*, Loulou-Louise lui écrit : « Je souffre de nostalgies que vous êtes seul à pouvoir dissiper. » Elle reprendra le terme fin 1965 puis début 1967 : « Vous résidez dans mes nostalgies. Ne l'oubliez pas[73]. » Ce n'est en effet qu'après la grande crise du printemps 1966 et son véritable premier traitement médical sérieux que l'écrivain succombera au charme des lettres dont Louise le bombardera. En 1967, il les recevra sur un rythme quotidien malgré les haltes ministérielles, devenues elles aussi quasi quotidiennes. Florence Malraux ne le cache pas alors à Louise : *ce qui te vaut l'attention de mon père, ce sont tes lettres*[74].

Dans le cénacle mondain qui fréquente son célèbre salon bleu, les habitués observent *Loulou à la manœuvre*, surtout après avril 1967, mois où elle obtient un premier déjeuner en tête-à-tête[75]. Pierre Bergé dira plus tard que Louise prit conscience qu'elle avait « ferré un gros poisson[76] ». Elle a bénéficié de la complicité de l'entourage officiel, et surtout de la bienveillance de la secrétaire particulière, Madeleine Caglione, qu'elle baptise *Emmecée*[77]. On prêtera à *l'égérie* deux phrases extravagantes[78] — *Vous êtes la Pompadour du*

Général ; je suis Marilyn Malraux — et un mot naïf, *Mon Dédé est un homme important* ; mais le ministre n'en deviendra pas plus gai. En 1969, il envisagera de vivre à La Lanterne avec celle qui, à l'automne 1968, sera redevenue sa maîtresse[79]. Il se fera tout de même bientôt dire, à travers la bouche d'un visiteur fictif, en datant la scène de mai 1968 : « Il semble que, dans la seconde partie du XXe siècle, on ait tenu l'art de tirer un coup pour plus important [...] que de prendre doucement une tête dans ses mains[80]. » Louise rêvera de vivre dans le logement de fonction du ministre mais seulement avec une compagnie familiale. Elle fera miroiter à sa nièce les facilités offertes par le Mobilier national : ses hommes exquis en salopette qui te changent tout, y compris les rideaux et les carpettes. Tu n'as qu'à dire ce que tu aimes. Comme nous allons nous amuser[81] ! Si Loulou souhaite installer Sophie et ses enfants près d'elle, c'est que la poétesse a subi le caractère difficile du ministre et qu'elle rime à ce propos : *il est sinistre, mon ministre...* Celle que Philippe Bouvard, alors directeur des pages parisiennes du *Figaro*, classe parmi les hôtesses les plus raffinées se console mal que ce spécialiste du Tout-Paris ait pu écrire : « M. André Malraux ne sort pratiquement plus[82]. » Une lettre de 1966 montrait Louise déjà effrayée de supporter un monde aussi sombre : « Je suis seule, étouffée, je demande grâce. Oh ! Je ne croyais pas qu'il m'emmènerait vers ce désert-là... J'avais vu dans ses yeux d'autres promesses. » En 1965, c'est Françoise Sagan, une autre écrivaine qui comprend le mieux les êtres tourmentés comme l'est le père de sa meilleure amie Florence Malraux ; elle écrit avec sa pertinence habituelle : « On ne peut consoler personne d'être né et d'avoir à mourir[83]. »

Un état dépressif profond

De cette période, je pense qu'on peut dater l'écriture d'un passage où, traitant d'un risque d'être exécuté, Malraux rêve de mourir noyé — ce qui arriva à son frère Roland en 1945, sur le *Cap Arcona* — ; il éclate « d'un RIRE SANS FIN » avant de noter : « Peut-être ne croit-on à la mort que lorsqu'un compagnon vient de tomber à côté de vous[84]. » Le souvenir enfoui de ses deux fils, étendus morts côte à côte, le hante comme le remords de sa terrible mésentente avec Vincent qu'il occulte de toutes ses forces. Le 4 juin 1965, le ministre des Affaires culturelles signe donc un courrier à un ministre britannique pour signaler qu'il renonce à son si sympathique projet de l'accueillir à Londres : « Malheureusement, mon état de santé m'a interdit de recevoir les souverains d'Afghanistan, comme le prévoyait le protocole de leur visite à Paris, puis de renoncer à la plupart des conseils interministériels, et de me faire provisoirement remplacer à partir du 22[85]. » Albert Beuret, le plus proche compagnon du ministre, va l'entendre dire : « Je ne peux plus supporter de vivre[86]. » Médecins et collaborateurs lui conseillent alors de voyager pour essayer de transformer son « état dépressif profond[87] » ; alerté par Bernard Anthonioz[88], le mari de sa nièce Geneviève, le général de Gaulle donne son aval à ce départ pour un voyage qui devrait être totalement privé.

Commencée à Marseille le 22 juin 1965 et interrompue le 15 juillet, par l'immobilisation du *Cambodge* dans le port de Singapour, sa croisière maritime vers l'Asie ne donne pas les effets escomptés[89], d'autant qu'André a su que, peu après son départ, le Général et Mme de Gaulle avaient organisé un déjeuner officiel en l'honneur de sa femme Madeleine. À son retour, il lui enjoint de ne plus paraître à Versailles ; selon leur fils-neveu, il se lit trop, « dans ses yeux, comme quelqu'un qui glisse vers la folie » : ses rêves s'étaient effilochés les uns après les autres, ils finissaient par s'évanouir pour faire place à un brouillard indéchiffrable[90]. L'automne 1965 est donc particulièrement rude pour le ministre malade qui se fait remplacer souvent par son collègue Louis Joxe, également ministre d'État. C'est le nom de ce dernier qui est gravé dans le marbre, à l'Unesco, pour garder trace de l'inauguration officielle du 4 novembre 1965. Ce mur du bâtiment conçu par l'architecte Bernard Zehrfuss reste un témoignage du mal-être ministériel persistant ; il prouve qu'on a eu le temps de prévoir l'indisponibilité de celui qui, en mars 1960, avait porté la parole du gouvernement de la République française au bénéfice des monuments de Haute-Égypte. Cette incapacité à être en représentation a donc persisté pendant des mois.

Le patient du docteur Bertagna

Après la lecture d'un livre de Pierre Daninos racontant comment il a émergé du *36e dessous*[91] grâce à des médicaments, Malraux accepte de chercher à se rétablir psychiquement. Il est conduit vers le docteur Bertagna par le professeur Antoine Laporte, au printemps 1966. Le psychiatre qui va le sortir de ses douleurs témoignera plus tard que la dépression « aboutit à des états épouvantables de perte totale de la personnalité, de l'élan vital, de la confiance en soi[92] ». Alcoologue, Louis Bertagna se présente surtout à l'époque comme un piluliste, l'homme de « la psychiatrie prolétarienne à côté de la psychiatrie patricienne du verbe[93] ». Responsable de la rubrique « Psychiatrie » de *La Revue du praticien* depuis les années cinquante, il est de ceux qui ont contribué à donner à la dépression « sa véritable physionomie de maladie authentique liée à un dérèglement physiologique et ne se séparant des autres types d'affections médicales que par son expression psychologique[94] ». Il a écrit, dès 1959, que la chimiothérapie est efficace « avec des facilités d'emploi et des pourcentages de succès qui comblent les plus difficiles et convainquent les plus réticents[95] ».

Le ministre des Affaires culturelles, avant de devenir le plus illustre patient de Louis Bertagna, se déplace encore, début avril 1966, pour inaugurer un festival à Dakar et voyager en Casamance. Il croit pouvoir continuer ses activités officielles et envisage même, le 29 avril, d'aller prochainement en Israël[96]. Mais, arrivant en dernière ligne, le docteur Bertagna décide la mise à l'isolement d'André Malraux, pour plusieurs semaines. En effet, dans les dépressions endogènes et chez les mélancoliques, les risques de suicide sont importants : « La levée des inhibitions ou de l'indécision précède la disparition du pessimisme fondamental[97]. » La thérapeutique des dépressions n'étant simple qu'en apparence et pour éviter « les pièges si fréquents », Louis Bertagna utilise le pavillon des chasses présidentielles, à Marly, comme une miniclinique ; sa femme lui servant d'infirmière, ils y font les piqûres et tout ce qu'ils veulent entreprendre, veillant attentivement sur leur si particulier malade. Lorsque André sera « guéri », il écrira des amphétamines employées contre les dépressions[98] : personne ne sait pourquoi le cerveau obéit aux drogues qu'on lui administre !

De Gaulle, fidèle au-delà de l'utile

C'est le général de Gaulle qui avait décidé de mettre Marly à la disposition de son ministre préféré. Au début de l'année 1966, le Président l'avait déjà soutenu par une lettre très chaleureuse : « Mon cher ami, Que le vent souffle plus ou moins fort, que les vagues soient plus ou moins hautes, je vous vois comme un compagnon à la fois merveilleux et fidèle à bord du navire où le destin nous a embarqués tous les deux. C'est vous dire de quel cœur je forme des vœux de nouvel an à votre intention. Acceptez-les, mon cher ami, avec mes sentiments bien fidèlement dévoués[99]. » Jean Grosjean, qui fréquente beaucoup le domicile versaillais de Malraux pour alléger la solitude tragique de son ami, voit cette sollicitude ; il en écrira pourtant : « le général fidèle à Malraux au-delà de l'utile[100] ». C'est peut-être parce qu'il jugea que le poids du ministère fut néfaste à la santé du créateur et qu'il pensait probablement à un mot de l'académicien Jean Delay, cette réflexion du *professeur français* que Malraux publiera — « La véritable dépression est pire que le cancer » — avant de se réjouir : « pendant qu'on soigne l'humanité, on oublie qu'elle est folle[101]... »

Quand la grande tempête se lève, le 2 mai 1966, c'est pour son président bien-aimé que le ministre griffonne un billet[102] : « Mon Général, Je vous suis bien reconnaissant d'avoir eu l'attention de me prêter Marly pour quelques semaines. Marly qui me permettra d'échapper à la clinique. » André Malraux ajoute *in extremis* et par superstition (?) : « qui me permettra SANS DOUTE d'échapper à la clinique ».

L'isolement curatif à Marly

Dans l'ancien domaine qui faisait rêver les courtisans de Louis XIV, pendant tout le mois de mai 1966, tandis que des gardes républicains veillent à la tranquillité du site, quelques articles évoquent un ministre en cure de sommeil tandis que son cabinet dément son éventuel départ du gouvernement[103]. Une cuisinière et un agent du Mobilier national mis à la disposition de son ministre par Jean Coural constituent l'équipe technique de ce séjour de repos[104].

Roger Barrier sert de maître d'hôtel ; prenant son service dès 8 heures, il apporte le journal et les croissants à cet illustre hôte de passage. Après avoir fait le marché au centre de Marly avec la cuisinière, il sert le déjeuner, en veste blanche, dans la salle à manger du pavillon ; les après-midi sont calmes car le ministre lit et écrit beaucoup. Avant de quitter son service, à 18 heures, Roger Barrier dresse la table du dîner et raccompagne à l'occasion Antoine Bernard, le directeur du cabinet, seul visiteur autorisé à l'exception des médecins. Nous verrons plus loin qu'un tel privilège a sans doute conduit l'intéressé à prendre l'habitude de trop interpréter la pensée ministérielle. Signalons déjà que c'est pendant la première semaine de séjour du ministre à Marly que Marcel Landowski fut nommé chef du service de la Musique, provoquant la rupture entre André Malraux et Pierre Boulez.

Si, en 1976, le docteur Bertagna a écrit de son plus illustre patient : « La lumière, l'extraordinaire lumière de son esprit n'a jamais vacillé », il n'a pas voulu me livrer son sentiment sur ce qui avait pu se passer avant qu'il n'intervienne, pendant les cinq années séparant la mort des fils Malraux du début d'un vrai traitement des problèmes de santé du ministre. Il a rendu publiques, en 1986, quelques indications complémentaires, dans un entretien avec Jean Mauriac[105]. Il y exprimait sa surprise d'avoir constaté qu'après quinze jours de traitement où Malraux tuait le temps en lisant des romans policiers, son patient avait pu se remettre à écrire. Il apparaît que les antidépresseurs ont pu replacer ce grand déprimé « sur sa courbe de normalité ». Avant son traitement, l'état dépressif d'André Malraux lui a sans doute fait subir, outre des tentations de suicide, une atteinte de son moral, de son fonctionnement intellectuel et de son dynamisme physique. Certaines des idées qu'il exprime alors relèvent peut-être de son souhait de se distraire — les changements de meubles de 1967 sont à ranger, je crois, dans cette catégorie — mais aussi de sa volonté de se divertir au sens pascalien. Je serais tenté de placer dans cette rubrique aussi bien le projet de fleurir les immeubles des berges de la Seine[106] que le souhait qu'il exprima au ministre de l'Intérieur d'enlever aux maires leurs droits de dénomination des rues dans des ensembles urbains comme le quartier de la Défense[107]. Il est vrai que, pour Paris, les possibilités préfectorales d'influencer les délibérations d'un conseil municipal à majorité de droite avaient existé ; cela avait permis au ministre de se targuer d'un rôle dans la dénomination de l'allée Marcel-Proust pour la contre-allée reliant l'avenue Marigny et la place de la Concorde[108], et de rêver à ce qu'on ne recouvre pas cette vaste place d'asphalte noir[109].

Mais il est aussi possible de relier les espoirs ministériels à des pensées nettement antérieures de l'écrivain Malraux. Je songe ici à son acharnement à faire blanchir les bâtiments civils et palais nationaux de Paris, capitale qu'en 1934 il évoquait avec tendresse, rêvant d'une ville colorée :

> Paris ! Un fleuve tiède et presque rose quand le soleil se couche derrière le Trocadéro, un fleuve comme un bras vivant allongé sur des pierres qui sentent le parfum des femmes, un parfum un peu amer, faussement sauvage. [...] Parfois tombera sur les pierres de la ville une pluie qui sera la pluie de Baudelaire, et la bruine sera quelque chose que je n'ai jamais vu, parce qu'elle sera, comme tout le sera, ce qu'un grand artiste a subi un jour pour sa tristesse ou pour sa joie. Cours de Balzac, rues de Victor Hugo, femmes de tous ! [...] ce sera un pays où ne vivra plus que la joie, et toute cette amitié, je l'offrirai dans mon cœur à Van Gogh, à Cézanne et à Gauguin, au fou, au syphilitique et au petit-bourgeois pauvre qui ont mis sur tout ça leur sang pour que ce ne soit pas seulement rose et que ce soit plus grand[110].

La résurrection de l'écrivain

Comme l'a dit ultérieurement le docteur Bertagna, dans une spécialité comme la sienne, « où la relation du médecin et de son patient porte sur le plus profond, l'aide apportée peut parfois s'apparenter à une véritable résurrection ». Il est vrai que son exemplaire des *Antimémoires* va porter un dessin de chat précédé d'une dédicace très flatteuse : « Pour Louis Bertagna sans qui ce livre n'aurait pas été écrit. Son ami, André Malraux[111] ». L'ouvrage sortit en librairies, en collection blanche et en collection soleil, seize mois après le retour du ministre dans sa *Lanterne* versaillaise. Alors que le point culminant de sa dépression commençait à s'éloigner et que son isolement allait cesser, le 7 juin 1966, son message à Charles de Gaulle témoignait qu'il avait retrouvé une certaine vivacité et un humour tendre dont le Président était alors l'un des rares bénéficiaires : « Mon Général, Au moment de quitter Marly, permettez-moi de vous remercier d'avoir eu l'attention de m'y abriter. Il y a dans le jardin un lapin de garenne apprivoisé. Je lui ai conseillé de rester là, pour le cas où vous reviendriez... Je vous prie d'agréer, mon Général, les assurances de mon dévouement affectueusement reconnaissant[112]. » À peine plus de treize mois plus tard, le 17 juillet 1967, un message émanant du croiseur *Colbert* et transmis par le centre de transmission de la Défense nationale[113], avec diffusion restreinte, sera la vraie récompense de l'écrivain-ministre qui aura réussi l'exploit de terminer ses *Antimémoires* : TERMINÉ PREMIÈRE LECTURE STOP LIVRE ADMIRABLE DANS LES TROIS DIMENSIONS STOP MEILLEURES AMITIÉS STOP GÉNÉRAL DE GAULLE.

LES MÉSAVENTURES AU MINISTÈRE

Si les gestionnaires finissent toujours par étouffer le visionnaire, ce n'est pas par supériorité mais sous le nombre.

Pierre JUILLET,
éphémère premier chef
de cabinet de Malraux,
pompidolien émérite.

À partir de la mort de ses fils, le rapport d'André Malraux à la jeunesse est faussé. Ce double drame aggrave les méthodes de fonctionnement du ministre et contribue à son désintérêt pour les batailles budgétaires. Abel Gance en fait l'objet d'une lettre vigoureuse au général de Gaulle, le 16 décembre 1964 ; s'il donne acte au ministre de miracles dans tous les domaines, il dénonce la situation dans le cinéma : « Pris dans les rets d'une administration sclérosée, harcelé par une corporation où la vénalité et la sottise règnent en maîtresses, ne disposant pas d'un centime dans son budget, [Malraux] ne peut qu'assister de plus en plus à la chute des illusions qu'il avait au début de son ministère[114]. » Si ce constat a peut-être accéléré l'arrivée d'André Holleaux à la tête du Centre national du cinéma, il a contribué à priver le ministre d'un directeur de cabinet respectueux de son rôle d'aiguilleur du ciel[115]. Deuxième collaborateur direct de Malraux, il avait su faire la part des soucis de méticulosité — sur la nuance du bleu du drapeau français — et des envolées dans une dimension universelle et intemporelle. Face à une administration parfois apathique, il l'avait aidé à neutraliser ou déclencher les vrais ressorts et avait embrayé au niveau des techniciens les idées transcendantes de son ministre qui confondait presque toujours réel et imaginaire[116].

Le cabinet, interprète des pensées ministérielles

Près d'un an avant la période de l'isolement ministériel, en fait à partir de la croisière asiatique qui correspond à peu près au départ d'André Holleaux, le lien quasi unique entre le ministère et le ministre va devenir Antoine Bernard. Ce conseiller d'État se jugeait très expérimenté dans les missions d'un cabinet « culturel » depuis son passage dans l'équipe d'un secrétaire d'État aux Beaux-Arts, en 1957. Il s'est investi de pouvoirs exceptionnels et n'hésita pas à me dire plus tard : « C'était moi ou le Cabinet qui réglions les problèmes[117]. » Au deuxième semestre 1966, lorsque Pierre Moinot, ancien membre du cabinet des années 1959-1961, revient au ministère comme directeur général des Arts et Lettres[118], son ministre lui vante la chimie du cerveau et les nouveaux médicaments qui permettent à un père de penser à la mort de ses enfants survenue il y a trois semaines comme à un événement vieux de vingt ans[119] !... André dit aussi à Pierre, parlant à un écrivain et à un ami : « Sauf les *Antimémoires*, tout ce que je fais me tombe des mains. » Aussi, lorsque le président de la République le convoque et l'interroge : « Alors, monsieur le Directeur général, voyez-vous souvent votre ministre ? », Moinot répond oui, *en mentant comme tout le monde*[120]. Ses proches collaborateurs ont pris l'habitude d'interpréter la pensée de Malraux. Pour Pierre Moinot, le cabinet la connaissait assez pour l'exprimer quand le ministre ne l'exprimait pas ! Avec quelqu'un dont la pensée fut toujours éminemment mobile, je ne suis pas sûr que ses interprètes ont toujours joué la partition dont il rêvait.

L'entourage avait pris l'habitude de protéger le ministre en réalité depuis 1961 ; mais il a renforcé son système de contrôle à partir de 1965, à l'époque où la surexcitation conduisait plus souvent « au désordre et à l'incohérence qu'à la création et à l'harmonie ». Bien qu'ayant été victime de ces manœuvres, Madeleine Malraux m'a suggéré que c'était peut-être le seul moyen pour son mari de rester ministre[121]. À quelques jours de la mise à l'isolement temporaire d'André Malraux, une note plaide en ce sens ; elle rappelle en effet au neveu par alliance du général de Gaulle, Bernard Anthonioz, un courrier du 12 avril 1966. Le cabinet insiste sur l'urgence d'une réponse à une question qui pourrait être, dès maintenant, transformée en question orale obligeant ainsi le ministre à venir répondre à la tribune du Sénat[122]. En l'espèce, le cabinet redoute qu'il ne soit pas en état de se rendre au Palais du Luxembourg. D'une façon générale, Antoine Bernard et ses collaborateurs se substituent alors de plus en plus à leur ministre. Fin 1965, ils tentent même de faire transformer le ministère des Affaires culturelles en véritable ministère de la Culture. Ils réclament la cotutelle sur la radio et la télévision, la coresponsabilité sur la direction des Bibliothèques et une autorité directe sur la Bibliothèque nationale, « considérée comme un musée » ; le droit d'intervention « dans toutes les questions concernant l'aménagement de l'espace tant au stade de la conception qu'au niveau du contrôle », le transfert de la responsabilité technique des relations culturelles avec l'étranger au moins pour l'action artistique avec codésignation des conseillers et attachés culturels par le ministre des Affaires étrangères et le ministre de la Culture. Le secrétariat général du gouvernement, en soulignant que ces demandes ont été établies non par le ministre mais par son cabinet, réduit à néant les chances d'un tel projet[123].

Les poisons des entourages et du pouvoir

Le Tout-Paris politique sait bien que le ministre n'est pas en état de se battre pour une telle réforme, d'autant qu'à Matignon, Georges Pompidou se tient informé de la santé du premier de ses ministres qui reste le compagnon préféré du Général. André Malraux ne signe guère que les courriers pour ses collègues et une formule type a été élaborée pour les éléments de réponses demandés aux services : « très urgent, très signalé. Pour projet de réponse à la signature de M. le Ministre, dans les plus brefs délais, conformément aux instructions de M. le Directeur du Cabinet en ce qui concerne les lettres adressées à M. Malraux par ses collègues du gouvernement[124] ». La manière dont l'entourage protège « son » ministre a forcément sa part d'ambiguïté et c'est souvent le cas, notamment avec les hommes de pouvoir malades. Comme l'a noté Pierre Nora, le droit à la protection de leur vie privée « entre fatalement en concurrence et en conflit » avec le droit des citoyens de savoir quelles personnes gouvernent en leur nom[125]. Des spécialistes ont pu parler de la bienveillance intéressée et courtisane des collaborateurs confrontés à des ministres qui perdent leur sens critique, face aux autres et vis-à-vis d'eux-mêmes[126] : la maladie du chef permet aux différents clans de développer des stratégies et les pousse parfois à empêcher le contact direct et solitaire avec le malade de peur que le médecin n'en profite pour le décourager de poursuivre ses tâches officielles[127].

Le pouvoir est un poison, on s'y habitue facilement et on ne l'abandonne pas : cette observation, le professeur Jean Bernard l'a complétée, évoquant un ami ministre, en même temps grand écrivain : « Quand il a perdu ses fonctions gouvernementales, il était malheureux comme tout, alors qu'il était un grand écrivain et un ministre de second ordre[128]. » Toutefois, l'académicien-médecin oublie, dans ses réflexions, certaines motivations des hommes de pouvoir, leur impression d'avoir été des enfants malheureux, leur volonté de prendre une revanche. En ce qui concerne Malraux, comment ne pas rappeler l'aveu d'Alain : « Un rien suffisait à réveiller chez André un sentiment d'humiliation dont sa gloire n'était jamais venue à bout[129]. »

Le dopage aux médicaments

Traité avec succès par le docteur Bertagna à partir du printemps 1966, le ministre-écrivain, devenant de plus en plus écrivain-ministre, reprend ses activités. Des années plus tard, Sophie de Vilmorin a expliqué le support de ce rétablissement, ses médicaments : « Certains le dopaient, indubitablement ; de façon très sélective, d'ailleurs : pour écrire, c'était celui-là ; pour parler sérieusement avec un visiteur, cet autre [...]. Il les prenait ponctuellement, sans se tromper d'une minute sur le temps qu'il fallait à chacun pour agir[130]. » Sous la surveillance amicale de son médecin traitant à qui il demande toujours des nouvelles de ses *aromates*, il parvient à achever ses *Antimémoires*, ce livre par lequel il veut montrer qu'il est « le plus grand écrivain du siècle » et surpasser le succès que Sartre vient de rencontrer avec l'évocation de son enfance dans *Les Mots*. C'est l'époque où André avoue à son neveu-fils en lui montrant des pages de son manuscrit et en parlant de sa charge politique : « C'est un ministère sans ministre[131] » ! L'homme de lettres remplit cependant ses tâches officielles indispensables et — le docteur Bertagna a tenu à en attester — il le fait « avec non seulement les qualités qu'on imagine de cet homme dans cette fonction, mais avec une très grande régularité ». Par contre, le médecin ajoutait lucidement :

« Dire qu'André Malraux a exercé ses fonctions de 1966 à 1969 sans difficulté serait tout à fait inexact. Mais le fait est qu'il a toujours fait face[132]. » Bien que le cabinet ait fait disparaître, pour l'année 1967 et les onze premiers mois de 1968, la totalité des classeurs de courriers[133], des éléments plaident en faveur du témoignage de Louis Bertagna ; d'autres le démentent. C'est à travers quelques actions d'éclat et quelques crises qu'il convient d'éclairer ces assertions par des questions et quelques réponses.

Les crises au ministère

Il est nécessaire de dire d'abord que le jeune ministère des Affaires culturelles a connu des tensions bien avant que la santé du ministre ne soit fortement altérée. Les anciens services des Beaux-Arts ont longtemps répugné à appliquer les règles fixées par le cabinet tandis que des liaisons le court-circuitant perturbaient la marche des dossiers. En avril 1961, une note à Pierre Moinot, directeur des Théâtres de France (*sic*), lui rappelle les questions posées depuis quelques semaines et indique : comme ces réponses ont été faites directement au ministre, il ne m'est pas possible de ne vous donner que celles qui restent en suspens[134]. En novembre 1961, le directeur général de l'Architecture est interpellé au sujet de quatorze courriers parlementaires de septembre, toujours sans réponses[135]. Au début de l'année 1964, André Holleaux indique à Max Querrien, successeur de René Perchet à la direction de l'Architecture, que, pour écouler les marchés en cours, il aurait été efficient de supprimer la phase de révision des dossiers pendant un certain temps, en la remplaçant par des contrôles épisodiques par sondages[136]. Le 13 novembre 1967, Pierre Moinot signale que la direction de l'Architecture est la plus mauvaise de tout le ministère aux yeux du contrôle financier ; sa note déplore « l'incroyable carence de la France dans le domaine architectural », le temps passé à la gestion des dossiers de la région parisienne, le fait que deux des quatre sous-directeurs ne soient « en aucune façon des agents d'encadrement à ce niveau [137] ». L'année précédente, il a aussi fallu une note pour ré-expliquer au directeur général des Archives que les réponses aux questions écrites des parlementaires devaient être faites non sous forme de lettres mais en fonction des formulaires préalables à leur publication au *Journal officiel* [138]. Le 8 juin 1966, même si le ministre est partiellement de retour, c'est le directeur du cabinet qui transmet au secrétaire général du gouvernement le projet de décret sur la protection des sites et monuments dans les départements d'outre-mer. En revanche, c'est André Malraux qui signe, le 19 septembre suivant, le courrier au ministre des Affaires étrangères sur l'existence potentielle d'une liste noire tenue par les pays arabes qui mettrait en difficulté des acteurs et réalisateurs ayant tourné en Israël ; si cette liste existe, le ministre considère comme risquée la signature d'un accord de coproduction cinématographique avec l'État d'Israël [139].

En charge de clientèles compliquées et de publics exigeants, le ministère des Affaires culturelles a connu des crises diverses pendant les dix années où Malraux fut à sa tête, sans même parler des dossiers de censure qui relevaient normalement du ministre de l'Information et qui, entre 1958 et 1965, ont donné lieu à une centaine de mesures répressives [140]. C'est peut-être parce qu'il se souvenait des foucades de son premier cabinet que l'ambassadeur René Brouillet m'a déclaré : « La grâce et la disgrâce ont été pratiquées par Malraux plus que par la monarchie d'Ancien Régime. Le Général lui a trop laissé la bride sur le cou mais il l'a empêché de supprimer la gare d'Orsay [141]. » Avant les événements de mai 1968, trois moments de tensions ont suscité d'assez grands échos : la révocation illégale de l'administrateur de la Comédie-Française, la censure du film *La Religieuse* de Jacques Rivette, le montage des *Paravents* de Jean Genet.

À la Comédie-Française, l'ambassadeur Claude Bréart de Boisanger ne dura que neuf mois à la tête d'une institution dont il avait souhaité prendre la direction après avoir entendu deux sociétaires lui affirmer qu'il n'y aurait besoin que de qualités humaines. Malraux l'avait fait nommer le 8 avril 1959, considérant qu'ayant triomphé du rideau de fer dans son poste de Prague, il saurait triompher du rideau rouge et y faire jouer plus de tragédies que de comédies[142]. Mais, comme il s'opposait à des modifications profondes dans l'acte de société des Comédiens-Français en date du 27 germinal an XII, le ministre décida de le remplacer par Maurice Escande, doyen de la Comédie-Française, en prétextant de sa décision unilatérale sur l'augmentation du prix des places. Le décret du 30 janvier 1960 mettant fin à ses fonctions fut annulé pour excès de pouvoir, le 27 octobre 1961, puisque l'administrateur nommé pour six ans ne pouvait être révoqué que pour faute grave. En modifiant le statut de son poste, André Malraux décida derechef de se passer de l'ambassadeur par décret du 29 janvier 1962. Une seconde procédure devant le Conseil d'État cassa sa décision pour détournement de pouvoir dès juillet 1962 et M. de Boisanger fut réintégré dans ses fonctions par décret du 27 novembre 1962 avant de demander sa mise en congé. Il m'a commenté ce dossier dont il disait qu'il suscitait l'intérêt des seuls spécialistes de droit administratif : « L'affaire est, en elle-même, banale. Elle est cependant typique des mœurs gouvernementales instaurées en France depuis 1959 comme de l'indifférence de l'opinion publique à tout ce qui concerne l'intérêt de la loi[143]. » Dans ce dossier, le cabinet Malraux a laissé la passion l'emporter sur la négociation à une époque où le Conseil d'État tenait à montrer sa volonté qu'on ne porte pas atteinte à l'autorité de la chose jugée. Dès le 3 janvier 1960, une lettre adressée à René Brouillet, directeur du cabinet du président de la République, indiquait à propos de ce dossier dont la presse s'emparait : Malraux « se trompe ou on l'a trompé[144] ».

L'inexpérience politico-administrative d'une bonne partie de son entourage peut expliquer cette mésaventure. Elle fit partie de ce qui poussa un parlementaire à déclarer, en 1962 : « Nous avons l'impression — je ne dis pas la certitude — que dans votre ministère tout se fait par instinct, par à-coups, au gré de caprices géniaux peut-être, mais dangereux parce que caprices[145]. » Ce parlementaire était en phase avec une fidèle ennemie d'André Malraux, Simone de Beauvoir, qui accusait le ministre de prendre les mots pour des pensées, de croire qu'il avait une idée quand il trouvait une formule. Dans les affaires de censure qui, d'ailleurs, relevaient pour l'essentiel du ministre de l'Information ou du ministre des Armées, les formules de Malraux ont en tout cas souvent servi la liberté en dépit des diatribes de Jean-Luc Godard. Ce dernier avait été, il est vrai, victime de la censure au début des années soixante. Son film *Le Petit Soldat* avait été interdit pendant deux ans parce qu'il traitait de la guerre d'Algérie et de la torture, le député Le Pen demandant même que le cinéaste suisse soit expulsé du territoire national. Pour que *La Femme mariée* reçoive son visa, il avait dû accepter quelques coupes et changer le titre en *Une femme mariée*, avec un commentaire sarcastique[146] : « pour que la censure ait l'air d'exister », il s'agit d'avoir l'air d'accepter les coupures. Il considérait alors que Malraux avait sauvé son film de la hache de Peyrefitte.

Dans le dossier du film de Jacques Rivette, *La Religieuse*, comme dans celui des *Paravents* de Genet, le ministre, qui avait parfois justifié quelques actes de censure dans l'Algérie en guerre, a clairement choisi la défense des créateurs. Malraux se souvenait non seulement du ridicule des poursuites intentées au XIXe siècle mais aussi du fait qu'en 1932 le gouvernement n'avait pas poursuivi l'édition, préfacée par lui, de *L'Amant de lady Chatterley*, laissant au préfet de police le soin d'interdire sa vente dans les kiosques appartenant à la Ville de Paris[147]. L'affaire de *La Religieuse* avait commencé dès son tournage en 1965 et Jean Foyer, député du Maine-et-Loire, avait empêché l'utilisation de l'abbaye de Fontevrault. Des associations catholiques s'étaient mobilisées pour faire une campagne de courriers auprès du ministre de l'Information. Elles voulaient obtenir l'interdiction totale du film au nom de la défense de la dignité des femmes et des religieuses. Elles soulignaient qu'un livre licencieux était moins dangereux qu'un film mais donnaient à leurs militants une curieuse consigne : « Pour le moment, ne faire aucune publicité, ni au prône ni dans la presse. Agir en tant que laïc dans l'esprit du Concile[148] » ! Après qu'Alain Peyrefitte eut assuré l'Union des supérieures majeures de France, le 15 novembre 1965, qu'il ferait tout pour empêcher la sortie du film en utilisant « dans leur plénitude » ses pouvoirs, la commission de censure accordait, en mars 1966, un visa d'exploitation avec interdiction aux moins de dix-huit ans et confirmait son avis dans la seconde délibération demandée par Yvon Bourges, nouveau secrétaire d'État chargé de l'Information. Passant outre à ce double aval, ce ministre décida, le 1er avril, une interdiction totale ; André Malraux fut alors pris à partie.

Dans un mois où le milieu politico-médiatique devait connaître les troubles ministériels *Le Canard enchaîné* proclamait : « Adieu Monsieur l'Absent[149] ». Après cet éditorial de Morvan Lebesque et pour dénoncer plus rageusement l'assassinat de *Suzanne Simonin, la religieuse de Diderot*[150], Jean-Luc Godard signa une lettre ouverte au ministre de la *Kultur* : « Je commençais à en avoir marre d'aller chaque fois vous voir et de vous demander d'intercéder auprès de vos amis Roger Frey et Georges Pompidou pour obtenir la grâce d'un film condamné à mort par la censure, cette gestapo de l'esprit [...] comme vous êtes le seul gaulliste que je connaisse, il faut bien que ma colère tombe sur vous [...] vous ne comprendrez définitivement rien à cette lettre où je vous parle pour la dernière fois, submergé de haine. Aveugle donc, et sans mains, juste les pieds pour fuir la réalité, lâche en un mot, ou peut-être tout bonnement faible, vieux et fatigué, ce qui revient au même. [...] Rien d'étonnant dans cette lâcheté profonde. Vous faites l'autruche avec vos mémoires intérieurs. Comment donc pourriez-vous m'entendre, André Malraux, moi qui vous téléphone de l'extérieur, d'un pays lointain, la France libre[151] ? »

Avant d'être mis au repos forcé à partir du 2 mai 1966, le ministre sélectionna le film pour le Festival de Cannes, où il fut projeté. Le Premier ministre Georges Pompidou y avait mis du sien en recevant successivement, le 10 mars, à 11 h 30 et 12 h 15, André Malraux et Yvon Bourges[152]. Les moqueries dont était injustement accablé Malraux, ministre UNR de 1966 ayant peur d'un esprit encyclopédique de 1789, pouvaient momentanément s'éteindre. Le pouvoir affichait son libéralisme, ce dont le Général félicita son compagnon d'un petit mot manuscrit : « Mon cher ami, Je vous remercie d'y avoir mis... du vôtre ! À vous. C. de Gaulle[153]. » Après un manifeste dit « des 1789 signataires », le producteur Georges de Beauregard obtint d'un troisième secrétaire d'État, Georges Gorse, un visa d'exploitation qui fut délivré le 6 juillet 1967, les droits du film ayant été revendus à cause de ce délai. *La Religieuse*, découverte par 165 000 spectateurs en cinq semaines[154], ne fut autorisée pour tous publics que pour sa réédition, le 23 novembre 1988, mais avait fait l'objet d'une retransmission télévisée dès 1977, en premier programme de soirée, sans manifestations des intégristes, qui ne protestèrent pas non plus quand son producteur reçut, en 1984, un César. En 1975, le Conseil d'État avait déjà sanctionné l'illégalité de la décision d'Yvon Bourges, mettant fin « à neuf années de tartufferies et à trois décennies d'interprétation discrétionnaire de la notion de bonnes mœurs[155] ».

Le montage de la pièce de Jean Genet, *Les Paravents*, au Théâtre de France, déchaîna plus encore une partie de l'opinion et les parlementaires. Tandis que l'extrême droite dénonçait les fellouzes sur scène et la complicité de *Malraux, ancien coco*[156], les représentations ne purent se tenir, à partir du 29 avril 1966, que sous protection de services d'ordre étoffés ; elles n'empêchèrent pas des bagarres et des pétitions qui dénonçaient en Jean Genet un « pédéraste notoire, voleur, déserteur, ancien prostitué ». Les militants d'Occident, dirigés par Gérard Longuet et Alain Madelin, furent finalement contenus par les policiers du préfet Papon et des étudiants de l'UNEF appelés en renfort par Jean-Louis Barrault. Le ministre vint à la dernière représentation, le 6 novembre 1966, après avoir défendu la pièce à l'Assemblée nationale. Bertrand Flornoy y avait accusé André Malraux de protéger des spectacles sordides, se scandalisant que l'armée, le drapeau, la religion soient tournés en dérision : « Jamais le mot de subvention ne nous a paru si haïssable, et jamais la charité si misérable. » Un amendement faillit réduire le budget du ministère du montant des crédits de montage de la pièce de Genet par le Théâtre de France — un député du Morbihan, Christian Bonnet, se déclarant « insensible aux criailleries des esthètes de la décadence[157] ». La réponse d'André Malraux fait partie de ses morceaux de bravoure ministériels :

> La liberté, mesdames, messieurs, n'a pas toujours les mains propres : mais, quand elle n'a pas les mains propres, avant de la passer par la fenêtre, il faut y regarder à deux fois [...] quiconque a lu cette pièce sait très bien qu'elle n'est pas antifrançaise. Elle est antihumaine. Elle est antitout [...] quelle gloire sera donnée par l'interdiction à une pièce dont on veut minimiser la portée [...]. En fait, nous n'autorisons pas *Les Paravents* pour ce que

vous leur reprochez et qui peut être légitime ; nous les autorisons malgré ce que vous leur reprochez [...] Il y a quelque chose de beaucoup plus profond qu'un débat dans cette enceinte, c'est de savoir où la poésie prend ses racines. Or vous n'en savez rien et moi non plus, et je reprends ce que j'ai déjà dit : la liberté n'a pas toujours les mains propres, mais il faut choisir la liberté [158].

Dès le début du second semestre 1966, la démission de Gaëtan Picon obtenue par le cabinet avait libéré la direction générale des Arts et Lettres, confiée en octobre à Pierre Moinot. Le 20 septembre, Émile Biasini apprit, de la bouche d'Antoine Bernard, qu'il allait être révoqué de fait ; il choisit alors d'écrire ses vérités dans une lettre au ministre :

Vous m'avez reçu en audience 34 fois en 1961, 4 fois en 1962, 1 fois en 1963, 1 fois en 1964, 1 fois en 1965, zéro fois en 1966, les deux dernières audiences étant consacrées, l'une à la présentation du bureau de la Réunion des Théâtres lyriques et l'autre à l'examen avec M. Pflimlin du projet de maison de la Culture de Strasbourg.

Depuis 1963, je me suis donc vu privé de tout contact direct avec vous ; je n'ai reçu directement aucune instruction, aucune directive. Fort heureusement, Gaëtan Picon était là que j'ai constamment consulté et informé de mon action, de mes projets, de mon orientation : j'étais dans le bon cap. Heureusement aussi, votre directeur de cabinet, M. Holleaux, s'est pendant trois ans montré un intermédiaire honnête et scrupuleux et a su faire de votre ministère une machine efficace.

Malgré votre éloignement physique, votre présence intellectuelle et morale fut ainsi constamment affirmée auprès de moi — je ne crois pas l'avoir, une seule seconde, oubliée, et l'action culturelle que j'ai engagée en votre nom est véritablement, comme il se devait, votre chose.

Au départ de M. Holleaux, tous ces liens s'amenuisent. À ce jour, depuis avril 1965, c'est-à-dire en 18 mois, trois réunions de Directeurs seulement ont été tenues. L'impression fut aussitôt que le Cabinet se mettait à travailler en secret : lenteur, omission de réponses, décisions imprévisibles. Je fus en ce qui me

> concerne véritablement coupé, et moralement davantage que matériellement. J'eus l'impression, peu à peu, de devenir l'exécutant d'un dessein ignoré. Vous le disant, j'ai conscience, en partageant avec Gaëtan Picon l'honneur d'en être la première victime, de vous aider à prendre conscience de la situation [159].

Le 28 octobre, trois jours avant l'arrêt du traitement de Biasini qui va perdre les deux tiers de ses ressources, un décret change le nom de la direction pour marquer l'autonomie de la politique musicale et Francis Raison est nommé directeur du Théâtre et des Maisons de la Culture. Débarrassé d'un des plus fins connaisseurs de la pensée de Malraux et du véritable artisan de l'action culturelle dans toute la France, l'entourage du ministre leur a substitué deux membres de la Cour des comptes, plus en phase avec leur conception du bon fonctionnement de l'État. Tandis que la séparation du ministre et de son épouse Madeleine marque une profonde rupture dans sa vie privée, les trois B — Antoine Bernard, Albert Beuret et Marcel Brandin — vont aider Pierre Moinot et Francis Raison à oublier l'équipe qui avait permis à André Malraux de faire croître son rêve des 90 maisons de la Culture [160]. Le dossier de Biasini est renvoyé par André Malraux qui écrit à Antoine Bernard : « Dire à Moinot que je lui parachute actuellement tout l'ancien dossier Biasini, pour examen, classement ou corbeille » ; il souligne de trois traits ce dernier mot, qui témoigne d'une rage persistante [161].

La disharmonie musicale

La crise, survenue à propos de la politique musicale, finit alors de se dénouer. Créée par arrêté du 27 décembre 1962, la Commission nationale pour l'étude des problèmes de la musique avait affirmé la richesse du patrimoine musical, déploré l'amoindrissement du public des concerts, soutenu que l'action culturelle permettrait la croissance d'auditeurs éduqués. Un long rapport avait chiffré les incidences financières des vœux de ses dix membres[162] et une conférence de presse tenue par MM. Holleaux, Picon et Biasini avait annoncé, le 17 décembre 1964, des perspectives budgétaires encourageantes. Mais divers groupements avaient critiqué leurs orientations, notamment un comité national de la Musique présidé par Jacques Chailley puis par Darius Milhaud. À ce comité s'opposait violemment Pierre Boulez, qui avait été élu président du Syndicat des artistes musiciens de Paris et souhaitait que la musique soit partie prenante de l'action culturelle développée dans les maisons de la Culture. Les atermoiements des années 1963-1965, imputables aux insuffisances des crédits et à la priorité donnée aux maisons de la Culture, avaient envenimé la tension Boulez-Landowski ; la victoire du second allait marquer tout le poids de l'académisme.

Début mai 1966, dans les huit jours suivant la mise en isolement du ministre à Marly, Marcel Landowski, inspecteur général de l'Enseignement musical depuis décembre 1964, obtenait que le bureau de la Musique devienne un service dont il fût nommé chef. Critiquant le « ghetto démodé et asphyxiant » et les positions des conservateurs, Boulez dénonça son grand soutien, le critique Bernard Gavoty, qui signait Clarendon dans *Le Figaro* ; le compositeur ne désignait plus Gavoty que comme Clairon-Dindon et finit par publier[163], le 25 mai 1966, une lettre ouverte titrée *Non à Malraux* ! Le ministre était encore isolé à Marly pour le premier véritable traitement de la dépression qui le minait depuis 1961 ; mais, chef officiel de son administration, il assuma nécessairement la décision vertement critiquée par Pierre Boulez. Son cabinet le poussa vite à faire porter sur son directeur général des Arts et Lettres la responsabilité de la campagne médiatique hostile au ministère. Après plus de cinq ans de compagnonnage rue de

Valois, Gaëtan Picon fut donc contraint à la démission le 3 août 1966 ; cet admirateur de Malraux ne revit plus jamais son ex-ami.

La rupture avec Gaëtan Picon

Picon a admis que la politique de Boulez était sans doute irréalisable parce qu'il n'y avait pas « en France les conditions pour le meilleur » ; le repas d'adieu donné en l'honneur du philosophe fut un camouflet supplémentaire pour le ministre et son cabinet. Y participaient notamment Mme Vieira da Silva et MM. Georges Auric, Jean-Louis Barrault, Jean Bazaine, Roger Caillois, Max Ernst, Eugène Ionesco, André Masson, Serge Poliakoff, Alain Robbe-Grillet, Philippe Sollers. Ce dîner, groupant plus de cent créateurs illustres[164], agaça le ministre toujours en soins malgré son départ de Marly ; il percevait que beaucoup d'artistes qu'il estimait s'éloignaient de lui de plus en plus radicalement. Quelques assistants à l'hommage organisé pour Picon le retrouvèrent avec Sartre, à Cuba en janvier 1968, dans un congrès où fut dénoncé le « génocide culturel » des Occidentaux par rapport au Tiers-Monde et où les intellectuels furent invités à se convertir en « militants actifs contre les forces qui, dans leur propre pays, dirigent la société[165] ».

L'ex-directeur des Arts et Lettres écrivit à cette époque : « Si l'art académique a perdu son autorité internationale et "morale", il s'en faut de beaucoup qu'il ait perdu, en France, son autorité institutionnelle. J'en sais personnellement quelque chose[166]. » Il est certain que le cabinet a voulu son départ parce que sa connaissance intime de Malraux les empêchait de lui faire croire que le ministre voulait quand, en fait, l'idée ne venait que de l'entourage de plus en plus sûr de lui et dominateur ! Sur son inévitable déboire, Picon a cependant nuancé sa pensée, saluant, dans le couple de Gaulle-Malraux, la seule chance rencontrée et, dans le président de la République, *le machiavélien inflexible et rusé qui n'a jamais perdu de vue que l'action n'engage pas la totalité de l'homme, qu'existent un autre monde, d'autres valeurs* [167].

La rupture avec Boulez et Béjart

Au ministère, l'entourage du ministre avait, sinon confisqué le libre arbitre du ministre, au moins circonvenu ses décisions en « profitant » de sa santé précaire. Dans le domaine de la danse et de la musique, Maurice Béjart et Pierre Boulez choisirent alors de quitter la France. Boulez annonça qu'il entamait une grève illimitée à l'encontre de la musique officielle française dès lors qu'après lui avoir demandé son avis, on faisait le contraire de ce qu'il avait suggéré. Il décida notamment de ne pas diriger l'orchestre national de l'ORTF en 1967, ni à l'Exposition universelle de Montréal ni au Festival de Lucerne ; il renonça aussi à diriger au Festival d'Aix-en-Provence et ne demanda pas de subvention pour son Domaine musical. Béjart parla plus tard des *suggestions imbéciles* que lui aurait faites Malraux, d'un projet de centre de la danse évoqué dans un *show tardif d'homme de lettres qui avait dû être éblouissant*. Premier secrétaire d'État à la Culture du septennat giscardien, Michel Guy devait déplorer ensuite la confiscation de la vie culturelle d'avant 1970 par un *lobby* [168]. En tentant d'associer Boulez à Vilar pour la réforme des théâtres lyriques nationaux, André Malraux avait pourtant espéré faire revenir en France le talentueux chef d'orchestre, avec « un autre "exilé" prestigieux, le chorégraphe Béjart [169] » ; l'éloignement de Vilar après Mai 68 fit échouer le projet. Ce n'est que sous la présidence de Georges Pompidou que Boulez devint le maître de l'Institut de recherche et de coordination acoustique-musique, l'IRCAM, qui, en quinze ans, allait coûter un milliard de francs au budget du ministère[170]. C'est peut-être en expiation de son exil des années soixante que Boulez a obtenu pour le seul IRCAM 70 % des crédits alloués à la recherche musicale contemporaine, se faisant alors traiter de *gourou pour la célébration du culte atonal*[171]. En 1966, de nombreux traditionalistes se réjouirent de cet exil puisque l'existence de Boulez était pour eux *une provocation constante à la bienséance des mœurs musicales*.

Marcel Landowski a poursuivi ses polémiques avec son ennemi juré, critiquant l'excès d'individualisme des créateurs, *têtes chercheuses dans le brouillard*. Oubliant que Malraux ne l'aurait peut-être pas choisi s'il avait été en pleine possession de ses moyens, il soutint qu'il ne fallait pas rechercher un nouveau public mais simplement retrouver celui qui existait et aimait que la musique soit avant tout une expression d'essence religieuse : « La recherche formelle n'intéresse pas, ne doit pas intéresser le grand public[172]. » En 1966, il avait su remercier le cabinet en rendant hommage à la politique ministérielle : « Pour la première fois, il semble qu'on veuille nous donner les moyens de résoudre d'immenses problèmes[173]. » Moins d'un an plus tard, il affirmait aux correspondants permanents du ministère dans les régions que la crise de la musique « était avant tout d'organisation[174] ». En mai 1969, il put enfin conforter sa victoire en obtenant son poste budgétaire de directeur assorti de la tutelle de la Réunion des théâtres lyriques nationaux ; il avait attendu près de trois ans ce qu'il a appelé sa revanche, le droit de s'asseoir dans le fauteuil d'Émile Biasini ! Ce long délai me semble plaider pour une circonspection réelle du ministre face à cette incarnation de l'académisme. La patiente stratégie du futur directeur de la Musique et du groupe qui le soutenait s'était illustrée dans une note signée par Albert Beuret, dès 1968 : « Il doit être tenu pour acquis d'ores et déjà que M. Landowski sera installé dans une pièce dont les dimensions et la situation seront en rapport avec les fonctions qu'il exerce[175]. »

Un ministère sans ministre

Maryvonne de Saint Pulgent a justement signalé que la doctrine de Malraux sur la démocratisation culturelle a connu une seule exception, la politique musicale de Landowski, qui déployait les conservatoires et soutenait l'utilité pédagogique des Jeunesses musicales de France[176]. Or Malraux voulait absolument distinguer les devoirs des enseignants — faire connaître — de la mission de ses services, mettre en contact pour faire aimer ; mais, en 1966, outre l'impérieuse nécessité où il se trouvait de s'habituer à sa thérapie médicamenteuse, il voulait aussi ressusciter comme écrivain. Pour bâtir ses *Antimémoires*, il laissa les commandes du pouvoir à son cabinet. Inspecteur général honoraire de l'Instruction publique, recru d'honneurs, Marcel Landowski acheva sa vie en 1999 comme chancelier de l'Institut de France. Dès 1986, il avait été élu secrétaire perpétuel de l'Académie des Beaux-Arts, l'institution honnie du ministre dont le soutien avait fait sa carrière.

Il est nécessaire de revenir aux pratiques de l'entourage de Malraux à travers un grand témoignage, celui de Max Querrien, directeur de l'Architecture de 1963 à 1968, qui a rédigé la *petite histoire d'une dérive*[177]. Si Antoine Bernard, dernier directeur du cabinet de Malraux, ne m'a jamais caché qu'il considérait que c'était son devoir de régler les problèmes à la place du ministre[178], il avait été plus clair avec Max Querrien, peu après sa prise de fonctions : « Le ministre ne va pas bien. On va le mettre dans son bureau, à écrire, et comme ça on pourra travailler[179]. » La réponse non prononcée de son collègue du Conseil d'État fut : « Casse-cou ! Un ministère sans ministre, alors que tout le monde croit qu'il y en a un, et que de surcroît il s'appelle Malraux, ce peut être la source des pires malentendus. » C'était un mauvais projet où *le ministère, avec ses gènes hétéroclites et sa constitution fragile, a fini par perdre la santé pour devenir le lieu maudit d'un psychisme déréglé.* Antoine Bernard était « dans le coup » avec Marcel Brandin et surtout Albert Beuret, qui fut peut-être l'inspirateur de la mise à l'écart de son ministre : « Entre son adulation pour Malraux et son peu d'estime pour le commun des autres, il fut parfois tenté de se comporter en commissaire politique[180]. » C'est Beuret qui, avant un comité interministériel sur les problèmes de Paris, s'opposa à une rencontre du ministre de l'Équipement Edgar Pisani avec son ministre, usant de termes effarants : « Pas question ! Si l'Dédé voit le barbu, y va tout lui lâcher. On va y aller comme ça et on verra bien ce qu'ils nous diront. » Analysant ces propos, M. Querrien conclut : « Aux yeux du cabinet, le péril ne venait pas seulement de l'ennemi — entendez : du ministère d'en face — mais procédait d'abord du ministre lui-même. Voilà qui achevait de donner un sens à l'enfermement de Malraux dans son bureau transformé en turne d'écrivain en tête-à-tête avec le puzzle de sa mémoire[181]. »

Le malaise des directeurs

Le cabinet profite de la force des rares apparitions de Malraux pour que la presse finisse par le croire actif quand il est ailleurs. Il est arrivé aussi que, même quand il voyageait officiellement, des journalistes l'imaginent encore exerçant ses fonctions en France : en juillet 1965, alors qu'il vogue vers Ceylan, *La Croix* le signale à Versailles recevant le président argentin Frei[182]. Le triumvirat Beuret-Bernard-Brandin tient, pendant les trois dernières années de fonctions du ministre, de rares réunions prenant de plus en plus l'allure de lits de justice. Max Querrien en fut un témoin lucide : « Se croyant tenu de traiter les Affaires culturelles comme un ministère classique et le sentant lui glisser entre les doigts faute d'interpréter son élasticité naturelle comme un gage de créativité, le cabinet s'était progressivement crispé jusqu'à l'irréversible [...]. [Il] ne sortait guère de son mutisme chagrin que pour bougonner, fustiger, tempêter[183]. »

Les révoltes de 1968 allaient s'en trouver confortées et le directeur de l'Architecture amené à démissionner, non sans faire au ministre des reproches à peine voilés[184] :

> Depuis au moins trois ans, j'ai été privé de la possibilité de vous rencontrer et de vous entendre exprimer, avec l'autorité qui est la vôtre, les orientations et les choix dont j'espérais éclairer mon action. Bien que cette difficulté ne me fût pas particulière, je ne l'en ai pas moins ressentie.
>
> Plus encore qu'ailleurs, dans un ministère comme celui des Affaires culturelles, où les actions sont multiples et complexes et où les nuances jouent un rôle décisif, la recherche concertée des orientations majeures et une liberté d'action suffisante accordée aux principaux responsables m'apparaissent comme les deux conditions corrélatives de la sagesse, de l'audace et donc de l'efficacité. À cet égard, je suis obligé de constater qu'au cours de ces dernières années je n'ai pas trouvé auprès de vos collaborateurs les plus directs les conditions de travail qui correspondent à ces principes.
>
> Les occasions manquées, les retards, l'indécision, la paralysie qui résultent d'une telle situation ont affecté des domaines importants, parmi lesquels la réorganisation de mes services, leur articulation avec d'autres services du ministère, le travail législatif et réglementaire.

Les termes du courrier de Max Querrien affirmant ne plus vouloir occuper « un poste qui a été peu à peu dépouillé de sa réalité » sont assez proches de ceux qu'employait, deux ans auparavant, Émile Biasini. Pour cette année 1966, le cabinet reprochait de son côté aux services de l'Architecture d'avoir un montant de crédits de report pour les Monuments historiques dépassant le montant du crédit annuel ouvert au budget ! Mais on s'y gardait de répondre aux sollicitations de M. Querrien. Ce faisceau de critiques témoigne du malaise qu'a créé, chez presque tous les directeurs, l'isolement d'André Malraux. Pour eux, le cabinet porte une responsabilité dans cet état de fait. La manière dont le ministère a été présent dans les tourmentes de 1968 s'éclaire de ces observations ; elle explique sans doute que trois directeurs ont pu alors, quasi simultanément, vouloir quitter leurs postes.

LES TOURMENTS DE 1968
ET LA FIN DE L'ÈRE GAULLIENNE

Petite silhouette frénétique, isolée dans son usine à rêves évacuée par les cinéastes grévistes, André Malraux doit savoir que nous n'avons pas l'antimémoire courte.

François TRUFFAUT,
texte de soutien à Henri Langlois,
février 1968.

À l'orée de la Ve République, Jean-Jacques Servan-Schreiber, jeune directeur de *L'Express*, écrivait à propos de la grandeur des rêves du ministre : « Il y a un homme dans ce régime qui nous fait bondir en avant chaque fois qu'il prend la parole, c'est André Malraux. Il nous aide à comprendre de quoi il s'agit[185]. » La fascination de la presse pour le ministre d'État était le prolongement de celle éprouvée pour l'écrivain des années trente. Dès le 24 juin 1958, la première conférence de presse de celui qui n'était encore qu'un ministre délégué à l'Information avait subjugué ses 500 auditeurs parce qu'il avait répondu à 190 questions, dans un emportement frémissant et saccadé : « Sur la scène, Claude Vannec de *La Voie royale*, Garine des *Conquérants*, Kyo mais aussi Ferral de *La Condition humaine*, Manuel de *L'Espoir* et surtout, dernier en date, Vincent Berger des *Noyers de l'Altenburg* parlaient par la bouche du ministre du Verbe [...] c'étaient aussi la France et la République, de Gaulle et le gouvernement, la révolution permanente et l'ordre éternel, qui, ensemble, participaient de cette méditation historique, parallèle aujourd'hui à la vie politique comme hier au roman ou à la critique, qui forme chez Malraux un lien permanent entre l'action et la pensée[186]. »

Le ministre enfoncé dans sa solitude

Après quelques années, la sobriété elliptique et le pathétique syncopé ne séduisent plus de la même façon. Pendant l'été 1967, Emmanuel d'Astier a dépeint la métamorphose de Malraux, solitaire n'arborant jamais le sourire de la satisfaction : « Seul en face de son destin, loin des amis, des ennemis et des femmes [...] enfoncé dans une solitude qui n'est plus peuplée d'hommes mais d'expériences [...] Malraux a passé soixante ans. Il montre quelques sirènes à de Gaulle qui les regarde, quelquefois incrédule, toujours séduit [...]. Mais les gens du gouvernement, politiques ou fonctionnaires, n'aiment pas tant Malraux. Ce n'est ni un politicien, ni un administrateur, ni un technicien : "On ne peut pas travailler avec lui"[187]. » Les conditions du limogeage de son ancien protégé Jean-Louis Barrault à l'Odéon mais d'abord l'affaire de la Cinémathèque vont en témoigner. Dès mai 1967, Jean Vilar sonnait l'alarme[188] : « La situation de la culture populaire, de la culture sans adjectif, en est à une période critique. Elle ne peut pas dépendre de la sagacité d'un seul, mais de la violence revendicative de tous. » Le fondateur du TNP restait cependant sur la position qu'il avait adoptée peu avant de quitter la colline de Chaillot ; il se voulait fidèle à son adolescence et donc au colonel Berger : « Si un désaccord profond devait nous séparer, je rendrais mes clés purement et simplement et sans un mot. Je suis dans l'Armée, seconde classe, donc doublement muet[189]. » Cela lui a peut-être valu d'entendre pendant l'été 1968, en Avignon, son nom scandé en écho à celui du dictateur portugais Salazar, mais auparavant une tempête dans le monde du cinéma aura préfiguré les révoltes de Mai 68.

Le début de la crise à la Cinémathèque

Le 9 février 1968, après avoir rendu hommage à Henri Langlois, cofondateur de la Cinémathèque française dès 1936, le conseil d'administration élit à son poste de directeur artistique Pierre Barbin. La présidence de la Cinémathèque revient à Pierre Moinot, qui s'est employé à persuader son ministre que l'incompétence de Langlois en termes de gestion met en péril les riches collections qu'il a rassemblées, lançant un jour dans la voiture ministérielle[190] : *Langlois, c'est Érostrate ; il va incendier le temple du cinéma* ! L'État considère Langlois comme un administrateur brouillon. On fait aussi craindre au ministre que Langlois ne soit condamné dans une affaire d'escroquerie aux dommages de guerre ; ils auraient été dus pour la perte de négatifs de films muets produits par la société Éclair entre 1909 et 1920. Cette ténébreuse affaire, embrouillée d'une demande d'expertise de Langlois, rejetée par la Cour d'appel en juillet 1967, serait — selon le successeur éphémère de Langlois — « la cause principale de la décision d'improviser la recherche d'un nouveau président et d'un nouveau directeur artistique[191] ». Ce n'est pourtant que plus d'un semestre après cette péripétie judiciaire que, par 12 voix et 11 abstentions, l'éviction de Langlois est votée[192]. L'après-midi même, P. Barbin s'installe dans le bureau directorial dont il fait changer les serrures[193] ; il licencie, quelques jours plus tard, les trois collaboratrices d'Henri Langlois. Ce coup de force, monté avec le concours de Louis Chevasson, membre du cabinet de Malraux et son compagnon depuis l'enfance et l'Indochine, est ordonnancé par le directeur général des Arts et Lettres. Avec l'autorité d'un membre de la Cour des comptes, il souligne le caractère hasardeux de la gestion des fonds que le ministère versait à la Cinémathèque[194], association régie par la loi de 1901 et groupant plus de 700 membres déposants.

La contre-attaque menée par François Truffaut et les anciens des *Cahiers du Cinéma* est foudroyante avec une centaine de télégrammes envoyés aux plus importants réalisateurs de films dès le 10 février, date de la première mobilisation des journalistes. Le 11, Marcel Pagnol, Jean Renoir et Jacques Tati interdisent la projection de leurs films déposés à la Cinémathèque jusqu'à la réintégration de Langlois. Astruc, Bresson, Abel Gance, Jean-Luc Godard, l'association des critiques américains, celle des metteurs en scène danois, celle des cinéastes japonais affirment leur solidarité.

La dénonciation d'un mythe Malraux

Le 12 février, dans *Combat*, Henry Chapier titre son papier « Le mythe Malraux a assez duré », tandis que François Truffaut dénonce « l'anti-fidélité ou l'anti-mémoire courte », et les décisions du ministre, toutes néfastes pour le cinéma : « Nous n'oublierons pas qu'il a "lâché" Henri Langlois comme il avait "lâché" Jacques Flaud, Pierre Boulez, Jean

Genet, Gaëtan Picon, Rivette et son ami Diderot. » L'amalgame des noms est injuste, surtout pour ce qui concerne le soutien à Genet et aux *Paravents* dont la production par le Théâtre de France, avec des fonds publics, avait été défendue jusqu'au Parlement. Mais le blocage de la salle de la rue d'Ulm par plusieurs centaines de réalisateurs, dès le soir du 12, témoigne de la mobilisation du monde des Arts. Le 14, la politique culturelle gaulliste est conspuée sur le Champ-de-Mars par une foule où l'on remarque Claude Berri, Claude Chabrol, Jeanne Moreau ainsi qu'une banderole « Merde à la Culture UNR[195] » ; la charge des gendarmes mobiles et policiers au Trocadéro compromet l'avenir de la *Barbinthèque*[196].

Trois cents journalistes et cinq télévisions étrangères couvrent, le 26 février, la création du Comité de défense de la Cinémathèque française dont la présidence est confiée à Alain Resnais, époux de Florence Malraux, fille unique du ministre. Jean Renoir, président d'honneur du comité, salue en Langlois le « créateur de notre Louvre à nous » tandis que le comité se propose : « 1° de rétablir le fonctionnement normal de la Cinémathèque ; 2° d'entreprendre toutes actions pour faire respecter l'intégrité de la Cinémathèque française et sa liberté ».

Un problème de gouvernement

L'analyse immédiate du *Nouvel Observateur* dénonce, le 6 mars, la volonté de « rentabiliser » toutes les activités culturelles et retient auparavant comme causes à la crise :

— l'hostilité, la jalousie et les ambitions de certains fonctionnaires ;

— la doctrine gaulliste : volonté d'annexion et de contrôle de tout le domaine culturel.

Le procès qu'induit cette dernière affirmation, rien ne

peut l'alimenter dans les prises de position personnelles d'André Malraux mais des décisions de son cabinet peuvent se lire ainsi. Le 6 mars 1968, le critique Jacques Doniol-Valcroze excuse toutefois partiellement Malraux, dont le seul tort est d'avoir « fini par céder aux pressions des Finances[197] » ; il ajoute : « L'affaire Langlois a donc dépassé le cadre d'un conflit de personnes pour déboucher sur un problème général de gouvernement. » Dans sa rubrique cinéma, Jean-Louis Bory se dit persuadé que les financiers ne savaient pas ce que représentait Langlois : « Il est toujours dangereux de bousculer un symbole : les passions flambent imprévisibles. Toucher à Langlois c'est, pour les cinéphiles d'un bout du monde à l'autre, commettre un crime de lèse-cinéma[198]. » À l'automne 1967, André Malraux l'avait d'ailleurs pressenti puisque, désavouant le directeur du CNC, son ancien collaborateur Holleaux, il avait suggéré le maintien de Langlois à son poste pour une durée d'un an[199].

Le pouvoir se rend compte assez vite que sa position va être intenable et que montrer le mauvais état des collections ne ruinera pas la réputation d'un homme qui a sauvé près de 60 000 films, d'autant que des grands patrons comme Ambroise Roux et Jean Riboud, cooptés au conseil d'administration en janvier 1968, sont favorables à Henri Langlois[200]. Un hebdomadaire dénonce la « scandaleuse visite organisée des blockhaus de Bois-d'Arcy où l'on exhibe quelques bobines rouillées et quelques films abîmés ». La retraite du commando anti-Langlois est donc organisée, à partir du 5 mars, par un comité consultatif que préside le Doyen Vedel. Pour le *chiffonnier de génie*, collectionneur jaloux, le ministère envisage alors « un rôle décisif par des activités nouvelles de recherche et de création où il restera l'interlocuteur des réalisateurs[201] ». La prudente lenteur de la commission des sages, qui veut tenter de maintenir M. Barbin à la direction de la Cinémathèque[202] et doit trouver comment apurer les dettes, suscite une nouvelle poussée d'hostilités. Un article de François Truffaut, dans *Combat* du 11 mars, en témoigne : « Autrefois, les gaffeurs, les maladroits, les malappris, le gouvernement s'en débarrassait en expédiant celui-là en Algérie, celui-ci en Nouvelle-Calédonie. Dans la France de 1968 [...ils] s'accrochent à Paris, ils tiennent à bouffer chez Lipp, à clôturer les festivals, à distribuer des petites médailles aux étrangers de passage et des bouquets de fleurs aux vedettes ; ils sévissent, ils s'incrustent, ils irritent, ils aggravent leur cas[203]. » Le soutien de *L'Aurore* étend à droite le réseau du comité de défense, qui demande aux journalistes de tenir bon jusqu'au 22 avril puisque « seule la presse intimide ces gens-là[204] ».

La victoire d'Henri Langlois

À l'Assemblée nationale, François Mitterrand interpelle Malraux comme il l'avait fait pour la direction de la Comédie-Française six ans plus tôt et l'agitation gagne un peu la province. Dans sa circonscription de Grenoble, Pierre Mendès France préside, le 21 mars, une grande manifestation où il dénonce « l'agression dont la Cinémathèque est l'enjeu ». Le 22 avril 1968, Georges Vedel annonce que la Cinémathèque sera organisée et gérée comme un groupement privé sans intervention de l'État dans ses affaires intérieures. Henri Langlois, redevenu directeur artistique et technique, rouvre la salle de la rue d'Ulm le 2 mai ; jusqu'à sa mort en 1977, il reste à la tête d'une institution à laquelle il est totalement identifié. Le 12 mai, alors que la crise universitaire fait tache d'huile, François Truffaut écrit à Louis Marcorelles : « Il y a la connerie d'un régime impossible mais aussi le fait que, de De Gaulle à Mitterrand et Defferre, sauf le modeste Mendès

France, trop de soi-disant "élites" ne comprennent rien et ne comprendront jamais rien au cinéma[205]. » Toutefois, Truffaut et Godard n'ont pas suscité que de la sympathie quand ils ont voulu arrêter le Festival de Cannes, le 18 mai. Jean-Luc Godard a lancé : « Je vous parle solidarité avec les étudiants et les ouvriers et vous me répondez *travelling* et gros plans. Vous êtes des cons[206] ! »

Chaque défenseur de Langlois a vécu, avec deux mois d'avance[207], son propre Mai 68 ; certains ont d'ailleurs entendu, près de Chaillot, un des futurs héros de la Sorbonne, Daniel Cohn-Bendit[208]. Pour le ministre qui, à Cannes dix ans plus tôt, s'était plu à affirmer son appartenance au monde du cinéma[209] et qui avait su évoquer le moyen d'expression du cinéma — « la succession des plans[210] » —, cette équipée de ses collaborateurs s'est révélée désastreuse. Elle a cependant contribué à la création du service des Archives du film, rattaché au Centre national du cinéma et installé à Bois-d'Arcy. Mais l'affaire Langlois fut ressentie par ses proches comme un « déferlement de haine qui vint encercler André[211] ». Le dossier relatif aux films Éclair ne fut jugé par le tribunal correctionnel que le 22 juin 1973. Malgré ce que P. Barbin appelait la « complicité » de Langlois dans une dissimulation de négatifs, seul le solliciteur des dommages, René Tréfousse, fut condamné. Par cette peine de dix-huit mois de prison avec sursis après six années d'atermoiements, la justice avait rejoint « l'impuissance du ministre de la Culture », au dire de l'éphémère successeur de Langlois. Amer, il a dénoncé ensuite la capitulation du gouvernement et le temps qui lui avait manqué pour mettre en œuvre une politique cohérente[212]. Il n'avait pas voulu comprendre la force des caricaturistes dessinant de Gaulle en *Jeanne d'Arc condamnée à défendre l'anglois et à blanchir Malraux* ! Le vent de Mai 68 s'était levé, alimenté par le renvoi injuste et maladroit d'un homme qui se retrouvait dans un désordre dont chacun s'accommodait. Sans s'interroger sur le poids de l'entourage dans ce fâcheux incident, Georges Pompidou commenta sèchement la décision saugrenue de son ministre : « À quoi bon susciter, pour si peu, l'hostilité des intellectuels qui n'aiment rien tant que protester[213]... »

Mai 68, de l'Odéon aux Champs-Élysées

À partir du 15 mai 1968, dans l'Odéon occupé par un comité d'agitation culturelle[214], l'humanisme est promu *ennemi idéologique*[215] ; un slogan proclame : « Quand l'Assemblée nationale devient un théâtre bourgeois, tous les théâtres bourgeois doivent devenir des assemblées nationales. » Le rôle du premier des ministres restant contraint par les habitudes gouvernementales, il n'est pas question pour Malraux d'y apparaître. Il déplore la prise de l'Odéon-Théâtre de France tout en affirmant au Général que cette occupation ne portera pas bonheur[216] aux insurgés. De ceux-ci, qui avaient voulu constituer « une permanence révolutionnaire créatrice, un lieu de meeting ininterrompu[217] », le préfet de police dira, dix ans plus tard, qu'ils furent une « troupe hétéroclite qui a joué pendant un mois à guichets ouverts la farce dérisoire de nos contradictions[218] ». Jean-Louis Barrault soutint qu'on lui avait ordonné d'accueillir les étudiants insurgés[219] et, de fait, le cabinet lui demanda « d'ouvrir les portes et de parlementer[220] ». Aussi, à partir du 16 mai, chaque soir, les spectateurs eurent l'impression de faire eux-mêmes leur théâtre, avec un directeur qui s'était déclaré mort mais qui décrivit ensuite cette occupation : « amours dans les couloirs, cantines, armes, déguisements, ambulances, graffiti, exposés passionnants, terreur verbale ». L'existence de ces désordres et d'une bande dite « de Katangais » permit au ministère de l'Intérieur de dénoncer la pègre[221] et de faire évacuer les lieux dès le 14 juin, deux jours avant l'évacuation de la Sorbonne. *Le Monde* daté de ce jour avait décrit le théâtre, bateau ivre, en énonçant qu'on « ne vit pas impunément à cent pendant un mois dans un monument historique[222] ».

Au début de la crise, Malraux avait d'abord voulu croire ce qu'il avait affirmé au président de la République, en Conseil des ministres : « C'est ou bien la réforme, que vous seul avec votre gouvernement pouvez conduire, ou bien la révolution. C'est simple et le peuple comprendra[223]. » Il ajoutait : « Il ne faut pas que le gouvernement danse sur les violons des grévistes. Ce qui suivra le référendum, ce sera la mise en place de quelque chose de fondamental, un *new deal* systématique[224]. » Le 22 mai, à l'Assemblée, François Mitterrand avait décrit le ministre cherchant « en tâtonnant sa route de la cinémathèque au festival de Cannes en passant par le théâtre de l'Odéon[225] » ; il vilipendait le gouvernement pour avoir perdu « l'ordre et le progrès, la confiance et l'espérance ». Selon le préfet de police, le seul ministre qui aurait pu parler était Malraux, mais il était « paralysé par le silence du Général[226] ». Le projet de vote référendaire ayant échoué, Malraux défila silencieusement en tête des manifestants gaullistes du 30 mai 1968. Un journaliste critique d'art l'a dépeint « titubant et hébété [...] les doigts crispés sur ceux de Debré hurlant comme un charretier[227] ». Jacques Foccart l'a vu « tremblant d'émotion, tremblant d'enthousiasme, extraordinairement pâle, pâle au point qu'il fait peur[228] ». Dans cette soirée où éclate « une ferveur gaulliste extraordinaire, fantastique », Michel Debré a probablement peur lui aussi de ce que Malraux pourrait dire ; après avoir lancé aux journalistes « de Gaulle n'est pas seul, la France est avec lui[229] », il choisit d'écarter le micro du visage d'André Malraux et répond à sa place au reporter : « M. Malraux pense comme moi[230]. » Racontant le défilé, Pierre Cabanne affirmera : « Qu'on regarde de plus près cet homme hagard au strict complet croisé, le cheveu en bataille, le visage creusé de rides, le regard fixe, et la vérité apparaît. Il est l'Absent[231] ! » Même si Malraux est resté « secrètement habité par le regret que de Gaulle ne lui confie pas un poste de responsabilité directe[232] », je crois que Pierre Cabanne est injuste quand il parle de « carence caractérielle » mais qu'il n'a pas tort d'évoquer les idées lancées, les réalisations entreprises puis abandonnées, d'autant plus que les collaborateurs laissent tomber, « sachant l'attitude versatile et l'absence d'esprit de suite » du décideur principal[233].

Le retour à l'ordre classique

Dans la sortie de ces semaines de passions, Malraux joua sa partition, comme ministre militant du vote gaulliste ; celle qui affirme que « son image s'en trouve ternie à jamais[234] » oublie et le caractère précaire de sa santé, qui donne à sa présence le poids d'un engagement physique, et son lien passionné avec Charles de Gaulle. Si Malraux est conscient de diriger une administration, bien qu'il laisse à l'époque une très grande latitude d'action à son cabinet et se désintéresse des directeurs de l'administration centrale qu'il ne voit presque jamais, le ministre d'État admet tout à fait en 1968 qu'un ministère est avant tout une organisation[235]. S'il ne s'occupe pas de la fermeture du musée d'Art moderne « pour cause d'inutilité[236] », c'est parce qu'il se veut le plus fidèle des gaullistes et qu'il considère qu'en face du gaullisme il n'y a que des combinaisons d'intérêts dépassés. Même si le ministre a parfois été psychologiquement seul durant les événements, il les affronte en homme de gouvernement. Alain Malraux le trouve alors d'une extrême bonne foi et d'une ouverture d'esprit optimale pour examiner les raisons des événements sans jamais oublier qu'il était objectivement du côté de la cible[237]. Il ne risquait donc pas d'écouter Maurice Clavel, qui s'illusionnait en voulant croire que Malraux rejoindrait les gauchistes battus. Le pamphlétaire, croyant sentir les hésitations de l'ex-révolutionnaire, prétendit l'accueillir dans la cohorte des révoltés : « On sent ce qui te ronge : ta vie perdue, tes absolus reniés ou fuis, ta jeunesse... Il est peut-être encore temps [...] que tu viennes à nous pour revenir à toi-même[238]. » Face au problème international des étudiants, André Malraux préférait affirmer que ce qui était parfois le chaos « voudrait souvent être la fraternité » et que les vrais étudiants attendaient d'abord l'espoir, « en face d'une des crises les plus profondes que la civilisation ait connues ».

Le ministre avait admis que les hommes de l'action culturelle puissent contester l'ordre social, partageant l'opinion que professait encore, au milieu des années soixante, Georges Pompidou : *l'art doit discuter, protester, autrement il est ennuyeux*[239]. Mais il avait cédé, dès mars 1968, aux anciens de la 2e division blindée qui voulaient une statue classique du libérateur de Paris. L'érection monumentale prévue dans une loi du 7 septembre 1948 n'avait débouché sur un concours qu'en 1967 ; deux membres de l'Institut l'avaient remporté. Associé au ferronnier d'art Raymond Subes[240] pour la conception de deux colonnes métalliques formant un immense V, le sculpteur Raymond Martin, auteur de la statue équestre du maréchal Foch, avait emporté la décision pour un bronze en pied grâce à la détermination de la maréchale Leclerc : elle appréciait cette « belle tradition figurative française »[241]. Sous la pression de la nouvelle majorité parlementaire, le cabinet du ministre allait aussi écarter les abstractions dans l'action culturelle et tenter d'y faire régner l'ordre classique, salué jadis par Charles de Gaulle[242].

La rupture avec Jean-Louis Barrault

Sans attendre la réforme des statuts du Théâtre de France qui fut rendu à la Comédie-Française, Jean-Louis Barrault reçut un courrier daté du 27 août 1968, signé d'André Malraux : « Après vos diverses déclarations, j'estime que vous ne pouvez plus assumer la direction de ce théâtre, quelle que soit sa future vocation. » Le ministre renonça à répondre à la lettre ouverte de son ancien protégé[243] parce qu'on lui avait fait admettre qu'il avait calomnié le gouvernement[244] et aussi parce que le responsable de l'Odéon avait lancé, d'un coin de son plateau occupé[245] : *Barrault n'est plus le directeur de ce théâtre, mais un comédien comme les autres ; Barrault est mort* ! Les éloges tartuffes de *La Nation* furent dénoncés par Bertrand Poirot-Delpech : « Installé à l'Odéon en prince, Barrault en est chassé comme un domestique... Après la peur, voici venir, c'est logique, le temps du mépris[246]. » Dans *Le Nouvel Observateur*, où, le 18 juin, on avait évoqué à tort un ministre enchanté de l'occupation[247], Roger Blin dénonça la réplique sordide, mesquine, des gougnafiers : « On fait payer à Barrault *Les Paravents*, soutenus par Malraux dans l'euphorie du libéralisme, quand Malraux pouvait encore servir d'alibi auprès des intellectuels. Maintenant, c'est fini. Le gaullisme, terrorisé par la jeunesse étudiante et ouvrière, a fait son plein de chaisières, de poujadistes et de truands. Ex-Barrault ? Non : ex-Malraux[248]. » L'ex-directeur du Théâtre de France partit jouer avec sa troupe dans la salle de catch de l'Élysée-Montmartre. Il continua d'y plaider pour un théâtre mobile et affirma avec persévérance la puissance d'un théâtre contestataire[249]. En 1972, il se refusa cependant à porter un jugement critique sur le général de Gaulle : « Quand un homme a cette dimension j'en accepte les ombres et les lumières et n'essaye pas de le juger [...]. Ce qui me plaisait le plus en lui, c'est son côté, si j'ose dire : Roi socialiste[250]. » Si l'on poursuit la métaphore en plaçant Malraux dans la position du *fou du roi*, il est donc excessif de dire que Malraux, défenseur de la liberté de l'esprit, est mort en signant la lettre révoquant Barrault[251], le 27 août 1968, après être mort comme anticolonialiste le 24 juin 1958. C'est oublier qu'à l'automne 1968, il continuait à défendre la liberté dans les maisons de la Culture et qu'en juillet 1958, il perdit un portefeuille ministériel pour avoir dit que, s'il était un jeune musulman, il serait avec les fellaghas.

Fulgurances et silences

Le ministre-homme de lettres fut trop vite atteint, au plus profond, par la disparition brutale de ses deux fils et séparé de la jeunesse par ces deux morts. Il va se faire dire : « En profondeur, nous n'avons rien à nous dire, les jeunes et nous », et même se faire répondre, soi-disant le 6 mai 1968, à la question — ici la jeunesse ne fait pas partie de tes attributions ? « Non. Et les États ne peuvent rien pour elle[252]. » Cependant, les décisions que prend alors à sa place son cabinet[253] sont plus souvent celles qui relèvent du chef de l'administration des Affaires culturelles. Au niveau des prises de position réellement politiques, le Verbe malrucien a encore rayonné de ses propres fulgurances après la tourmente de Mai 68. Le ministre intervient pour que la municipalité de Grenoble, avec sa majorité de gauche, laisse le *Germinal* de Vuiseux en place alors que cette œuvre en déchets de ferraille heurte beaucoup de regards. Malraux s'oppose à tous les élus qui contestent le Festival d'Avignon ; il est confronté aussi bien au maire socialiste qui interdit à la fin de juillet 1968 la pièce *Paradise Now* du Living Theatre qu'au député nouvellement élu de l'Union pour la défense de la République clamant : « Nous ne voulons plus d'un festival de contestation sordide [...]. Avignon ne deviendra pas une poubelle[254]. » Le ministre tient à dire à la nouvelle majorité introuvable de l'Assemblée qu'il faut préserver la liberté des animateurs des maisons de la Culture et qu'ils doivent rester « à l'abri de toute ingérence et de toute pression[255] ». Mais, peu avant son discours, en octobre 1968, le directeur du Théâtre et des Maisons de la Culture a écrit que ces maisons étaient « des lieux de consommation culturelle dépourvus d'âme, livrés aux inspirations les plus contradictoires et finalement sans portée[256] ». Ces réflexions ne pouvaient que réjouir les nouveaux députés UDR ; ils applaudirent l'inflexion visant à multiplier des centres d'action culturelle, de préférence aux coûteux équipements des maisons de la Culture[257]. En 1977, Michel d'Ornano en viendra à soutenir que, dans les missions essentielles du ministère, il y a l'assistance technique à la création de centres culturels municipaux devant surtout concourir « à l'effort d'animation d'une vie sociale trop souvent perturbée[258] ».

Le ministre d'État est resté silencieux en décembre 1968, quand la pièce d'Armand Gatti, *Passion du général Franco*, fut rebaptisée *Passion en violet, jaune et rouge*, puis rayée du programme du Théâtre national populaire pour ne pas offenser le dictateur espagnol[259]. L'auteur de *L'Espoir* dut alors oublier ses réflexions de 1937 sur l'ordre rouge et sur Franco faisant « de l'ordre à coups de cimetières ». Sans précédent depuis cinquante ans[260], cette mesure d'interdiction fut défendue par un communiqué affirmant que « la liberté d'expression n'était pas en cause [la pièce pouvant] être représentée ailleurs sous la seule réserve du délit d'offense à chef de l'État[261] ». Si un haut fonctionnaire estima que son ministre était « crucifié par cette affaire » et avait vainement fait chercher le moyen de faire monter la pièce au Théâtre de l'Est Parisien, il ajoutait que Malraux avait finalement « mangé son chapeau[262] ».

La fin des temps gaulliens

Dans ces derniers mois, ses collaborateurs doivent insister pour que le ministre accepte de se montrer dans des réunions importantes. Lorsque le nouveau directeur de l'Architecture s'apprête à réunir les dix-sept conservateurs régionaux des Bâtiments de France, une note indique au ministre qu'il serait « extrêmement souhaitable » qu'il les reçoive ou vienne leur adresser quelques mots vers 18 heures[263]. Quelques jours avant le référendum qui va précipiter le départ du général de Gaulle et entraîner le retrait d'André Malraux, Antoine Bernard se croit même obligé de lui préparer des répliques ! Ainsi, pour une rencontre avec des représentants élus des unités pédagogiques d'architecture, il lui suggère d'énoncer : « Vous n'ignorez pas que votre représentation est contestée par certains », et, au cas où ses interlocuteurs demanderaient si elle est contestable, de rétorquer que, si les conditions d'élections au scrutin secret ont été respectées, il « ne conteste absolument pas la représentation en question[264] ». Que le directeur de cabinet en soit venu à pré-écrire un dialogue aussi simple laisse perplexe sur son opinion quant aux capacités de son ministre. Il s'était déjà cru fidèle à la pensée de Malraux quand il avait prétendu, en octobre 1967, que la mission du ministère était « d'alerter l'opinion, de l'inquiéter et de lui faire comprendre que la culture conditionne l'équilibre de l'homme[265] ». Pendant ces semestres où la tête pensante du ministère vacillait, le cabinet a voulu mobiliser les services contre les séquelles des Beaux-Arts ; mais il lui manquait et l'autorité du ministre et le génie de l'écrivain pour transcender les crises de la fin du gaullisme.

Qu'Antoine Bernard se soit cependant cru autorisé à diffuser, sous sa seule signature, à l'automne 1968, un document sur *la mission culturelle de la collectivité* me semble un dévoiement du rôle d'un collaborateur ministériel. René Brouillet disait de l'entourage du général de Gaulle qu'il se devait d'être transparent pour que s'exprime la seule volonté de l'autorité légitime ; rue de Valois, l'autorité s'est parfois exercée au travers d'un groupe qui n'avait pas une réelle légitimité.

Tandis que l'ère gaullienne va vers sa fin, le ministre décline l'idée d'aller au gala de présentation du nouveau *Mayerling*, où se déroule une tragédie habsbourgeoise ; il n'a pas besoin de voir deux suicides filmés[266]. Il pressent d'autant plus la fin du gaullisme qu'en 1963 il jugeait déjà fragiles les constructions du régime, disant à Alain Peyrefitte : « La ruine les guette[267]. » Il sait que, le 26 avril 1969, à la veille du référendum qu'il pressent fatal, les salons de l'hôtel de Rohan brilleront de tous leurs feux pour le bal de l'École des chartes[268] ; il juge sans doute cette fête dérisoire. Il signe bien des lettres sans les lire, avalisant même une fausse date de naissance pour son frère Roland dans une correspondance avec un résistant de Dordogne[269]. Il attache sûrement plus d'importance à deux courriers[270], celui qui remercie le nouvel archevêque de Paris, Mgr Marty, pour l'accord qu'il vient de donner quant au blanchiment de Notre-Dame, et la lettre où il annonce au père Riquet qu'une convention va permettre à des bénédictins de vivre dans l'abbaye du Mont-Saint-Michel, ce qui donnera « une valeur nouvelle à cet édifice exceptionnel ».

De l'exécration affichée par Malraux pour la politique, Georges Pompidou avait dit, vingt ans avant de devenir président de la République : « Si on l'en rendait responsable, il se passionnerait[271]. » Mais, sous la Ve République, personne n'a voulu qu'il exerce des fonctions pleinement politiques et Pompidou peut-être moins qu'un autre. Malraux l'avait compris, qui écrivait à son directeur de cabinet, vers 1964 : « Sur le fond, il faut que le gouvernement choisisse entre attendre de nous des développements et en refuser les moyens à nos services[272]. » Peu après sa victoire, recevant des hauts fonctionnaires des Affaires culturelles à l'Élysée pour leur annoncer sa volonté de créer, sur le plateau Beaubourg, un grand centre d'art contemporain[273], le président Pompidou confirma la lucidité déçue de son ancien ministre : « Toutes les folies de Malraux, on met une croix dessus et maintenant on fait du sérieux[274]. » Un collaborateur d'Edmond Michelet écrit alors d'une revendication réclamant 1 % du budget de l'État pour le ministère chargé des Affaires culturelles : « Dans la conjoncture actuelle, c'est une campagne sympathique mais il y a peu d'effet à en espérer[275]. » Pour sa part, André Malraux ne s'était pas senti en droit d'exiger, de Charles de Gaulle, les crédits et les équipes qui lui auraient permis de fonder durablement un grand ministère. Dès le 26 février 1959, alors même que les services du ministère n'étaient pas tous regroupés, un article de *Libération* était déjà titré : « S.O.S. pour le budget des affaires culturelles ». Par anticipation, le journaliste validait l'analyse si pertinente d'Étienne Burin des Roziers, secrétaire général de la présidence de la République entre 1962 et 1967 : le ministre d'État, sans vrais moyens, s'est consolé avec des coups réussis. Toutefois, Malraux a su transcender les difficultés du gestionnaire d'occasion qu'il fut parfois. Il a été, pendant une décennie, malgré ses graves problèmes personnels, le ministre du rayonnement français[276].

CHAPITRE V

LE MINISTRE DU RAYONNEMENT CULTUREL

Un homme de l'Histoire est un ferment, une graine. Un marronnier ne ressemble pas à un marron.

André MALRAUX,
Le Miroir des limbes, II, *La Corde et les souris*.

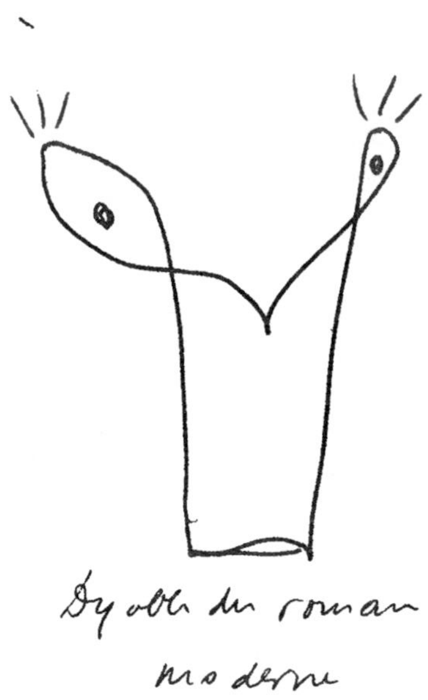

L'INCARNATION DE LA CULTURE FRANÇAISE

Le propre d'André Malraux était de conférer à son amour de la France la forme singulière, parfois déroutante, souvent exaltante, d'un sursaut.

Maurice SCHUMANN,
discours de clôture
du premier colloque
De Gaulle et Malraux,
novembre 1986.

Si André Malraux n'obtient pas la charge de ministre du Rayonnement français et le contrôle à la fois des anciennes directions ou établissements rattachés aux *Beaux-Arts* et d'une partie des services culturels dépendant des *Affaires étrangères,* il est bien essentiellement le ministre du rayonnement culturel de 1958 à 1969. Il l'est à la fois comme guide prestigieux des hôtes étrangers de la France et comme ambassadeur extraordinaire du général de Gaulle auprès des dirigeants des pays où il est reçu. Il a confié aux députés comment, à Versailles, tous ceux qu'il recevait sentaient la métamorphose de la Royauté et de la Révolution : « J'ai vu la reine de Thaïlande faire le geste de la bénédiction bouddhique vers les trous des piques qui crevèrent le portrait de Marie-Antoinette et M. Khrouchtchev rêver sur la dalle du balcon où Louis XVI, devant la clameur du peuple de Paris, pressentit la fin de la monarchie française et peut-être celle des monarchies occidentales[1]. » Les lecteurs des *Antimémoires* sont gratifiés du récit de la première visite d'un président allemand au château de Fontainebleau et du toast ministériel : dans cette salle « où François Ier accueillit l'empereur Charles Quint, je lève mon verre au génie allemand... Chacun ravi — bombance et carillons ! dirait Clappique — et pour quelques minutes (oh ! quelques secondes !) Verdun s'évanouit dans une surprise approbatrice[2]. »

Des missions de rayonnement

En 1958, le ministre délégué a clairement une mission de rayonnement et il doit, notamment en Asie, « mettre en lumière les affinités profondes par lesquelles la France correspond, dans le domaine de l'esprit, avec des pays issus comme elle de civilisations anciennes[3] ». Le général de Gaulle fait savoir aux ambassadeurs qu'il est tout particulièrement qualifié pour faire comprendre le sens profond et la portée véritable du changement de régime en cours[4]. En mai 1961, devenu depuis plus de deux ans ministre d'État, c'est à lui qu'il revient de porter au président du Mali une note du général de Gaulle regrettant ses prises de position hostiles[5]. Dans ses voyages, représentant la France et d'abord son président, Malraux multiplie les discours et les déclarations. Parfois, il énonce des phrases si belles que des journalistes avouent qu'ils ont « de la misère à en saisir le sens[6] » ; mais, au Mexique, on salue le *mas Brillante Embajador Cultural* du Général.

Légendes et réalités, une nouvelle fois mêlées, acquièrent médiatiquement toute leur force. Dès le 15 octobre 1960, le ministre portugais des Affaires étrangères a d'ailleurs désigné le ministre comme le « grand écrivain et poète dans le rêve et l'action[7] ». Les échos de ses paroles et écrits vont se prolonger. En 1980, un ouvrage californien le démontre : en introduction d'un texte sur les musés et galeries de Los Angeles, les auteurs citent Malraux pour avoir dit *que les musées d'art sont les cathédrales de l'Amérique*[8]. Dix-sept ans après le voyage de *La Joconde* dans le nord-est des États-Unis, la manière dont le ministre français a parlé demeure un élément de valorisation d'une publication pour touristes américains : le *label Malraux* demeure une marque de qualité !

Entre 1958 et 1969, la plupart des déplacements ministériels font l'objet d'échos multiples et souvent élogieux tant dans les journaux des pays traversés que dans la presse française, même si l'ombre de la guerre d'Algérie et des conditions du retour au pouvoir des gaullistes pèse sur les années 1958-1962. L'entourage parisien et les ambassades savent diffuser des indications biographiques qui alimentent l'aura révolutionnaire du ministre. Au Mexique, les lecteurs apprennent ainsi que leur visiteur fut l'élève de l'illustre lycée Condorcet et qu'à vingt-deux ans il participait « *activamente en la revolucion de Canton*[9] ». À ses côtés, Madeleine Malraux incarne l'élégance française avec l'aide des grands couturiers : c'est Mademoiselle Chanel qui veille sur la tenue qu'elle porte à Washington pour la soirée de présentation de *Monna Lisa* et qui lui montre comment disposer, sur une de ses célèbres robes noires, le grand collier de perles qui va fasciner Jackie Kennedy[10]. Si son mari est lui aussi parfois subjugué par les épouses des grands de ce monde, il veille à ne pas parler de sujets trop délicats, comme les expériences atomiques françaises[11]. Mais il est l'ardent propagandiste de la Ve République et de la Communauté constituée temporairement avec l'ancienne Afrique française.

Le prophète de la fraternité

Dès le 1er mai 1959, à Ouargla, il évoque le bled saharien où, comme dans le bled marocain, « la France, c'était rarement une femme héroïque coiffée d'un bonnet rouge, c'était presque toujours un homme coiffé d'un képi bleu[12] ». Il y soutient qu'à la prochaine rencontre des Quatre Grands « la France, pour la première fois depuis la Libération, sera redevenue la France ». Il interpelle la lointaine statue parisienne de la République : « Regarde aujourd'hui, de tes aveugles yeux de bronze, ces soldats qui sont les tiens, écoute l'appel fidèle de cette foule française d'Islam perdue dans son désert ! [...] la France redeviendra ce qu'elle fut quand on voyait en elle la générosité du monde ; et que l'on dira d'elle, une fois de plus : À tous les siens, elle a apporté la justice. » Le 25 août suivant, à Brasília, il parle longuement d'architecture et d'art et affirme la volonté française d'effacer les deux frontières infranchissables de la culture : la servitude et la faim. Il évoque à nouveau la Communauté franco-africaine et répète son message athénien du 28 mai : « L'esprit ne connaît pas de nations mineures, il ne connaît que des nations fraternelles — et des vainqueurs sans vaincus. »

André Malraux parle aussi en politique ; en 1959, il demande aux Brésiliens de ne pas faire trébucher la France qui marche *avec une plaie au flanc* et explique aux Argentins que la guerre est inexpiable entre gens qui se vengent. En 1960, il dénonce au Mexique la propagande de la gauche, fabriquée contre le gouvernement, et il complique beaucoup la tâche de ceux qui se veulent ses adversaires. Comment pourraient-ils sérieusement se dire contre des discours qui plaident l'universalité d'une nouvelle civilisation, héritière de la terre entière ? Le ministre soutient calmement que la France, reprenant sa tradition séculaire, ne prétend pas enseigner autre chose que la liberté. Il accepte même de reconnaître la réapparition de la torture dans l'Algérie en guerre, tentant d'expliquer que sa suppression ne saurait se faire par décret mais par la remise aux ordres des armées et par la fin de la guerre[13]. Il observe donc *la discipline du combat, le silence* : il serait toutefois intervenu pour arracher des militants algériens aux camps les plus meurtriers[14]. Pourtant, à la différence d'Edmond Michelet, il n'a jamais parlé torture avec le ministre des Armées[15].

Un anti-Malraux : Sartre

Un an après la tournée ministérielle en Amérique latine, Jean-Paul Sartre décide de se dresser contre Malraux ; son séjour, du 15 août au 1er novembre 1960, se déroule dans une perspective touristico-politique extrêmement élaborée. Il déclare : « Je veux être au Brésil l'anti-Malraux, pour effacer ce que celui-ci y a fait en mettant la culture française au service de la guerre d'Algérie[16]. » Il rencontre à Copacabana le délégué algérien du Front de libération nationale et constate qu'ils sont parfaitement d'accord[17]. Il incite les syndicats à militer pour l'indépendance algérienne ; ses contre-feux sont d'une veine incendiaire, sans doute parce que le procès Jeanson se déroule alors à Paris. Ni Edmond Michelet ni André Malraux, cités par la défense, ne viennent devant le tribunal où Me Vergès, adepte des défenses de rupture, dénonce « l'ancien terroriste Malraux[18] ». *Rivarol* se déchaîne contre « le camp des fellaghas de langue française[19] » avant que Me Roland Dumas ne lise, le 20 septembre, une lettre qu'il attribue à Sartre : daté du 16, ce courrier énonce que les accusés représentent « l'avenir de la

France alors que le pouvoir qui s'apprête à les juger ne représente déjà plus rien ». Sous la protection de l'écrivain majeur de l'antigaullisme, les *porteurs de valises* qui aident les réseaux du FLN sont félicités parce qu'ils permettent à la gauche de se préparer « à l'inévitable épreuve de force avec l'armée, ajournée depuis mai 1958[20] ». Si, à partir des 22 et 29 septembre 1960, des ordonnances préparées par Michel Debré organisent une répression des signataires du *Manifeste des 121* soutenant les partisans d'une Algérie indépendante, André Malraux confie à Roland Dumas que, pour éviter tout impair, « mieux vaut laisser Sartre crier "Vive le F.L.N." sur la place de la Concorde[21] ». Lancées depuis l'hémisphère Sud, les remontrances sartriennes rencontrent de toute façon moins d'échos. Quant à Charles de Gaulle, sa position est claire ; il pardonne à Voltaire, pas aux serviteurs de l'État[22]. Vrai libéral qui va décider d'un processus d'autodétermination en Algérie[23], il fait déclarer à la fin d'un Conseil des ministres : « Il n'en est pas moins indispensable que la liberté de penser et d'expression des intellectuels demeure respectée dans toute la mesure compatible avec l'obéissance aux lois de l'État et avec le souci de l'unité de la nation[24]. »

S'érigeant sans risques en contre-ministre de la Culture, Sartre poursuit sa tournée de propagande antigaulliste organisée par tout ce que le Brésil comptait à la gauche et à l'extrême gauche de son échiquier politique. Son voyage est point par point, et rigoureusement, l'antithèse de celui de Malraux ; il cherche à sabrer haut et fort, à attaquer et à pourfendre tout ce qui peut porter l'étiquette de « gaulliste ». Il affirme même à Rio : « De Gaulle est un mystificateur. Malraux est ministre du roi et non ministre. D'ailleurs la culture n'a pas besoin de ministre[25]. » La figure de Malraux hante tellement le *pape de l'existentialisme* qu'en rentrant par Barcelone il y improvise des commentaires sur les fresques catalanes qui font penser à des visiteurs qu'il est un guide du musée[26] ! Mais, en la matière, Malraux a des années d'avance et la façon dont il inaugure les expositions ou traverse les salles des musées, tant français qu'étrangers, subjugue la plupart des personnes qui l'y rencontrent. Jeune romancier et mari d'une peintre, François Nourissier l'a décrit *balayant les murs de son œil baudelairien, la cornée blanche en croissant sous la pupille, reniflant, rapide, tête baissée, esquissant le geste, doigt levé, dont il soulignerait le commentaire fulgurant ou narquois qu'appelaient, selon lui, des œuvres dont on se demandait quand et comment il avait pu les apercevoir*[27].

Les voyages à l'étranger d'André Malraux

Avant la fin de la guerre d'Algérie, ils comportent successivement :

— en 1958, des visites en Iran (à Téhéran du 22 au 26 novembre), en Inde (du 27 novembre jusqu'au 7 décembre), au Japon (du 8 au 14 décembre) ;

— en 1959, un déplacement en Grèce (à Athènes, les 28 et 29 mai pour la première illumination de l'Acropole) et son circuit en Amérique du Sud : en trois semaines, du 23 août au 13 septembre, il passe du Brésil (24-28 août) au Pérou (29 août-2 septembre), puis au Chili (3-5 septembre), en Argentine (6-9 septembre) et en Uruguay (10-12 septembre) ;

— en 1960, l'inauguration à Tokyo de la Maison franco-japonaise (22 février), un circuit mexicain (3/15 avril), une tournée en Afrique francophone pendant le mois d'août où il participe aux fêtes d'indépendance des nouveaux États (au Tchad du 10 au 12, en Centrafrique le 13, au Congo les 14 et 15, au Gabon du 16 au 18) ;

— en 1961, un déplacement au Mali (2/4 mai) et, après la mort de Gauthier et Vincent, ses deux fils tués sur une route bourguignonne le 23 mai, un séjour privé en Suisse pendant l'été.

À Fort-Lamy, il avait salué dans le Tchad « une libre République de la Communauté » mais rappelé que « l'histoire des États faibles a toujours été celle des nations condamnées », d'où son espoir d'une Communauté forte[28]. Libéré intellectuellement par la fin de la guerre d'Algérie, le ministre peut se féliciter à New York, le 15 mai 1962, de l'indépendance de douze États africains : *j'ai dressé dans la mienne la main africaine du président du Congo et une clameur fraternelle a reconnu le drapeau vivant de la Communauté.* Il ajoute que l'indépendance algérienne a été un choix de justice et que la fin de la guerre est une date historique « parce que cette guerre mettait en question l'image que, depuis près de deux siècles, le monde se faisait de la France et que la France se fait d'elle-même[29] ». Avec ce voyage dans le nord-est des États-Unis d'Amérique du Nord (14-20 mai 1962), les déplacements ministériels reprennent qui vont comprendre[30] :

— en 1963, le voyage d'escorte de *La Joconde* à Washington (janvier), un séjour privé en Suisse, des visites en Finlande (15-17 septembre) et au Québec (13-18 octobre) ;

— en 1964, deux voyages (au Maroc et au Mexique) ainsi que deux séjours privés en Suisse (Pâques et été) ;

— en 1965, la croisière afro-asiatique qui part le 22 juin et s'achève le 15 août après qu'André Malraux s'est rendu tour à tour en Égypte (26-27 juin), en Somalie (30 juin), au Pakistan et en Inde (à Karachi le 4 juillet et à Bombay le 6), à Ceylan (les 8 et 9, dans la capitale Colombo), en Indonésie (à Singapour du 13 au 15), à Hong Kong (les 16 et 17), en République populaire de Chine (du 19 juillet au 7 août), en Inde *via* Hong Kong (du 8 au 12 août) et en Iran (à Téhéran, les 13 et 14 août) ;

— en février 1966, un déplacement vers l'Amérique latine qui permet au ministre de circuler au Mexique et au Guatemala[31] ; il y est reçu notamment par le colonel Chinchilla, ministre de l'Éducation, pour des « entretiens politiques et culturels[32] ».

Des déplacements culturels et politiques

Avant d'inaugurer le premier Festival d'arts nègres à Dakar, André Malraux a affirmé la France comme « élément d'unité entre les diverses forces de la latinité » et s'est payé le luxe de lancer que Castro aurait mieux fait de parler de l'impérialisme français avant la fin de la guerre d'Algérie et les indépendances africaines... Il séjourne en Égypte du 21 au 27 mars 1966 mais la dégradation de sa santé y devient un élément d'information. *L'Observateur du Moyen-Orient et de l'Afrique* du 18 mars avait signalé que sa visite n'aurait « aucun aspect politique » mais avait ajouté ses conjectures : « Les Égyptiens résisteront-ils à la tentation d'exposer certaines thèses à l'homme que l'on considère, à juste titre, comme l'un des confidents les plus intimes du général de Gaulle ? » Ce genre d'extrapolations ne gêne pas Malraux qui, à Mexico, a évoqué, devant la presse, la guerre du Vietnam qui s'envenimait[33]. Le président de la République, conscient de l'impact qu'a eu le voyage à Pékin de 1965, a d'ailleurs annoncé au président Nasser : « M. André Malraux ne manquera pas d'exposer les vues françaises sur les problèmes qui sont d'intérêt commun pour nos deux pays. Je vous demande de l'accueillir afin de nous ménager les avantages que nous pouvons attendre d'une information réciproque franche et directe[34]. » Le 5 avril 1966, une double page de *Paris-Match*[35] insiste sur l'altération de la santé ministérielle, sous le titre « De la vallée des Reines à celle des Rois, LA FATIGUE DE MALRAUX ». Cet écho, l'investissement croissant du ministre dans ses travaux d'écrivain et la nécessité de doser plus précisément ses traitements médicamenteux entraînent l'annulation d'un voyage en Israël. Ensuite, de 1967 à 1969, il n'y a plus chaque année qu'un voyage à l'étranger :

— en 1967, le déplacement officiel répertorié concerne la Grande-Bretagne, en novembre, pour l'inauguration de la Maison française d'Oxford et la remise d'un *doctorat honoris causa* de l'université ;

— en 1968, André Malraux parcourt quelques villes d'URSS au mois de mars ;

— en 1969, le ministre se rend au Niger en février, quatre mois avant de cesser ses fonctions de ministre d'État. Le départ du général de Gaulle le conduit à différer un projet de voyage en Yougoslavie et en Roumanie[36]. Au début de l'année, il a renoncé aussi à sa deuxième possibilité de se rendre en Israël : « Les obligations de ma charge gouvernementale me privent de toute liberté de quitter Paris au moment où doit avoir lieu la cérémonie de pose de la première pierre de la maison de France à l'université de Jérusalem[37]. »

Les retombées des voyages officiels de Malraux ministre

Elles sont diverses mais, avant d'examiner leurs échos médiatiques, il convient de noter qu'elles ont, pour principales conséquences, l'organisation d'expositions, soit françaises à l'étranger, soit étrangères en France. En novembre 1964, le ministre souligne que les œuvres françaises à l'étranger et étrangères en France ont été vues, cette année-là, par sept millions de personnes alors qu'elles n'avaient intéressé qu'un peu plus de 600 000 visiteurs en 1957[38]. Le saut quantitatif est évident mais les Affaires étrangères demandent qu'on n'oublie pas que ces échanges étaient une tradition ancienne inscrite dans tous les protocoles diplomatiques. L'Association française d'action artistique (AFAA) avait été fondée dès 1922 et, au Quai d'Orsay, un service des œuvres avait été dirigé, à la fin des années trente, par un médiéviste distingué, Jean-Philippe Marx, qui avait eu comme collaboratrice Suzanne Borel[39]. Si l'AFAA est vice-présidée par Jacques Jaujard, secrétaire général du ministère des Affaires culturelles, la participation financière des Affaires étrangères y est déterminante. Président de l'AFAA à titre personnel en 1967, Jacques Jaujard est d'ailleurs remplacé à sa mort par Louis Joxe, ambassadeur de France et ancien ministre, parce que Michel Debré apprécie ses affinités avec le ministère des Affaires étrangères et considère que l'AFAA « joue le rôle d'organisme d'exécution » du Quai d'Orsay pour l'action artistique[40]. Le successeur de M. Couve de Murville reste sur la ligne qui était la sienne quand il était chef du gouvernement.

Au demeurant, dès 1963, la contribution des Affaires étrangères dépassait les 5/6e du budget de l'AFAA, atteignant 525 millions de francs pour l'organisation des manifestations résultant des accords culturels. Les cent millions de francs pris alors sur les crédits de la rue de Valois sont, eux, « destinés à l'organisation des expositions particulièrement importantes résultant des voyages officiels accomplis à l'étranger par M. André Malraux, expositions dont les frais d'organisation en France ou à l'étranger grèvent trop lourdement le budget traditionnel de l'Action Artistique ». Le Quai d'Orsay s'agace sans doute aussi que le ministre d'État soit présenté comme le « véritable bras droit du Général de Gaulle[41] » ; ses responsables trouvent souvent trop coûteuses les promesses ministérielles même si, au Japon, certains frais sont pris en charge par de grands journaux. Ainsi le quotidien *Asahi Shinbun* est le mécène d'une exposition du Louvre à Tokyo et Kyoto, tandis qu'à Tokyo le *Yorumi Shinbun* finance une présentation des maîtres des arts appliqués français contemporains (tapisserie, vitrail, céramique, émail)[42].

C'est bien dans une perspective d'échanges équilibrés que le ministre souhaite agir puisque, si la France bénéficie des expositions sus-citées et d'une saison de projections de ses films (173 seront projetés en 1962 dans la Film Library de Tokyo), Paris accueillera trois expositions japonaises. Au Japon et au Tchad en 1960, comme en Grèce en 1959, André Malraux parle en ministre gaulliste. À Athènes, il a affirmé que « le problème politique majeur de notre temps, c'est de concilier la justice sociale et la liberté[43] ». À Tokyo, face à la pensée marxiste, *pensée puissante considérable*, il tient pour essentiel « que le monde libre ose enfin savoir qu'il doit fonder sa propre spiritualité » et qu'il énonce la faille fondamentale du marxisme : considérer les domaines de l'esprit comme des superstructures[44].

Les expositions étrangères consécutives aux voyages du ministre

Organisées à Paris, elles furent nombreuses ; leur liste peut s'établir comme suit[45] :

— l'exposition « Trésors d'art de l'Inde » est une retombée des échanges Malraux-Nehru de la fin de l'année 1958 et est inaugurée en présence du général de Gaulle, le 4 avril 1960 ;

— l'exposition « Sept mille ans d'art en Iran », inaugurée par le Shah et le général de Gaulle, le 13 octobre 1961, attire 180 000 visiteurs dont 133 000 payants, à l'automne 1961 ;

— l'exposition « Chefs-d'œuvre de l'art mexicain » se tient, comme les précédentes, au Petit Palais ; elle est inaugurée par le général de Gaulle et André Malraux, le 13 juin 1962 ;

— l'exposition « L'Au-delà dans l'art japonais » s'ouvre à l'automne 1963 dans le même lieu et est suivie, en décembre 1966, au musée du Louvre, d'une seconde exposition nippone qui présente les « Trésors de la peinture japonaise du XIIᵉ au XVIIᵉ siècle » ;

— l'exposition « Toutankhamon et son temps », ouverte de février à octobre 1967, détient le record des visiteurs de la décennie en attirant au Petit Palais plus de 1 240 000 personnes ;

— l'exposition « L'Art russe des Scythes à nos jours » se déroule à l'automne 1967 dans les galeries du Grand Palais, qui viennent d'être ouvertes sous la responsabilité de Reynold Arnould, ancien conservateur du musée du Havre et premier directeur, à ce poste, de l'esquisse d'une maison de la Culture ;

— l'exposition *Arts maya du Guatemala* au Grand Palais, de juin à septembre 1968, est une retombée du voyage de février 1966 et des discussions avec le colonel Chinchilla.

Si l'on compare la liste des déplacements du ministre à cette liste, on note une réelle corrélation surtout en tenant compte des délais d'organisation de ce type d'échanges. Lorsqu'il inaugure à Paris ces grandes expositions étrangères, le ministre laisse parfois transparaître ses obsessions d'écrivain d'art. En avril 1960, il évoque deux Bouddhas de l'exposition indienne comme « l'expression — et le moyen — d'une communion sans égale de l'homme avec le cosmos » et comme éléments du *Trésor artistique de la civilisation mondiale qui commence avec nous*[46]. En février 1967, devant le vice-Premier ministre d'Égypte, également ministre de la Culture, il salue ce pays qui n'a *jamais connu le squelette* et l'incroyable leçon qu'il a su donner sur la vie. Le 23 mai 1967, à la séance inaugurale de l'Académie du monde latin, il rappelle que « le monde dans lequel nous vivons est un monde où l'homme est fort peu maître de lui, et moins encore de l'univers infini, même s'il envoie ses bateaux [*sic*] sur la lune » ; il souligne que « le domaine de l'esprit ne connaît pas d'autre force supranationale que l'adhésion des hommes[47] ». À Oxford, le 18 novembre suivant, il assure que « ce qui est le plus puissant à travers la télévision, à travers le cinéma, ce sont les puissances organiques du sexe et du sang » et poursuit : « Or la seule chose — et nous ne l'avions pas prévue — la seule chose qui compte en face des démons du sang, ce sont les paroles immortelles[48]. »

Les discours aux étrangers

Même si l'originalité des fonctions du ministre d'État n'est pas toujours perçue comme l'illustre le titre de *ministre de la Culture et des Arts* par lequel le désigne le ministre portugais des Affaires étrangères[49], Malraux ne peut en vouloir à ses interlocuteurs. Lui-même, à Athènes, le 28 mai 1959, a parlé du mot si confus de culture avant de préciser qu'il recouvrait « l'ensemble des créations de l'art et de l'esprit ». Affirmant alors que c'était un grand honneur que de parler devant l'Acropole, même au nom de la France, en ajoutant : au nom de la France, c'est un grand honneur fraternel, André Malraux a reconnu à la Grèce *la gloire d'avoir fait de la culture un moyen majeur de formation de l'homme*. Si l'ambassadeur de France qualifia le lancement du « Son et lumière » de l'Acropole comme « l'événement le plus important qui ait marqué les relations franco-helléniques depuis la guerre[50] », l'accueil des Grecs fut assez critique. La presse de gauche et centriste accusa le spectacle de profaner l'Acropole ; la société littéraire hellénique considérait cette commercialisation comme inadaptée. Le 1er juillet suivant, un article dénonça les frivoles effusions littéraires du ministre français : « La civilisation grecque a une lucidité spirituelle telle qu'elle n'entretient aucune relation avec les civilisations "hantées" et apocryphes de l'Égypte et de l'Inde[51]. » Dès 1960, Simone de Beauvoir relayait les critiques des conservateurs grecs évoquant une humiliation pareille à celle ressentie lorsque les nazis mirent le pied sur l'Acropole ! D'un ton acerbe, elle déplorait qu'à Paris, Malraux puisse chasser de la Comédie-Française Labiche et Feydeau tandis qu'il couvrait à Athènes « par des discours élevés les combines de la maison Philips » éclairant l'Acropole *au désespoir des Grecs*[52]. En 1972, Jérôme Peignot l'interpellait encore sur ce son et lumière : un homme du monde ne fait pas ça, même s'il s'agit d'éblouir les jeunes ménages en voyage de noces sur l'Acropole[53].

Les déplacements du ministre à l'étranger suscitent cependant en général des échos positifs. Ses dix jours au Mexique en 1964 suscitent localement 102 articles de presse, dont seuls six sont défavorables. Il est vrai que les autorités et les médias s'y félicitent qu'André Malraux veuille effacer les palmarès du XIXe siècle et qu'il proclame hautement : « Par son art, le Mexique figure au premier rang du Musée imaginaire de l'humanité. Avant dix ans, il sera familier à toutes les maisons de la Culture de France, c'est-à-dire, la télévision aidant, à toute la jeunesse française. » En 1966, à Dakar, ses auditeurs apprécient qu'il salue dans l'Afrique « sa volonté de rythme et sa puissance pathétique ». Même s'ils s'interrogent sans doute pour savoir en quoi *le génie africain est en partie organique*, ils l'applaudissent quand ils l'entendent affirmer que le président Senghor a pris dans ses mains périssables le destin spirituel d'un continent et qu'une culture, c'est d'abord l'attitude fondamentale d'un peuple en face de l'univers[54].

Les tournées de la Vénus de Milo *et de* La Joconde

Pour les prêts d'œuvres majeures susceptibles de sortir des musées nationaux, ces voyages de la *Vénus de Milo* au Japon et de *La Joconde* aux États-Unis sont hors de pair. D'avril à juin 1964, la *Vénus* est présentée à Tokyo, au musée d'Art occidental puis à Kyoto. Le ministre voit dans le succès de l'exposition une *manifestation du génie français* et il oppose l'unique médaille d'or française obtenue aux jeux Olympiques à la médaille de diamant que représente la foule de quatre millions de Japonais venue pendant quatre mois « pour aller voir le drapeau français placé derrière cette statue[55] ».

Douze ans auparavant, c'est pendant le premier voyage officiel de Malraux à Washington, en mai 1962, qu'était née l'idée du prêt du tableau le plus connu de Léonard de Vinci dont le mécène incontesté fut François Ier, roi de France. Dans la National Gallery, les journalistes avaient vu le ministre prendre la direction de la visite, expliquant les œuvres aux dirigeants du musée et à la femme du Président américain ! Jackie avait reçu un bijou dessiné par Braque, Malraux veillant à ce que les fabricants du bijou n'en fassent pas un argument publicitaire[56]. Charmeuse, la Présidente avait approuvé la suggestion d'un *reporter* du *Washington Post* : que *Monna Lisa* soit présentée aux Américains[57]. Le 14 décembre suivant, *La Joconde* occupait la cabine de première classe M-79 du paquebot *France* dans une caisse d'aluminium hermétique, matelassée, à température et hygrométrie contrôlées — 18° Celsius et taux d'humidité de 50 %. Après un transport routier dans un camion équipé d'amortisseurs d'ambulance, le tableau fut montré aux 2 000 invités du président Kennedy dans ce que

Malraux appela « la plus étrange démonstration de snobisme jamais vue ». Ce fut l'occasion, pour John Kennedy, de saluer la France, première puissance artistique mondiale ayant soigneusement maintenu son tableau « sous contrôle français ».

Dans la cohue, un observateur joue les impertinents : « Personne en dessous d'un mètre quatre-vingt-quatre n'a eu la possibilité de voir la toile. Personne, d'ailleurs, au-dessus d'un mètre quatre-vingt-cinq, ne pouvait voir grand-chose non plus, car les *cameramen* de la télévision avaient braqué leurs projecteurs de telle façon que les reflets illuminaient son pare-brise protecteur comme un héliographe[58]. » Cependant, à Washington, 674 000 visiteurs se bousculent, 27 jours durant, pour apercevoir gratuitement le célèbre sourire, leurs files accréditant comme une vérité « l'idée d'une curatelle française sur le patrimoine culturel occidental[59] ». C'est en vain que le président du Conseil italien Amintore Fanfani explique aux journalistes, quelques semaines après l'ouverture de l'exposition, que le peintre de *Monna Lisa* était italien ; son nationalisme rétroactif est d'autant plus aisément vaincu que c'est bien le mécénat royal français qui avait fait vivre Léonard de Vinci. Le 8 janvier 1963, le ministre français avait été salué par le Président américain comme « un écrivain, un philosophe, un homme d'État et un soldat[60] ». Le lendemain, les mots d'André Malraux — peu audibles mais bien retranscrits — vont frapper le public, à propos des risques réels mais exagérés encourus par l'illustre panneau de peuplier : « Les risques pris par les garçons qui débarquèrent un jour en Normandie — sans parler de ceux qui les avaient précédés vingt-cinq ans plus tôt — étaient bien plus certains. Au plus humble d'entre eux, qui m'écoute peut-être, je tiens à dire, sans élever la voix, que le chef-d'œuvre auquel vous rendez ce soir, Monsieur le Président, un hommage historique, est un tableau qu'il a sauvé. »

La force de frappe artistique française

Elle déplace en un mois, dans la galerie nationale américaine, l'équivalent de son public d'un semestre. À l'époque, la vraie force de frappe atomique française en cours de constitution fait l'objet d'articles critiques outre-Atlantique car, le 9 janvier, une dépêche AFP a annoncé que les expérimentations d'une bombe H française commenceraient dans le Pacifique avant 1965. En France, une caricature de Jean Effel montre Malraux présentant à Kennedy un tableau où *La Joconde* est devenue squelette, avec ce commentaire ministériel fictif : *Symbole de notre rénovation : la jeune radiation atomique a épousé le vieux rayonnement culturel* ! Tandis que son collègue ministre des Armées annonce, le 25, la fabrication en série des *bombes A*, Malraux déplore que les journaux français aient battu tous les records d'erreurs en rendant compte de son déplacement. La presse américaine reste assez louangeuse[61], surtout quand le succès de l'exposition à Washington s'accroît pendant la présentation à New York. Le carton d'invitation au dîner d'ouverture organisé par l'ambassadeur de France Hervé Alphand a précisé que le tableau est « prêté par le Gouvernement de la République Française au Président des États-Unis et au Peuple américain ». 1 077 521 personnes viennent admirer *Monna Lisa* au Metropolitan Museum, du 6 février au 4 mars 1963. En moins de deux mois, 1 751 521 personnes ont donc contemplé gratuitement le chef-d'œuvre de Vinci. Et même si André Malraux a formellement refusé que le tableau soit aussi présenté à Chicago et San Francisco[62], sa découverte a provoqué « un séisme esthétique dans l'esprit de beaucoup de gens ». John Walker, de la National Gallery, explique à l'époque que le nombre des visiteurs a dépassé le chiffre de spectateurs de n'importe quel match de football américain, partie de boxe ou finale de championnat de base-ball et que leur *impulsion vers la beauté a été stimulée.*

Ce périple romanesque fut plus tard l'occasion pour l'écrivain de dépeindre « la foule de Washington, les négresses en vison qui tenaient leurs petites filles à couettes devant la Grande Icône », les queues à New York dès 6 heures du matin et le garçon de vingt ans avec un chien caché dans sa canadienne pour que « Foxy soit le seul chien au monde qui ait vu Monna Lisa[63] ». Cela ne changea évidemment pas l'hostilité gaullienne à la domination américaine sur l'OTAN et à un emploi contrôlé des fusées Polaris — il venait d'être accepté par les Britanniques à la conférence de Nassau. Malraux avait soutenu devant l'ambassadeur de France qu'il allait exposer les positions diplomatiques françaises, parce qu'il ne déplaisait pas au général de Gaulle « d'envoyer ses tanks, c'est-à-dire nous-mêmes, et de les faire incendier pour éclairer sa route[64] ». L'obsession des tanks qui reparaît alors est du pur Malraux, qui regrette toujours que son entraînement de 1940 ne lui ait pas donné le temps de combattre dans un char. Il est loin des réalités des voies diplomatiques que le président de la République française emploie à l'époque, secondé par Maurice Couve de Murville. Cependant, l'épouse de l'ambassadeur a affirmé que le ministre « sut préparer le terrain et faire comprendre à Kennedy que les relations franco-américaines allaient aborder une période de sérieuses turbulences[65] ». Mais, comme le Président américain, après avoir affirmé sa volonté de développer son « propre arsenal artistique indépendant », avait fait publiquement son éloge, Charles de Gaulle conclut : « Nous nous détachons des Américains tout en restant bons amis. L'amitié demeure, comme le montre le voyage de Malraux[66]. » Quand le tableau regagne Paris, le Président remercie d'un courrier son homologue américain :

« Au moment où *La Joconde* reprend sa place au musée du Louvre, parée d'une gloire nouvelle, je suis touché que vous me fassiez part personnellement de la gratitude du peuple américain [...]. En confiant à vos musées son œuvre d'art la plus fameuse, le peuple français avait eu le sentiment de marquer une prédilection. Dans l'intelligence de leur cœur, vos compatriotes ne s'y sont pas trompés et c'est là pour tous les Français une satisfaction d'un très haut prix[67]. »

Malraux accompagne un dernier voyage de *La Joconde*, en 1974. Le tableau passe de Paris à Tokyo avant de faire, au retour, une courte escale à Moscou. C'est toujours au grand dam des conservateurs, inquiets pour la fragilité du panneau de peuplier supportant la peinture. Ils restent réticents devant ce type de déplacement spectaculaire et applaudissent les réserves des critiques d'art : *Qu'apportait une station devant* La Joconde *— après une nuit entière de queue — à un Japonais dont la connaissance de la Renaissance italienne se limite aux innombrables Monna Lisa qui ont souri durant des mois sur les murs de Tokyo avant l'arrivée du tableau ? La présentation des chefs-d'œuvre veut frapper le public, mais qui se soucie de l'amener à une connaissance plus claire, à une compréhension plus profonde*[68] *?* Le dilemme éducation artistique pour faire connaître/mise en présence de l'œuvre pour faire aimer persiste alors. Même s'il sait qu'aux États-Unis la station des visiteurs devant Monna Lisa était limitée à 12 secondes, l'auteur du *Musée imaginaire*, métamorphosé en ministre, entend poursuivre sa mission, faire aimer !

La grande croisière asiatique

Les échos médiatiques des déplacements du ministre d'État chargé des Affaires culturelles ont eu un second temps fort après la croisière américaine de *La Joconde*, ses mystérieux dialogues avec les dirigeants chinois. Là encore, Malraux a largement dépassé les habitués du café de Flore. En effet, si la visite de Sartre au maître de la Chine populaire a précédé de neuf ans la reconnaissance diplomatique du régime par la France et de dix ans le voyage improvisé de 1965, Simone de Beauvoir et Sartre ont salué Mao « sans qu'aucune parole soit dite[69] ». En 1964, quand les relations diplomatiques avaient été rétablies entre Paris et Pékin, Malraux avait opiné ; tout en restant, selon le porte-parole du gouvernement, « énigmatique à son ordinaire », il avait demandé : « Pour parler de quoi ? Nous assistons à la naissance de la troisième puissance nucléaire en dehors des deux grands. Les conséquences de ce phénomène, le plus important depuis vingt ans, sont devant nous[70]. »

Malraux possède toujours art des questions et sens des opportunités ; ses qualités vont faire merveille dans l'été médiatiquement creux qui précède la première élection présidentielle au suffrage universel. Quelques semaines après la rupture des relations diplomatiques entre Paris et Saigon[71], le déplacement privé du ministre va devenir officiel et fournir à la presse quelques belles occasions de donner libre cours à ses fantasmes. Ils alimenteront jusqu'à des rapports de services spéciaux américains, alors mobilisés par l'autorisation que viennent de recevoir leurs troupes — l'accord du président Johnson pour mener directement des offensives sur le sol vietnamien.

Si, en juin 1965, malgré une dépêche de l'AFP, seul *Le Figaro* annonce l'embarquement ministériel, à Marseille, pour un voyage privé à destination du Japon, les journalistes vont meubler le désert d'août avec la nouvelle expédition asiatique d'André Malraux. Elle n'est improvisée qu'après l'immobilisation du *Cambodge* à Singapour à la suite de son éperonnage par le *Krebsia*, navire hollandais de 18 000 tonnes appartenant à la Shell. *Paris-Presse* titre : « LE MINISTRE POURSUIVRA SES VACANCES EN AVION. Le paquebot de Malraux heurte un pétrolier. » Le passeport diplomatique du ministre ne comportait, à son départ de France, aucun visa chinois ; c'est à Hong Kong qu'il l'obtient pour lui et son accompagnateur Albert Beuret. Ils sont à Canton le 19 et arrivent à Pékin le surlendemain. Le quotidien du parti gaulliste, *La Nation*, est alors assez clair : « Sa visite en Chine a donc un caractère tout à fait fortuit et demeure strictement privée. Cependant, étant donné la personnalité du ministre d'État aux Affaires culturelles, il est tout à fait naturel que M. Malraux mette à profit son séjour pour s'entretenir avec les dirigeants chinois[72]. » À Paris, après le Conseil des ministres, le ministre de l'Information se veut formel : « Il s'agit d'un voyage privé qui n'est pas sans présenter un intérêt d'un point de vue général. Cela n'a aucun rapport avec la conjoncture actuelle dans le Sud-Est asiatique. D'ailleurs, cette conjoncture, à nos yeux, n'ouvre malheureusement pas, à l'heure actuelle, de perspectives favorables. » En reproduisant ce texte, *France-Soir* du 22 juillet titre : « Malraux à Pékin. Aucun rapport avec la situation au Vietnam déclare M. Alain Peyrefitte ».

Malraux, envoyé du Général en Chine

Dans la capitale chinoise, Malraux a déjà parlé à la presse de son espoir de rencontrer les hautes autorités chinoises ; les journaux du 21 ont évoqué sa descente d'avion en présence du ministre-adjoint des Affaires étrangères, M. Teng Yueh-chien. On rapporte des propos du ministre sur une future grande exposition d'art chinois à Paris, montrant ce que la République populaire a fait dans le domaine archéologique, dans la mise en valeur de ses ressources artistiques et dans la création artistique proprement dite. L'ambassade de France à Pékin a obtenu du palais de l'Élysée l'envoi d'une lettre du président de Gaulle, datée du 22 juillet et adressée à Lieou Chao-k'I, président de la République populaire de Chine. Cette missive diplomatique[73] énonce :

> Monsieur le président,
> J'ai chargé M. André Malraux, ministre d'État, d'être auprès de Votre Excellence et du président Mao Tsé-toung l'interprète des sentiments d'amitié du peuple français pour le grand peuple chinois. M. André Malraux se prêtera volontiers à des échanges de vues approfondis sur les grands problèmes qui intéressent la France et la Chine et, par conséquent, l'avenir du monde. J'attache par avance un grand prix aux informations qu'il me rapportera après les avoir, je l'espère, recueillies auprès de vous-même et des dirigeants de la République populaire de Chine. Veuillez agréer, monsieur le Président, les assurances de ma très haute et très cordiale considération.

Ce même 22 juillet, le maréchal Chen Yi, ministre chinois des Affaires étrangères, reçoit Malraux qui évoque naturellement la possibilité d'une exposition d'art chinois à Paris. L'échange de propos sur le Vietnam est circonspect, même si les Américains de la Central Intelligence Agency croient savoir les Français « engagés dans un effort exploratoire à long terme[74] ». S'ils ignorent ce que dit la CIA, les journalistes français n'en conjecturent pas moins avec allégresse sur les entretiens de l'ancien révolutionnaire avec « les actuels dirigeants de l'ancien Empire du Milieu ». Le ministre français de l'Information commence à faire évoluer ses déclarations. Alain Peyrefitte laisse en effet *Paris-Presse* rapporter, le 23, ces mots sibyllins : « L'ampleur de l'esprit de M. Malraux et son expérience passée le prédisposent à prendre des contacts qui peuvent contribuer utilement à l'information des deux pays. »

Un rendez-vous surprise longtemps attendu

Combat n'hésite pas à titrer « Vietnam. Malraux tente sa chance à Pékin » : « Il y a tout lieu de croire que cette visite imprévue ne l'était que pour les non-initiés, qu'elle a été au contraire soigneusement préparée et que le principal sujet des conversations sera le conflit vietnamien. » *Paris-Presse* renchérit sur « Le rendez-vous surprise de Malraux à Pékin. Tenue secrète, cette visite officielle semble très importante ». *L'Aurore* ne craint pas d'annoncer : le ministre itinérant accomplit une mission très précise, demander des comptes sur l'indifférence absolue manifestée par la Chine à l'égard de la France depuis la reconnaissance du 27 janvier 1964[75]. Pythonisse des radios françaises depuis l'entre-deux-guerres, Geneviève Tabouis énonce quant à elle : « Le ministre français doit user de son prestige qui est grand et de ses relations qui sont multiples à Pékin pour sonder au moins les dirigeants chinois sur l'idée d'une conférence internationale traitant de tous les problèmes de l'Extrême-Orient dont Formose. » À l'occasion d'un long article traitant d'une nouvelle Internationale communiste, Georges Andersen affirme[76] : la mission de M. André Malraux à Pékin est par conséquent diplomatiquement et chronologiquement bien justifiée ; pour le Vietnam, des négociations pourraient s'engager dès l'automne.

Les journaux s'en donnent à cœur joie, quelles que soient leurs tendances. Pour *France-Observateur*, tout devient clair[77] : Malraux a gardé de son passé aventureux le goût du mystère et l'ami de Borodine a parcouru bien du chemin ! Pour *Témoignage chrétien*, « l'ancien lieutenant des Brigades internationales en Espagne a retrouvé, en foulant le sol chinois, les hardiesses de l'auteur de *L'Espoir* ». À droite, *Aux écoutes* titre « André Malraux est-il toujours membre du PC chinois ? » et dénonce le fait qu'il soit congratulé par les chefs communistes de Pékin comme ancien membre du PC chinois clandestin et insurrectionnel. Les vieilles légendes refleurissent qui énoncent : si le ministre n'a jamais été membre des PC français ou espagnol, « il fut membre du PC chinois, au cours des années 1927-1929. Il assista alors aux combats de rue de Canton et de Shanghai, d'où il tira la substance de plusieurs de ses romans »...

Pendant que commence à s'écrire, sans qu'il y prête encore sa plume, une nouvelle page de sa légende, André Malraux visite la maison natale du président Mao et voyage dans le nord-est de la Chine ; il attend plus d'une semaine sa rencontre au sommet. Les membres de l'ambassade de France, ses seuls interlocuteurs initiaux, s'inquiètent moins. Mais le général Guillermaz, attaché militaire, consigne les banalités ministérielles : « La Chine d'aujourd'hui, c'est la Chine des Han plus le marxisme[78]. » On ne s'étonne pas dès lors que la sténographie officielle de l'audience avec le président Mao, le 3 août, témoigne d'échanges essentiellement protocolaires. Toutefois, là encore, ses échos médiatiques vont dépasser les prévisions puisque la presse continue sur la lancée de ses spéculations de la dernière décade de juillet. Dès le 3, *Combat* invite à scruter une phrase sur l'envahisseur puissant combattant « en des lieux où il n'aurait pas dû se trouver ». Le cabinet du ministre s'émeut alors d'un article du *New York Herald* évoquant l'ordre donné à Malraux par le général de Gaulle de rentrer directement à Paris avant de comprendre que c'est le correspondant à Pékin de l'agence United Press qui a exprimé ce souhait[79] !

La rencontre avec Mao

Le 4 août, l'Agence France Presse diffuse de Pékin un texte de près de deux pages dactylographiées ; son rédacteur y affirme que Malraux l'a mis en garde, dès le 20 juillet, à propos des rumeurs auxquelles son arrivée allait donner naissance. Le ministre disait ne venir à Pékin que « pour suivre et élargir le dialogue ouvert avec la reconnaissance de la Chine populaire ». L'AFP alimente toutefois les rumeurs en disant que c'est à cause de l'échange de vues approfondi que la visite est liée aux grands problèmes de l'heure : Vietnam, Sud-Est asiatique, Nations unies, conflit sino-soviétique. La dépêche affirme que l'échange a été plus loin que ce que Malraux avait envisagé à propos de l'exposition d'art chinois projetée à Paris, « capitale pour l'action du dialogue Chine-Occident ». Le ministre quitte Pékin avec les éléments qui lui permettront de transmettre au général de Gaulle « la philosophie et les lignes de force de l'action chinoise ».

Les bases de la légende sont posées. Se référant à des dépêches de l'AFP et de Reuter reprenant des informations de l'agence Chine nouvelle, *Le Monde* annonce la rencontre avec Mao et reprend des propos du ministre dans un banquet officiel : la célèbre Longue Marche et le combat du peuple chinois servent d'exemple à toute l'humanité[80]. Le 5, sur Europe nº 1, à 7 heures, Jean-Claude Dejay annonce : « M. Malraux était bien en définitive chargé d'une mission d'exploration à Pékin. Le ministre a constaté que la position de Pékin sur le problème vietnamien restait très dure, mais il a cependant la conviction que, par l'intermédiaire de la France, un dialogue est possible entre la Chine et l'Occident. » À 7 h 30, ce même 5 août, Radio-Luxembourg ne craint pas de dire que, mandaté par le général de Gaulle, André Malraux a pris une initiative pour arrêter la guerre du Vietnam et que le Président pourrait utiliser ses informations dans sa conférence de presse au mois de septembre. Une voix dissonante s'élève le 9, dans *Le Figaro* ; l'ancien ambassadeur à Berlin André François-Poncet publie un avertissement anticommuniste[81]. Comparant Mao à Mussolini et Hitler, il évoque le sort tragique des populations du Tibet, et le fanatisme nationaliste chinois qui pourrait menacer les Indiens, les Birmans et d'autres peuples du Sud-Est asiatique ; sa conclusion est pro-américaine : « Il serait fâcheux et douloureux que la politique française réservât, par inimitié systématique à l'égard des États-Unis, toutes ses sympathies à la Chine communiste, ennemie-née de l'Occident. »

Un rendez-vous métamorphosé

Le 6 août, dans *Paris-Jour*, Geneviève Tabouis répète que ce voyage était loin d'être improvisé mais que la situation n'est pas mûre, du fait à la fois du Vietcong, de Hanoï, de Pékin et de Washington. Le 11, Olivier Todd glorifie, dans *Le Nouvel Observateur*[82], le Marco Polo de la diplomatie gaulliste et un de ses confrères n'hésite pas à surenchérir : « Le beau jeune homme qui triomphe de toutes les adversités, c'est notre poète-ministre[83]. » O. Todd soutient que le ministre a rencontré durant sept heures les quatre grands du régime chinois et obtenu un triomphe diplomatique. À l'extrême droite, le 12, *Aux écoutes* dénonce le faux impromptu de Pékin, les instructions de De Gaulle à Malraux bien avant de prendre son vol ; c'est sans doute *Le Hollandais volant*, indique — sur la coupure de presse mise de côté pour le ministre — son copain Marcel Brandin, car lui sait bien que la croisière navale n'avait aucun but politique.

RED CHINA — *The Mysterious Visitor* : sous ce titre du 13 août, *Time* pose la question de savoir si la lettre de De Gaulle pour Mao était dans la poche du ministre avant son départ et croit utile de soutenir que Malraux avait un bureau à Canton dans les années 1925-1926 ! Pour les journaux, il est impossible que les conversations se soient passées dans des débats sur la peinture non figurative. *L'Aurore* assure qu'en tout cas Malraux n'était pas en Chine en voyage privé, comme il le prétendait. À gauche, *Le Nouvel Observateur* du 24 fait sa couverture sur « Le secret du rapport Malraux » et Claude Krief annonce qu'on y trouve peut-être le bout du fil d'Ariane qui permettra d'aboutir à un règlement vietnamien passant par le retour de la Chine au Conseil de sécurité de l'ONU. Selon *Aux écoutes*, le Général a plus appris du récit de son ami qu'en lisant des kilogrammes de rapports mais il lui a ordonné : *Pas de confession publique !* Le mystère peut donc durer puisque, même en Conseil des ministres, tout n'a pas été révélé.

Cet emballement ne correspond pas à la réalité de la rencontre avec Mao, qui a duré seulement une heure, le temps des traductions étant compris. Le bulletin d'information de l'ambassade de Chine en France a d'ailleurs consacré moins de deux feuillets aux réceptions de Malraux par les dirigeants chinois pour conclure que sa visite « aiderait au développement ultérieur des relations existant entre les deux pays et à la promotion de l'amitié et de la compréhension entre les deux peuples[84] ». Mais le ministre-écrivain va savoir métamorphoser ce rendez-vous dans le cadre de ses *Antimémoires* qu'il vient à peine de commencer. Même si le ministre indien de l'Éducation se fait un devoir d'adresser à son collègue français quelques photos de sa visite à Bénarès[85], le retour par l'Inde va s'effacer des mémoires, d'autant plus que le livre de 1967 évoquera un retour fictif par le pôle, peut-être parce qu'il donne l'occasion à l'homme de lettres d'écrire qu'à l'instar de Philéas Fogg, le héros de Jules Verne, il aura rajeuni d'un jour[86].

André Malraux a voulu oublier son discours à l'Académie

sanscrite de Bénarès, les « dieux sculptés dans les montagnes, dont les yeux regardent distraitement passer ce qui fut l'idéalisation du monde ». Il y avait pourtant salué « l'immense interrogation de la vie que l'Inde apporta au monde » mais ne se sentait plus inspiré par l'élaboration d'une première civilisation mondiale à travers tant d'obstacles et de sang[87]. Pour le ministre qui, à son départ de France, ne supportait plus de vivre et gardait sur son bureau le dernier livre de son ami suicidé Drieu la Rochelle, le retour à l'écriture va permettre le tout début d'une lente émergence de son « état dépressif profond[88] ». L'écrivain va ressusciter l'individu, au prix notamment de diverses absences du ministre dans l'action. L'homme de lettres va créer un grand dialogue avec Mao. Issu d'une providentielle infortune de mer, ce temps fort de son livre sera le point central sur lequel, deux ans plus tard, les médias focaliseront leurs prépublications alors même que les débuts de la Révolution culturelle chinoise auront remis le régime maoïste au premier plan de l'actualité.

L'HOMME DE LETTRES RESSUSCITÉ

> *Dans les* Antimémoires, *on ne distingue jamais le vrai du faux, il ne tient pas à ce qu'on l'y reconnaisse, et il ne le reconnaît plus lui-même.*
>
> Marguerite YOURCENAR,
> *Les Yeux ouverts*
> — entretiens avec Mathieu Galey.

En mai 1960, montant les marches du palais du Festival de Cannes, André Malraux est décrit « rapide, précis, direct comme une page de ses livres[89] », mais il n'est plus alors écrivain. En 1963, il laisse même son ami Marcel Brandin écrire à un solliciteur d'article qu'il a renoncé « à toutes activités qui ne dépendraient pas étroitement de son ministère et par conséquent à son ancienne activité littéraire[90] ». Sa croisière asiatique le rend partiellement à lui-même pendant l'été 1965 et il entreprend, *au large de la Crète*, la rédaction de ce qui va devenir, en deux ans d'intenses méditations, les *Antimémoires*. Il va affirmer en avoir eu l'idée devant les pyramides égyptiennes, au cours de sa première escale ; sous ces auspices pharaoniques, nul doute qu'il espère créer une nouvelle grande œuvre littéraire. La manière dont les médias ont fait écho à ses rencontres chinoises lui permet de replonger dans les délices de la transformation du réel. C'est son principal lien avec la vie à partir de l'été 1965. En septembre 1968, le ministre continuera de faire mettre au secret, dans le coffre-fort de son cabinet, ce qu'il écrit[91] ! Il poursuit alors sa transfiguration des années gaulliennes, dont la première version a été admirée, en juillet 1967, par son Général[92].

L'écriture comme thérapie

En 1966, ses problèmes de santé sont gravissimes et l'écriture fait sûrement partie de sa thérapie personnelle. Il ne cache pas à son vieux collaborateur Pierre Moinot, revenu le servir, son désintérêt pour sa charge de ministre : « Tout ce que je fais m'assomme ! Sauf les *Antimémoires*, tout ce que je fais me tombe des mains[93]. » Au-delà de l'exercice du pouvoir et des déceptions qu'il avait engendrées, la poursuite de sa création littéraire reste sûrement centrale pour Malraux, qui n'avait jamais obtenu la charge d'un très grand ministère et ne pouvait plus espérer succéder à de Gaulle. Le chef de l'État s'accommode de cet investissement en littérature de son ministre favori, d'autant plus qu'il se laisse rassurer par les pieux mensonges que lui prodiguent avec diplomatie les collaborateurs du ministre. Au demeurant, jeune capitaine, Charles de Gaulle trouvait déjà qu'il ne fallait pas trop se pencher sur la vie des grands écrivains. Il notait, à propos de Verlaine : *Pourquoi tourner et retourner les histoires de la vie des grands écrivains ? Ils ne comptent pas en personne, c'est leur œuvre qui compte*. Le premier président de la Ve République a toujours considéré que les intellectuels étaient au service d'une cause qui les dépassait. Lorsqu'il avait imposé à Michel Debré de tailler un ministère pour Malraux en lui disant qu'il donnerait du relief au gouvernement, il songeait peut-être aussi qu'au-delà de ce que le ministre ferait de son portefeuille, il y aurait la façon dont l'histoire du gaullisme en serait transfigurée. Sa réaction à la première lecture des *Antimémoires* témoigne qu'il ne fut pas déçu.

Le lancement des Antimémoires

À la veille de ses premiers succès d'écrivain, fort de son expérience de jeune éditeur et des observations tirées de la campagne de presse dont il avait bénéficié après sa première condamnation en Indochine, André Malraux avait confié à sa femme Clara : « Pour atteindre le public, il est bon que quelque chose de plus que l'œuvre lui soit offert, biographie surprenante, notoriété préalable[94]. » En 1967, il n'oublie pas les échos de son périple asiatique de 1965 et les journalistes non plus. À la sortie du livre, c'est donc naturellement le dialogue avec Mao qui fait les gros titres de la presse. Le mensuel d'Emmanuel d'Astier, *L'Événement*, a un peu de recul peut-être parce que le questionneur et le questionné, tous deux compagnons de la Libération, savent faire la part du farfelu. Tandis que *Le Figaro littéraire* annonce le très grand événement littéraire de la saison, *Paris-Match* se vante d'être autorisé à publier les pages essentielles de ce livre qui est un événement dans l'histoire de la littérature[95]. Un chat blanc perché sur son bras, le ministre fait la couverture de l'hebdomadaire[96], en costume bleu se détachant sur la verdure des jardins de La Lanterne ; au-dessus de la photo de l'écrivain souriant, on peut lire :

« Par autorisation spéciale d'André Malraux
LES PLUS BELLES PAGES DES ANTIMÉMOIRES
De Gaulle, Mao Tsé-Toung, le maquis. »

Le numéro contient six extraits relatifs à la conversation avec l'aumônier du Vercors, au risque d'une exécution, à la prison de Toulouse, à la première rencontre avec de Gaulle, au dialogue avec Mao et à la grotte de Lascaux pleine d'armes pour la Résistance. Ces six extraits comportent tous des parts de fiction qui échappent à la plupart des lecteurs. Des études ultérieures ont montré que « l'insertion de dialogues détaillés est un indice de fictionnalité[97] » mais les procès en mythomanie ne se multiplieront qu'au fil des décennies qui suivront. Certains de ceux qui scrutent les ouvrages de Malraux accepteront alors l'affirmation de Marius-François Guyard : « Le vécu d'un créateur englobe beaucoup plus d'éléments que n'en recensent ses biographes[98]. » D'autres admettent que, pour les biographes et les historiens, l'exercice de démystification est un objectif essentiel et juste[99].

Des souvenirs survivants

Vers la fin de ses *Antimémoires*, André Malraux a écrit : « tous mes souvenirs survivants dialoguent — mais peut-être n'ai-je retenu de ma vie que ses dialogues[100]... » Au fil des années et des études, les exégètes vont découvrir combien ces échanges ont été recréés et mis en scène, mais les premières critiques ne s'énoncent que dans des cercles privés. Ainsi, dans un dîner chez les Morand, Mathieu Galey entend les réserves de Pierre Nora qui vient de lire les épreuves du livre : Malraux plane sur les hauteurs ; tous les grands de ce monde qu'il a vus ne disent rien. C'est toujours lui qui parle[101]. Galey fait lui-même un article en se demandant *comment brocarder cet air des cimes* alors qu'il écrit sur un ministre et que *ce n'est pas mal*[102]. Ce n'est qu'après la mort de Malraux que Julien Gracq — qui avait refusé le prix Goncourt en 1950 — notera : « La mythomanie de Malraux me glace, moins parce qu'elle est mythomanie que parce qu'elle est gravité calculée, et quelquefois spéculation payante, parce qu'il a tiré sur elle bien d'autres traites que des traites littéraires : songeons à l'incroyable bluff chinois, auquel même Trotski se laisse prendre et qui lui permet de traiter le Russe de pair à compagnon. » Relevant ces phrases du professeur d'histoire et géographie Louis Poirier — membre du parti communiste durant trois ans —, Bernard Frank répliquera[103] : Ce qui devrait pourtant compter, et uniquement, c'est que Trotski ait été charmé par *Les Conquérants* et *La Condition humaine*, séduit par les arguments du jeune Malraux. N'en déplaise à Gracq, Malraux vaut bien Trotski : il a fait tuer moins de monde et il s'y connaissait mieux en littérature ! De toute façon, au moment de la parution des *Antimémoires*, le grand public prend pour de vrais souvenirs cette série de récits dont il lui est pourtant dit que certains ont été jadis utilisés dans des romans. L'auteur ne cache pas totalement à ses lecteurs attentifs sa volonté de recréer sa vie. Au fil des pages, on peut lire aussi une critique des « petits faits vrais » chers à Stendhal — « pourquoi pas aux grands ? ».

L'imaginaire et le réel

Malraux affirme qu'il vaut mieux exprimer le Napoléon d'Austerlitz que le père qui barbouillait de confiture le visage du roi de Rome. Il avoue que, dans les nébuleuses de sa création romanesque, « quelques-unes appartiennent à l'imaginaire ». Dès lors que, pour lui, « le chef-d'œuvre est garant du génie », il entend bien imposer sa création comme son propre nouveau chef-d'œuvre. « Connaître un homme, aujourd'hui, veut surtout dire connaître ce qu'il a en lui d'irrationnel, ce qu'il ne contrôle pas, ce qu'il effacerait de l'image qu'il se fait de lui » : il est clair que Malraux fera tout, dans son livre, pour que nous ne puissions pas y découvrir André. Ses 43 pages sur la période de la guerre de 1940 et de la Résistance sont exemplaires du flou qu'il entend créer. Comme dans l'hommage à Jean Moulin de décembre 1965, il y masque son ralliement tardif à la lutte dans laquelle ses deux frères Claude et Roland, les vrais héros de la Résistance de sa famille, ont perdu la vie. À Provins, le deuxième classe Malraux n'a pas eu le temps d'apprendre à servir dans un char et n'a pas été engagé dans l'action : sa fosse à chars de la *drôle de guerre* est une fiction. Les saisons douces passées sur la Côte d'Azur sont forcément occultées comme les heures tranquilles de Saint-Chamant où la mère de ses fils écrivait : « Vous n'imaginez pas notre vie en Corrèze. Mais c'est la PAIX. Nous ne voyons pas un Allemand. Jamais. Il n'y en a pas. [On ne trouve pas] de champignons de Paris, ni de caviar, ni de produits Hédiard, mais nous faisons nos omelettes aux truffes fraîches et à l'armagnac [...]. Je fais toutes les recettes du *Jardin des Modes*[104]. »

L'écrivain-ministre préfère oublier qu'en janvier 1943, travaillant à son Lawrence d'Arabie qu'il n'achèverait pas, il avouait à Roger Martin du Gard : « La situation où je suis, entre me déplaire assez si je ne fais rien et entrer en demi-imposture si je fais quelque chose d'important, sert au moins la compréhension du personnage[105]. » Réfutant les inventions pieuses, les historiens ont montré que l'engagement actif de Malraux dans la Résistance fut postérieur aux arrestations de ses frères quand « il était trop tard pour mettre à côté de la plaque[106] ». Les *Antimémoires* ne disent donc pratiquement rien de Claude, arrêté le 8 mars 1944 à Rouen et qui passa longtemps pour fusillé dès le printemps[107]. On n'y retrouve pas trace non plus du destin de Roland, arrêté le 21 mars 1944 à Brive, emprisonné à Limoges puis déporté au camp de Neuengamme avant que les nazis ne le placent sur le *Cap Arcona*, où il mourut après le mitraillage du bateau, en rade de Lübeck, le 3 mai 1945. Comme devait le dire Jacques Chaban-Delmas, Malraux est devenu l'âme de la Résistance là même où il n'avait pu obtenir de commander[108]. L'héroïque futur colonel de la brigade Alsace-Lorraine n'a donc jamais été en situation, dans la clandestinité, d'arbitrer un conflit entre un maquis Buckmaster et un maquis FTP. Au demeurant, les Britanniques du SOE avaient surtout développé des réseaux, dont ceux auxquels appartenaient Claude et Roland Malraux. Dans la prison de Toulouse, le cri *Berger au commandement !* n'a sans doute jamais retenti non plus. Dans cette capitale régionale occupée, son ami de la guerre d'Espagne Jean Cassou, commissaire de la République, et le colonel Ravanel, chef des Forces françaises de l'Intérieur, avaient pris toutes les dispositions utiles sans penser à celui dont ils connaissaient l'éloignement momentané[109].

L'écrivain d'art sait voir *les images de style chinois de la Longue Marche* et les oppose avec talent au *loyal milicien et à l'héroïque milicienne réalistes-socialistes*. Il décrit aussi avec poésie les torches reflétées « dans la Seine baudelairienne » et « les hachures de lune sur les sabres verticaux » de la Garde qui escorta le char funèbre de Jean Moulin, entre l'île de la Cité et la place du Panthéon. Malraux invente, dès la première ligne de ses *Antimémoires*, son évasion avec l'aumônier du Vercors et poursuit ses fictions en parlant de la destruction par la Gestapo de *La Lutte avec l'Ange*[110]. Sur ses déambulations ministérielles, il crée du spectaculaire en redécouvrant le corbillard de Napoléon Ier qu'on aurait perdu depuis cinquante ans[111]. Il est délibérément flou sur les dates, qu'il s'agisse de sa présence à Hong Kong « un jour de 1925 ou 1926 », ou de son action aux côtés du Général *vers 1960.* Mais le romancier évoquait déjà « des fichus sans époque » dans *L'Espoir*[112].

Les *Antimémoires* sont riches d'abord des obsessions de leur auteur et surtout de celle de « la mort qui affleure dans tout ce qui est plus fort que l'homme ». Il fait surgir « la vieille terre gorgée de morts » *poussant dans la nuit son vieux cri saturnien, son premier mort des Vosges enseveli au cimetière de Froideconche,* le capitaine Peltre. Il met en scène un aumônier allemand à Fresnes expliquant aux futurs déportés qu'il « faut recevoir la mort comme si nous comprenions. Lui faire bon accueil ». Malraux n'a pas envie de se souvenir des conditions dans lesquelles est mort son compagnon d'Espagne Maréchal ; dès 1945, il l'évoquait avec circonspection : « Les détails demandent d'être dits, non écrits. En gros, il commandait en mars 44 une expédition de maquis tombée dans une colonne allemande. Il semble avoir été d'abord grièvement blessé, et fusillé ensuite[113]. » Il l'oublie dans ses *Antimémoires* mais, moins de sept ans après[114], l'écrivain va laisser écrire que le maquis où est mort Maréchal était sous son propre commandement. L'auteur préfère construire des tableaux saisissants comme lorsque, à propos du poteau des fusillés exposé en 1964, il invente ce *il résume tout*, formule qu'il attribue au général de Gaulle, qu'il ne pouvait entendre et qui n'a pas été prononcée[115].

La réécriture de l'Histoire

Le ministre redevenu homme de lettres cherche à souligner l'ironie de l'existence, *la grande dérision sinistre qu'apporte la mort et, en substitution, la dérision quotidienne de la vie.* Aussi l'écrivain prend soin de se décrire concrètement sorti du cadre politique, debout, près de la table du Conseil des ministres, separé de ses compagnons, voyant « un groupe qui poursuit sa discussion comme si elle existait par elle-même et ne devait jamais finir ». S'il a beaucoup parlé pour des victoires électorales du gaullisme, Malraux est resté extérieur aux affrontements directs avec le suffrage universel. En revanche, il s'est voulu partie prenante dans les crises mais les a vécues en romancier. L'équipée improvisée de 1961, au moment du putsch des généraux, a été l'un des derniers engagements quasi militaires d'André Malraux. Dans le récit de cette nuit du 23 au 24 avril 1961, il s'est imaginé prenant la tête des volontaires qui avaient afflué au ministère de l'Intérieur, « sans un coup de fusil ». Parce qu'il a su que ces déploiements avaient été jugés *grotesques* par le Général, il a renoncé à cette phrase, mais pas à sa transfiguration haletante des alertes et des démentis du maire de Paris — maire qui n'existait pas à l'époque[116].

Dès la publication à Paris, l'accueil de la critique est respectueux. *Le Monde* consacre presque trois pages à ce lancement. Trois textes évoquent *l'aventure indochinoise, un écrivain sans lignée, un regard d'esthète tourné vers l'histoire* tandis que Pierre Viansson-Ponté déroule sur plus d'une demi-page le *misérable petit tas de secrets.* La critique littéraire est signée de Pierre-Henri Simon, de l'Académie française[117] ; même si son article comporte quelques réserves sur l'excès de virtuosité, le rien d'emphase et les brouillages d'ondes ainsi qu'un regret sur les réutilisations d'ouvrages antérieurs — « cent pages démarrées et superflues dans un volume de six cents[118], cela fait tout de même beaucoup » —, P.-H. Simon salue « la rencontre du lyrisme et de l'humour, du naturel et de la grandeur ». Sa conclusion est donc naturellement louangeuse : « Une grande vie, une prose large, une saisie violente des problèmes de la condition humaine dans leur intemporalité et leur actualité, voilà ce que porte, parfois forcée mais toujours puissante, la voix des *Antimémoires*. Dans le bruit de notre siècle épique et tragique, elle dépose au procès de l'homme un témoignage qui va rejoindre ceux dont la succession a fait le fond et la lumière de la culture. »

La splendeur du vrai et du légendaire

Ce nouveau livre ne sera guère réellement attaqué que par *L'Humanité*. André Wurmser, s'il concède érudition inépuisable et acuité de vision à l'écrivain, critique son « penchant ancien à l'apocalyptique[119] ». Trouvant qu'il éblouit sans éclairer quand il conte « ses rencontres au sommet de l'Olympe avec les autres Immortels », l'éditorialiste communiste demande de quelle cause il est, « avec à sa gauche l'ancien directeur général de la Banque Rothschild et à sa droite le jumeau de celui-ci ». Défendant l'histoire officielle de son parti quant à son attentisme de juin 1940, il soutient que les injures de Malraux traduisent sa mauvaise conscience et sa haine face au PCF, terminant par un éloge d'Aragon qui saurait lui faire entendre « les cris des massacrés d'Indonésie, de Ben Barka martyrisé, des manifestants contre Ridgway[120] ». *La sincérité, on s'en fout ; je m'intéresse à la lucidité* : ce dialogue Malraux-Valéry que rapporte P. Viansson-Ponté ne l'empêche pas de conclure : *tout est peut-être vrai mais rien n'est sûr et finalement tout est faux*.

Des années plus tard, les principales critiques viseront la transfiguration des dialogues avec le président Mao. Mais, dans un colloque à Pékin, Jacques Lecarme affirmera que Malraux est le seul écrivain « qui ait théorisé et pratiqué la réconciliation par l'écriture littéraire du fictif et du vécu, dont toute analyse rationnelle doit conclure à l'incompatibilité[121] ». Pour ce professeur, Malraux invente la juxtaposition des récits de fiction et des récits historiques et, malgré les critiques aboyant à la mythomanie, « la caravane Malraux passe dans la double splendeur du vrai et du légendaire ». L'art de l'irréalisme et de la fantômisation pose forcément un problème aux historiens, toujours perplexes en regardant les littéraires leur signifier qu'il faut dépasser « la question de la véracité » ; car ils affirment en même temps que la conception des dialogues littéraires recréés semble « incompatible avec cette exigence d'exactitude qui nous paraît constitutive des genres factuels[122] ».

Un accueil triomphal

En dépit ou grâce à toutes ces chroniques d'une vie officielle métamorphosée, l'accueil du public est triomphal puisque 40 000 exemplaires sont vendus dès le premier jour et que la vente globale en quatre ans dépasse 200 000 volumes. Les éditeurs étrangers surenchérissent pour obtenir les droits d'un livre qui paraît alors sous le seul copyright de son auteur. Les droits de l'édition en langue anglaise sont obtenus par Holt pour 350 000 dollars à valeur 1967 ; les 26 pages imprimées consacrées au dialogue reconstitué avec Mao — reconstruites d'après une dactylographie de huit feuillets[123] — ne sont sans doute pas étrangères à ces enchères faramineuses.

Six ans après la sortie des *Antimémoires*, Clara Malraux a éclairé ce succès et les métamorphoses de son compagnon d'aventures et de vie conjugale : « Le réel fut longtemps pour lui inemployable artistiquement [...] il ne pouvait l'accepter que transformé — ressemblant à un gigantesque jouet, un de ces jouets dont, peut-être, fut privée son enfance[124]. » Dans son livre de 1967, le ministre joue avec l'histoire qu'il n'aime pas, à défaut de pouvoir la faire au premier rang des décideurs. A-t-il compris alors que, dans les limites de son ministère des Affaires culturelles, il ne peut plus espérer la réalisation de ses rêves ? Est-ce sa santé qui le contraint ? Est-ce son entourage qui l'enferme ou le prend pour une marionnette dont on peut tirer impunément les fils ? Au niveau de l'action culturelle, il convient sans doute de revenir aux réflexions des hommes qui étaient censés mettre en œuvre les directives de leur ministre et qui ont eu l'impression d'être livrés à eux-mêmes ou, d'une manière plus gênante, à une équipe de conseillers de cabinet qui n'avaient pas de vraie légitimité pour exprimer la volonté ministérielle mais avaient décidé de se substituer à leur ministre.

Le ministère, lieu maudit ?

Les *Antimémoires* ont assurément constitué une résurrection d'André Malraux. Ce livre donnait raison, à titre posthume, à John Kennedy qui, le 8 janvier 1963, avait soutenu que le ministre français démontrait que « la politique et l'art, la vie de l'action et la vie de la pensée, le monde des événements et le monde de l'imaginaire sont un ». Mais, au niveau de l'action ministérielle, il faut répéter que l'aveu de

Malraux à Pierre Moinot : « sauf les *Antimémoires*, tout ce que je fais me tombe des mains[125] », n'alla pas sans conséquences sur la vie quotidienne du ministère.

Quatre ans après la foudre niée que représentèrent les deux morts ensemble de ses deux fils, face à la phrase terrible qu'entendit Albert Beuret, « je ne peux plus supporter de vivre et je ne me tuerai sans doute pas[126] », que pouvait faire l'entourage professionnel ? Dès lors qu'il voulait contribuer à l'éloignement de l'épouse et de Gaëtan Picon, celui qui ne pouvait trahir sa pensée car il en était le plus fin connaisseur, c'est le voyage qui fut choisi. Il a redéclenché, en 1965, l'envie d'écrire avant que les soins éclairés du docteur Bertagna ne permettent, à partir de 1966 et au fil de six ans de traitements, la désintoxication des alcools et l'équilibrage des médicaments. Directeur général de l'Architecture de 1962 à 1968, Max Querrien a livré son sentiment sur les mauvais choix du cabinet, en faisant remonter au début de mai 1965 *la détestable dégénérescence qui devait faire des Affaires culturelles le lieu maudit d'un psychisme déréglé*[127] : « Tant que Malraux avait été présent, visible, consultable, son libéralisme et sa courtoisie coloraient forcément l'attitude de ses collaborateurs les plus proches. Dès lors qu'ils travaillaient sans lui, ils étaient fatalement portés, par leur souci de le protéger, à prendre des positions plus brutales que n'auraient été les siennes[128]. » Les politiques qui devaient être diligentées par le ministre ont suivi des cours imprévus ou se sont parfois enlisées du fait de ces divers empêchements.

Le ministre anesthésié mais maintenu

Madeleine Malraux écartée, Gaëtan Picon poussé à la démission, Émile Biasini démis, Alain Malraux bientôt poussé de l'autre côté du fleuve pour ne plus se revoir jamais : comment ne pas trouver tragique le tableau de l'année 1966 où Malraux est placé à l'isolement pendant plusieurs semaines avant qu'il ne puisse se remettre à construire ses *Antimémoires* ? Lorsque Simone de Beauvoir reprochera à l'auteur de ce livre de vouloir « toujours penser à autre chose[129] », elle ignorera délibérément ses problèmes psychiques. On peut préférer une réaction antérieure de Louis Guilloux, qui ne cesse jamais de dialoguer avec celui qui fut témoin au mariage de sa fille : « Nous pardonnerons tout à Malraux, toujours. Bien sûr que oui[130]. » En juin 1966, alors que le ministre sortait à peine de son isolement médical, Guilloux a déjeuné avec lui, l'écoutant beaucoup parler de ses médecins et « des plus récentes découvertes sur l'anesthésie morale. Ceci pose de multiples questions très angoissantes[131] ». Dans le cadre gouvernemental, c'est le problème de la survie du ministre dans ses fonctions qu'il faut alors résoudre. La question est tranchée par deux faits : l'attachement de Charles de Gaulle à Malraux doublé de son peu de goût pour voir de nouvelles têtes en ses Conseils[132], la lucidité électorale de Georges Pompidou qui répète : « Malraux c'est 500 000 voix[133] », alors que les législatives de 1967 vont être tangentes. Plus encore qu'en 1963, Malraux est bien le vieil oncle qu'on garde parce qu'il honore la famille et que son renom fait rayonner la France.

Aussi l'opinion avancée par Max Querrien me semble prendre toute sa valeur[134] : plutôt que de laisser le ministre assigné à résidence dans son bureau ou à La Lanterne[135], *on aurait sans doute pu le forcer à s'investir quotidiennement, fût-ce à temps tout à fait partiel, dans les problèmes de la rue de Valois ; on lui aurait offert des rails le long desquels il aurait accepté, par gentillesse, de faire chaque jour un bout de chemin. Et c'eût été un grand mieux pour le ministère et pour lui*. Quand l'année littéraire très faste de Malraux s'achève à l'automne 1967, il convient donc de dresser un bilan des réalisations effectives au sein du ministère et des métamorphoses amorcées. Les tourmentes de 1968 vont les accélérer tandis que le directeur de cabinet se croira le droit de diffuser dès l'automne, sous sa seule signature, un programme d'action, en affirmant qu'il date d'avant les événements mais que ceux-ci ne changent rien au chemin à poursuivre. L'équipe du cabinet se sent de plus en plus puissante avec un ministre anesthésié administrativement. Elle se moque donc d'une instruction présidentielle qui vient de rappeler que l'existence de cabinets nombreux « est l'une des causes de l'affaiblissement du sens des responsabilités chez les directeurs d'administration centrale[136] ».

UN MINISTÈRE MÉTAMORPHOSÉ ?

> *À l'extraordinaire bilan qu'il laisse, il manque d'avoir fait un grand ministère de la Culture.*
>
> André HOLLEAUX,
> directeur du cabinet
> d'André Malraux
> de 1962 à 1965.

La réflexion du conseiller d'État André Holleaux peut paraître cruelle. Elle l'est sans doute moins que ce qu'écrivit le poète Pierre Emmanuel, ex-président de l'éphémère Conseil de développement culturel au temps de Jacques Duhamel. En un temps de « dénigrement intellectuel de l'universalité de la culture et de la spécificité de l'esprit français », il salua l'idée élitiste des maisons de la Culture. Jugeant Malraux de taille à faire de cette idée une parole vivante, il ajoutait : « C'est le moyen de l'incarner qui lui a manqué. Le moyen plus que les moyens. [...] La personnalité d'André Malraux, visionnaire et chaleureuse, débordait singulièrement la mesure de l'organisme qui lui avait été confié. On peut chercher dans sa préférence pour tel art, dans son indifférence à tel autre, la raison des déséquilibres fonctionnels du ministère. Mais la vraie raison est bien plutôt dans l'absence de politique globale, moins de la part du ministre que de celle des administrations préexistantes et réunies sous son autorité[137]. » Le jugement d'André Lichnerowicz, professeur au Collège de France, a été encore plus rude : « Comme Malraux était tout sauf un ministre, rien ne se concrétisait. Il avait fait un beau discours [... et] il avait l'impression que tout était réglé. Et évidemment rien n'était réglé[138]. » À quelques mois du cinquantenaire du ministère, Antoine de Baecque, universitaire et journaliste, a livré une analyse distanciée mais aussi polémique :

> Malraux était fou. Ses discours avaient tout du delirium, ses postures pouvaient faire peur, et ses visions, ses tremblements, ses obsessions fétichistes, son narcissisme exacerbé, sa perpétuelle grandiloquence proposaient le cas clinique d'une névrose profonde. Mais cette folie le protégeait. [...]
>
> Ce fut la faculté de Malraux : tracer une voie à travers la nuée en des mots suffisamment épiques et visionnaires pour qu'ils supportent un projet, suffisamment obscurs, ésotériques et généraux pour qu'ils soient laissés à l'interprétation de ceux qui allaient les mettre en œuvre. Sa grande force : un entourage d'administrateurs, d'hommes d'idées et d'actions, d'aventuriers de la culture, d'explorateurs en missions spéciales — un certain nombre venaient d'ailleurs de l'administration coloniale, tout juste démobilisés en 1959. Malraux était alors irrécusable.
>
> Sa folie l'a déplacé hors du champ des polémiques, de même que son histoire : c'était un homme de gauche, intrinsèquement [...]. Malraux fut le saucier le plus illustre de la gloire culturelle française, puisqu'il parvint toujours à rendre notre génie plus ou moins étriqué aussi large et envoûtant que l'univers de l'art dans

son entier. C'est pourquoi l'action du ministère a été moins lyrique que le verbe du ministre. Il faut la relativiser[139].

Des crédits restés modiques

L'équipe Malraux des années 1966-1969 a pu se vanter de croissances budgétaires colossales au cours des huit à dix premières années d'existence du ministère[140] — 1 398 % pour la décentralisation dramatique, 1 550 % pour la Musique en francs courants. Mais elle n'a pu faire oublier qu'au moment où s'achevait presque la décennie Malraux, en 1968, le budget des Affaires culturelles ne représentait pas 0,40 % du budget de l'État et qu'un quart de cette maigre dotation allait au fonctionnement de l'Opéra et de l'Opéra-Comique. Tandis que l'entretien de 10 000 monuments historiques ne mobilisait que 22,3 millions, ces deux institutions coûtaient 37,8 millions de francs au bénéfice d'un public où les diplômés de l'enseignement supérieur allaient être, au fil de la décennie suivante, neuf fois plus représentés que les titulaires d'un brevet ou d'un CAP[141]. Rien n'a pu empêcher non plus que reste marginale la part des crédits disponibles pour les actions novatrices ; le ministre a refusé aussi un développement du mécénat par le biais de fondations, ne voulant « qu'une politique culturelle, même pour l'achat de tableaux[142] ».

Une construction aléatoire

Au démarrage du ministère, trois éléments ont pesé dans un sens négatif : le fait que très peu de personnes voyaient dans la structure hâtivement constituée autre chose qu'un moyen d'occuper André Malraux, le jugement du Premier ministre sur l'illégitimité de l'État à avoir une politique culturelle, les choix du ministre quant aux personnes qui auraient dû structurer son cabinet et être capables de négocier avec le ministère des Finances et Matignon. Les contraintes budgétaires de la guerre d'Algérie puis le plan de stabilisation ont été d'autres freins à une vraie remise en cause des méthodes d'action des services, naturellement enclins à suivre leurs politiques habituelles au bénéfice de clientèles déjà clairement identifiées. Essentiellement conjoncturelle, l'institution du ministère a été bâtie sur des opportunités et l'écrivain n'a même pas voulu annexer les questions de livres et d'édition. Il considérait la chose impossible tant que Julien Cain serait l'administrateur général de la Bibliothèque nationale[143]. Il a donc laissé au ministère de l'Industrie les questions des papiers, cartons et livres, et au ministère des Affaires étrangères l'aide à la diffusion culturelle des livres français à l'étranger[144].

Là encore, les analyses de Pierre Emmanuel sont pertinentes : vu le budget qui lui était alloué, Malraux « n'aurait pu jouer le rôle qui aurait dû lui revenir qu'en exerçant une influence morale sur d'autres ministères ayant en partie des fonctions culturelles. La faiblesse de son budget, comparée à l'importance du leur, lui rendait d'avance impossible ce rôle de médiateur. De plus, le ministère manqua d'emblée de cohérence : il ne fut, comme c'est souvent le cas pour les créations administratives, qu'un assemblage de services hétérogènes sans mission d'ensemble qui les reliât ». Il faut aussi répéter une évidence : l'état de santé du ministre[145] a réellement pesé sur la manière dont il a laissé sans orientations les directions de son ministère. Nous ne pouvons oublier non plus une observation d'André Holleaux : même si l'attention du ministre et de ses collaborateurs immédiats est entière à tout instant, « allant jusqu'à sacrifier presque entièrement leur vie privée [... ils] ne sont pas en mesure de corriger sérieusement les défauts habituels de toute Administration qui s'expliquent pour une large part par l'extrême pénurie des hommes et des moyens[146] ».

Lorsque Jack Lang évoque seulement le caractère universaliste de Malraux qui le desservit « dans l'exercice efficace d'une fonction souvent administrative et à tout le moins très exigeante au jour le jour[147] », il ne souhaite pas parler du sexagénaire ébranlé par ses deuils familiaux et sa grave dépression. Mais cette discrétion occulte, au-delà des drames privés, de vraies causes des carences qu'on a fini tout de même par reprocher à Malraux. Celui-ci a confié à Alain Peyrefitte qu'il réussissait à tout coup pour les questions matérielles (restauration et ravalement de monuments, expositions), mais que ses tentatives « s'embourbaient dans l'apathie, trébuchaient sur la méfiance » pour ce qui exigeait le soutien des esprits (diffusion de l'art lyrique, enseignement de la musique, fonctionnement des maisons de la Culture)[148]. Comme toujours avec le ministre, il faut faire la part de ce qu'il reconstruit, de ce à quoi il a rêvé et des mythologies qu'il veut bâtir. On ne peut en effet oublier que la méfiance de certains interlocuteurs du ministère s'est aussi nourrie de l'apathie qu'ils trouvaient dans plusieurs services.

Le ministre des coups réussis

À l'idée que de Gaulle a voulu « créer un grand ministère de la Culture, en mariant André Malraux avec l'administration[149] », au regret d'une absence de « signes culturels en Architecture[150] », à ces impressions forcément subjectives, il me semble qu'on doit préférer l'analyse du secrétaire général de la présidence de la République, Étienne Burin des Roziers, déjà citée[151] : André Malraux « ne trouvait guère d'appui, ni rue de Rivoli ni à Matignon, et je crois qu'il répugnait à aborder avec le Général lui-même des questions qu'il jugeait subalternes. Il aurait pu faire davantage, notamment par la multiplication des maisons de la

Culture, s'il n'avait été réduit à la portion congrue. Alors, il se consolait avec des coups réussis ». C'est de cette expérience un peu amère qu'André Malraux devait tirer le conseil donné à Françoise Giroud quand elle devint la seconde secrétaire d'État à la Culture du président Giscard d'Estaing : « Est-ce que vous avez trouvé un truc [152] ? »

Dans les trucs d'André Malraux, quelques gestes symboliques et le choix d'une poignée d'hommes furent spécialement judicieux. La manière dont furent célébrés quelques grands morts ne fut pas seulement une ultime manifestation de l'éloquence romantique mais une tentative de métamorphoser « le passé des morts pour l'apporter aux vivants ». Si le nom de Jean Moulin a pris une telle place dans les mémoires et, à travers des dénominations d'établissements scolaires ou de voies de circulation, c'est assurément parce que la parole d'André Malraux a résonné fortement dans l'ensemble du territoire national et au-delà. La désignation du peintre Balthus pour diriger, à Rome, la Villa Médicis fut unanimement reconnue comme une réussite alors qu'elle avait contrevenu au choix de l'Académie des Beaux-Arts qui poussait la candidature d'Yves Brayer[153]. L'installation, dans les jardins des Tuileries, de statues de Maillol, les commandes publiques de prestige passées à Marc Chagall et André Masson pour les plafonds de l'Opéra et de l'Odéon donnèrent à ces lieux illustres une renommée supplémentaire. La commande antérieure à Georges Braque d'un plafond pour le Louvre avait eu moins d'échos ; elle n'avait été le fait que du directeur des Musées Georges Salles, ami du peintre et de Malraux : les coups de projecteur médiatiques que suscitait Malraux ont donné une visibilité exceptionnelle à la vie culturelle de la Nation.

Si la nomination à la tête de l'Opéra du musicien Georges Auric suscita une boutade du président de la République quand son ministre rappela que, pour la première fois depuis quarante ans, un musicien se trouverait à la tête de l'institution : « Il faut parfois faire appel aux compétences[154] », elle fut presque unanimement appréciée. Le nouveau plafond de l'Opéra suscita plus de critiques mais, à propos des toiles marouflées de Chagall, Georges Pompidou lança : *qui savait avant qu'il y avait un plafond à l'Opéra ?* Ce n'est qu'en privé que Boulez parla de vendre « la soucoupe volante de Chagall aux Américains » pour s'offrir une belle mise en scène ou peut-être deux[155] ! Longtemps après, l'écrivain Dominique Fernandez regretta la disparition du décor ancien — « décor pompier de femmes nues et de fêtes champêtres » ; il jugeait que c'était une des nombreuses sottises du ministre[156]. Mais cette décision fut surtout un manifeste en faveur des créateurs du XXe siècle et de la place qu'on pouvait leur faire, jusque dans des décors historiques anciens. Le blanchiment des façades des bâtiments publics, entrepris à partir des directives générales du ministre de la Construction Pierre Sudreau, fut un autre symbole éminemment visible du changement qu'induisait l'existence d'un ministère chargé des Affaires culturelles.

Le soutien présidentiel et le bilan ministériel

Le général de Gaulle ne s'est pas contenté de lancer, après avoir vu des immeubles ravalés : *qu'il est beau, notre vieux Paris rajeuni !* Il a donné régulièrement des marques de soutien à son ministre ; elles furent rarement budgétaires parce que le ministre d'État ne voulait pas importuner son Président aux prises avec la reconquête d'un rang international. Le ministère des Finances et Matignon surent aussi faire valoir qu'il était inutile d'augmenter les budgets annuels puisque les montants des crédits de reports prouvaient l'incapacité du ministère à les consommer efficacement. Mais si l'ordre des Arts et Lettres, créé en 1957, fut aisément sauvé au moment où l'ordre national du Mérite aurait dû le faire disparaître, c'est parce que le Général acceptait de mettre à part le domaine de son ministre préféré. Malraux déclara à ses collègues, en Conseil : l'ordre est « respecté et envié des artistes, des écrivains, des créateurs, y compris de ceux qui ne nous aiment pas. Le supprimer serait une insulte à ceux qui l'ont et une déception pour ceux qui y aspirent[157] ».

Au-delà de ce sauvetage et même si le budget du ministère n'a pratiquement pas évolué de 1960 à 1969, oscillant autour de 0,39 % du budget de l'État, la décennie Malraux comporte un bilan conséquent ; on doit y inscrire :

— le décret du 16 juin 1959 instituant les avances sur recettes pour les films de qualité ;

— le décret du 13 février 1961 favorisant le réameublement du château de Versailles ;

— l'arrêté du 20 avril 1961 relatif à l'exportation des objets présentant un intérêt national d'histoire ou d'art ;

— le décret du 17 novembre 1961 définissant fiscalement les cinémas « art et essai » ;

— deux textes sur l'enseignement de l'architecture (un décret du 16 février 1962 et un du 6 décembre 1968 mettant fin au système des prix de Rome) ;

— la loi du 22 décembre 1961 sur la Sécurité sociale des artistes du spectacle ;

— la loi-programme du 31 juillet 1962 sur la restauration, entre 1962 et 1966, de sept grands monuments : les châteaux de Chambord, Fontainebleau, Versailles et Vincennes, la cathédrale de Reims, le Louvre et les Invalides à Paris ;

— la loi du 4 août 1962 sur les secteurs sauvegardés ;

— la fondation d'un service de la Création artistique (1962) ;

— la constitution de comités régionaux des Affaires culturelles (1963) ;

— le décret du 4 mars 1964 instituant la commission chargée de faire renaître un inventaire général des monuments et richesses artistiques de la France ;

— la création d'un fonds de soutien du Théâtre privé et d'une réunion des Théâtres lyriques municipaux (1964) ;

— la loi du 26 décembre 1964 sur la Sécurité sociale des artistes peintres, sculpteurs et graveurs ;

— la désignation de conseillers régionaux à la création artistique (1965) ;

— la constitution d'un service de la Musique (printemps 1966) ;

— la fondation d'un service de la Création architecturale au sein de la direction de l'Architecture (1966) ;

— une loi du 30 décembre 1966 sur le classement d'office des monuments historiques ;

— la constitution d'un Centre national d'art contemporain pour aider les artistes vivants (1967) ;

— la fondation de l'Orchestre de Paris et de l'Institut de l'environnement (1967) ;

— la loi du 28 décembre 1967, programmant de nouveaux travaux sur les monuments historiques et prévoyant l'inscription de monuments naturels et de sites à protéger dans chaque département ;

— la constitution d'un service des Archives du film (opérationnel en octobre 1968) ;

— la loi du 31 décembre 1968 sur les dations à l'État d'œuvres d'art pour acquitter des droits de succession.

L'enthousiasme d'équipes nouvelles

Cet ensemble d'éléments montre qu'au-delà des discours le ministre d'État et ses équipes ont agi et trouvé même parfois des arguments qui leur permirent de fléchir leurs interlocuteurs du ministère des Finances. Un de ses collègues a affirmé sa conviction : seul Malraux « pouvait arracher ce qui n'avait jamais été qu'un secrétariat d'État aux Beaux-Arts à la médiocrité de ses budgets et à l'étroitesse de ses habitudes[158] ». Les dernières années du ministre dans sa charge, bien qu'obscurcies par ses problèmes personnels, ont été fécondes grâce à l'enthousiasme de jeunes administrateurs civils, à peine sortis de l'École nationale d'administration. Parmi ces passionnés de l'action culturelle, on peut citer les noms d'André Bourdalé-Dufau, Florence Contenay, Jean Drucker et Catherine Tasca. Cette dernière, après avoir dirigé la maison de la Culture de Grenoble de 1972 à 1977, finit par devenir ministre puis sénatrice ; ses camarades furent, respectivement, l'artisan des lois sur le prix du livre et les droits d'auteurs, la sous-directrice de la Promotion de l'Architecture, le dynamique président d'Antenne 2 devenu fondateur de la chaîne de télévision M 6.

Mais cet apport de jeunesse et de créativité n'empêcha pas qu'en mars 1971 le rapport général pour le VIe Plan comporte une vigoureuse critique de l'insuffisance des moyens du ministère tant en hommes qu'en crédits, de ses méthodes de gestion manquant de fiabilité, des secteurs essentiels de la vie culturelle laissés en déshérence, des restaurations monumentales trop perfectionnistes, des modifications incessantes de la composition des directions, de l'absence d'un statut pour les maisons de la Culture. Le procès instruit en 1968 sur le non-public était aussi repris comme la demande d'une action culturelle plus volontariste conduisant à « la redistribution des richesses culturelles ». L'idée d'un ministère fortifié n'a pas été contestée ; les technocrates et planificateurs ont continué d'apparaître comme les meilleurs garants d'un dynamisme culturel que des municipalités risquaient de réduire à un Clochemerle universel[159]. Jack Lang l'a rappelé : dans les années soixante, les responsables politiques locaux observaient les créateurs avec une très grande méfiance ; à l'époque, Malraux apportait à la politique culturelle « une hauteur de vues, une dimension mondiale dignes de notre passé [... il fut] un ministre visionnaire dont le labeur doit être mesuré à l'aune des idées, des enthousiasmes, des perspectives qu'il portait en lui[160] ».

Les neuf premiers successeurs

L'après-Malraux, ce furent neuf ministres en douze années : Edmond Michelet, André Bettencourt, Jacques Duhamel, Maurice Druon, Alain Peyrefitte, Michel Guy, Françoise Giroud, Michel d'Ornano et Jean-Philippe Lecat. Du mystique aux grands commis de l'État, de l'écrivain réactionnaire à la journaliste célèbre, tous ont été en butte aux observations critiques des ministres des Finances mais les deux derniers titulaires du portefeuille culturel ont changé sa nature. Ministre de la Culture et de l'Environnement, Michel d'Ornano a fini par enlever au ministère sa politique architecturale quand il est devenu ministre de l'Environnement et du Cadre de vie ; aux yeux de son prédécesseur Michel Guy qui considérait la direction de l'Architecture comme le joyau du ministère et un de ses grands leviers d'action[161], d'Ornano était « parti avec l'argenterie » ! Porte-parole du président de la République promu ministre de la Culture et de la Communication, Jean-Philippe Lecat a commencé à opérer le grand tournant de la médiatisation des politiques culturelles. Un an avant l'élection présidentielle de 1981, Georges-Marc Benamou écrivit qu'on devait donc redouter « une disparition totale de l'action culturelle dynamique de l'État », cédant au secteur privé ou au mécénat la plupart de ses prérogatives[162].

Le tournant des années quatre-vingt

Quand, au seuil des années quatre-vingt, Jean-Paul Aron, collaborateur de Jack Lang, souligne que le ministère est *un ministère de l'ère du temps*, le public doit comprendre que les temps ont changé. Il y a un abîme entre l'oraison funèbre pour Le Corbusier — *Adieu, mon vieux maître et mon vieil ami. Bonne nuit...* — et le *Salut ma poule !* lancé par le conseiller spécial du président de la République, à la fin des obsèques du comique Coluche. De même, on n'imagine pas Malraux saluant un auteur de romans à succès comme le fait, dix ans après sa mort, François Léotard qualifiant Paul-Loup Sulitzer *de pédagogue de l'entreprise, d'Alexandre Dumas du XXe siècle* ayant su réhabiliter l'argent, « cette liberté frappée bien nécessaire à notre pays [163] ». Le ministre des années soixante aurait aussi récusé les souhaits du tandem Léotard/de Villiers de transformer en entreprises culturelles les maisons de la Culture ou d'animer Versailles à la manière du Puy-du-Fou vendéen [164]. Dix ans après sa mort, l'esprit de Malraux hantait quand même ses successeurs. Dix-huit mois après sa prise de fonctions, F. Léotard affirme avoir recherché le souvenir d'André Malraux et s'être passionné pour son action avant de tenter de réhabiliter sa mémoire au sein du ministère [165]. Il l'a proclamé *visionnaire et prophète* avant de se risquer à qualifier ses successeurs : *croyant de la Culture* pour Jacques Duhamel, *homme très énergique* pour Maurice Druon, *extrêmement fin* pour Michel Guy, *esprit intellectuel curieux* pour Françoise Giroud, *homme de conviction et de caractère* pour Michel d'Ornano, *homme de mesure* pour Jean-Philippe Lecat, *homme de coups* pour Jack Lang [166].

Quand il lançait ses jugements peu après avoir dit qu'il

préférait une action tenace, très humble, plutôt qu'une politique glorieuse pour se faire de la publicité[167], François Léotard n'imaginait probablement pas que, moins de quatre ans plus tard, son action ne serait jugée positive que par 4 % des personnalités du monde culturel interrogées sur les occupants du fauteuil ministériel. Ses prédécesseurs furent alors honorés de chiffres plus flatteurs : 86 % pour Jacques Duhamel, 36 % pour Maurice Druon, 52 % pour Michel Guy, 23 % pour Françoise Giroud ; si Michel d'Ornano ne recueillait que 8 % d'opinions favorables, Jean-Philippe Lecat en comptait 20 % tandis que, pour son premier quinquennat culturel de 1981-1986, Jack Lang atteignait 73 % d'opinions positives.

Les avis du monde artistique sur la création du ministère

C'est à l'occasion du centenaire de Charles de Gaulle que furent recueillis ces opinions et des avis de personnalités du monde artistique sur l'importance de la création du ministère chargé des Affaires culturelles. 84 % la jugeaient importante (26 %) ou très importante (58 %) et 97 % considéraient que cette création avait été importante ou très importante pour l'action culturelle (27 % et 70 %). Quant à l'intérêt de Charles de Gaulle et d'André Malraux pour le rayonnement culturel, le Général obtenait des notes de 9 ou 10/10 pour 47 % des personnes interrogées, son ministre atteignant ces mêmes notes dans 71 % des réponses. En 1990, l'action de Malraux ministre était jugée positive ou très positive par 86 % de mon échantillon, même si je tiens à dire qu'un des sondés, Pierre Dehaye, ancien directeur de l'administration des Monnaies et Médailles, membre de l'Institut, me fit remarquer que, chacun « répondant en fonction de ce qu'il conçoit comme positif ou comme souhaitable [j'allais additionner] en définitive des choux et des carottes — ou, plutôt, des vitamines et des poisons[168] ». Le designer Pierre Paulin considérait que c'était involontairement que Malraux avait amorcé un nouveau discours culturel. Pierre Dux, ancien administrateur général du Français, jugeait que Malraux « avait fait beaucoup de mal » à la Comédie-Française en donnant le nom de Théâtre de France à l'Odéon et qu'il avait aussi nui aux grands artistes plasticiens figuratifs[169]. Le compositeur Daniel-Lesur hésita à répondre et tint surtout à louer « la largeur de vues et la compétence de Jacques Duhamel ». Le sculpteur Trémois dénonça l'abdication de Malraux, grâce à qui « le sectarisme et même le terrorisme règnent depuis trente ans dans les arts, les lettres et tout ce qui aboutit à la culture[170] » ; il n'hésita pas à affirmer que la formule prononcée par Malraux, en 1952, sur *l'État fait pour servir l'art* lui rappelait qu'en termes de vénerie, servir signifie tuer !

Au sein de l'Académie des Beaux-Arts, les commentaires furent contrastés et le peintre Mathieu s'indigna : « Comment peut-on comparer l'action d'un homme inspiré par le génie à des ministres ordinaires qui passent et s'oublient à petit feu[171] ? » Affirmant la vanité de moudre des questionnaires dans des ordinateurs[172], il dénonçait le sectarisme sans précédent régnant dans la vie culturelle, politique et sociale depuis la fin des années de Gaulle. Deux autres artistes plasticiens étaient critiques : Jean Bertholle, professeur aux Beaux-Arts de 1965 à 1980, aurait voulu pouvoir juger nuisible l'existence du ministère, considérant que l'ancien secrétariat d'État était bien suffisant[173], tandis que Jean Carzou jugeait sa création très importante mais négative et dangereuse pour l'action culturelle. *A contrario*, l'architecte Jacques Couëlle qualifiait Malraux d'homme transcendant, de personnage d'exception auquel on se référerait toujours. Parmi les musiciens, Marcel Landowski ne notait que 8/10 l'intérêt de Malraux pour la création musicale et théâtrale en attribuant 10/10 au président de la République. Jacqueline Rayet, danseuse étoile et professeur, gardait le souvenir du Général faisant remplacer un ballet ennuyeux par *Le Sacre du printemps* chorégraphié par Maurice Béjart ou acceptant qu'elle danse à l'Élysée dans une lumière contraire aux règles de sécurité. Elle évoquait avec reconnaissance son « respect du travail d'autrui et sa conscience qu'une œuvre d'art ne doit pas être trahie quelles que soient les circonstances[174] ». Mais la directrice du conservatoire de Rueil Francine Aubin proposait de « mettre la culture en jachère pour que naisse une nouvelle génération de créateurs[175] ».

Des acteurs au jugement plutôt positif

C'est dans le monde du spectacle vivant que j'ai recueilli les observations les plus nuancées mais globalement laudatives. Je dois excepter quelques jugements : celui de l'imitateur Henri Tisot, qui considérait que Malraux avait agi en fonction des modes ; celui du cinéaste Claude Autant-Lara, qui trouvait globalement néfaste l'action de Malraux et la disait « funeste » pour le cinéma. Si Marcelle Tassencourt, directrice du théâtre de Versailles, a regretté que Malraux ait eu tendance « à surtout soutenir les gens de gauche » et si Daniel Gélin m'a signifié qu'au-delà de la rencontre historique de Gaulle-Malraux, il fallait tenir compte des budgets, beaucoup étaient sur la ligne de Michel Bouquet saluant deux hommes qui avaient eu « pour seul souci la permanence du pays ». Pour la chanteuse Régine, l'effort de Malraux s'était prolongé par les actions de Lang dans le domaine de la mode. Sa consœur Line Renaud, tout en jugeant que la création du ministère avait été un acte *pas important du tout* pour la chanson populaire et le music-hall, soulignait « la chance des gens du spectacle : avoir rencontré deux grands mécènes qui ont eu le courage de séparer la Culture de l'Éducation nationale pour donner au secteur culturel sa vraie dimension ». Mais Claude Brasseur m'écrivait qu'ils n'avaient pu faire plus parce qu'ils jugeaient « d'autres sujets plus importants et plus urgents » tandis que Michel Polac constatait, lapidaire : « Ils ont ravalé la façade ». La sagesse est peut-être de dire, comme Jean-Pierre Darras, que leur hauteur de vues les a éloignés du terre-à-terre en admettant la réflexion de Frédérique Hébrard, fille d'André Chamson, compagnon de combat de Malraux puis directeur général des Archives de France : « Je n'ai pas la compétence pour juger des hommes de la dimension de De Gaulle ou Malraux. Je les aime, je les admire, je ne les juge pas. »

Des années Malraux aux années Lang

Dans le ministère de la Culture des années quatre-vingt où l'action est facilitée par le doublement du budget, les années Malraux sont regardées sans complaisance. À un député demandant, en 1984, si le nouveau nom du ministère a une signification, Jack Lang réplique que, si la dénomination de 1959 « avait, à certains égards, valeur philosophique », les appellations ultérieures étaient des inadvertances sémantiques et d'adaptation technique qui ne valurent que ce qu'on concéda en dot aux ministres, peu de chose. Ayant dirigé dix ans le ministère, en deux séquences (1981-1986, 1988-1993), Jack Lang a fini par apparaître comme le seul modèle de ministre après Malraux. Dans l'été 1981, il n'avait pas craint d'affirmer que *la lumière succédait à la nuit*. Grâce à un doublement du budget de son ministère, avec parfois le triplement des crédits de subventions, tout a pu devenir culturel · « Les arts, les lettres, le rock, la bande dessinée, la "culture" urbaine, un coup franc de Michel Platini, chaque idée du Président. Jack Lang pensait même que le gouvernement était composé de quarante-quatre ministres de la Culture. [...] Cette volonté de faire savoir et de faire voir s'est déversée en slogans de surexcitation culturelle, d'hypertrophie logomaniaque et de séduction exagérée. On a inventé la Fête de la musique, la Fureur de lire, la Ruée vers l'art, l'idée explosive de dynamiser les arts plastiques, le ministère du Bonheur, bientôt de l'Intelligence, et tout se devait d'être énorme sous la dictature du jamais vu et de la surenchère : Grand Louvre, Grande Arche, Grands Travaux, Très Grande Bibliothèque... État culturel et État séducteur marchaient ici main dans la main vers la lumière qui se levait à l'horizon[176]. »

Le procès de l'État culturel n'a été véritablement instruit que dans les années quatre-vingt-dix, lorsque la forte croissance du budget du ministère pendant les années Lang et des initiatives tous azimuts ont mobilisé ceux que la multiplication des fêtes et des commémorations conduisait à voir dans l'action culturelle publique une politique de propagande. Après le père Bruckberger, qui a dénoncé dans les musées rénovés des *éros centers* de la beauté mélangeant les chefs-d'œuvre dans une hideuse promiscuité[177], le professeur Fumaroli a déploré « le vocabulaire de l'illumination culturelle » remplaçant les principes de l'éducation par l'idée d'une « participation instantanée magico-religieuse[178] ». Il a dénoncé aussi en Malraux le seul ministre à avoir été capable d'acclimater une idéologie culturelle d'État ; il l'a condamné pour avoir, « avec sa légende, son verbe, son talent pour les coups de théâtre », fait violence aux vieilles pudeurs républicaines afin d'arracher à leurs émotions élémentaires ceux qui vivent au jour le jour[179].

Dénonciation du Tout-culturel et défense du miracle Malraux

Pour Marc Fumaroli, le mot-écran de Culture fait le lien entre les loisirs ouvriers, conquête du travail, et les loisirs perpétuels unissant arts d'avant-garde et démocratie du spectacle[180]. À ses yeux, va succéder, à l'angoisse de Malraux et à la compétence empesée de ses successeurs, le sourire éternel et moderne de Jack Lang devenant « à la fois la Jeanne Laurent et l'André Malraux d'une France rajeunie et mieux nourrie[181] ». Pour le critique savant, sous un sentimentalisme sincère, le mélange noble culture-industries culturelles[182] vise à étendre le pouvoir de l'État, même si le ministère veut permettre à tous les Français de cultiver leur capacité d'inventer et de créer. Administrée à jet continu, la culture est peut-être incompatible avec la vie de l'esprit qui exige « un loisir studieux » : ce *credo* de Marc Fumaroli[183] n'est pas partagé par les responsables culturels de la fin du XXe siècle, qui espèrent qu'à travers des fêtes la Culture devienne une passion nationale[184]. Ministre libéral et dirigeant du parti républicain, François Léotard s'est prononcé en faveur du maintien de sa structure ministérielle dès lors qu'elle remplit d'abord une fonction patrimoniale et assume une réelle ambition culturelle, « l'un des rares domaines où la France peut espérer avoir la première place[185] ». Malgré « l'inertie très grande » du ministère[186], il a aussi, en proclamant qu'il était possible de « faire de ce pays un pays de 55 millions de créateurs », repris l'idée languienne de permettre à chaque Français d'être plus qu'un simple consommateur de culture.

Copilote du colloque international *De Gaulle en son siècle*, réuni à l'Unesco en 1990, Olivier Delorme s'est exaspéré de certains jugements :

« Je veux bien toutes les critiques les plus assassines, mais pouvait-il en être autrement ?

« Y a-t-il un autre exemple, dans l'histoire administrative française, de création d'un ministère de cette ampleur, de cette ambition, constitué de bric et de broc avec des services qui ne sont nullement partie prenante, qui naturellement freinent des quatre fers et qui, malgré cela, présente un pareil bilan ? Regardons le ministère de l'Écologie créé par Pompidou : combien de décennies met-il avant d'avoir une action réelle ?

« Le miracle n'est-il pas plutôt, dans le contexte administratif français, avec à sa tête un personnage si peu administratif, si peu aidé comme le dit Burin, qu'une telle innovation, en si peu de temps, ait produit autant de résultats positifs ? Y a-t-il tant de lois comparables à celles des secteurs sauvegardés ou des dations qui, à long terme, aient porté des résultats aussi positifs et aussi importants pour le patrimoine national ? Qu'attendaient au juste les censeurs ? Qu'une politique culturelle cohérente, dotée de moyens que personne ne lui a jamais donnés, sortît tout armée du casque de Malraux. La critique me fait penser à ces gens qui reprochent à la démocratie grecque de n'avoir pas donné les mêmes droits aux femmes, aux métèques et aux esclaves qu'aux citoyens. Ces critiques, dans leur virulence, ne sont-elles pas essentiellement l'expression d'une vision anachronique ? Une telle innovation, en France — et dans le monde, non ? —, ne supposait-elle pas un rodage forcément chaotique[187] ? »

La décennie Malraux, celle d'un État modeste

Des Grands Travaux du double septennat mitterrandien, un haut fonctionnaire a écrit qu'ils étaient des « agglomérats mal pensés de fonctions mal pensées où l'interdisciplinarité n'est qu'un alibi au désir des architectes de faire grand, à celui des princes de faire visible et à celui des techniciens et des entreprises de faire cher[188] ». Sur ce plan, si l'on excepte la restauration du Grand Trianon, la décennie Malraux fut celle d'un État modeste même s'il était culturellement très ambitieux. Au seuil du XXIe siècle, il n'y a sans doute plus de responsables politiques qui oseraient affirmer qu'ils veulent parler de culture en excluant de ce concept les divertissements. Dès la fin du quinquennat de Georges Pompidou, Malraux constatait que les valeurs, rue de Valois, impliquaient un système d'existence, d'œuvres, de réactions qu'il refusait et une forme de société à laquelle il ne croyait pas[189]. C'est en cela que le premier secrétaire d'État à la Culture du septennat giscardien eut raison de dire : « Le génie de Malraux, c'est une chose qui nous dépasse tous, le génie de l'homme mais le génie de la vie aussi[190]. » Le prophète des métamorphoses aurait aimé les *états généraux de la Culture* où, en 1981, on dénonçait le pouvoir exorbitant des énarques, la dictature bureaucratique exercée par les fonctionnaires — ministériels, régionaux, municipaux ou autres — sur la création, une sur-administration caractéristique de la situation coloniale[191].

Entre la volonté malrucienne de réduire la masse à sa fécondité et la phrase de Jack Lang énonçant la nécessité de mettre fin à la dictature de la frivolité, il reste possible de voir une filiation du fondateur du ministère à celui qui en a lui aussi porté la charge pendant une décennie. Toutefois, lorsque le décret du 10 mai 1982 a transformé les missions du ministère définies par Malraux en juillet 1959, c'est parce que le proche entourage du ministre en avait assez des vaches sacrées et sans doute aussi un peu de la grande ombre du fondateur du ministère. Bientôt, Jack Lang se réjouit de cette initiative de réflexion et d'agitation ; sans volonté des écrivains, des artistes et de toute la population, il déclare qu'il ne pourra faire que de l'administration : *C'est-à-dire des lois, des décrets. On distribuera des fonds. Et puis, la réponse, ce sera la mort*[192]. Mais les initiatives tous azimuts des équipes de Lang ont aussi été critiquées. Directeur de la Musique de 1988 à 1991, Michel Schneider a dénoncé dès janvier 1993 la comédie de la culture. Il l'a fait remonter au primat du culturel proclamé en mai 1968 : à ses yeux, on parle de politique culturelle parce qu'on craint de parler d'une politique de l'art et qu'on n'a plus les moyens ou l'ambition d'une politique de l'éducation qui admettrait « qu'ils ne sont que quelques-uns à faire des œuvres et quelques autres à les aimer[193] ». De l'art lyrique à l'art du saucisson de Lyon, le ministère de la Culture ne peut plus parler de Beaux-Arts quand la liste des pratiques culturelles s'étend à des domaines ne relevant ni du beau ni de l'art[194].

Les intuitions fondatrices de Malraux ministre

En 2001, quand est venu le temps de célébrer le centenaire de la naissance d'André Malraux, Max Querrien n'a pas craint d'écrire que Malraux ministre, ce fut le gros caprice que s'est offert le Général[195]. Il ajoutait : ce fut un caprice fondateur et diablement vécu, le ministre ayant « projeté l'appétit de culture sur toute la population française ». Il a rendu possible la poursuite d'une action gouvernementale qui fit dire à Jacques Duhamel, *d'abord continuer, ensuite commencer*. Directeur de cabinet du dernier véritable homme politique ayant porté le titre de ministre des Affaires culturelles, Jacques Rigaud a peint clairement les intuitions fondatrices de Malraux[196]. D'une création circonstancielle, au fil du temps, est apparue l'une des plus durables innovations de la Ve République : Malraux a donné « par son charisme, ses intuitions, l'éclat de son verbe, un relief inédit à l'administration de la culture ». Il ne fut ni gestionnaire, ni technocrate, ni friand de débats budgétaires et il a fallu que ses successeurs travaillent pour asseoir la crédibilité du ministère dans l'État. Mais il a été un garant exemplaire du pluralisme comme de la liberté de l'art et de l'esprit. Même s'il a eu de longues et douloureuses éclipses, le poids de ses échecs et de ses carences est très largement contrebalancé par ses mérites, sa noblesse, son inspiration. Il convient donc de relire ce qu'écrivit de lui et de ses *Antimémoires* son collaborateur Gaëtan Picon, pourtant chassé du ministère par son entourage mais resté son excellent exégète : « Dans la défaillance de l'histoire, ce qui apparaît est moins le monde sans le moi que le moi prenant le monde dans ses feux [... avec] l'éloquence d'un Hugo qui continuerait à chanter sans illusion : un chant se chantant seul[197]. » Les portraits de Charles de Gaulle ou de Pablo Picasso que Malraux rédige après son départ du pouvoir sont aussi, comme son *Lazare*, des résurrections de lui-même dans une société du spectacle où les légendes peuvent emporter l'adhésion du plus grand nombre afin de fulgurer dans notre vingt et unième siècle.

Les pratiques culturelles des Français

Depuis la décennie Malraux, l'impossible quête du non-public continue. De 1973 à 1988, on sait en tout cas que la hiérarchie des sorties des Français n'a pas bougé : cinéma et fête foraine ont continué d'intéresser près de 50 % de la population des plus de quinze ans tandis que 14 % s'intéressaient au théâtre amateur ou professionnel[198]. La dépense culturelle continue de bénéficier principalement aux titulaires de revenus élevés et la composition sociale des familiers de la culture continue de laisser de côté un très vaste non-public ; mais cela traduit des évolutions sur lesquelles le ministère n'a guère de prise[199]. Pour la majorité des Français, en 1989, la sortie la plus pratiquée annuellement demeure le restaurant, ce qui paradoxalement rapproche le grand public du fondateur du ministère des Affaires culturelles, grand adepte de repas festifs. François Mitterrand, que Malraux n'avait pourtant pas ménagé comme adversaire politique, eut la franchise d'écrire, un an avant la mort de l'ancien ministre : « Le personnage a, par la suite, éclipsé l'œuvre ; on n'a plus remarqué que lui et on les a pris l'un pour l'autre. Regrettable quiproquo[200]. »

Naguère, le premier dirigeant de la principale chaîne privée de télévision s'était donné pour objectif de vendre aux annonceurs publicitaires du temps de cerveau disponible[201]. Alors que la chanson française est *in English*[202], il est impossible de ne pas constater la profonde métamorphose de l'action publique. Un inspecteur général des Monuments historiques et des Sites s'en angoissait dès 1991, considérant que l'exploitation touristique ne transmet que des contentements superficiels alors qu'il s'agit d'atteindre les âmes ; fondateur du Festival des Nuits de Bourgogne, ce pionnier de la décentralisation culturelle, devenu président du Comité international pour la protection des sites, affirmait crânement[203] : « Il vaut mieux le risque de la ruine que des falsificateurs » !

L'ère de la Culture et de la Communication

La dictature des médias et des indices de popularité, le poids du *faire-savoir* dans un département ministériel qui souhaite « coiffer » simultanément la Culture et la Communication ont transformé en profondeur le ministère fondé par Malraux. Le ministre installé rue de Valois devient parfois officiellement le porte-parole du Gouvernement ; ce titre est porté par Jack Lang de mai 1991 à avril 1992, par Catherine Tasca entre juin 1997 et avril 1998 et par Christine Albanel au début du quinquennat de Nicolas Sarkozy. Comme l'a écrit naguère Antoine de Baecque, à partir de 1993, il ne s'agit plus que de casting : « En une douzaine d'années, se succèdent Toubon, Douste-Blazy, Trautmann, Tasca, Aillagon, Donnedieu de Vabres, Albanel, qui ont chacun bien de la peine à définir ce que peut être une politique culturelle possible, sinon cohérente et efficace, et tout autant de difficulté à bien s'entourer et à échapper à la malédiction des coupes budgétaires. Ces années du tournant du millénaire sont celles de la mise en sommeil des discours politiques sur la culture, ou plutôt de leur gadgétisation, tandis que bien des objectifs de développement culturel et d'insertion de l'art dans l'espace social passent au compte des pertes et profits (des pertes surtout). La politique culturelle à la française, inventée sous Malraux, régénérée par Lang, s'est dissoute dans ce processus[204]. »

Dès 2004, *Le Monde* concluait que le ministère était à bout de souffle, à cause de la rotation trop rapide des ministres — deux ans de fonctions en moyenne — sur un siège aussi séduisant qu'éjectable mais aussi d'une administration archaïque dans son fonctionnement comme dans ses structures et d'un milieu de créateurs volontiers corporatiste et conservateur[205]. Quatre ans plus tard, interrogé par deux journalistes dont l'un des rédacteurs de l'article de 2004, Jean-Jacques Aillagon, ancien ministre de la Culture et de la Communication, validait cette analyse et se prononçait pour la disparition du ministère ; il jugeait son action *peu compréhensible et perçue comme injuste*[206] !

Les objectifs du XXIe siècle

Lors du trentième anniversaire du ministère, les anciens collaborateurs de Malraux s'étaient réjouis de l'expansion de leur organisation de 1959 — un trèfle de quatre pôles devenu une marguerite de neuf directions. Bernard Anthonioz, responsable de la création artistique dans les années 1960-1970, lançait alors une formule à la Malraux : « Le principal n'est pas de réussir, ce qui ne dure jamais. Le principal est d'avoir été là, ce qui est ineffaçable[207]. » Au début des années quatre-vingt-dix, Jack Lang, devenu ministre de l'Éducation nationale et de la Culture, affirma qu'il ne faudrait jamais plus séparer ces deux départements scindés en 1959 ; quelque temps auparavant, il avait aussi soutenu que la vocation d'un ministère était de réussir puis de disparaître. Dans le cadre de la révision générale des politiques publiques, nombre de responsables ont envisagé de suivre ces suggestions.

Toutefois, le 30 mai 2008, dans un message électronique à tous les agents de son département[208], la ministre de la Culture et de la Communication a annoncé la réorganisation des bureaux autour d'un secrétariat général et de trois directions[209]. Le 11 juin suivant, le conseil de modernisation des politiques publiques a fixé les nouveaux objectifs du ministère : se recentrer sur ses enjeux prioritaires, passer à une administration stratégique, maximiser l'effet de levier des interventions sur la création. Si les institutions ne sont fondées que sur des survivances, les contraintes budgétaires du XXIe siècle viennent donc d'aboutir à l'effeuillage de la marguerite qu'on fêtait en 1989 et qu'on juge sans doute desséchée en 2009 !

Le domaine de la Culture, s'il reste celui de la protection du Patrimoine, est de plus en plus ressenti comme un marché pour les industries culturelles. Les indicateurs de performance illustrent ce qui est attendu désormais des services ; ils seront jugés notamment sur le volume d'exportation des produits culturels, sur les parts de marché des films français et des transactions du marché de l'art réalisées sur le territoire national[210]. Au seuil du cinquantième anniversaire du ministère, évoquant l'œuvre collective bâtie sous l'autorité de dix-neuf ministres successifs, la ministre a célébré ce tournant vers l'avenir et, outre son secrétariat général renforcé, les nouveaux piliers de son ministère : trois grandes directions générales ayant en charge, respectivement, les patrimoines de France, la création et la diffusion, le développement des médias et de l'économie culturelle[211].

Cependant, il reste admis que seul l'État peut investir à très long terme[212] et nul ne conteste une vérité énoncée par le fondateur du ministère : « L'État ne vaut pour l'art que ce que valent ceux qui s'en occupent. » La loi a aussi édicté que le grand loisir de masse des Français devait aller à des groupes proposant un mieux-disant culturel. Si la fin de leurs recettes publicitaires n'empêche pas le développement des chaînes publiques de télévision, ce mieux-disant devrait permettre de réhabiliter les arts et de les faire connaître. Au-delà d'une présentation compréhensible du monde, la télévision publique doit pouvoir susciter la réflexion, stimuler les intelligences et *faire aimer* la Culture[213]. Celle-ci pourra alors triompher des parcs de loisirs sur le modèle de Disneyland et des programmes télévisés faisant appel par priorité aux instincts primaires et aux *dyables* que dénonçait André Malraux, les démons du sexe et du sang. À ces conditions, dans ce qu'il définissait comme « la première civilisation sans valeurs suprêmes », les paroles du premier ministre chargé des Affaires culturelles connaîtront d'authentiques résurrections qui feront rayonner son esprit.

CHAPITRE VI

LES RÉSURRECTIONS D'ANDRÉ MALRAUX

Toute haute pensée, toute œuvre d'art est une possibilité infinie de réincarnations.

André MALRAUX,
péroraison du discours prononcé à Londres,
le 21 juin 1936.

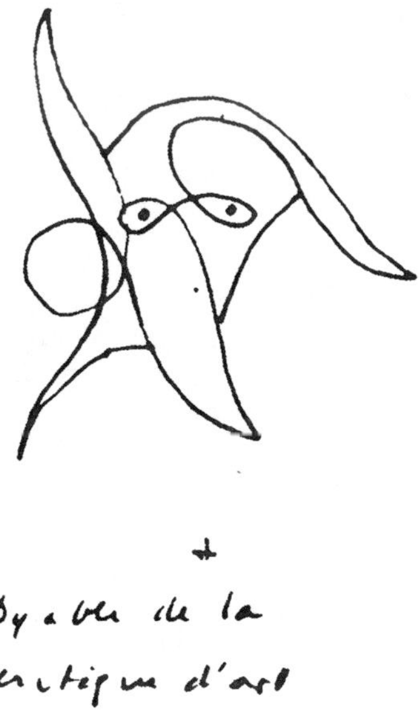

UN HÉRAUT DE LA LÉGENDE GAULLIENNE

Pourquoi écrire ? — Et pourquoi vivre ?
— Vous connaissez la Bhagavad-Gîtâ :
« Et à quoi sert le pouvoir, à quoi sert la joie — À quoi sert la vie… »

Dialogue d'André MALRAUX
et de Charles de GAULLE,
à Colombey-les-Deux-Églises,
le 11 décembre 1969.

« Soir, tombe doucement dans les tourbillons de neige. Voici la fin du temps de cet homme et du mien. » Il n'y avait pas de tempête de neige et nous n'étions qu'à la fin de l'après-midi quand la voiture ramenait de Colombey vers la gare de Bar-sur-Aube, Geoffroy de Courcel et André Malraux, le compagnon du 18 juin 1940 et de la descente des Champs-Élysées côte à côte avec l'ami génial. Son entretien en tête-à-tête avec le Général avait duré environ vingt-cinq minutes[1] ; cependant, les quelques notes prises dans le train le ramenant vers Paris devaient, en quatorze mois, se métamorphoser et devenir *Les Chênes qu'on abat*. L'écrivain soutiendra l'avoir d'abord imaginé en publication posthume et fera placer, en quatrième de couverture, un avertissement : « Ce livre est une interview comme *La Condition humaine* était un reportage. » Son titre est pris dans Victor Hugo, qui évoquait le bruit des chênes abattus pour le bûcher d'Hercule, mais nombre de ses premiers lecteurs songent sans doute au dessin publié par Jacques Faizant, au lendemain de la mort du Général : la République, couverte de son bonnet phrygien, pleurait à côté d'un grand chêne abattu. Dans *Le Miroir des limbes* où *Les Chênes* se fondront, Malraux supprimera l'épigraphe de Hugo et l'exergue où, derrière Hegel, il s'esquissait en homme libre, point envieux, admettant volontiers ce qui est grand et se réjouissant que cela puisse exister. Les lecteurs de la première édition des *Chênes* ont droit à une préface où l'auteur regrette qu'il n'y ait « aucun dialogue d'un homme de l'Histoire avec un grand artiste[2] », qu'on ne connaisse pas les propos échangés par le pape Jules II avec Michel-Ange, par Alexandre avec les philosophes, par Voltaire avec Frédéric de Prusse, par Diderot avec la Grande Catherine[3]. Il esquisse le début d'un faux chapitre de Chateaubriand arrivant dans l'île de l'Empereur proscrit[4], reconnaissant à peine Bonaparte qui portait un chapeau de planteur : « Nous nous égarâmes dans le destin du monde ; et pendant qu'à mi-voix il parlait d'Austerlitz, les aigles de Sainte-Hélène tournoyaient dans les fenêtres ouvertes sur l'éternité. »

Malraux ressuscite de Gaulle

Avec sa neige mérovingienne de Colombey, avec le parc funèbre de la Boisserie où de Gaulle manifeste une hospitalité modeste mais souveraine, Malraux nous avertit : « Voltaire eût recréé ses conversations avec Frédéric [...].

J'ai tenu à montrer un général de Gaulle dans l'Histoire et hors de l'Histoire. D'où les passages sans importance. Pourquoi ne pas les supprimer ? La couleur de la rencontre en eût été changée [...]. Je ne me suis pas soucié d'une photographie, j'ai rêvé d'un Greco[5]. » Nous sommes donc prévenus : « à l'accoutumée du grand écrivain, le grand politique parle le malraux[6] », d'autant que le créateur a beaucoup travaillé. Des 31 pages écrites en rentrant de Haute-Marne, il est arrivé à un manuscrit de 156 pages et a poursuivi son travail sur ses trois jeux d'épreuves d'imprimerie[7]. Ce n'est donc pas le charabia de la parole, c'est une re-création où il y a « la présence souterraine de ce qu'il ne convient pas de dire » et où de Gaulle est censé parler librement, en se peignant « quelquefois dans un domaine assez secret[8] ». Le Général de Malraux ne saurait « affronter que des événements historiques — ou la mort — ou le secret[9] ».

S'il affirme qu'il n'y a pas de Charles dans de Gaulle, ni dans ses *Mémoires* ni dans un dialogue avec lui[10], l'ancien ministre se plaît à montrer l'ancien président créant à Colombey une « atmosphère à la fois familière et chaleureuse, comme s'il se retrouvait avec plaisir maître de maison[11] ». Dans un décor où il place, au jardin, une charrue abandonnée « comme un monument à Cincinnatus » deux fois consul de Rome retourné à ses sillons[12], c'est donc Charles qu'il nous fait voir, tournant un des fauteuils de cuir de sa bibliothèque, versant lui-même le vin avec ses mains petites et fines, mais il nous replonge dans l'histoire du monde grâce aux mains ébouillantées de Mao Tsé-toung[13]. L'écrivain mentionne au passage, dans le cabinet de travail, ses livres montrés par le Général d'un clignement ; il nous rappelle sa conception de l'intimité : non pas parler de lui, sujet tabou, mais évoquer la France ou la mort[14]. Plus loin dans son récit, Malraux nous montrera « des jeux de patience en fil de fer, enchevêtrements qu'il faut débrouiller », ce que les mains du Général font mieux que ses petits-enfants[15]. Dans la bibliothèque, au-dessus des rayons, avec des lampes de mineurs, il décrit « des photos gondolées de souverains et de chefs d'État régnants, morts ou déchus[16] ». Leurs cadres empêchaient absolument ces ondulations mais l'écrivain pense que le public se rapprochera mieux ainsi de la simplicité du héros ; comme l'immense majorité des Français, ce dernier n'a d'ailleurs acheté aucune œuvre d'art. Cependant, le tragique doit continuer à planer : « Maintenant, le dernier grand homme qu'ait hanté la France est seul avec elle : agonie, transfiguration ou chimère. La nuit tombe — la nuit, qui ne connaît pas l'Histoire[17]. »

La mémoire du gaullisme

De 1969 à sa mort, l'ancien ministre des Affaires culturelles est le plus vigilant gardien de la mémoire gaullienne, d'autant plus qu'il a fait dire au Général : « L'Histoire peut justifier la vie, elle ne lui ressemble pas[18]. » Malraux rêve que la politique française reste à l'écoute d'un silencieux Veilleur[19]. Ce veilleur, c'est bien plus lui que le Général qui, quoi qu'en ait écrit son ami, ne s'est sans doute jamais considéré comme un rival de Tintin, le héros belge de Hergé[20]. Il est vrai qu'à peu près à la même époque, l'écrivain est ravi qu'une campagne publicitaire associe sa photo au dessin de Lucky Luke[21] ! Charles de Gaulle, dès lors qu'il ne peut plus être acteur d'événements historiques, attend seulement d'affronter sa mort, même s'il est redevenu lui aussi écrivain. Il va d'ailleurs mourir en réalisant des rêves de ses poèmes d'autrefois, disparaître à la fin d'une journée où il travaillait sur *L'Effort*, le second tome de ses *Mémoires d'espoir*, lui qui avait écrit en 1908, sous le pseudonyme de Charles de Lugale[22] :

quand je devrais mourir,
je voudrais que ce soit le soir !
Avec la nuit la paix viendrait des cieux
et j'aurais en mourant dans le cœur et les yeux
le calme apaisant des étoiles ;

et, seize ans plus tard[23], en 1924 :

Quand un jour, tôt ou tard, il faut qu'on disparaisse,
Quand on a plus ou moins vécu, souffert, aimé,
Il ne reste de soi que les enfants qu'on laisse
Et le champ de l'Effort où l'on aura semé.

Malraux est loin de ces poésies. Il a défini le gaullisme comme une « technique de sauvetage » n'ayant rien de commun avec un système[24]. Il prétend que de Gaulle « a parlé avec la force irrationnelle de celui qui dit ce que tout le monde sait, quand tout le monde se tait ; il a exprimé l'alliance qui donnait à la patrie écrasée la formule la plus simple de l'amour : *tu m'es nécessaire*[25]. » Il soutient que, pour que la France comprenne ce que veut lui léguer son Général, « il faut peut-être plus que le pouvoir, plus même que quitter le pouvoir : être mort[26] ». Alors qu'il prend congé, à Colombey, en décembre 1969, il se fait dire : « Avant dix ans, il s'agira de vous transformer en personnage romanesque. Il rôdera encore, je ne sais où, un vague 18 juin, une vague décolonisation. — Une vague France ? Une vague France. En face les sages. Alors, chez les gaullistes encore vivants, il adviendra quelque chose d'imprévisible. Et chez les jeunes, oh ! plus tard ! Quelque chose du même genre[27]. »

Au premier trimestre 1971, il a lu l'ultime hommage posthume de son Général saluant l'Association pour la Nouvelle République, « née sous l'ardente égide d'André Malraux[28] ». Pour contribuer aux métamorphoses gaulliennes, l'ancien ministre accepte de devenir le premier président de l'Institut Charles de Gaulle, sur les instances de Pierre Lefranc. S'il n'assiste qu'à une seule assemblée générale de l'association, le 29 octobre 1973, il écrit pour la revue *Espoir* ou y laisse publier maints discours d'autrefois qui exaltent l'épopée gaulliste. Il parle aussi aux anciens résistants comme aux anciens du RPF et, à travers eux, grâce aux journalistes, à tous les Français. Il n'a pas oublié un chant de la Légion qu'il a cité dans son dernier discours de propagande électorale — « Y a des cailloux sur toutes les routes / Sur toutes les routes y a des chagrins » — ni la phrase qu'il avait ajoutée : « Sur une route où n'ont manqué ni les cailloux ni les chagrins, le général de Gaulle a rétabli la France, de libération en libération[29]. »

L'apaisement avec Sophie de Vilmorin et Florence Malraux

L'ancien ministre affronte encore, dans sa vie, quelques drames et quelques aventures, partiellement apaisé grâce à Sophie de Vilmorin qui, de secrétaire, devient l'ultime compagne. C'est l'époque où il construit le second tome des *Antimémoires, La Corde et les souris*, dans lequel il fait surgir un Contrôle des stupéfiants[30] dont il souligne la peur du bonheur ! Sophie et André vivent dans l'appartement du château de Verrières pour lequel il a signé un bail de location à la famille Vilmorin[31]. À partir de 1973, Sophie l'accompagne en public sans chaperon ; vouée à faire pour lui ce qui l'embêtait, elle va obtenir qu'il abandonne complètement ses consommations d'alcools. Vingt-six ans plus tard, elle publiera son histoire d'amour en regrettant qu'aucune signature n'ait pu « sanctionner une relation conjugale en vérité parfaite » mais en avouant : « Il existait sans moi dans son passé et dans les tragiques secrets qu'il abritait. Il s'élevait sans moi dans les hauteurs de sa quête métaphysique [...] dans l'air raréfié de l'intelligence maîtrisée où le faisaient planer ses larges ailes[32]. » Elle n'oubliait pas ce qu'André avait écrit à Verrières : « Le mot "paradis", à peine prononcé, étend dans le bureau ses ronds mystérieux, se perd dans la nuit menaçante[33]. »

Nicolas d'Estienne d'Orves a cruellement dépeint la jeune femme apparentée à sa famille, « écrasée par deux ombres : le souvenir de sa tante et l'œuvre de Malraux [...] fascinée par le monstrueux égoïsme intellectuel[34] » de son oracle. Madeleine Malraux a préféré dire, avec sa bienveillante indulgence, que — grâce à Sophie — son mari avait retrouvé le charme féminin au quotidien[35]. Florence lui a rendu hommage pour les années de paix que son père a connues auprès d'elle et pour ces derniers jours où, à l'hôpital, elle ne quitta jamais son chevet. Mais quelques vieux amis se sont agacés alors de ce cerbère à qui ils devaient de plus en plus expliquer pourquoi ils voulaient parler à leur camarade de combats[36]. Cette barrière de protection favorisa les travaux de l'écrivain ; Sophie ne prétendait pas à autre chose que de se recroqueviller dans son « cocon de bonheur[37] ». En 1975, André se dira heureux « autant qu'un autre » mais soulignera, par rapport au droit au bonheur : « Aucun État ne peut assurer le bonheur de qui que ce soit[38]. » Dès 1971, *Les Chênes* le montre proclamant, avec de Gaulle, que le bonheur n'existe pas. Pourtant, depuis plusieurs années, il est pleinement réconcilié avec sa fille, comme le montre l'affectueuse dédicace qu'il lui inscrit[39] sur un de ses premiers exemplaires des *Chênes* : « C'est pour assouvir ta curiosité, car je t'en donnerai un bien plus beau quand tu reviendras — les bien plus beaux ne nous seront envoyés que dans dix jours. »

La foi gaullienne de l'ancien ministre

Dernier fidèle absolu, André Malraux sent qu'il est arrivé au terme de ses aventures mais il reste ferme dans sa foi gaullienne. Le départ sur une question aussi secondaire que celle des régions continue pourtant de le perturber et il fait dire au Général qu'il est parti « À cause de l'absurdité[40] ». Il soutient que, par le référendum de 1969, de Gaulle « cherchait à se faire congédier. C'est exactement une conduite d'échec ; aller les yeux fermés vers une catastrophe qui n'avait rien d'inévitable[41] ». Cette vision d'un gaullisme suicidaire, Malraux s'en fait le prestigieux porte-parole. Considérant que notre époque montre son appétit pour des « sciences incertaines où la psychanalyse et l'histoire rencontrent le marxisme et la biographie[42] », il veut créer de Gaulle en personnage historique mais croit que son intelligibilité ne peut exister sans personnages fictifs[43]. Il n'a pas ménagé sa peine pour dresser le portrait d'un régime idéal et d'un président assailli mais souverain. Il n'hésita pas à remanier la chronologie de certains événements afin de dramatiser ses effets oratoires. Il transforma des itinéraires de manifestations lorsqu'il trouva plus spectaculaire de faire défiler les antigaullistes de la Bastille à la Nation plutôt que de la Nation à la République[44]. Historiographe d'un règne, l'écrivain a eu peut-être envie de laisser spirituellement « vierge » cette vaste esplanade où, le 4 septembre 1958, il avait été l'ultime orateur avant que Charles de Gaulle n'y présente la nouvelle Constitution proposée au suffrage universel par référendum. Il a écrit d'ailleurs que « les cris hostiles venus de loin se perdaient dans la place » même si l'on y vit des ballons d'enfants montant nonchalamment, « porteurs de banderoles qui affirmaient, en ondulant, que le fascisme ne passerait pas ».

Les dernières métamorphoses

Si les photos gondolent dans la bibliothèque de Colombey tandis que les banderoles ondulent dans le ciel de Paris, avant que le rideau ne soit définitivement tombé sur les années gaullo-pompidoliennes, André Malraux reste un homme engagé. Ses interventions nettement politiques ne reprendront qu'en 1974 ; auparavant, il est redevenu essentiellement un homme de lettres. Son illustre confrère François Mauriac, qui, en 1948, le traitait de *David sans âge* se battant contre Staline beaucoup plus que pour de Gaulle[45], le confirme quelques mois après qu'il a cessé d'occuper sa charge de ministre[46] : Malraux « demeure le plus grand écrivain français vivant et à coup sûr le plus singulier. Tous les autres, si différents qu'ils soient, ont entre eux quelques traits communs, ils sont de la famille. Malraux, lui, s'il n'a certes pas été méconnu, reste un inconnu. D'abord parce que l'intelligence et la culture à un certain degré isolent celui qui les possède et qui en est en même temps possédé ». Même si Louis Aragon, membre du comité central du parti communiste, accepte que des phrases de lui soient utilisées en faveur de Malraux — « un très grand écrivain. Il y a des pages dans ses livres qui dépassent de beaucoup tout ce qu'on a écrit de notre temps[47] » —, l'engagement gaulliste de Malraux d'après 1945 et sa décennie ministérielle continuent de lui être reprochés par l'intelligentsia. On y partage toujours le sentiment consigné par Simone de Beauvoir, le 2 juin 1958 : « L'intellectuel [...] doit demeurer, même s'il appuie le gouvernement, du côté de la contestation, de la critique, autrement dit penser et non effectuer[48]. » Parce qu'il a dirigé la propagande du RPF et effectué ses devoirs de ministre, l'homme de lettres a perdu toutes ses chances d'obtenir le prix Nobel de littérature, qu'il a pourtant attendu en 1967, année où il fut décerné à un autre écrivain engagé, alors ambassadeur en France, le Guatémaltèque Miguel Angel Asturias[49].

L'écrivain n'a cependant rien renié de ses années au pouvoir ; il avait confié sa fierté à un universitaire américain[50], dès le 1er juillet 1968, au lendemain de la tourmente des événements de Mai : *en tant que parlementaire, Barrès n'était qu'un parmi sept cents et iI n'était pas ministre, il ne faisait pas le poids. Il était caporal en politique alors que, dans le domaine de la littérature, il était général.* André Malraux ajoute : « Il voulait être ministre. Or un ministère, c'est avant tout une organisation. Il était grand écrivain. Aurait-il été grand organisateur ? C'est douteux. Même s'il avait été ministre, ça n'aurait pas duré plus de quinze jours. » Malraux a duré onze ans dans des fonctions ministérielles, entre 1958 et 1969 ; il s'est cru grand organisateur, s'est vu général et rêvé général en chef. C'est cette expérience qu'il a transfigurée dans ses *Antimémoires* et leurs suites, en métamorphosant aussi son lien exceptionnel avec Charles de Gaulle et leurs dialogues. Il veut donc faire, du premier président de la Ve République, *un mythe suscité par ses œuvres, la dernière métamorphose du mythe de la France*. Quant à son destin propre, tel Chopin dont il dit « il croyait qu'il ferait un groupe révolutionnaire, au lieu de cela, il a incarné la Pologne dans sa musique[51] », Malraux, revenu de ses espérances des années trente, rêve d'incarner la France dans la musique de ses phrases.

Malraux juge l'écrivain de Gaulle

À propos du tome premier des *Mémoires d'espoir*, sa longue lettre au Général évite de parler du rythme ternaire de sa prose dont Mauriac écrivait, le 11 octobre 1954, « tout est "d'après l'antique" : c'est le grand ton de Bossuet ». Selon Malraux, son rythme irrite de Gaulle mais il remarque qu'il « ne s'en est nullement délivré[52] ». À la fin de la deuxième page de son courrier[53], il lui dit « avec quelle émotion il a lu le passage le concernant » ; il évoque le titre choisi pour affirmer : « Le vrai titre, depuis le début des *Mémoires de guerre*, serait "la France et moi". Et vous ne pouvez évidemment pas l'employer. Pourtant vos lecteurs penseront plutôt à Antigone qu'à des Mémoires. » Auparavant, il a développé une analyse fouillée, d'écrivain à écrivain, avec bien sûr des obsessions qu'il replacera dans *Les Chênes* :

> Pour le fond, vous savez depuis bien des années ce que j'en pense. Pour la forme (je ne veux pas parler de la forme au sens du style en littérature mais des styles en architecture) la critique est celle que nous connaissons même quand elle est respectueuse... Vous avez accepté le mot Mémoires mais enfin la relation avec les *Mémoires d'Outre-Tombe* (pourquoi pas *Les Confessions* ?) est absurde. Vous n'avez pas d'enfance et au fond il n'y a pas de Charles : si on traduisait le texte à la troisième personne, rien d'essentiel au fond ne serait changé. Où sont les précédents ? À Rome. L'histoire qui se passe entre la France et vous ressemble plus à une tragédie grecque qu'aux récits des campagnes romaines. Même chez Plutarque, l'autre pôle n'existe guère car l'ennemi est plus important que Rome alors que, pour vous, l'ennemi est moins important que la France. Au cours du livre, il n'y a que deux affrontements visibles ; avec Khrouchtchev et avec Kennedy. Et l'essentiel n'est pas là.
>
> Quant à la simplification dont parlent les braves comptes-rendus, elle me paraît avoir deux origines. L'une mineure, ce n'est pas de César que nous attendons Vercingétorix ; l'histoire, grande ou cancanière, se fait plus tard et par d'autres voies. L'autre majeure, je crois qu'il y a, dans votre talent et peut-être dans votre esprit, un besoin latin de ramener les choses à ce qu'elles ont pour vous d'essentiel ; et que votre résurrection en est inséparable, comme la création de Victor Hugo l'était de son besoin de transfigurer. Bien entendu le mot Mémoires est ambigu car il ne s'agit pas pour vous de ressusciter un monde de sentiments mais de rendre intelligible l'accomplissement d'un

grand dessein. Combien de livres sont nés de cette volonté ? Mais tout se passe entre deux personnages, et vous avez choisi de ne pas le souligner.

Les intellectuels et le gaullisme

Tout en retrouvant sa chère Antigone, son amie obscure qu'il a si souvent opposée aux esclaves qui disent toujours *Oui* alors qu'elle refuse obstinément de se soumettre, Malraux entend faire surgir, devant les lecteurs des *Chênes* puis du tome second de son *Miroir des limbes*, « la France et de Gaulle », voire la France et eux deux. Se sent-il parfois, comme l'héroïne de Sophocle, ni vivant ni cadavre ? Il se perçoit assurément comme l'homme de la fin d'un temps et cette conviction affleure dans les métamorphoses de ses *Chênes*. Mais, bien qu'il admette ne pas connaître le général de Gaulle, sa « recherche de l'inavoué » lui semble plus profonde et plus utile que celle de l'inavouable. Il juge fragiles les analyses rationnelles et prétend qu'avec les lettres d'injures reçues par son cabinet quand le ministère changeait la couleur des bâtiments civils de Paris, il pourrait dresser une anthologie des idiots.

Au début d'un passage dont un pamphlétaire dira curieusement que de Gaulle ramène Malraux « à un peu plus de hauteur[54] », l'écrivain définit l'artiste gaulliste, un artiste qui défend le Général. S'il ne cite comme artistes gaullistes que Braque, Le Corbusier, Chagall et Balthus, il sait aussi que, dans les personnalités du monde des arts qui appelèrent à la réélection du Général, on remarquait notamment Marc Allégret, André Chamson, Sonia Delaunay, Abel Gance, Olivier Messiaen, François Reichenbach, Isabelle Rouault[55]. L'ancien ministre n'oublie évidemment pas non plus que, malgré leurs différends sur l'Algérie, Jérôme Lindon, directeur des éditions de Minuit, avait voté de

Gaulle à l'élection présidentielle de 1965. S'il ne se range sans doute pas parmi les intellectuels aimant les honneurs et les puérilités, il se réjouit de faire dire à de Gaulle qu'ils restent tous « au service de quelque chose qui les dépasse ».

Malraux demeure convaincu qu'on pouvait mieux arrêter la guerre d'Algérie de l'Hôtel Matignon que des cafés de Flore ou des Deux Magots et que, dans « un univers passablement absurde, il y a quelque chose qui n'est pas absurde, c'est ce qu'on peut faire pour les autres[56] ». L'ex-ministre tient à affirmer que *les Pères de l'Église des âmes sensibles* — Freud, Marx, Proust, Kafka, etc. — sont une collection « d'ennemis dont la conciliation deviendra inintelligible lorsqu'on aura oublié que les écoles des cafés n'ont pas d'autre vie que leurs conciliabules[57] ». Il se fait dire au Général que « le rôle des passions négatives chez les intellectuels est à coup sûr très grand » et lui fait répondre : « Les intellectuels sont passionnés par les intentions, et nous par les résultats ! Qu'y faire ? Des déjeuners ? » On sait en tout cas que, dans tous ses déjeuners, Malraux a parlé avec éclat ; il s'en était expliqué avec son proche collaborateur André Holleaux, lui confiant : « Je parle beaucoup à table car la conversation des autres m'ennuie[58] ! »

Le ministre, l'imaginaire et l'irrationnel

Est-ce vraiment de Gaulle qui déclare : « Je ne suis pas parvenu à faire construire aux Halles des édifices convenables » ou est-ce le ministre, conscient des insuffisances de la politique architecturale de la Ve République ? Toutefois, il se trompe en attribuant alors un pouvoir à la municipalité parisienne et oublie les propos d'un élu UNR énonçant : « Nous ne pouvons pas proscrire de ce quartier les grandes affaires publiques et privées[59]. »Le gaullisme immobilier a mis en jeu bien d'autres intérêts et d'autres puissances que les élus du conseil municipal, alors fort contrôlés par les trois préfets dirigeant la préfecture de région, la préfecture de la Seine et même la préfecture de police. Sur ces dossiers immobiliers, la circonspection semble avoir été de mise jusqu'à Matignon ; Georges Pompidou avait signifié à sa chef de cabinet qu'il ne voulait « pas de rendez-vous, pas de contact, rien — sachant par son expérience bancaire que ce monde à part était dangereux sinon pervers [60] ».

Délibérément ou non, quand il parle constructions et urbanisme, Malraux ne se souvient pas de la lettre de son directeur de l'Architecture dénonçant « les occasions manquées, les retards, l'indécision, la paralysie [61] ». Mais il n'est plus alors ministre, il est littérateur et quelque peu hagiographe des temps gaulliens. Il reprend donc — en manière d'excuse ? — une phrase connue du général de Gaulle dénonçant les historiens qui s'imaginent que l'on peut faire ce qu'on veut quand on est au pouvoir [62]. Malraux écrit : « Lorsque tel politicien proclame ce que le Général "aurait dû faire", il n'a pas nécessairement tort ; mais cela n'a aucune importance. Comme, d'ailleurs, l'idéologie gaulliste. Ce que nous avons si souvent entendu appeler inconditionnel (car la soumission à Staline et à ses tribunaux, n'est-ce pas, était tout à fait conditionnelle !), c'était l'irrationnel [63]. » Ce mot, qui revient d'une façon récurrente dans des textes de Malraux, est sans doute la clé de son comportement, même quand il a joué à être ministre. Il n'a jamais oublié qu'il ne fallait pas parler comme si rien ne devait finir. Au-delà de ses problèmes de santé, de son tas de secrets, c'est sa hantise du néant qui fournit la tonalité de tous ses actes et c'est sa fidélité irrationnelle à Charles de Gaulle qui colore sa décennie ministérielle.

L'homme de lettres soutient que, si on le regarde comme une sorte de gaulliste symbolique, c'est parce qu'il ne s'est jamais fait élire[64]. Toutefois, c'est moins à cause des historiens que parce qu'il est un dramaturge que Malraux écrit : *le Général a regretté de ne pas être tué dans l'attentat du Petit Clamart*[65] ! Son sens de la solidarité gouvernementale l'avait parfois contraint au silence pendant la guerre d'Algérie. Son amour de Charles de Gaulle a continué de le contraindre après son départ du pouvoir. L'entrevue de Gaulle-Franco de juin 1970 l'a donc laissé muet, tandis que François Mauriac n'hésitait pas à écrire : « J'en reste glacé et je l'ai subie comme une offense... En réalité ce dernier avait mérité la corde[66]. » Le Malraux silencieux du printemps 1970 reste en deuil de Louise de Vilmorin, morte à la fin du mois de décembre 1969. Il se reconstruit en écrivant et en n'hésitant pas à falsifier, parfois fâcheusement, la chronologie d'événements politiques. L'action de Charles de Gaulle — son héros — « ne vient pas des résultats qu'il atteint, mais des rêves qu'il incarne et qui lui préexistent » ; c'est donc avec regret qu'il consigne : « il est un homme, et non un personnage de théâtre[67] ». Son ultime récit des années gaulliennes, le 23 novembre 1975, exactement un an avant sa mort, est quelque part une création dramatique et, dans cette perspective, une manière de chef-d'œuvre[68].

La réinvention des années de Gaulle

Proposer, en rival du *Manifeste* de Marx, l'Appel du 18 juin ne manque pas d'audace. Soutenir qu'alors on entendait la France pour la première fois étonne chez un orateur qui était pourtant imprégné de Michelet. Si l'on peut adhérer à sa vision d'une France vichyste bredouillant « un appel masochiste à un folklore et à des grandeurs disparues », il n'est pas vrai de dire que « la France libre a rassemblé ceux qu'il avait ralliés à cette France amère » et que les Français voulaient « à la fois de Gaulle et un Pétain sans Sigmaringen ». La France de 1940 est plus veuve d'elle-même qu'avachie et il est aussi faux de dater de 1944 les efforts gaullistes pour « unir les Résistants et les Français libres ». Mais, par rapport à 1964, Malraux a progressé dans sa compréhension de la Résistance ; il ne parle plus de « vaine poussière de courage désarmé » ni même d'un *désordre de courage*, mais seulement d'un courage épars. Il se trompe en disant que jamais le Général ne condamna un acte de Résistance car, après les massacres des otages de Châteaubriant et Nantes, il se prononça contre les attentats individuels par une consigne claire, énoncée par lui-même sur les ondes de la BBC[69]. Il est aussi pittoresque de parler des commissaires de la République « parachutés de Londres », mais c'est oublier qu'aucun d'eux n'a pris ses fonctions en arrivant de cette manière[70]. Si Malraux est fondé à appeler temps bénis la période où le Général et lui étaient « hebdomadairement flétris par maints Ruy Blas avec l'accent de Duclos ! », il exagère en soutenant que leurs ennemis annonçaient que le gouvernement « fusillerait tout un chacun ».

Sa volonté de dramatiser le rapport entre le Président et l'armée conduit même le gaulliste fervent à inverser totalement le déroulement historique des faits. Il évoque le grand discours du Général à Strasbourg du 23 novembre 1961, prononcé dans un silence hostile, et sa péroraison : « hors des règles du devoir militaire, il ne peut y avoir, il n'y a que des soldats perdus ». Et Malraux poursuit : « Jusqu'à l'insurrection des généraux. » Or c'est précisément l'inverse qui s'est produit. Le quarteron de généraux en retraite et le groupe d'officiers fanatiques se sont insurgés le 22 avril 1961 et c'est pour panser les plaies de la *pauvre armée* que le président de la République est venu parler à ses cadres, sept mois plus tard. Il est sûr que, dans la construction dramatique, l'effet que l'orateur veut produire est plus assuré avec sa reconstruction de l'histoire ; mais la falsification qu'il édifie empêche totalement la compréhension de ce drame et des mots ultimes du président de la République : « En un temps grave et dangereux, j'affirme la confiance de la France en elle-même et en son armée. »

Le vrai et le saugrenu

Le gaulliste militant s'éloigne moins de la vérité à propos de l'émeute estudiantine de 1968 qui « se voulait irrationnelle et se voulait son propre objet » ; dans *Les Chênes*, il a déjà inscrit : « La Longue Marche pour arriver au stade Charléty ? Ce n'est pas sérieux[71]. » Par contre, quand il soutient que les forces politiques et syndicales de l'énorme manifestation antigaulliste étaient « contrôlées par l'appareil révolutionnaire communiste », il se souvient plus des affrontements de 1947-1948 que des réalités de Mai 68, où le PCF n'avait pas envie de cueillir la révolution. Sur ce printemps de 1968, il a surtout écrit en romancier, comme l'illustre, dans *La Corde et les souris*, son récit de l'après-midi du 6 mai. Il a hésité sur la date avant de choisir cette première grande journée des manifestations étudiantes ; il a aussi atermoyé sur ce qu'il ferait surgir du cabas de son visiteur avant de se décider pour un soutien-gorge qui rendra tout saugrenu[72]. Il a fini d'ailleurs lui-même par parler, en 1975, de comédie insurrectionnelle tout en écrivant : *la guerre civile avait perdu*. A priori, elle ne menaça pas les portes du pouvoir, ni à Paris ni dans les régions. Mais le poète avait affirmé ses droits auparavant en faisant tomber la nuit sur les grandes fenêtres de son bureau afin que son Max Torrès puisse se perdre « dans l'ombre qui rejoint la nuit du Palais-Royal[73] » : en mai, vers 18 heures, nous sommes clairement dans une fiction et c'est autant Malraux que Torrès qui *gaule des idées comme on abat des noix*. Pourquoi pas, puisque l'écrivain a décidé que ces deux hommes devaient avoir « l'air d'amies de lycée qui se retrouvent, mères de grandes filles[74] » !

Dans le domaine de la littérature historique, on peut préférer son évocation du discours de Charles de Gaulle à Pnom Penh et la France, comme une ménagère trouvant, « au retour du marché, son panier plein d'étoiles ». En revanche, on ne sait à quoi pense le ministre quand il oppose l'État et l'administration, « celle-ci dirigeant ce qui continue, et l'État ce qui change ». En effet, le ministre d'État sait bien qu'il n'a pas réellement pu diriger un changement profond des Beaux-Arts, au moins en ce qui concerne les budgets. Son département ministériel n'a pas été délivré *de l'inertie, du conformisme, des féodalités, des chimères*. Et, étrangement, il est en rupture avec son Président, le vieil homme jamais las de guetter dans l'ombre la lumière de l'espérance lorsqu'il prétend que le Général a dressé à bout de bras le cadavre de la France « en croyant, en faisant croire au monde, qu'elle était vivante ». Charles de Gaulle n'a jamais voulu que la France meure dans le ruisseau ; a contrario, à un an de son trépas, André Malraux marche plus que jamais dans l'ombre de la mort. C'est ce qui lui fait dire à Bernard Tricot : « Le gaullisme prend de la pureté, la pureté de la mort, et le peuple s'en aperçoit[75]. » L'ancien ministre pense de plus en plus sombrement ; il oublie que, pour le Général, la France, sa princesse de légende, peut être redressée, de siècle en siècle, par le génie du renouveau.

Le temps des dernières volontés

Si l'on peut croire avec Malraux que « la confiance n'est pas un sentiment rationnel », il est probablement politiquement contre-productif de dire, en 1975, que « les buts les plus dignes d'être visés sont ceux que l'on n'atteint jamais ».

Mais qui sait si l'homme politique ne songe pas aux buts qu'il a poursuivis de 1959 à 1969, lui qui a su écrire: « un destin historique est inséparable de beaucoup d'erreurs[76] ». Pourtant, presque pour la première fois, Malraux s'essaie alors à la sérénité. Le 7 mars 1974, il a conclu l'émission *Radioscopie*[77] d'une pensée zen: « Lorsque tu arriveras au moment où tu rencontreras la mort, tu te sentiras sourire. Ne t'étonne pas, c'est toujours ainsi. » Ses dernières volontés ont déjà été enregistrées par son notaire, le 14 avril 1972; il y a stipulé que Clara Malraux aurait l'usufruit des droits des livres écrits pendant leur vie commune et institué sa fille Florence comme légataire universelle; elle sera son exécutrice testamentaire après la disparition d'Albert Beuret et de Jean Grosjean[78]. Dès 1971, en écho au soir de Colombey, dans un de ses derniers courriers à Marie Lamy, la sœur de sa mère, seule survivante de son gynécée de Bondy, il a répété: « Nous aurons été quelques-uns dans la famille, doués pour le courage [...]. Le soir tombe; après tout, il ne tombe pas mal[79]. » Malraux se veut alors vivant consciemment la fin d'une civilisation et se fait dire: « Le drame de la jeunesse me semble la conséquence de celui qu'on a appelé la défaillance de l'âme [...]. Aucune civilisation ne peut vivre sans valeur suprême. Ni peut-être sans transcendance... [...]. Aucune civilisation n'a possédé une telle puissance, aucune n'a été à ce point étrangère à ses valeurs. Pourquoi conquérir la Lune, si c'est pour s'y suicider[80] ? » Cette question, avant de la mettre dans *Les Chênes qu'on abat* et *Le Miroir des limbes*, l'écrivain l'a prononcée devant des réalisateurs de la télévision française tout en faisant couper l'enregistrement afin de ne pas désespérer des téléspectateurs. Il est, dans ses dernières années, comme à l'apogée de ses succès de jeune écrivain, un homme de médias.

UN HÉROS DE LA SOCIÉTÉ DU SPECTACLE

En Malraux, la politique et l'art, la vie de l'action et la vie de la pensée, le monde des événements et le monde de l'imaginaire sont un.

Président
John Fitzgerald KENNEDY,
8 janvier 1963.

Écrivain, éditeur, intellectuel engagé, André Malraux a compris très vite le rôle de la presse et a même dirigé, pendant sa seconde aventure indochinoise, un journal anticolonialiste. Délégué à la propagande d'un grand mouvement politique, deux fois ministre de l'Information, il a parfaitement mesuré le pouvoir de la Parole et l'importance qu'il fallait attacher à sa diffusion. Même à l'Assemblée nationale, il développe son art de la séduction avec les parlementaires ; affirmant ne pas vouloir les lasser avec des chiffres, il se lance dans des improvisations tournant autour de la culture, du sexe, du sang et de la mort[81]. Dans sa décennie ministérielle, l'hémicycle se remplissait au fur et à mesure de ses discours car, comme devait le dire le président Chaban-Delmas[82] : *Malraux, au Palais-Bourbon, c'était un spectacle !* Un semestre après la mort de ses fils, il demeure un orateur admirable quand il réclame des crédits pour le château de Versailles. Il évoque alors l'immédiat après-guerre où il voyait « les roseaux de la mort affleurer aux berges du grand canal » et affirme : « cette mort n'eût pas été seulement celle de l'œuvre d'un roi[83] ».

Si le ministre n'a pas tout contrôlé sur les listes des réceptions d'artistes à Trianon ou à l'Élysée, il s'y est montré complice des invités. Les réceptions des Arts et Lettres comportaient plus d'absents que celles où l'on conviait le monde universitaire ; ainsi aux soirées des 12 février 1965 et 7 décembre 1967, pour 1 220 et 1 268 invitations, on ne vit arriver que 742 et 637 personnes. Quand son ministère proposa, comme chanteurs à inviter, Michèle Arnaud, Gilbert Bécaud, Georges Brassens, Maurice Chevalier, Juliette Gréco, Yves Montand et Tino Rossi, les conseillers présidentiels firent ajouter divers jeunes artistes de music-hall : Marcel Amont, Hugues Aufray, Alain Barrière, Jacques Brel, Françoise Hardy, Catherine Sauvage et Zavatta « pour ne pas oublier le cirque ». Dans la cour de l'Élysée, Henri Salvador sut lancer aux journalistes[84], *la vraie vedette, c'est de Gaulle*. Une éventuelle cohabitation entre Mylène Demongeot et Brigitte Bardot avait été déconseillée, par crainte de chamailleries, mais Malraux a su inventer deux mots du Général voyant arriver BB « vêtue d'un pyjama à brandebourg ». Il lance à André : « Veine : un soldat ! » et, à Brigitte : « Quelle chance, madame ! Vous êtes en uniforme et je suis en civil ! »[85]. L'homme de lettres a sans doute retenu la leçon donnée en 1962 par son confrère cinéaste John Ford[86] : *When the legend becomes fact, print the legend !* Il est vrai d'ailleurs qu'en histoire culturelle le légendaire devient un fait.

Malraux, témoin de son siècle

S'il renonce définitivement à toute charge ministérielle après le départ du pouvoir du général de Gaulle, Malraux n'abandonne pas son désir d'être encore un des grands témoins de son siècle, voire de revenir à l'action, ce qui suscitera ses prises de position dans la crise du Bangladesh[87]. Pour beaucoup de ses publications éditées alors par Gallimard, ce grand connaisseur des vecteurs de la renommée fait publier de « bonnes feuilles ». De juin 1969 à sa mort en novembre 1976, *Le Figaro littéraire* et quelques autres organes de presse diffusent 24 extraits d'ouvrages en instance de parution. Au cours de cette même période, les déclarations de Malraux à des journalistes français vont s'élever au chiffre de 181 tandis qu'on lira 65 échos de ses propos dans la presse étrangère. Son nom reste donc constamment familier pour l'opinion, d'autant plus qu'à ces chiffres il faut ajouter d'autres décomptes concernant ses déclarations à des universitaires étrangers (28) ou français (15)[88], ses entretiens radiodiffusés (44, dont 19 avec Jean-Marie Drot), ses monologues ou dialogues télévisés. MM. Chanussot et Travi ont dénombré ses apparitions sur ce que *Le Canard enchaîné* avait appelé naguère les « étranges lucarnes ». Après qu'il a cessé d'être ministre, les téléspectateurs ont pu le voir et l'entendre encore 59 fois car il était devenu familier de l'œil des caméras de l'ORTF, au moins depuis qu'en 1967 il avait laissé son admirateur Roger Stéphane tracer des *Antimémoires* en images. Cette série d'entretiens avait été diffusée en trois volets, sur la première chaîne, dans ce qu'on n'appelait pas encore le *prime time* mais seulement l'heure de la plus grande écoute, entre *Télésoir* et le *Palmarès des chansons*[89].

Malraux se sait « à la fin du règne de l'imprimerie, entre le temps de la parole et le temps prochain des images[90] ». Pour les grandes émissions des années soixante-dix, il est coproducteur et donc directement intéressé à leur succès. D'avril à novembre 1971, il se fait enregistrer dans des séquences d'environ une heure trente par une équipe qui sort de chaque entretien l'esprit et le cœur en fête, et finit par disposer de 35 kilomètres de pellicule et de 23 cahiers de sténographie. *La Légende du siècle* va constituer une série de neuf téléfilms préparés par Claude Santelli et Françoise Verny. Celle-ci a raconté les objectifs poursuivis alors par Malraux[91] : « Chercher dans l'Histoire la mythologie qui imprime des traces dans les esprits et les cœurs. » Il ne répond pas réellement à des questions mais improvise sur des thèmes ; ses propos sont presque toujours imagés. Pour Françoise Verny, que l'on aperçoit fascinée dans quelques séquences, *Malraux a le génie des chocs et des détours : de tous ces éclairs, jaillit la lumière.*

Comme tous les prophètes, André Malraux dénonce l'iniquité et indique la voie. Il dit la grandeur et le malheur mais il ne discourt pas, il conte. *L'Express* annonce la série et François Mitterrand s'étonne du vocabulaire extatique du journaliste pour présenter le fantastique carrousel dans le temps, l'extraordinaire visionnaire, le plus fascinant des guides qui se promène « en la compagnie familière de Robespierre et de Gandhi, de Lénine et de saint Bernard, de Michelet et d'Alexandre le Grand[92] ». À partir d'avril 1972, les samedis à 21 h 30, les téléspectateurs de la deuxième chaîne découvrent successivement : *Le Peuple de la nuit* sur la Résistance, *Les Papillons de Singapour* sur l'Asie, *Les Conquérants* sur les grands hommes, *L'espoir n'est pas mort* sur l'avenir, *Viva la muerte !* sur la guerre d'Espagne[93]. Le succès est suffisant pour que la diffusion de quatre dernières émissions soit programmée à partir du 11 novembre suivant ; se succèdent alors : *La Cathédrale retrouvée* sur Strasbourg et la brigade Alsace-Lorraine, *La Condition humaine* autour d'un entretien de Malraux avec Jean Vilar, *Le Jeune Homme de l'Acropole* à propos d'histoire de l'Art, *Pour la mort des héros* où l'on retrouve de Gaulle et les interrogations de l'ami génial sur la fin de leur temps. Malraux recevra un courrier abondant sur ces émissions ; il parlera des lettres sur papier quadrillé signées de l'instituteur, des écoliers et de « la femme qui s'occupe de la cantine[94] », soulignant que, si cette dernière ne met pas son nom, elle signe, ce qui est pour le coproducteur le témoignage concret d'une approche du fameux non-public.

Malraux acteur de son histoire

Jean-Marie Drot et son équipe ont aussi filmé longuement l'ancien ministre des Affaires culturelles, de février 1974 à 1976. Les tournages ont débouché sur treize émissions qui ont constitué le *Journal de voyage avec André Malraux. À la recherche des arts du monde entier*[95]. La première projection a eu lieu le 3 juin 1976 ; les promenades imaginaires vont emmener les téléspectateurs à Florence, Rome et Venise, en Hollande avec Rembrandt, en Espagne avec Goya ; mais le réalisateur explique aussi *les cinquante ans d'une passion*[96] et *les apprentissages d'un regard*. Dans cette dernière émission, Malraux souligne qu'un auditoire télévisé de 8 % représente une masse considérable d'individus ; il affirme donc qu'avec les vidéodisques et la télévision par câble, l'audiovisuel va être la prochaine forme de la métamorphose.

La longue série de Jean-Marie Drot vient compléter les trois films de Pierre Dumayet et Walter Langlois consacrés aux écrits sur l'art de l'écrivain, tournés en 1973 et diffusés sous le titre *Les Métamorphoses du regard*. Mais leur « sujet-acteur » ne s'est détourné d'aucun public. Ainsi, en 1973, il commente l'exposition « Trésors d'art chinois » pour RTL, tandis qu'en 1974 il parle pour la télévision italienne devant l'*Esclave héroïque* de Michel-Ange, acceptant que la transcription, corrigée par lui, soit publiée à Paris dans *Le Petit Journal des grandes expositions*[97]. Il reçoit aussi, avec bonhomie, trois téléspectatrices de l'émission phare des après-midi télévisés, *Aujourd'hui Madame*, à Verrières et ses propos sont diffusés en deux émissions successives[98], les 5 et 6 décembre 1974. En mai 1976, c'est à *Trente millions d'amis* que revient le privilège de faire découvrir les chats de l'écrivain et leur vie de château ; il est vrai que le président de la République lui-même, en avril 1975, avait souhaité qu'on aperçoive, dans les jardins de l'Élysée, Jugurtha et Justine, ses braques de Weimar et d'Auvergne[99]. En juillet 1976, *L'Express* publie un papier titré « Allô ici les chats de Malraux », avec deux photos de Fourrure et Lustrée et un dessin de chat, de la main de leur maître, légendé d'un *Bonne chance. A.M. 1976*.

Verrières, légendes et réalités

Les six mois de la cohabitation d'André Malraux avec Louise de Vilmorin ont été très vite transformés en épopée d'un couple de légende et les clichés de leurs rares promenades sous les arbres du parc connurent une large diffusion. Trente-neuf ans après la mort de son éphémère compagne qui vécut moins longtemps avec lui que sa nièce Sophie, *Paris-Match* légende toujours des clichés sur Verrières-le-Buisson, *le paradis de la haute culture*, avec des photos d'André et de Louise soutenant que leur salon bleu abrita les conversations les plus passionnantes du siècle[100]. Un auteur a soutenu que la poétesse avait participé aux réceptions officielles du ministre qu'elle aurait trouvées ennuyeuses[101]. Si elle a pu griffonner « il est sinistre mon ministre[102] », aucune manifestation publique ne les a en réalité jamais réunis ; le code protocolaire élyséen, surveillé par Mme de Gaulle, ne l'aurait pas permis.

Aux contes il faut sans doute préférer des descriptions plus exactes : les monologues ministériels empêchant les convives de prendre part à la conversation, les injonctions d'André pour que Louise explicite ses formules à l'emporte-pièce, les crises de jalousie d'André quand il croisait les anciens amants de Loulou. Il y eut aussi ces fins de soirées où Louise et André se faisaient aider par du personnel pour monter se coucher, « ivres de fatigue et d'alcool et, parfois, de disputes[103] ». Mais, face aux journalistes, ses intercesseurs avec l'opinion, la bienveillance des accueils de l'écrivain ne s'est presque jamais démentie : appréciée des médias, elle les poussa à relayer sans réticences les gestes et les propos de l'ancien ministre qui restait une vedette. La fulgurance des formules de Malraux pouvait aussi enrichir des collections d'épigraphes. Quelques artistes ont également bénéficié de ce qu'un écrivain appellera la « "dimension Malraux", le coup de projecteur titanesque [...] l'artiste à tu et à toi avec les géants. Le génie du slogan : aucun marchand intelligent ne négligerait cela[104] », d'où, dans l'arsenal journalistique, la phrase éclatante sur Mathieu, calligraphe occidental.

Une vie plus sage et plus studieuse

Très assagie après la mort de Louise, cette vie médiatisée ne détourne pas Malraux de ses publications personnelles, dont la promotion est soutenue par ses apparitions régulières. En moins de sept ans, il publie dix volumes, parmi lesquels on trouve des textes anciens remaniés et des créations. À partir de 1970, se succèdent, dans ses écrits sur l'art : *Le Triangle noir* ; *Roi, je t'attends à Babylone* ; *l'Irréel* ; *La Tête d'obsidienne* ; *L'Intemporel.* Parallèlement, sont édités *Les Chênes qu'on abat* et *Oraisons funèbres* en 1971, *Lazare* en 1974, *Hôtes de passage* en 1975. Ces quatre livres, remaniés et regroupés, constituent en 1976 *La Corde et les souris*, le tome second du *Miroir des limbes*. Ces productions multiples ne détournent pas Malraux d'un travail de préfacier pour six livres étrangers et dix-sept revues[105] ou ouvrages français. Dans ces derniers, outre le livre du père Bockel, l'aumônier de sa brigade en 1944-1945, on relève des titres signés par Louise de Vilmorin, Georges Bernanos, André Parrot, Saint-John Perse, mais aussi la brochure de

Louis Boussel, photographe de Colombey pour *l'adieu à de Gaulle* ainsi qu'une présentation des échanges de correspondances entre Jean Guéhenno et Romain Rolland.

Dans « Néocritique », qui paraît l'année de sa mort, en postface à l'ouvrage collectif qui lui est consacré[106], Malraux a bien dit son labeur : « Le livre est le résultat d'un travail littéraire, d'une suite de manœuvres, tantôt de l'esprit et tantôt de l'instinct. » Son texte pour la brochure d'hommage à Demetrius Galanis[107] est publié en mai 1976 ; il achève presque logiquement la boucle des *Écrits sur l'art* d'André Malraux puisqu'en mars 1922 il préfaçait un catalogue illustré, *La Peinture de Galanis*, où il exprimait ses premières conceptions esthétiques[108]. Si ce dernier texte pour son ami graveur est très bref, nombre de préfaces témoignent d'un travail soutenu. Le texte sur la galerie François Ier au château de Fontainebleau paraît en 1972 ; il comporte quatre états successifs, dont le manuscrit et un premier tapuscrit de treize feuillets abondamment corrigés. Il est vrai que l'ancien ministre s'y attarde sur le nettoyage des peintures du palais, parallèle au nettoyage des monuments de Paris qui a « rétabli leurs ombres », ajoutant « quelle grande architecture est concevable sans ses ombres[109] ? ». Son plaisir est sûrement de dénoncer le XXe siècle qui avait fait de Paris, ville gaie, une ville lugubre. Il est aussi de lire, la même année, après avoir rédigé ou corrigé 34 feuillets en hommage à Marc Chagall, « le plus grand imagier de ce siècle[110] », la réaction de ce peintre illustre saluant son « génie divinatoire[111] ». Il l'est encore de répliquer, par-delà les années, aux détracteurs du nouveau plafond de l'Opéra de Paris et de ses personnages sur fond clair, « que tout fond clair est subtilement héritier de l'illusionnisme et du lointain[112] ».

Le musée rêvé du ministre

Pour Malraux, la commande du mécène, qu'il soit le souverain ou l'État, a « pour fin de susciter le monde, sans précédent, de *l'Irréel*[113] ». Ce nom d'Irréel, il l'a choisi pour titre du deuxième tome de *La Métamorphose des dieux*, achevé d'imprimer en juin 1974 et publié en octobre, six mois après *La Tête d'obsidienne*, où Malraux s'affrontait aux œuvres de Picasso. La densité des parutions est très remarquable, mais s'il se veut, jusqu'à son ultime hospitalisation, un homme de lettres, Malraux n'abandonne pas totalement le terrain politique. Il y est présent parce qu'il participe à des inaugurations, notamment pendant le second semestre 1973. Avant d'inaugurer seul, le 21 septembre, la Biennale des Antiquaires dont, ministre, il avait ouvert la première édition en 1962 et qui est alors un grand rendez-vous du marché de l'art mondial, il est aux côtés de son successeur Maurice Druon pour l'inauguration, à Nice, du musée national Message Biblique Marc Chagall, le 7 juillet. Il se réjouit d'entendre le peintre parler du public qui viendra y chercher un idéal de fraternité et d'amour[114]. Le 13, Aimé Maeght ouvre, dans sa fondation de Saint-Paul-de-Vence, l'exposition André Malraux : c'est une concrétisation temporaire de son musée imaginaire à laquelle ont contribué de très grands musées et des collectionneurs privés prestigieux. La liste des prêteurs comporte aussi bien des artistes comme Marc Chagall ou Joan Miró que les musées de Badgad, du Caire, de Buenos Aires ; le MoMA et le Guggenheim de New York comme le Kunsthaus de Zurich ; mais aussi les plus grands musées français et des personnalités comme Florence Gould ou le baron Thyssen-Bornemisza[115]. Sur le plan de ceux que l'on n'appelle pas encore les *people* mais qui constituent certainement le *Tout-Paris*, la présence près de Malraux de Ludmilla Tchérina attire les photographes. *Paris-Match* confie le récit de l'inauguration du 13 juillet à l'ancien danseur Jacques Chazot, qui évoque ce rare bonheur des visiteurs très privilégiés, que Malraux en personne présente les pièces les plus rares : « Le public fasciné avait envie de l'applaudir comme au théâtre et moi aussi. »

Jean Lacouture a raconté plus longuement cette convocation autour de Malraux, de sa vie, de sa vision de l'art[116] : « Il faut essayer de le comparer aux événements qui eussent été le triomphe de l'homme d'action qu'il a voulu aussi — qu'il a voulu surtout être : l'entrée à Pékin, le 15 octobre 1949, aux côtés de Mao Tsé-toung ; la proclamation, après la victoire sur le franquisme, en 1937, d'une république populaire espagnole, faisant de lui son protecteur ; la signature, dans l'Algérie de 1958, d'une "paix des braves" dont il aurait été l'inventeur et le garant, au nom du général de Gaulle. Bref, à tout ce qu'il a rêvé ou manqué. Ici, ses rêves et ses échecs sont accomplis et magnifiés [...] voici donc le triomphe de Malraux, esthéticien de l'unanimité cosmique et de la métempsycose [...] rétrospective d'une vie, projetée en avant dans une perpétuelle métamorphose, évocation d'une pensée esthétique étonnamment permanente et, sinon fixée, au moins placée très tôt sur une certaine orbite. »

L'Express invite neuf personnalités à dire de quoi seraient faits leurs musées imaginaires. Le cinéaste Melville dit qu'il y mettrait 63 films de 63 réalisateurs d'avant-guerre ; Philippe Sollers, ce qui peut le plus embêter Malraux : des poèmes manuscrits de Mao, les manuscrits de Sade qui sont à l'Enfer de la Bibliothèque nationale[117]. Seul Pierre Boulez, qui n'a pas oublié la manière dont Marcel Landowski l'a supplanté, lance : « La seule idée d'un musée imaginaire me paraît stupide. C'est célébrer le culte de sa propre personnalité à travers les œuvres des autres[118]. »

Pour le critique d'art Pierre Schneider, cette superproduction de 800 œuvres d'art, rassemblement fragmentaire mais prestigieux, fait tout de même Malraux-Roi avec « un choix éblouissant d'œuvres africaines et océaniennes », ces arts sauvages chers à l'écrivain d'art qui ne sont pas encore devenus arts premiers. Toutefois, il fait remarquer que, pour l'écrivain, les reproductions ont créé des arts fictifs et que « l'art ne parle pas le langage crispé, altier, électrique de Malraux. Son propos est plus modeste, plus complexe aussi. L'art ne connaît pas les vertigineuses simplifications, les oppositions tranchées[119] ». Cette réflexion est d'ailleurs illustrée dans la Fondation Maeght, à travers quelques documents d'écrivains, une dédicace de Malraux à Céline « avec l'expression de [sa] plus grande sympathie artistique », une dédicace du fort antigaulliste Saint-John Perse à celui qu'il a « toujours vu vivre l'aile haute », une lettre de Drieu la Rochelle à la veille de sa première tentative de suicide : « Les intellectuels, les artistes ne doivent pas manœuvrer comme les hommes d'action et les politiques. Ils tracent une figure [...] et doivent s'y tenir. »

Le consultant du président américain Nixon

La haute figure de Malraux se maintient aussi politiquement, dans les premiers rangs des personnalités médiatiques. Dès 1969, son nom s'est retrouvé aux côtés de ceux de François Mauriac et Jean-Paul Sartre, comme en avril 1958 quand ils dénonçaient ensemble la censure du livre d'Henri Alleg et la torture en Algérie. Même s'il avait confié à un collègue que le destin du monde ne se décidait pas en Bolivie[120], il associe son nom à ceux de Mauriac et de Sartre pour demander au général-président de cette dictature d'amnistier l'intellectuel français Régis Debray, compagnon de Che Guevara, détenu depuis trois ans à Camiri[121]. L'aura de Malraux demeure telle qu'en février 1972 Richard Nixon exprime son souhait de le rencontrer avant ce qui va être la première visite d'un président américain sur le sol de la Chine. Il a reçu de lui une lettre ouverte au sujet du Bengale ; mais il semble surtout croire que Malraux a gardé des contacts avec les communistes chinois qu'il connaîtrait depuis les années vingt[122]. Quittant Paris, l'ancien ministre lance aux journalistes : Nixon veut parler avec quelqu'un qui connaît Mao ; il n'y a pas foule ! *Paris-Match* publiera des photos du voyage et un entretien surtitré « Malraux explique Mao devant tous les micros de l'Amérique[123] ».

Le désir de cette rencontre serait né en 1969, selon Roger Mauge, parce que Malraux aurait dressé devant Nixon, à Paris, un saisissant portrait de Mao. L'écrivain raconte que Nixon aurait lu ses livres quand il était jeune homme : « Nous avions l'impression, l'autre jour, de nous connaître depuis longtemps [... Le Président] est un homme prudent et raisonnable. Il ne sait pas toujours ce qu'il va chasser, ni ce qu'il va ramener — mais il a le courage d'y aller. » Invité personnel du président américain, l'ancien ministre n'est pas ménagé par les conseillers de la Maison-Blanche ; l'un d'eux consigne : « Les assertions et les rêveries de Malraux ne m'ont pas impressionné. [... J'ai écouté] les aperçus d'un vieil homme prétentieux tissant des idées obsolètes dans un cadre spécial pour le monde tel qu'il aurait voulu qu'il soit[124]. » Publiquement, le président Nixon se félicite toutefois de l'entrevue : « Je croyais consulter un esprit brouillon, j'avais devant moi la lumière la plus révélatrice de notre temps[125]. » Du secrétaire d'État Henry Kissinger, Malraux confie qu'il lui a semblé un esprit très sérieux par les notes qu'il choisissait de prendre sans jamais intervenir dans la conversation. Le prix Nobel de la Paix 1973 écrira plus tard : même si ses prédictions sont outrageusement fausses, ses jugements sont remarquablement incisifs ; l'intuition de

Malraux prouvait que « la perception d'un artiste peut souvent mieux saisir le sens des problèmes que les experts ».

Le conseiller des députés français

Cette intuition que les Américains associent à leurs documentations, les députés français vont désirer eux aussi en profiter. À l'initiative du président Edgar Faure, le 12 mai 1976, la commission chargée d'envisager une « charte des libertés et des droits fondamentaux » l'auditionne avec intérêt. Il retrouve le temps où il défendait son budget en annonçant aux parlementaires que les grands projets qu'il évoquait, il les ferait avec eux. Les députés l'entendent soutenir que tout Anglais se croit une monnaie de gentleman mais que tout téléspectateur ne se croit pas une monnaie de savant. Il leur répète : « La plus puissante civilisation que l'homme ait connue, la nôtre, peut détruire la terre ; elle ne peut pas former un adolescent. » Il soutient donc qu'il convient de suivre le conseil qu'Einstein lui aurait donné à Princeton : « il faudrait organiser la vulgarisation[126] ». Toutefois, les réalités et les comédies du monde[127] ne l'aveuglent pas ; il les a clouées d'une formule cinglante, en novembre 1974 : « Nous vivons une époque de psychodrame, et tous les rats qui ont occupé le bateau se sont mis des casquettes de capitaines. »

De la politique à l'Histoire

C'est surtout après la mort de Pompidou qui scellait le sort de la nef gaullienne que Malraux souhaite réaffirmer ses grands choix politiques. Le 25 avril 1974, dans le cadre de la campagne présidentielle, il paraît à la télévision auprès du candidat gaulliste Jacques Chaban-Delmas pour défendre sa vieille idée du rôle de l'audiovisuel dans l'enseignement mais aussi pour souligner l'importance des ordinateurs. Il répète ce qu'il a dit la veille, sur RTL[128]. Malheureusement, un mauvais dosage d'un de ses médicaments rend ses propos presque inaudibles et sa prestation, jugée désastreuse par le Premier ministre en fonctions[129], désespère ses admirateurs[130]. Ils vont le retrouver, conforme au ministre des années soixante, quand il donne des conférences de presse à Tokyo, en mai-juin 1974. Il est alors l'accompagnateur officiel de *La Joconde* qui effectue, onze ans après sa tournée américaine, son second voyage hors du Louvre. Comme lorsqu'il avait expliqué la peinture américaine à Jacqueline Kennedy, il donne un « cours impérial » aux princes héritiers du Japon. Il participe, d'autre part, à une grande émission télévisée de la NHK et à un symposium d'artistes et d'intellectuels débattant du thème « Qu'est-ce que l'Asie ? »[131].

Cette reprise orientale des décades de Pontigny suscite probablement chez certains de ses auditeurs les mêmes sensations qui faisaient dire à André Gide *je sens que je vais être recalé* ! De retour en France, Malraux confie à Yves Salgues : « Pour moi la politique n'a jamais existé, ce qui existe, ce qui vit, ce qui avance c'est l'Histoire[132]. » Mais il ne semble pas qu'il ait commenté le rabaissement de son ancien ministère au rang d'un secrétariat d'État. Par contre, la victoire de Valéry Giscard d'Estaing lui donne envie de soutenir les jeunes gaullistes ; en octobre 1974, il les félicite publiquement de prendre des contacts avec les jeunesses communistes[133]. Le 26, rédacteur en chef du journal inattendu de RTL, il commente les désaccords entre PC et PS mais aussi la conférence des chefs d'État arabes.

Sur le plan international, Malraux écrit au directeur de l'Unesco, René Maheu, pour lui faire part de son incompréhension devant la mesure qui exclut Israël des aides de l'organisation[134]. Il part ensuite pour l'Inde recevoir le prix

Jawaharlal Nehru de la compréhension internationale. Succédant comme récipiendaire à Martin Luther King, Mère Teresa, Yehudi Menuhin et quelques autres illustres, ce prix 1972, décerné en octobre 1973, lui est remis le 16 novembre 1974. Il reconnaît sa tentative d'action pour le Bangladesh en 1971 quand les Pakistanais tentaient d'écraser leur province orientale avant de capituler, en décembre 1971, devant les troupes de l'Inde qui avaient protégé dix millions de réfugiés. L'idée d'un groupe de volontaires partant aider le peuple du futur Bangladesh avait fait long feu ; Malraux avait alors écrit aux volontaires qui s'étaient fait connaître à lui : « Nous n'étions certes pas inutiles, en un temps où nous apportions la seule aide que pût recevoir le Bangladesh [...] lorsque tout allait au plus mal, nous étions nécessairement seuls avec les maquis [...] au nom du gouvernement du Bengale libre d'aujourd'hui et de demain, je vous remercie. » Pendant son voyage, le regard du blessé dont il dira qu'il embrasse sur son visage tous les Bengalis libérés montrera que sa parole sait séduire avant même d'être traduite. Sophie de Vilmorin, qui avait observé ces semaines d'agitation avec circonspection, a conclu un peu sévèrement : « Il a fait semblant ; il aimait la renommée et la situation lui en apportait beaucoup[135]. » Elle lui a même procuré une caricature dans *Charlie-Hebdo* où des bandes tricotées par Claude Pompidou lui faisaient un couvre-chef de sikh. Cependant, l'idée de mourir en combattant ne pouvait que tenter réellement Malraux ; il y a bien plus que du théâtre dans sa lettre au père Bockel où il avait écrit, dès le 4 octobre 1971 : « vous m'aiderez à mourir noblement ».

La mort, impensable total

Comment s'approcher de sa propre mort en évitant que, dans une chambre d'hôpital, on lui dise qu'il va mieux, c'est une question qui hante forcément Malraux en ses dernières années. Les morts volontaires, les morts accidentelles d'amis et de proches n'ont pas suffi à effacer son obsession et les mots qu'il mettait déjà dans la bouche du héros de *L'Espoir*, Perken, dès 1930 : *Il n'y a pas de mort. Il y a seulement moi, moi qui vais mourir* ! Malraux a affirmé qu'on sut, à partir de 1943, ce que furent les camps d'extermination ; il en a perçu l'atroce, au point de considérer les camps staliniens comme seulement « un peu hurluberlus[136] » et d'écrire : « Avec les camps, Satan a reparu visiblement sur le monde[137]. » Toutefois, ce sont sans doute les récits sur les camps de concentration qu'il avait en mémoire quand il décrivait *les ombres trébuchantes de notre misérable et poignante Iliade*.

Malraux a oublié que, si les déportés résistants ont subi une mortalité de près des deux tiers dans les camps d'extermination, 95 % des déportés raciaux furent « éclusés » selon le programme fixé par la conférence de Wannsee en 1942. Littéralement stupéfait, Malraux n'intègre pas la mesure dans laquelle les moyens de destruction employés ont permis la Solution finale, et sa formule sur Satan, il l'utilise aussi pour évoquer les gaz de combat de la Première Guerre mondiale[138], qui n'avaient pas du tout la finalité du Zyklon B. Se reconnaissant objectivement *profane*, il ne voit pas bien la spécificité du génocide et le fait qu'il y a fallu des moyens extrêmes ; une lettre à Germaine Tillion en porte témoignage[139]. Après avoir expliqué à l'ethnologue que son *Ravensbrück* est « un de ses livres qu'on ne peut lire que par tranches successives, tant il est éprouvant. L'émotion, l'horreur, l'admiration se partagent trop l'esprit du lecteur pour lui permettre une lecture tranquille au coin du feu », Malraux poursuit : « Profane, je puis seulement me dire qu'avec ou sans chambre à gaz, l'horreur était la même. Pour l'extermination, le gaz était plus rapide, les autres moyens plus sauvages. Les corps finissaient en fumée, dans les deux cas.

Au-delà d'une certaine démesure dans l'abomination, on reste seulement atterré et tremblant. Et révolté pour la fin de ses jours. » Toutefois, sur le parvis de la cathédrale de Chartres[140], en 1975, s'il ne veut rouvrir qu'à peine le livre des supplices, le compagnon de la Libération sait lancer : « Encore faut-il ne pas laisser ramener, ni limiter à l'horreur ordinaire, aux travaux forcés, la plus terrible entreprise d'avilissement qu'ait connue l'humanité. »

Ayant échappé à l'enfer des camps, à la mort sur les fronts d'Espagne et d'Alsace, aux bombes de l'OAS, André Malraux continue de se battre pour éviter la mort aux derniers condamnés du régime de Franco. Même s'il signifie à Claude Mauriac que sa signature « peut être une circonstance aggravante », le 22 septembre 1975, il accepte que son nom soit associé à ceux de Michel Foucault, Aragon, Mendès France, Sartre et François Jacob — son compagnon Français libre et prix Nobel — sur une pétition qui sera lue à Madrid par sept intellectuels dans l'espoir d'empêcher onze exécutions de condamnations prononcées à Barcelone, Burgos et Madrid[141]. Si la mort est un impensable total, il la nomme tout de même sa « vieille et familière ennemie » qui ne l'a jamais quittée. Il va s'en rapprocher à l'hôpital Henri-Mondor même si, après ses chimiothérapies par pilules, il espérait ne pas y revenir. S'il griffonne sur un bloc, avant de partir de Verrières, « ça devrait être autrement[142] », il est admis au Centre hospitalier universitaire de Créteil, le 15 novembre 1976 à 23 h 29. Avec tendresse, Sophie de Vilmorin et Florence Malraux vont l'y veiller sans discontinuer. Devant ses médecins et ses infirmières, ni une plainte ni un signe de découragement ne lui échappent : « Au contraire, jusqu'aux derniers moments de conscience, la gentillesse, la courtoisie et, à chaque occasion, parfois avec un faible souffle, l'expression de la reconnaissance[143]. » Le dimanche 21 novembre, deux heures avant l'embolie massive qui va l'entraîner dans un coma sans appel, son médecin lui annonce des résultats d'analyses encourageants ; « dans un sourire sans illusions, mais d'une infinie gentillesse », ce mourant s'efforce d'être le consolateur en répondant que *c'était déjà dans Courteline*[144]. Six ans et quatorze jours après Charles de Gaulle, son esprit cesse de vivre et son corps de respirer, au petit matin[145] ; son équipe soignante consigne le 23 novembre 1976, à 9 h 36, comme le moment précis de sa mort.

Malraux trépassé

Quand son décès était devenu imminent, la secrétaire d'État à la Culture avait informé Valéry Giscard d'Estaing ; indifférent, le président de la République lui avait dit cependant de préparer une cérémonie. Les photographes guettaient encore celui qui restait une grande figure de la société du spectacle. Pour *Paris-Match*, Jacky Garofalo avait déjà mis en scène son hospitalisation de 1972 à la Salpêtrière, en plaçant à son chevet un portrait du général de Gaulle qui n'avait évidemment pas été apporté par le malade[146]. Celui-ci avait obéi à la demande de s'allonger complètement, « bien raide, avec son drap ramené jusqu'au menton », et la légende de cette photo de gisant avait été : « André Malraux est devenu le voyageur immobile[147] ». Sophie de Vilmorin signale qu'elle avait tempêté mais que son écrivain était d'accord : « Il voulait plutôt entrer à nouveau dans sa vie, celle d'un homme en vue, et reprendre contact avec son lectorat, car il avait un livre en projet[148]. »

Même mort, André Malraux reste un sujet : sur son brancard, visage découvert, il fera la Une de *France-Soir* alors que les ambulanciers remontent son cadavre sur les marches du château de Verrières, dans la matinée de son trépas. Au-dessus de cette photo macabre, un gros titre en gras sur deux lignes et une vingtaine de mots en guise de commentaire : « MALRAUX EST MORT. Écrivain, homme politique, homme d'action, critique d'art, ministre, cinéaste : le fantastique destin du confident de De Gaulle aura marqué son époque. » Le spécial Malraux de *L'Express* fait sa couverture avec son visage en gros plan et illustre son dernier entretien du 7 juin 1976, avec Madeleine Chapsal — « Que signifie LA MORT pour vous ? » —, par deux photos, l'ancien ministre près d'un portique de sortie de l'hôpital de la Salpêtrière ; l'écrivain mort, sanglé sur un chariot à la sortie du CHU Henri-Mondor. Les lecteurs y retrouvent la lucidité de l'homme de lettres, à propos de la terreur occidentale de la mort : « Si, inconsciemment, vous vous mettez à vous voir cadavre, vous ne pouvez qu'être épouvanté, puisque vous êtes réduit à la passivité totale[149]. » Ils peuvent tenter de croire à son plus grand rêve : « Il n'est pas certain que dans cent ans on ne se dise pas que l'essentiel, pour une civilisation cohérente, ne sera pas d'arriver à ce que la question de la mort ne soit pas possible. Non pas à ce qu'il n'y ait pas de réponse, mais à ce qu'il n'y ait pas de question. »

Des hommages en gerbes

Le lendemain du décès, *L'Humanité* titre « Salud, André Malraux ! ». De son côté, *Libération* rappelle que les balances chargées de peser les mérites et les fautes sont détraquées : « Nous ne jugerons pas Malraux. Son histoire n'est pas la nôtre. Nous ne serions rien sans elle. Tout est là[150]. » Tandis que les hommages déferlent sur les ondes et les écrans, le 24, un petit groupe de proches accompagne le cercueil de l'écrivain jusqu'au cimetière communal de Verrières où un emplacement a été trouvé, pratiquement en face de la tombe du capitaine Honoré d'Estienne d'Orves,

Français libre fusillé en 1941. Dans son agenda, son ancien collègue du Gouvernement provisoire, le commandant en chef des Francs-tireurs et partisans français Charles Tillon, écrit : « un grand mort sur lequel se précipitent tous les nécrophores de Paris. Le PC n'a que Robrieux à utiliser ; il l'a vu dans le maquis et en tire une larme de crocodile électoral. Lacouture a son triomphe. Tous ceux qui écrivent comme des mantes religieuses font l'amour. Il va falloir relire ce que l'Homme nous a laissé de grandeur en aimant l'homme qui marche au soleil dans l'inquiétude de la mort[151] ». Les jeunes intellectuels portent sur Malraux, écrivain et ministre, un regard plus circonspect. Le fondateur d'*Actuel*, Jean-François Bizot, salue le « prophète visionnaire et défoncé » tout en regrettant qu'il ait défilé le 30 mai 1968 « bras dessus bras dessous avec les pires crapauds ». Malgré l'intervention faite par l'ancien ministre en sa faveur quand il était emprisonné à Camiri, Régis Debray choisit de dénoncer, dans le culte du disparu, « l'opium de la bourgeoisie française ». Il reproche à Malraux d'avoir tourné le dos aux militants pour faire du monde réel un *accroche-mythes* ; il voit en lui un mythomane sagace qui a, « le premier, sacrifié l'idée et le réel à l'image », frappant de dérision tout ce qui a fait la peine des militants. À ce *dernier religieux dans un monde d'incrédules*, il témoigne finalement son respect « par-delà le bien et le mal, en deçà du vrai et du faux, sans doute, mais jamais entre deux chaises[152] ».

Trois jours après les obsèques intimes, le 27, un hommage officiel est organisé dans la Cour carrée du Louvre. Première femme à avoir succédé à Malraux dans le bureau doré du Palais-Royal, *encoconnée sous des lustres à pendeloques*[153], Françoise Giroud décide qu'on n'y verra pas de photo du défunt mais *le plus beau chat égyptien du Louvre*[154]. La voix de Raymond Barre, Premier ministre, énonce qu'*une part de l'honneur de la France se nomme André Malraux* ; puis, tandis que les échos du *Requiem* de

Mozart s'élèvent, la ministre et le chat égyptien échangent un clin d'œil. Françoise Giroud a confié au journal qu'elle dirigea son portrait de Malraux; elle y salue son ambition, la vraie, la seule qui soit réelle, celle dont on prend conscience sous forme d'actes à accomplir: « Il est entré dans tous les grands incendies allumés par l'Histoire de son temps. Il en est sorti brûlé jusqu'à l'os, étonné chaque fois d'être encore vivant[155]. »

UN HOMME PRÉCAIRE AU PANTHÉON

Avance-toi, chercheur d'âme, apôtre du Fondamental.

Philippe LE GUILLOU,
L'Inventeur de royaumes.
Pour célébrer Malraux.

Le titre de ministre des Affaires culturelles n'avait survécu que cinq ans au départ d'André Malraux. Edmond Michelet, en poste de juin 1969 à sa mort en octobre 1970, suscita quelque ironie en affirmant la possibilité d'agir avec peu de moyens et les vertus d'un théâtre pauvre. Jérôme Peignot a épinglé cet homme idéal pour « poursuivre la tradition gaulliste dans un secteur où il n'y en avait jamais eu une: ce tour de passe-passe au-dessus du vide ne manquait pas d'une certaine habileté[156] ». Après l'intérim d'André Bettencourt, Jacques Duhamel a pris le poste avec la force d'un vrai ministre politique même si c'est la maladie qui venait de l'obliger à quitter son grand ministère de l'Agriculture. De 1971 à 1973, il a donné au ministère de vraies structures dans les régions et, refusant le dirigisme culturel, il a maintenu un climat de liberté créatrice. Sa réponse à une question du député giscardien Michel Poniatowski — opposé aux canulars contemporains en arts plastiques — a témoigné de la ligne de conduite qu'il avait fixée en concertation avec son dynamique directeur de cabinet Jacques Rigaud : « La patience, la générosité, la mesure et l'objectivité sont pour l'État, en ce domaine, des règles essentielles[157]. » Après lui, auréolé du succès télévisuel de ses *Rois maudits*, Maurice Druon a formulé une théorie sur les deux vitesses nécessaires à la boîte crânienne d'un ministre : la surmultiplication pour la rapidité dans la réflexion et la décision ; le crabotage « pour arracher la machine administrative aux fondrières et aux ornières qu'elle creuse sous elle-même ». Frère d'un personnage de sa suite romanesque *Les Grandes Familles*, le Simon Lachaume qu'il avait décrit nommé ministre, *s'enviant lui-même et n'ayant donc que des raisons d'être heureux*, il a déclenché un hourvari médiatique en quelques mots que le président Pompidou avait approuvés : « Les gens qui viennent à la porte de ce ministère avec une sébile à la main et un cocktail Molotov dans l'autre devront choisir[158]. » En moins de douze mois, il n'a pas eu le temps de changer les orientations du ministère ; son second directeur de cabinet l'a décrit *maladroit mais profondément courageux* : « On n'en voit guère de ce genre dans l'action ; il faut aller au-delà des apparences [...] pour comprendre le pari — perdu — du président de la République[159]. »

Les successeurs au temps de Giscard

Sous la présidence de Valéry Giscard d'Estaing, ce furent d'abord des secrétaires d'État qui eurent la responsabilité des questions culturelles. Michel Guy puis Françoise Giroud se sont employés à exister dans ce que cette dernière a appelé *la comédie du pouvoir*. Elle a écrit que le portefeuille de la Culture est « le plus beau, le plus exaltant des ministères », après avoir dit qu'avec treize directions ou services autonomes, son responsable « est largement requis par le quotidien des tâches administratives[160] ». Elle a retenu qu'elle y disposait d'un budget ridicule et qu'elle n'était pas restée assez longtemps pour mettre en œuvre les quelques idées qu'elle avait[161]. Elle a aussi souligné le problème qu'y devient la courbe de notoriété : « Comme les acteurs, on perd le droit à l'insuccès. Les gestes, les déclarations, les interviews, tout devient calculé ou devrait l'être. Tout succès, à peine son effet estompé, exige qu'on en vise un autre[162]. »

Ensuite, les questions d'environnement et de communication sont devenues tellement primordiales que c'est tour à tour le meilleur ami du président, Michel d'Ornano, qui est devenu ministre de la Culture et de l'Environnement de mars 1977 à mars 1978 ; puis le porte-parole de la présidence de la République Jean-Philippe Lecat qui est devenu ministre de la Culture et de la Communication d'avril 1978 au printemps 1981. Secrétaires d'État ou ministres, ils ont tous eu des moyens presque aussi modiques que ceux d'André Malraux. Les courbes budgétaires ont été tellement mauvaises que le pouvoir a décidé de mettre au pilon les 376 pages de l'ouvrage *Des chiffres pour la Culture* et de le remplacer par un volume de 131 pages, dénommé *Des chiffres pour le Patrimoine*[163]. L'ouvrage publié comme l'ouvrage pilonné étaient édités par La Documentation française. L'avertissement du chef du service des Études et Recherches était dûment modifié puisque le volume passait de 15 chapitres à 5 parties ; masquant la censure du pouvoir, ce fonctionnaire respectueux de son devoir de réserve tint à écrire du volume réduit qu'il marquait un « parti pris de brièveté et de clarté[164] » !

Les années Lang

Avec l'arrivée de la gauche au pouvoir, le temps de l'oubli du premier ministre des Affaires culturelles a semblé venu, d'autant que, le 10 mai 1982, le décret sur les missions du ministère fut largement modifié. Les proches collaborateurs de Jack Lang avaient alors décidé qu'il n'y avait pas de vaches sacrées, anticipant sur un jugement de leur ministre parlant, en 1987, du message un peu vieillot de Malraux[165]. Ayant obtenu un doublement du budget de son ministère, le jeune ministre multiplia les initiatives, en faisant sienne la formule de Jean-Paul Aron, membre de son cabinet : le ministère de la Culture est un ministère de l'air du temps. Si Jack Lang tint à déclarer qu'avant 1981 le pouvoir était non seulement l'ennemi politique mais l'ennemi intellectuel, il sut me dire, en 1986, que le seul nom de Malraux l'avait aidé à promouvoir son festival de théâtre à Nancy et conclut : « Un bon ministre doit être en accord avec son temps, Malraux était en accord avec le sien. »

En ce qui concerne la décennie Lang (1981-1986 et 1986-1993), de multiples initiatives y ont fasciné l'opinion et, pour beaucoup, rencontré de vrais succès populaires : Fête de la musique, Fête du livre, soutiens aux musiques les plus contemporaines et expositions de *tags*, installation des colonnes de Buren sur le parking du Palais-Royal ont en général suscité l'adhésion de leurs publics. Même si, en janvier 1993, devenu ministre de l'Éducation nationale et de la Culture, Jack Lang a souhaité qu'on ne sépare plus jamais les deux structures que le gouvernement Bérégovoy avait réunifiées[166], il a célébré la haute figure du fondateur du ministère. Il a notamment tenu à inaugurer deux statues d'Alberola dans le passage des Fontaines du Palais-Royal pour que reste, en ce lieu, un hommage permanent à André

Malraux. La cohabitation d'un président de gauche et d'une majorité opposée de 1993 à 1995 puis l'élection de Jacques Chirac à la présidence de la République n'ont pas eu de conséquences sur la façon dont on parlait des années Malraux, avec une respectueuse mais lointaine admiration.

Les démarches pour la panthéonisation

À l'approche du vingtième anniversaire de la mort du fondateur du ministère, Alain Malraux et sa mère, la veuve du ministre, se sont cependant interrogés sur ce que ferait son ancienne administration. Ils souhaitaient qu'on s'y souvienne de l'hommage écrit par Marc Chagall : « Je ne connais personne d'autre que lui qui ait été pénétré par l'Art jusqu'à en être brûlé[167]. » Au début de l'automne 1995, une visite d'Alain Malraux au cabinet de M. Douste-Blazy ne lui permit pas de recueillir plus que de bonnes paroles. Le volume *Célébrations nationales 1996*, publié au mois de janvier 1996, ne mentionnait d'ailleurs[168], comme manifestations prévues, qu'un hommage organisé à Saint-Malo, dans le cadre du Festival des étonnants voyageurs, et un colloque international ; préparé par Henriette Colin, il devait se tenir, en novembre 1996, à Verrières-le-Buisson et à Paris. Le 12 août 1996, en réponse à une question écrite datée du 24 juin, le ministre fournit à M. le député Hanoun une liste de manifestations qui ne comprend toujours pas la panthéonisation. Elle vient pourtant d'être décidée et le *Journal officiel* a publié un bref texte de moins de trois lignes : « Par décret du Président de la République en date du 7 août 1996, est autorisé le transfert des cendres d'André Malraux au Panthéon. »

Comment en est-on arrivé à ce que le président Jacques Chirac appela un geste d'évidence ? Le comité d'histoire du ministère de la Culture n'a pas voulu y contribuer[169], en dépit des avis favorables de deux de ses membres : Pascal Ory, sûr que le nom allait faire naturellement consensus, Jean Coural, conscient de l'aura du fondateur du ministère. Avec l'accord de Madeleine Malraux, un contact fut pris auprès du secrétaire général de la Défense nationale. Cinq jours plus tard, Jean Picq s'engageait à intervenir personnellement auprès de Mme Albanel à l'Élysée et de M. Lecocq, conseiller technique de M. Douste-Blazy[170]. Les démarches de celui qui avait été, de 1986 à 1988, le *conseiller Défense* du Premier ministre Jacques Chirac ont été décisives pour enclencher le processus de panthéonisation. Sous la Ve République, il ne dépend plus en effet d'une loi votée par le Parlement comme sous les IIIe et IVe Républiques ; cela avait été admis par les députés au moment du transfert des cendres de Jean Moulin. Pour que le chef de l'État prenne officiellement sa décision, ses collaborateurs réfléchissent sur l'impact du décret, le moment où il doit intervenir, les moyens à mettre en œuvre pour la cérémonie. Elle s'inscrit dans un réinvestissement du Panthéon depuis que le président Mitterrand y a terminé sa journée d'entrée en fonctions en déposant une rose sur les sépultures de Jean Jaurès, Victor Schœlcher et Jean Moulin. Elle réaffirme le rôle du Président comme « dépositaire de la mémoire nationale[171] » et l'inscrit dans l'ère de la commémoration définie par Pierre Nora.

La décision de Jacques Chirac

Après l'entrée au Panthéon de sept personnalités pendant le double septennat de François Mitterrand[172], dans l'équipe élyséenne, Christine Albanel considère la panthéonisation comme une sorte de « rite initiatique ». En 1995, elle fait savoir à la directrice du Patrimoine que Jacques Chirac procédera au moins à une panthéonisation pendant son mandat[173] ; mais elle sait qu'il faudra « produire du symbolique sans que celui-ci soit trop décalé » et débouche, par rejet, sur un effet inverse. Pour Malraux, la Présidence va souhaiter être saisie par un organisme à caractère officiel ; l'Institut Charles de Gaulle, que Malraux avait présidé, est considéré comme l'organisation idoine. Avec Maurice Druon et Bernard Tricot, son président, l'ancien Premier ministre Pierre Messmer, alors également secrétaire perpétuel de l'Académie des sciences morales et politiques, prend contact avec Bernard Landrieu, directeur du cabinet du Président[174], au printemps 1996. Deux réunions interministérielles sont organisées ensuite, le 4 juin et le 2 août ; le conservateur du Panthéon n'entend qu'une seule instruction proprement élyséenne : prévoir l'heure du discours du président de la République, de telle manière que les journaux télévisés de 20 heures puissent faire de cette manifestation leur sujet central[175]. Après la sélection de six projets de mise en scène, c'est le président de la République qui arrête le choix final.

Une mise en scène pour les médias

Les lauréats du Président sont le peintre Jean-Paul Chambaz et la société Silence productions qui avait coordonné les célébrations des 50e anniversaires du Débarquement — à Omaha Beach, le 6 juin 1994 — et de l'armistice signé à Reims le 7 mai 1945 — à Paris, le 8 mai 1995. La partie de sa proposition qui prévoyait la présence de 80 chefs d'État et de 10 000 invités est rejetée[176] ; de même, le souhait de M. Douste-Blazy de voir conviés à l'Élysée, pour un repas, tous ses homologues européens[177] est écarté au bénéfice d'un dîner pour les seuls proches de l'écrivain-ministre et le comité d'honneur. Faisant entrer au Panthéon un état d'esprit, Jacques Chirac réalise « pour lui-même, la quadrature du cercle[178] ». Le 9 août 1996, le scénographe ne craint pas d'affirmer sur Arte qu'il y a, dans la vie de Malraux, des épisodes qui ne l'intéressent pas. S'il admet qu'on ne peut les « passer sous silence », il pense que la mosaïque d'images qu'il propose et la participation d'adolescents d'un *lycée Malraux* parisien permettront d'insister sur les engagements historiques du jeune écrivain. La rue Soufflot est censée devenir la piste d'un aéroport de fortune attendant « dans un fol espoir le dernier "Potez" de l'escadrille "Espagne"[179] » :

> Plus d'une centaine d'enfants remontent cette étrange piste de la rue Soufflot. Fiers et graves comme des adolescents sages, ils portent des images en noir et blanc d'une vie aux couleurs de Picasso.
>
> Sur le parvis du Panthéon, ils déposent leurs images telles les pages d'un grand livre.
>
> Ils repartiront : une volée d'hirondelles dans la rue Soufflot.
>
> Toutes les photos forment maintenant une seule et même image : la même qu'André Malraux composait pour mieux comprendre son « Musée imaginaire », pour mieux voir les curieuses proximités, les rapprochements maintenant devenus évidents.
>
> Quatre grands chats de bronze veillent le catafalque de pierre brute. Depuis des millénaires quatre déesses issues de la vieille Égypte attendent celui qui les a toujours aimées et dont il convoquait les conseils du silence.
>
> La façade du Panthéon s'est transformée en un vaste écran de pierre pour recevoir les images grandies de l'Histoire, où dans les plus grandes turbulences une vie criait « Action ! ».
>
> Une grande lumière blanche jaillit des portes ouvertes et attire en un ultime mouvement la mémoire présente d'André Malraux. Simultanément du bleu et du rouge achèvent la transformation en un somptueux drapeau de lumière. André Malraux qui devant ce lieu même, dans une atmosphère inoubliable, qu'il ne pouvait qu'avoir négociée avec les dieux, y prononça un de ses plus émouvants discours.
>
> André Malraux est entré au Panthéon.

L'automne Malraux

Le 3 septembre 1996, le ministre de la Culture présente, dans une conférence de presse, le programme de *l'automne Malraux* et annonce qu'il devient vice-président d'un comité Malraux dont la présidence est confiée à Jorge Semprun, ancien déporté à Buchenwald, ancien ministre de la Culture du premier gouvernement socialiste espagnol de l'après-franquisme. Si ce choix convient parfaitement à Florence Malraux, la direction du Patrimoine ne veut pas être dépossédée de la préparation de la panthéonisation, dont son budget supporte presque tous les frais. Sa directrice entend aussi montrer que « la gauche n'a pas le monopole du Panthéon[180] » : le comité n'aura donc qu'un budget réduit et se révélera administrativement fragile. *Le Point* évoque alors « Le sacre de Malraux »[181] ; Bernard-Henri Lévy y salue *le tisserand inspiré et génial qui aura fait l'intrigue commune à son existence et à ses rêves*, un itinéraire d'une extravagante singularité, « non pas certes un "modèle" [...] mais une mesure de l'art et de l'humain qui nous aide à évaluer nos vies, nos œuvres et nos songes ». Pierre Nora, l'historien des *Lieux de mémoire*, y éclaire *le farfelu du Panthéon* et sa canonisation, qu'il compare avec les obsèques de Sartre en 1980 : après les retrouvailles de la gauche avec elle-même, le réenracinement dans une version de l'histoire de France, la panthéonisation de Malraux, c'est aussi, pour Chirac, « une forme de ressourcement, l'onction gaullienne[182] ».

Le jour de la panthéonisation, *Libération* consacre plus des deux tiers de sa couverture à un portrait en pied du ministre, accompagné d'un seul mot : Béatifié ! Une page est consacrée au *Signé Malraux* du philosophe Lyotard qui, *entre apparence et absence*, honore « l'homme qui a bâti sa propre statue dans un monde de vertige en regardant la mort ». En page 6, Antoine de Gaudemar évoque le ministre, de l'innovation à l'usure du pouvoir, tandis que Mathieu Lindon magnifie l'écrivain, « Un Tintin reporter métaphysicien ». L'éditorial salue « Un totem consensuel », *le plus remarquable totem identitaire des gaullistes et de leurs descendants putatifs*. Gérard Dupuy évoque le ministre « qui a fait de l'action culturelle une norme durable » et ce qui reste de lui : « La trace d'un homme qui ne se laisse pas oublier et qui n'a pas cessé d'en appeler au pouvoir de la mémoire — pour le meilleur. À travers Malraux, c'est un peu la panthéonisation elle-même qu'on panthéonise. »

Le Figaro saisit l'occasion pour faire préciser à Jacques Chirac *sa politique de la culture*. Elle comporte l'idée primordiale de démocratie culturelle, le respect des identités culturelles et la volonté de donner à chacun « les clés de notre patrimoine commun [...] question centrale dans le droit fil d'André Malraux [183] ». Sous les propos présidentiels, le dessin de Jacques Faizant ironise sur le timbre commémoratif où la cigarette de Malraux a disparu : cigarette aux lèvres, sa vieille dame lit l'annonce, *les cendres de Malraux au Panthéon* tandis que le mari, pipe au bec, lance : *Incohérents ! Sur ses photos, ils effacent hypocritement la cigarette qu'il fume ; après quoi, ils lui offrent un cendrier prestigieux !* Exégète de l'écrivain, Pierre de Boisdeffre fait remarquer qu'il « faudrait absolument dépoussiérer le Panthéon. Cette cave est une honte. Elle est absolument sinistre. Il faudrait y mettre des fleurs, des œuvres d'art et surtout le chauffage central [184] ». Avant ces remarques, les lecteurs ont retrouvé, sur deux pages, les ambitions culturelles du septennat chiraquien et sa certitude qui va nourrir son allocution du soir : *Le clivage traditionnel droite-gauche est de moins en moins pertinent. Cela vaut pour la culture comme pour le reste.*

La soirée du Panthéon et son bilan

Avant l'onction présidentielle prononcée face au catafalque de pierre brute, à 20 heures, en direct sur TF 1 et France 2, l'allocution d'un gaulliste de 1940, Maurice Schumann, faite depuis un autre emplacement, marque un ondoiement préalable. Le porte-parole du Général devant les micros de la BBC choisit de méditer sur la mort ; il évoque aussi son ami et interpelle ses compagnons Malraux et Moulin demandant aux assistants : « Que faites-vous ici ce soir si vous courez le risque d'oublier qu'on n'aime jamais assez la France pour ce qu'elle a de fragile et qu'on ne l'aime jamais trop pour ce qu'elle a d'éternel[185] ? » Jacques Chirac définit ensuite le Panthéon comme *lieu de valeurs vivantes* et retrace la vie de celui dont il fut le jeune collègue dans les gouvernements de Georges Pompidou. Du dandy devenu un rebelle, « presque un révolutionnaire », il salue les engagements, la filiation gaulliste « enfin trouvée et acceptée », l'incarnation du gaullisme « tel que le voulait le Général, ni de droite ni de gauche, mais de France », avant de conclure : « Au-delà du vrai existe le vécu qui rencontre le rêve. Parce que vous avez su faire vivre vos rêves et les faire vivre en nous, prenez place, André Malraux, dans le Panthéon de la République. » Après le *Chant des Partisans*, le Président suit le cercueil porté par six gardes républicains : à ses côtés, sur les marches du Panthéon, on distingue à sa gauche Sophie de Vilmorin, Laurent et Florence Malraux — le petit-neveu et la fille de l'écrivain —, tandis qu'à la droite de Jacques Chirac figurent Madeleine Malraux, la veuve du ministre, ses petites-filles Anne et Céline et son fils Alain. Dans l'ancienne église Sainte-Geneviève, le public va pouvoir défiler sur les pourtours et apercevoir, sous la coupole, flanqué par deux gardes républicains, le cercueil d'André Malraux que veillent la réplique d'un chat égyptien et une statue d'Alberto Giacometti, *L'Homme qui marche*.

Le programme de sa panthéonisation avait défini Malraux comme humaniste et visionnaire, mais aussi acteur populaire de la Ve République. On y lisait aussi qu'il faisait partie de ces personnages de l'Histoire qui ont marqué la mémoire de leur siècle et dont la haute valeur symbolique lui valait les honneurs du Panthéon. La cérémonie a beaucoup appris sur l'époque, *son désir de légende, son besoin de spectacle et de mythologie*[186]. Le surlendemain, Serge July souligne que « Malraux n'a pas fait l'objet de la récupération prévisible au nom du gaullisme triomphant, et c'est au contraire "l'intellectuel engagé", l'antifasciste qui a eu droit à la sobre expression présidentielle, comme il l'avait fait pour la mort de François Mitterrand ou l'anniversaire de la rafle du Vel' d'Hiv'. Il y a là une constance qui honore son auteur[187] ». À l'encontre de ceux qui annonçaient « un hommage très RPR[188] », le président Chirac avait pris une autre mesure pour lier cette panthéonisation aux combats de la gauche : pour le dernier carré des anciens des Brigades internationales, un amendement qu'on peut appeler *Malraux* avait surgi dans la loi de finances. Ces premiers soldats de la Deuxième Guerre mondiale, même s'ils n'avaient lutté qu'en Espagne, allaient être autorisés à recevoir leurs cartes de combattants[189]. À la veille de la panthéonisation, la dernière nuit sur terre des cendres d'André Malraux s'était déroulée dans la chancellerie de l'ordre de la Libération[190]. Ancien commissaire politique d'une des brigades d'Espagne, le futur colonel Rol-Tanguy de la libération de Paris y avait fait partie de la première garde d'honneur avec trois autres compagnons de la Libération. Même si cette veillée discrète n'avait fait l'objet d'aucune image télévisée[191], le surgissement des brigadistes avait réveillé quelques vieux fantasmes ; j'ai ainsi entendu, aux

Batignolles, un militant RPR confier son incompréhension devant la panthéonisation d'un *violeur de religieuses* ! Mais ces vieilles calomnies diffamatoires et fausses n'eurent guère d'échos.

Malgré *Charlie-Hebdo*, où Cabu dessina le pupitre présidentiel comme un petit abribus[192], les médias ont apprécié la cérémonie[193] dont *Le Monde* affirme qu'elle « a renoué avec le devoir d'humilité » ; en page 8, le quotidien du soir titre « M. Chirac a célébré André Malraux, "homme de justice et de fraternité"[194] ». Après avoir mis, au bas de sa une du 25, « André Malraux entre dignement au Panthéon », *L'Humanité* note que le Président « n'exagère et ne récupère rien » à propos de *l'homme de l'inquiétude, de la recherche et de la quête*. Dans *Le Figaro*, Paul Guibert évoque une cérémonie d'une redoutable simplicité avec le refus ascétique de la moindre récupération politique. Tandis que Stéphane Denis garde sa place au farfelu[195], en invitant Malraux à entrer dans le Panthéon *avec le fantôme de son chat Essuie-Plume et le pigeon de chez Lasserre*, les quelques voix discordantes concernent surtout la qualité des retransmissions télévisées. Dans *Le Point*, Philippe Meyer dénonce *un Panthéon de médiocrité*[196], une cérémonie en total contresens par sa « rage de coller à toute force dans un enterrement du primesautier et du sautillant ! De prendre comme étalon de toute célébration nationale la bamboche post-moderne du bicentenaire de la Révolution ! [...] À vrai dire, tout paraissait fait pour évacuer de cette évocation d'André Malraux ce qui est au centre de son œuvre et qui fut souvent le lot de son existence : le tragique [...] le brouillard de futilité de cette kermesse aura traduit la même incapacité obscène à prêter un peu d'attention à l'essentiel d'un homme qui mit au centre de sa vie, pour le meilleur et pour le moins bon, une vertu que la télévision s'est condamnée à ignorer : l'intensité ».

La mémoire et les rêves de Malraux

Avec ses émissions télévisées et radiodiffusées, ses numéros spéciaux de journaux, ses signets de lectures reproduisant par milliers une main de l'homme de lettres ou son visage, *l'automne Malraux* a remis, sous les feux de l'actualité, le ministre et surtout le jeune écrivain engagé. Celui qui avait dit de Garine, son héros des *Conquérants*, qu'il surnageait « pour avoir montré un type de héros en qui s'unissent l'aptitude à l'action, la culture et la lucidité[197] » se voulait sûrement un rival de Garine dans le monde réel. Dès 1928, dans *La Tentation de l'Occident*, Malraux évoquait la possibilité d'accomplir « dans le monde réel des gestes de nos rêveries » et « l'impression confuse, non de les avoir accomplis, mais d'en avoir été capables ». Ces gestes, ni l'écrivain ni le ministre n'en ont été avares. En leur automne institutionnel, des campagnes massives d'affichage dans les gares et les rues comme sur les autobus parisiens ont tenté de rappeler quelques actes de Malraux et de populariser certaines de ses phrases, tirées des *Conquérants* et de *La Condition humaine* : « J'ai appris qu'une vie ne vaut rien mais que rien ne vaut une vie », « Les idées ne sont pas faites pour être pensées mais vécues ».

Il y avait de l'utopie à lancer aux sénateurs de la Ve République, en 1959, que si la connaissance était à l'Université, son nouveau ministère des Affaires culturelles serait celui où l'on pourrait dire « L'amour, peut-être, est à nous[198] ». En 1960, à l'Unesco, Malraux se sentit en droit de déclarer que « la première civilisation mondiale revendique publiquement l'art mondial comme son indivisible héritage ». Écrivain, cinéaste et ministre, André Malraux a rêvé et a entraîné des foules dans ses rêves. Il a trouvé merveilleux qu'en 1927 le film *Love*, tiré d'*Anna Karénine*, permette à un metteur en scène américain (Edmund

Goulding) et à une actrice suédoise (Greta Garbo) de faire pleurer des enfants d'Asie sur le chef-d'œuvre d'un génie russe (Léon Tolstoï). Lui-même sut être un homme singulier dont les formes de courage et d'humour supposaient un certain sens du néant[199].

À l'automne 1969, André Malraux affirma encore à Charles de Gaulle : « Votre France n'a jamais été du domaine rationnel. Comme celle des Croisades ou celle de l'an II. » Chevalier ou baron de la croisade gaulliste, il voyait curieusement dans le Général « le dernier chef antifasciste d'Occident ». C'est ainsi qu'il lui expliqua l'engagement à leurs côtés, en 1944, des anciens combattants de l'Espagne républicaine, malgré leur stupéfaction de ne pas trouver, au rang des criminels de la Deuxième Guerre mondiale, « Franco entre Hitler et Mussolini[200] ». Cette assimilation reposait sur une réalité — les troupes de Leclerc à Paris comprenaient beaucoup de volontaires espagnols — et elle marquait aussi, chez Malraux, le désir d'affirmer l'unité de ses combats.

Ce sont les mythes réunificateurs qui ont toujours fasciné le ministre-écrivain assoiffé d'une fraternité active s'acheminant avec énergie vers une conquête[201]. Pour lutter contre la mort, ses armes avaient été l'art et l'action. Or, pour une fois d'accord avec Michel Debré, il savait que, dans l'action politique, les joies sont rares, les joies sont brèves. Il avait admis aussi le jugement de François Mauriac à son propos : Malraux « ne se sent vivre que dans ces brefs instants où il lui est donné de jouer à quitte ou double son destin[202] ». Dès lors, l'art lui était bien apparu comme sa meilleure arme contre le destin et ses *Écrits sur l'art* le meilleur passeport vers l'immortalité puisque les hommes sont hantés par les songes et que « les actions qui ont la couleur des songes sont aussi fortes que les Dieux[203] ». Mais il avait voulu aussi agir sur quelqu'un en devenant le libre vassal du général de Gaulle.

Proclamer que la culture ne connaît que des nations fraternelles, ce fut la belle ambition d'André Malraux. Le mythe culturel, moyen de rassembler les êtres humains de toute la planète, reste sans doute son rêve angoissant, immense et inabouti. C'est peut-être ce qui, au centenaire de sa naissance, avait conduit plus d'une soixantaine d'étudiants américains à commencer des études sur l'homme et son œuvre[204]. S'il est vrai qu'au Panthéon on peut encore contribuer *à éduquer la jeunesse de tous les pays*, comme l'avait écrit René Cassin[205], les quatre compagnons du sixième caveau que sont désormais Cassin, Malraux, Monnet et Moulin n'ont pas fini de nous étonner par leurs métamorphoses, dans la crypte qui, mieux que les cimetières, les affirme non comme des disparus mais comme des Grands Hommes.

André Malraux s'est toujours senti « proche de l'obscur élan de chacun » et son ami Jean Grosjean suggérait qu'on fasse plus attention à cette mobilité entre les inconciliables : sa vie et son œuvre ont la vertu de ne pas conclure, de questionner toujours. Elles permettent de « sentir une âme plus grande que le texte, une soif que rien n'a étanché, un vivant[206] ». Aux côtés de René Cassin, co-auteur de la Déclaration universelle des droits de l'homme et prix Nobel de la Paix ; de Jean Monnet, le fédérateur de l'Europe ; de Jean Moulin, l'unificateur de la Résistance, André Malraux, au-delà de ce qu'il appelait *l'ennui sans fin de la mort*, peut nous interpeller sur la capacité des morts à *faire aimer les métamorphoses*. Dernier arrivé dans ce caveau, et formant à lui seul une trinité rassemblant l'aventurier révolutionnaire, l'antifasciste gaulliste et l'écrivain-ministre, André Malraux continue de nous appeler à la fraternité.

APPENDICES

REPÈRES BIOGRAPHIQUES, LITTÉRAIRES ET ADMINISTRATIFS

3 novembre 1901 : Georges André Malraux naît à Paris ; c'est le premier fils de Fernand Malraux et de Berthe Lamy, mariés le 24 mars 1900.

25 décembre 1902 : Raymond Fernand, second fils de Fernand et Berthe Malraux, naît à Paris.

18 mars 1903 : mort de Raymond Fernand.

1905 : séparée de son mari, Berthe Malraux s'installe avec André, chez sa mère, à Bondy ; Adrienne Lamy, veuve d'un boulanger, y fait commerce d'épicerie au 16 rue de la Gare.

Octobre 1906 : première rentrée scolaire d'André Malraux, à Bondy.

19 novembre 1909 : mort de son grand-père Alphonse Malraux, décédé à l'hôpital de Dunkerque des suites d'une chute dans son grenier.

28 mai 1913 : Georges André obtient son certificat d'études primaires.

1915 : Fernand Malraux reconnaît son premier fils naturel, Roland-Fernand-Georges, né en 1912.

Octobre 1915 : André est élève de l'école primaire supérieure de la rue de Turbigo.

Octobre 1918 : son inscription au lycée Condorcet est refusée.

1919 : André développe ses activités de *chineur* de livres rares acquis chez les bouquinistes et les revend à des libraires spécialisés, notamment René-Louis Doyon.

Janvier 1920 : André Malraux publie son premier article, « Des origines de la poésie cubiste », dans *La Connaissance, revue de lettres et d'idées*.

Printemps 1920 : il devient directeur artistique des éditions du Sagittaire.

12 avril 1921 : son premier livre, *Lunes en papier*, est achevé d'imprimer.

21 octobre 1921 : il épouse Clara Goldschmidt, née à Paris le 22 octobre 1897.

Mars 1922 : il préface le catalogue du graveur Démétrios Galanis. Dans ce premier texte de critique d'art, il affirme une conviction qui ne le quittera jamais : « Nous ne pouvons sentir que par comparaison. »

25 juillet 1922 : Fernand Malraux, divorcé de Berthe Lamy, épouse Marie-Louise Godard, mère de ses fils Roland et Claude.

13 octobre 1923 : André et Clara Malraux s'embarquent sur l'*Angkor*.

Décembre 1923 : André arrache sept statues au temple de Banteay Srey avec le concours de Louis Chevasson et d'indigènes cambodgiens.

21 juillet 1924 : il est condamné à trois ans de prison ferme et à cinq ans d'interdiction de séjour par le tribunal correctionnel de Phnom Penh.

16 août 1924 : André Breton publie « Pour André Malraux » dans *Les Nouvelles littéraires*.

6 septembre 1924 : *Les Nouvelles littéraires* publient un texte signé par Gaston et Raymond Gallimard ainsi que plus de vingt auteurs dont Aragon, Gide, Mauriac ; tous se portent garants « de l'intelligence et de la réelle valeur littéraire » d'André Malraux.

28 octobre 1924 : André Malraux est condamné à un an de prison avec sursis par la cour d'appel de Saigon.

1er novembre 1924 : il rembarque pour la France sur le cargo *Chantilly*.

25 janvier 1925 : il repart en Indochine avec Clara et y dirige jusqu'en décembre, avec Paul Monin, *L'Indochine* puis *L'Indochine enchaînée*.

1er avril 1926 : il publie « Lettres d'un Chinois » dans *La Nouvelle Revue française*, nº 151.

Juillet 1926 : il publie *La Tentation de l'Occident* aux éditions Grasset.

2 décembre 1930 : il reçoit le premier prix Interallié pour *La Voie royale*.

Décembre 1930 : mort de son père qui se suicide à Paris, à l'âge de cinquante-cinq ans.

Mars 1932 : mort de sa mère qui décède d'une embolie, à l'âge de cinquante-quatre ans.

Mars 1933 : André Malraux est membre actif de l'Association des écrivains et artistes révolutionnaires.

28 mars 1933 : sa femme Clara donne naissance à leur fille Florence.

7-8 août 1933 : il rencontre l'ex-dirigeant soviétique Trotski à Saint-Palais, près de Royan.

7 décembre 1933 : André Malraux, prix Goncourt au quatrième tour de scrutin pour *La Condition humaine*.

18 décembre 1933 : début de la liaison avec Josette Clotis ; elle dira plus tard : *J'ai joué André « comme un cheval de course »*.

4 janvier 1934 : André Gide et André Malraux déposent à Berlin une lettre demandant la grâce de Dimitrov, communiste condamné pour l'incendie du Reichstag.

Février 1934 : les Malraux et les Cassou défilent ensemble à Paris contre les ligues fascistes.

Mars 1934 : André Malraux est membre actif du Comité de vigilance des intellectuels antifascistes.

Été 1934 : au premier Congrès des écrivains soviétiques, Malraux affirme : « L'art n'est pas une soumission. »

Juillet 1936 : Malraux gagne Madrid, quatre jours après le début de la guerre civile ; il commence à rassembler les aviateurs de l'escadrille *España*.

Hiver 1937 : tournée en Amérique du Nord afin de collecter des fonds pour l'Espagne républicaine.

Été 1937 : publication de *L'Espoir*.

Mai 1938 : suicide de Grete Goldschmidt, mère de sa femme Clara.

1938-1939 : tournage de *Sierra de Teruel*, version cinématographique de *L'Espoir*.

14 avril 1940 : André Malraux incorporé dans un centre d'instruction de chars.

1er novembre 1940 : prisonnier depuis le 16 juin, il s'évade avec la complicité de Clara et Roland Malraux.

5 novembre 1940 : Josette Clotis donne naissance à Gauthier, premier fils d'André Malraux, reconnu par son frère Roland.

Janvier 1941-octobre 1942 : André, Josette et leur fils résident sur la Côte, au Cap-d'Ail et au cap Martin.

Novembre 1942 : ils s'installent en Corrèze, locataires de trois pièces d'un château à Saint-Chamant.

11 mars 1943 : Josette Clotis donne naissance à Vincent, second fils d'André Malraux.

8 mars 1944 : arrestation de Claude Malraux, qui sera fusillé à l'automne suivant, en Pologne.

21 mars 1944 : arrestation de Roland Malraux, qui sera déporté au camp de Neuengamme.

25 mars 1944 : mort dans un maquis de Raymond Maréchal, combattant de l'Espagne républicaine.

Avril-juin 1944 : André Malraux multiplie ses contacts avec les réseaux britanniques dont étaient membres ses frères Claude et Roland.

11 juin 1944 : Madeleine Malraux donne naissance à Alain, fils de Roland alors déporté.

Juillet 1944 : des responsables résistants refusent d'être sous le commandement d'A. Malraux.

Juillet 1944 : les Allemands le font prisonnier sur la route de Gramat.

19 août 1944 : enfermé à la prison Saint-Michel de Toulouse depuis le 2, A. Malraux recouvre sa liberté au départ des Allemands.

Septembre 1944-16 mars 1945 : André Malraux commande, sous son pseudonyme de *colonel Berger*, la brigade Alsace-Lorraine rattachée à la Première Armée du général de Lattre.

12 novembre 1944 : mort à Tulle de Josette Clotis, mère des fils de l'écrivain.

Janvier 1945 : André Malraux fait échouer la fusion du Mouvement de la libération nationale avec le Front national, organisation de masse sous contrôle du Parti communiste.

3 mai 1945 : mort de Roland Malraux en rade de Lübeck, dans le naufrage du cap Arcona où les nazis avaient concentré des déportés.

18 juillet 1945 : première audience d'André Malraux dans le bureau du général de Gaulle.

16 août 1945 : Malraux est nommé conseiller technique du président du Gouvernement provisoire de la République française.

21 novembre 1945 : André Malraux est nommé ministre de l'Information.

20 janvier 1946 : la démission du général de Gaulle met fin à ses fonctions gouvernementales.

29 mai 1947 : dépôt à la préfecture de la Seine des statuts du Rassemblement du peuple français : Malraux en est le premier cosignataire, après Charles de Gaulle.

Été 1947 : jusqu'en 1951, Malraux est délégué national à la propagande du RPF et membre de son comité exécutif.

13 avril 1948 : il épouse Madeleine Lioux, la veuve de son frère Roland, mort pour la France ; ils élèvent ensemble les fils de Josette, Gauthier et Vincent, et Alain, fils unique de Roland.

1er octobre 1948 : Malraux écrit de son action au RPF qu'il veut « orienter la victoire vers la meilleure part de ce qu'elle porte en elle » (lettre d'AM au père Bockel).

1er juin 1958 : André Malraux est secrétaire d'État.

9 juin 1958 : il est ministre délégué à la présidence du Conseil chargé de l'Information.

2 juillet 1958 : à la question : « Si vous étiez jeune musulman, seriez-vous partisan du FLN ? », le ministre répond : « Si j'étais un jeune musulman, je combattrais peut-être avec les fellaghas, mais je serais heureux de me tourner maintenant vers l'homme qui a combattu la torture et me mettrais au service de l'homme qui a défendu le courage. »

8 juillet 1958 : il est remplacé dans ses fonctions par Jacques Soustelle.

26 juillet 1958 : André Malraux, ministre délégué, est « chargé, par délégation personnelle et directe du président du Conseil, de la réalisation de divers projets et notamment de ceux ayant trait à l'expansion et au rayonnement de la culture française » (décret nº 58-630).

17-22 septembre 1958 : tournée de propagande aux Antilles et en Guyane pour solliciter des votes *Oui* au référendum instituant la Ve République.

22 novembre-7 décembre 1958 : voyage officiel et privé en Iran et en Inde.

8-14 décembre 1958 : voyage officiel et privé au Japon.

8 janvier 1959 : formation du premier gouvernement de Michel Debré ; André Malraux y est ministre d'État.

3 février 1959 : le décret nº 59-212 confère à André Malraux les attributions précédemment dévolues au ministre de l'Éducation nationale en ce qui concerne la direction générale des Arts et Lettres, la direction de l'Architecture, la direction des Archives de France et les activités culturelles du Haut-Commissariat à la Jeunesse et aux Sports, ainsi que des attributions du ministre de l'Industrie relatives au Centre national de la cinématographie.

13 mars 1959 : constitution de la commission chargée de proposer l'organisation du futur ministère et fixation au 25 mars de la date où elle remettra son rapport au Premier ministre.

9 avril 1959 : conférence de presse d'A. Malraux sur les Théâtres nationaux et la politique culturelle.

27 avril-1er mai 1959 : voyage au Sahara.

28-29 mai 1959 : voyage officiel en Grèce pour célébrer le premier « son et lumière » sur l'Acropole.
16 juin 1959 : décret instituant les avances sur recettes pour les films de qualité (décret nº 59-733).
22 juillet 1959 : André Malraux est ministre d'État chargé des Affaires culturelles (jusqu'au 14 avril 1962).
Juillet 1959 : les missions du ministère des affaires culturelles sont définies par le décret nº 59-889 : « Rendre accessibles les œuvres capitales de l'humanité et d'abord de la France, au plus grand nombre possible de Français ; assurer la plus vaste audience à notre patrimoine culturel et favoriser la création des œuvres de l'art et de l'esprit qui l'enrichissent. »
31 juillet 1959 : Albert Beuret, chef du secrétariat particulier, remplace Pierre Juillet comme chef de cabinet.
24-28 août 1959 : voyage officiel au Brésil.
29 août-2 septembre 1959 : voyage officiel au Pérou.
3-5 septembre 1959 : voyage officiel au Chili.
6-9 septembre 1959 : voyage officiel en Argentine.
10-12 septembre 1959 : voyage officiel en Uruguay.
21 octobre 1959 : le général de Gaulle et A. Malraux sont à l'Odéon pour voir *Tête d'or* de Claudel, première représentation du Théâtre de France confié à Jean-Louis Barrault.
4 janvier 1960 : après la mort accidentelle d'Albert Camus, le ministre télégraphie son salut à « l'un de ceux par qui la France demeure présente dans le cœur des hommes ».
Janvier 1960 : Émile-Jean Biasini devient conseiller technique au cabinet du ministre.
19-29 février 1960 : voyage au Japon et inauguration, le 22, de la Maison franco-japonaise à Tokyo.
8 mars 1960 : A. Malraux défend à l'Unesco la sauvegarde des monuments de Haute-Égypte.
3-15 avril 1960 : voyage officiel et privé au Mexique.
21 juin 1960 : A. Malraux célèbre à l'Unesco le centenaire de l'Alliance israélite universelle.
10-12 août 1960 : A. Malraux représente la France aux fêtes d'indépendance du Tchad.
13 août 1960 : A. Malraux représente la France aux fêtes d'indépendance de la Centrafrique.
14-15 août 1960 : A. Malraux représente la France aux fêtes d'indépendance du Congo.

16-18 août 1960 : A. Malraux représente la France aux fêtes d'indépendance du Gabon.

Automne 1960 : bien que des ordonnances prononcent des interdictions de travail dans des spectacles subventionnés par l'État à l'encontre des signataires du *Manifeste des 121* qui ont reconnu le droit à l'insoumission, le général de Gaulle fait déclarer : « Il n'en est pas moins indispensable que la liberté de penser et d'expression des intellectuels demeure respectée dans toute la mesure compatible avec l'obéissance aux lois de l'État et avec le souci de l'unité de la nation. »

13 février 1961 : un décret prévoit le réameublement du château de Versailles par réaffectation automatique des meubles royaux inventoriés au Mobilier national.

20 avril 1961 : un arrêté restreint les possibilités d'exportation des objets présentant un intérêt national d'histoire ou d'art.

2-4 mai 1961 : A. Malraux se rend au Mali à la demande du général de Gaulle.

Mai 1961 : obsèques religieuses à Paris de Gauthier et Vincent Malraux, les seuls fils du ministre, mortellement blessés, le 23, sur la route nationale 6.

Il assiste au dîner de gala en l'honneur du roi des Belges. *Jamais, aux jours éclatants, je n'ai assisté à un dîner sans le voir partir vers le néant.*

1er juin 1961 : il accueille à Versailles le couple Kennedy et les de Gaulle. *Khrouchtchev, Nehru et Kennedy dans la galerie des Glaces et Trianon restauré, déjà hanté par le départ.*

24 juin 1961 : inauguration de la maison de la Culture au Havre.

Été 1961 : séjour privé en Suisse.

Novembre 1961 : un décret définit fiscalement les cinémas « art et essai ».

11 décembre 1961 : É. Biasini nommé directeur du Théâtre, de la Musique et de l'Action culturelle.

22 décembre 1961 : loi sur la Sécurité sociale des artistes du spectacle (loi nº 61-1410).

16 février 1962 : décret sur l'enseignement de l'architecture.

14 avril 1962 : formation du premier ministère Pompidou ; A. Malraux est reconduit dans sa charge de ministre d'État chargé des affaires culturelles. Un arrêté organise la direction de l'administration générale du ministère.

Avril 1962 : André Holleaux devient directeur du cabinet du ministre (jusqu'au 1er mai 1965) ; son prédécesseur G. Loubet devient chargé de mission jusqu'au 1er mars 1964.

14-20 mai 1962 : voyage aux États-Unis pour célébrer les cinquante ans de l'Institut français de New York.

31 juillet 1962 : loi-programme sur la restauration — entre 1962 et 1966 — de sept grands monuments.

4 août 1962 : loi sur les secteurs sauvegardés (loi nº 62-903, bientôt dénommée *Loi Malraux*).

8 novembre 1962 : formation du deuxième ministère Pompidou ; A. Malraux est reconduit dans sa charge de ministre d'État chargé des Affaires culturelles.

9 janvier 1963 : A. Malraux présente *La Joconde* à Washington, dans la National Gallery.

3 septembre 1963 : discours au nom du Gouvernement français pour les funérailles du peintre Georges Braque.

4 septembre : Malraux présent aux obsèques religieuses de Braque en Seine-Maritime, à Varengeville.

15-17 septembre 1963 : voyage officiel en Finlande.

13-18 octobre 1963 : voyage officiel au Québec.

Janvier 1964 : le ministre inaugure le Théâtre de l'Est parisien, dans le XXe arrondissement ; pratiquement la seule maison de la Culture dans Paris.

4 mars 1964 : décret instituant la commission chargée de faire un inventaire général des monuments et richesses artistiques de la France.

Printemps 1964 : séjours privés au Maroc et en Suisse.

14 avril 1964 : première réunion de la commission devant inventorier les richesses artistiques de la France.

31 mai 1964 : au nom du gouvernement français, A. Malraux rend hommage à Jeanne d'Arc.

Juillet 1964 : A. Malraux inaugure la Fondation Maeght à Saint-Paul-de-Vence.

Été 1964 : séjour privé en Suisse.

23 septembre 1964 : inauguration du nouveau plafond de l'Opéra de Paris, peint par Marc Chagall.

19 décembre 1964 : transfert des cendres présumées de Jean Moulin au Panthéon. En présence du général de Gaulle, A. Malraux rend hommage à l'unificateur de la Résistance et déclare : « Jean Moulin n'a nul besoin d'une gloire usurpée. »

26 décembre 1964 : loi sur la Sécurité sociale des artistes peintres, sculpteurs et graveurs.

Pâques 1965 : séjour privé à Venise.
1er mai 1965 : Antoine Bernard succède à André Holleaux comme directeur de cabinet du ministre.
14 mai 1965 : A. Malraux accueille le général de Gaulle à la maison de la Culture de Bourges. Le président déclare de son ministre qu'il est « le plus qualifié pour comprendre, pour vouloir et pour faire connaître ce qu'est l'esprit humain ».
Juin 1965 : Malraux part de Marseille, à bord du *Cambodge*, pour une croisière privée afro-asiatique.
26-27 juin : A. Malraux et Albert Beuret sont en Égypte.
Juin : escale à Aden en Somalie.
4 juillet : escale à Karachi au Pakistan.
6 juillet : escale à Bombay en Inde.
8-9 juillet : escale à Colombo, dans l'île de Ceylan.
13 juillet : le *Cambodge* est éperonné par un pétrolier en rade de Singapour.
15 juillet : A. Malraux quitte le bord du paquebot.
16-17 juillet : séjour privé à Hong Kong, où Malraux obtient son visa pour la Chine.
19 juillet : arrivée à Canton, en République populaire de Chine, à titre privé.
21 juillet : arrivée à Pékin.
Juillet-1er août : voyage privé dans le nord-ouest de la Chine.
2 août : rencontres avec le président de la République Liu Shao-shi et le Premier ministre Chou En-Lai.
3 août 1965 : rencontre avec le président Mao Tsé-toung.
8-12 août : séjour en Inde où Malraux est fait docteur *honoris causa* de l'Académie sanscrite de Bénarès.
13-14 août : séjour privé en Iran.
1er septembre 1965 : discours au nom du Gouvernement français pour les funérailles de Le Corbusier.
4 novembre 1965 : inauguration du plafond de l'Odéon-Théâtre de France, peint par André Masson.
Décembre 1965 : discours au nom de l'association pour la Ve République pour soutenir la réélection du général de Gaulle à la présidence de la République.
8 janvier 1966 : formation du troisième ministère Pompidou : A. Malraux est reconduit dans sa charge de ministre d'État chargé des Affaires culturelles.
Février 1966 : voyage officiel au Mexique et au Guatemala.

19 mars 1966 : le ministre inaugure la maison de la Culture d'Amiens.
21-27 mars 1966 : voyage officiel en Égypte.
Mars-7 avril 1966 : voyage officiel et privé au Sénégal.
28 avril 1966 : A. Malraux commente au général de Gaulle la rénovation du Grand Trianon à Versailles.
2 mai 1966 : A. Malraux, placé en isolement à la demande du docteur Bertagna, remercie par courrier le président de Gaulle qui met le pavillon de Marly à la disposition de son ministre d'État.
9 mai : Marcel Landowski nommé chef du service de la Musique au ministère.
25 mai : Pierre Boulez publie, dans *Le Nouvel Observateur*, son « Non à Malraux ! ».
2 juin 1966 : quittant Marly à la fin de sa période de strict isolement médical, A. Malraux écrit au Général qu'il a conseillé à un lapin de rester là pour l'accueillir.
3 août 1966 : Gaëtan Picon contraint à la démission de ses fonctions de directeur général des Arts et Lettres.
28 septembre 1966 : Émile Biasini informé qu'il va être relevé de ses fonctions de directeur du Théâtre, de la Musique et de l'Action culturelle.
6 octobre 1966 : Pierre Moinot nommé directeur général des Arts et Lettres.
28 octobre 1966 : Francis Raison nommé directeur du Théâtre et des Maisons de la Culture.
30 décembre 1966 : loi sur le classement d'office des monuments historiques.
6 avril 1967 : formation du quatrième ministère Pompidou ; A. Malraux est reconduit dans sa charge de ministre d'État chargé des Affaires culturelles.
Automne 1967 : publication, sous copyright d'André Malraux, de ses *Antimémoires*.
Novembre 1967 : A. Malraux inaugure la Maison française d'Oxford et reçoit un doctorat *honoris causa*.
28 décembre 1967 : loi programmant de nouveaux travaux sur les monuments historiques et prévoyant l'inscription de monuments naturels et de sites à protéger.
Mars 1968 : voyage officiel dans quelques villes soviétiques.
Mai 1968 : remaniement du quatrième ministère Pompidou ; A. Malraux est maintenu dans sa charge de ministre d'État chargé des Affaires culturelles.

10 juillet 1968 : formation du ministère Couve de Murville : A. Malraux est reconduit dans sa charge de ministre d'État chargé des Affaires culturelles.

6 décembre 1968 : un décret met fin au système des prix de Rome.

31 décembre 1968 : loi sur les dations à l'État d'œuvres d'art pour acquitter des droits de succession.

4 février 1969 : inauguration du musée national Fernand Léger à Biot et pose de la première pierre du musée national Message biblique-Marc Chagall à Nice.

Février 1969 : voyage officiel au Niger.

20 juin 1969 : la démission du gouvernement Couve de Murville met fin aux fonctions ministérielles d'André Malraux.

11 décembre 1969 : Charles de Gaulle reçoit G. de Courcel et A. Malraux à Colombey-les-Deux-Églises.

20 décembre 1969 : Louise de Vilmorin décède à Verrières-le-Buisson, où A. Malraux va continuer à résider jusqu'à sa mort avec le soutien de Sophie de Vilmorin.

12 novembre 1970 : A. Malraux se rend à Colombey pour les obsèques du général de Gaulle.

17 mars 1971 : les éditions Gallimard publient *Les Chênes qu'on abat.*

Automne 1971 : Malraux envisage de prendre la tête d'une brigade de volontaires pour aider le Bangladesh.

Avril-décembre 1972 : la deuxième chaîne de télévision diffuse *La Légende du siècle* dans laquelle Malraux raconte le XXe siècle à Claude Santelli et Françoise Verny.

13 mai 1972 : Malraux glorifie les combats de la Résistance à Durestal en Dordogne.

Automne 1972 : après un séjour à l'hôpital de la Salpêtrière, rédaction de *Lazare.*

7 juillet 1973 : Maurice Druon et André Malraux inaugurent à Nice le musée national Message biblique-Marc Chagall.

13 juillet 1973 : Aimé Maeght ouvre dans sa fondation l'exposition *Le Musée imaginaire d'André Malraux*.

12 septembre 1973 : Malraux inaugure le monument de Gilioli sur le plateau des Glières et y retrace « le premier grand combat du peuple de la nuit ».

Mars 1974 : Gallimard publie *La Tête d'obsidienne.*

Mai 1974 : Malraux soutient à la radio et à la télévision la candidature de Jacques Chaban-Delmas, candidat à l'élection présidentielle, mais sa prestation télévisée pâtit d'un mauvais dosage de ses médicaments.

10 mai 1975 : Malraux rend hommage aux femmes déportées sur le parvis de la cathédrale de Chartres.

Septembre 1975 : Malraux préface d'une lettre l'ouvrage de Suzanne Chantal retraçant la vie de Josette Clotis.

22 novembre 1975 : il s'associe à une pétition en faveur d'Espagnols condamnés à mort par la justice de Franco.

23 novembre 1975 : il célèbre les cinq ans de l'Institut Charles de Gaulle et retrace l'épopée gaullienne.

Avril 1976 : Gallimard publie *La Corde et les souris.*

12 mai 1976 : Malraux témoigne à l'Assemblée nationale, devant la commission des libertés.

23 novembre 1976 : Malraux décède à l'hôpital Henri-Mondor de Créteil.

24 novembre 1976 : Malraux est enseveli dans une tombe du cimetière communal de Verrières-le-Buisson.

9 août 1996 : le président Chirac décrète l'autorisation de transfert au Panthéon des cendres d'André Malraux.

22 novembre 1996 : le cercueil de Malraux est veillé à la chancellerie de l'ordre de la Libération.

23 novembre 1996 : Malraux est inhumé dans la crypte du Panthéon.

NOTES

ABRÉVIATIONS UTILISÉES

Les notes qui suivent comportent des références abrégées pour les ouvrages les plus fréquemment utilisés.

S'agissant des *Œuvres complètes* d'André Malraux publiées par les Éditions Gallimard, dans la Bibliothèque de la Pléiade, et tout spécialement du tome III (*Le Miroir des limbes*, I, *Antimémoires* ; II, *La Corde et les souris*, 1996) et des tomes IV et V (*Écrits sur l'Art*, 2004), les volumes figurent, après la première citation, comme ci-après : AM, OC, suivi du numéro du tome utilisé, du rappel *op. cit.* et du numéro de la page citée.

Lorsqu'il sera fait référence à l'édition Folio des *Antimémoires* publiée en 1976 (dernière édition revue par André Malraux avec le concours d'Albert Beuret), le rappel de la pagination s'accompagnera de l'indication : Folio.

S'agissant des 41 textes figurant dans la brochure non paginée, éditée par le ministère des Affaires culturelles en 1969, sous le titre *Discours, allocutions, conférences de presse de M. André Malraux, ministre d'État chargé des Affaires culturelles, 1958-1969*, ils apparaîtront sous la formule : AM, *Discours, allocutions, op. cit.*, avec la date du texte cité.

Le travail de Claude Travi et Jacques Chanussot, *Dits et écrits d'André Malraux, Bibliographie commentée*, Dijon, Éditions universitaires de Dijon, 2003, apparaît, après sa première citation, par la formule : *Dits et écrits d'AM, op. cit.*

S'agissant des principaux colloques consacrés aux actions et aux œuvres d'André Malraux ainsi qu'à ses rapports avec Charles de Gaulle, ils sont identifiés comme suit :

– Le colloque de novembre 1986 organisé par l'Institut Charles de Gaulle apparaît sous le titre de ses actes publiés chez Plon en 1987 : *De Gaulle et Malraux*.

– Le colloque de décembre 1986, organisé par le comité national André Malraux, sous la responsabilité d'Henriette Colin, publié en 1989, à Verrières-le-Buisson, sous le titre *André Malraux. L'homme des univers*, apparaît sous le titre : *AM, l'homme des univers*.

– Le colloque organisé à l'université de Versailles et au Sénat pour le centenaire d'André Malraux, sous la direction de Charles-Louis Foulon, et publié à Bruxelles en 2004, aux éditions Complexe, sous le titre *André Malraux et le rayonnement culturel de la France*, apparaît sous le titre : C.-L. Foulon (dir.), *AM, le rayonnement*.

En ce qui concerne les écrits du général de Gaulle, excepté de rares références à l'édition rassemblant, dans la Bibliothèque de la Pléiade, les *Mémoires de guerre* et les *Mémoires d'espoir*, les notes sur les *Mémoires d'espoir* renvoient à l'édition originale du tome I, *Le Renouveau*, publiée par les éditions Plon en 1970.

C'est également dans la collection bleue de Plon qu'ont été puisées les références aux *Lettres, notes et carnets* de Charles de Gaulle éditées de 1980 à 1988 en douze volumes, dont les cinq derniers concernent spécialement la Ve République. Les citations tirées de ces volumes apparaîtront sous la formule : Ch. de Gaulle, *Lettres, notes, op. cit.*, avec la date du texte cité.

S'agissant des ouvrages sur Malraux de Janine Mossuz-Lavau et d'Olivier Todd, ils sont identifiés comme suit :

– Janine Mossuz, *André Malraux et le gaullisme*, Paris, Armand Colin/FNSP, 1970 (2e éd. revue aux Presses de la Fondation nationale des sciences politiques, 1982), est signalé par : J. Mossuz, *AM et le gaullisme, op. cit.*

– Janine Mossuz-Lavau, *André Malraux. La politique, la culture. Discours, articles, entretiens (1925-1975)*, Paris, Gallimard, coll.

« Folio » (n° 298), 1996, est signalé par : J. Mossuz-Lavau, *AM. La politique, op. cit.*

– *André Malraux, une vie* d'Olivier Todd est signalé par : O. Todd, *AM, une vie, op. cit.* avec le numéro de la page citée de la première parution aux Éditions Gallimard en 2001 ; si la référence est puisée dans l'édition revue publiée dans la collection « Folio » (n° 3732) en 2002, le rappel de la pagination s'accompagnera de l'indication : Folio.

PROLOGUE

1. François-René de Chateaubriand fut ministre d'État de Louis XVIII en 1815-1816 et ministre des Affaires étrangères de décembre 1822 à juin 1824. La longévité ministérielle d'André Malraux a donc été nettement supérieure.

2. Lettre du 15 septembre 1970 au sujet des *Mémoires d'espoir*, Bibliothèque littéraire Jacques Doucet.

3. Extrait du discours prononcé à la maison de la Culture de Bourges, le 14 mai 1965, pendant son voyage dans le Cher. Retranscrit de l'émission de Michel Winock, *De Sartre à Foucault*, France 3-Ouest ; sur 56 minutes d'émission, la réalisation de Pierre Desfonds laisse peu de place à l'intellectuel devenu homme de pouvoir (1 minute et 7 secondes complétées de 50 secondes consacrées aux derniers mots que lance André Malraux pour introduire le général de Gaulle ouvrant la campagne référendaire pour la Constitution de la Ve République, le 4 septembre 1958).

4. Le programme de sa panthéonisation rappelle qu'André Malraux « fait partie de ces personnages de l'Histoire qui ont marqué la mémoire de leur siècle » et ont une haute valeur symbolique (texte du scénographe Jean-Paul Chambas, distribué le 23 novembre 1996 aux invités à cette cérémonie — archives de l'auteur).

5. Tout en soutenant que Malraux fut un ministre somme toute ordinaire (voir l'introduction de l'article du professeur Jacques Lecarme dans la treizième édition du DVD de l'*Encyclopædia Universalis*).

6. Cette formule nie ce qu'est intrinsèquement une démarche de recherche ; figurant dans une lettre du 10 octobre 1989, signée par le futur président du comité d'histoire du ministère, elle fut envoyée

aux personnalités conviées à témoigner (voir mon article « L'État et le gouvernement des Affaires culturelles » dans *Les Cahiers français*, n° 260, « Culture et Société », mars-avril 1993, Paris, La Documentation française). Je tiens à réaffirmer ici que, pour l'historien, il ne saurait y avoir de *fait* « suspendu, pur. Et sur quoi par conséquent il n'y a pas à revenir » : la mise en questions est donc un devoir permanent.

7. Entretien du 5 mai 1969 publié dans le *Cahier de l'Herne* consacré à André Malraux (n° 43, novembre 1982, p. 16).

8. Texte paru dans *Paris-Match* le 28 novembre 1996 et repris dans *Avec les écrivains du siècle*, Paris, Filipacchi, 2000, p. 70 (pour la collection « Les Trésors des archives de *Paris-Match* »).

9. Mme Florence Malraux a bien voulu m'autoriser à consulter l'ensemble des papiers de son père déposés à la bibliothèque Doucet et je l'en remercie à nouveau. Quant aux archives du ministère des Affaires culturelles, des autorisations d'accès m'ont été signées successivement par MM. Lecat et Lang. Mais les destructions organisées par le dernier cabinet de Malraux comme les délais des tris ne garantissent nullement l'exhaustivité de mes dépouillements. On trouvera, à la suite des notes, la liste de mes sources documentaires et une bibliographie sélective.

10. Déclaration au Conseil des ministres débattant de l'élection au suffrage universel du président de la République, rapportée par Alain Peyrefitte dans *C'était de Gaulle*, t. I, Paris, de Fallois/Fayard, 1994, p. 229.

11. François Mauriac, *Le Figaro*, 19 février 1948.

12. *Les Noyers de l'Altenburg* (phrase relevée par E. Mounier, « André Malraux, le conquérant aveugle »).

13. Dans le dossier « Interrogation à Malraux », du numéro d'*Esprit* d'octobre 1948, sous les plumes d'Albert Béguin et Jean-Marie Domenach.

14. Repris sous le titre « André Malraux, le conquérant aveugle », dans *Malraux, Camus, Sartre, Bernanos. L'espoir des désespérés*, Paris, Éd. du Seuil, 1953 ; rééd. coll. « Points-Seuil », 1970.

15. La bibliothèque Doucet conserve une transcription dactylographiée et une copie du manuscrit de la lettre de Charles de Gaulle datée du 12 janvier 1958 (avec des ratures sur le verso).

16. Installé dans un sous-sol de l'hôtel des Invalides depuis février 2008.

17. Discours à l'inauguration de l'Académie du monde latin, le 23 mai 1967.

18. *Antimémoires*, p. 9 de l'édition Folio 1976.

19. Texte cité par Philippe Bonnefis, *Magazine littéraire*, n° 347, octobre 1996, p. 27.

20. Texte du docteur Louis Bertagna, *La Nouvelle Revue française*, n° 295, juillet 1977, p. 100.

21. Courrier du 22 novembre 1960, dans Charles de Gaulle, *Lettres, notes et carnets*, Paris, Plon, 1985, p. 412.

22. *Mémoires d'espoir*, t. I, *L'Effort*, Paris, Plon, 1970, p. 285.

23. Voir le 32e texte de la brochure du ministère des Affaires culturelles, *Discours, allocutions, conférences de presse de M. André Malraux, ministre d'État chargé des Affaires culturelles, 1958-1969* (41 textes reproduits sans paginations).

24. AM, OC III, *Les Chênes qu'on abat*, p. 631.

25. « Il n'a aimé qu'une femme à la folie, c'était de Gaulle », entretien du 20 novembre 1995 consigné dans Jean-François Lyotard, *Signé Malraux. Biographie*, Paris, Grasset, 1996, p. 303.

26. Jean Cassou avait été un des plus ardents camarades d'A. Malraux dans le soutien à l'Espagne républicaine (témoignage à l'auteur).

27. Claude Guy, *En écoutant de Gaulle. Journal 1946-1949*, Paris, Grasset, 1996, p. 335.

28. Dominique Desanti le constate dans *Elsa Aragon. Le couple ambigu*, Paris, Belfond, 1994, p. 232.

29. Il faut sur ce point relire la pénétrante notice de Marius-François Guyard sur *Le Miroir des limbes*, OC III, spécialement aux pages 1122-1128.

30. André Malraux, « Du livre. Le bibliophile. Le chat », *Catalogue d'éditions originales et de livres illustrés*, Paris, Gallimard, 1929.

31. AM, *Antimémoires*, OC III, p. 6.

32. Clara Malraux, *Le Bruit de nos pas*, t. III, *Les Combats et les jeux*, Paris, Grasset, 1969, pp. 75 et 210. L'exagération gagnait aussi ceux qui croisaient A. Malraux, comme l'illustre un télégramme du capitaine d'un bateau l'ayant à son bord et qui signale aux autorités « *the reddest bolchevik of all Annam* » (*ibid.*, p. 211).

33. Tel est l'avis du professeur Guyard.

34. AM, OC II, p. 276.

35. Dans *Souvenirs de l'exode du Louvre, 1940-1945*, Paris, Somogy, 1992, p. 115.

36. Annotation du 11 décembre 1951 où le premier président de la IVe République fait aussi l'erreur de croire que Malraux fut correspondant de *L'Humanité* en Chine et coupa des têtes sculptées à

Angkor : Vincent Auriol, *Journal du septennat*, édité par Pierre Nora et Jacques Ozouf (version CD-Rom, BNF/AN, p. 472).

37. *Dictionnaire commenté de l'œuvre du général de Gaulle*, Paris, Plon, 1975, p. 508.

38. *Who's Who 1975-1976*, Paris, Jacques Lafitte, mars 1975, p. 1112, où A. Malraux est identifié comme homme de lettres et ancien ministre.

39. Dominique et Michèle Frémy, *Quid 1993*, Paris, Robert Laffont, 1992 (liste des personnalités, p. 1682, 2e colonne). L'édition 1998, postérieure à la panthéonisation, maintient ces mêmes références (p. 26, 1re colonne).

40. André Malraux, « Néocritique », postface de *Malraux, être et dire*, sous la dir. de M. de Courcel, Paris, Plon, 1976, p. 299.

41. *Ibid.*

42. *Ibid.*, p. 297.

43. *Ibid.*, p. 300.

44. *Ibid.*, p. 317.

45. *Ibid.*, p. 334.

46. Au-delà des questions du ministre-homme de lettres, celles que je me permets de poser, je le fais en songeant à ce que m'avait écrit André Malraux, à propos de ma première étude d'historien : « Il faut faire confiance à votre travail. Son existence était nécessaire. Acceptons-le dans son ensemble. Si des chercheurs futurs croient devoir le compléter, qu'ils le fassent ; encore fallait-il d'abord qu'il existât » (courrier daté du 21 mai 1973, expédié de Verrières-le-Buisson, à propos de la version multigraphiée de ce qui a été publié, en 1975, aux Presses de la Fondation nationale des sciences politiques, avec une préface du président René Cassin, prix Nobel de la Paix, sous le titre *Le Pouvoir en province à la Libération*).

I
LE MINISTRE DE CHARLES DE GAULLE

1. Discours au premier Congrès des écrivains soviétiques, Moscou, 17-31 août 1934, reproduit dans Janine Mossuz-Lavau, *André Malraux. La politique, la culture*, Paris, Gallimard, coll. « Folio essais », 1996, pp. 104-108.

2. Olivier Todd, *André Malraux, une vie*, Paris, Gallimard, 2001, p. 191.

3. Sur le cheminement de Malraux, l'étude indépassable a été publiée de son vivant par Janine Mossuz sous le titre *André Malraux et le gaullisme*, Paris, Presses de la Fondation nationale des sciences politiques, 1970.

4. La formule est de M. Dejean, directeur des Affaires politiques et de l'Information du Comité national français dans une conférence sur « la France libre » du 15 avril 1941 ; citée dans Charles-Louis Foulon, *Le Pouvoir en province à la Libération*, Paris, Presses de la FNSP, 1975, p. 41.

5. Ce courrier aurait été *boulotté*, au moment de son arrestation, par Théo Bénédite, la secrétaire de Varian Fry, représentant à Marseille de l'Emergency Rescue Committee, qui fit sortir de France occupée près de 2 000 personnes menacées par le IIIe Reich et l'État français (la légende apparaît dans l'*Album Malraux*, Paris, Gallimard, Bibl. de la Pléiade, 1986, p. 174). C'est grâce à Fry que Malraux avait obtenu de son éditeur américain, Robert Haas, l'envoi régulier de dollars (O. Todd, *AM, une vie*, p. 306).

6. La formule viendra sous sa plume en 1964, dans le premier jet de son discours d'hommage à Jean Moulin. Voir *infra*, chapitre III.

7. Simone de Beauvoir, *La Force de l'âge*, t. II, citée dans Annie Cohen-Solal, *Sartre 1905-1980*, Paris, Gallimard, 1985, p. 239.

8. A. Cohen-Solal, *Sartre*, *op. cit.*, pp. 226 et 279.

9. Gerhard Heller, *Un Allemand à Paris*, Paris, Éd. du Seuil, 1981, p. 159.

10. Dans *Les Décombres*, Rebatet le définit comme un maniaque sexuel dévoré de tics (Paris, Denoël, 1942, pp. 38-39).

11. Dans son journal à la date du 10 juillet 1943. Les amis d'A. Malraux visés par Drieu étaient Mireille Hartuch, compositrice du célèbre *Couchés dans le foin*, et son mari, le philosophe Emmanuel Berl, qui avait prêté son sens des formules aux premiers messages du maréchal Pétain en 1940.

12. Comme l'écrit Olivier Wieviorka : « Malraux et la Résistance : fictions et réalités », dans Charles-Louis Foulon (dir.), *André Malraux et le rayonnement culturel de la France*, Bruxelles, Complexe, 2004, p. 223.

13. Voir l'histoire du Service secret britannique d'action, dans Michael R. D. Foot et Jean-Louis Crémieux-Brilhac, *SOE en France, 1940-1944. Des Anglais dans la Résistance*, Paris, Tallandier, 2008.

14. 1 712 exactement. Pour une synthèse de son activité, il faut lire l'étude de Christine Levisse-Touzé, « Le colonel Berger, commandant la brigade Alsace-Lorraine : André Malraux sur le front de l'Est

(1944-1945) », dans C.-L. Foulon (dir.), *AM, le rayonnement, op. cit.*, pp. 215-222.

15. Voir Philippe Buton, *La Joie douloureuse. La libération de la France*, Bruxelles, Complexe, 2004, p. 176.

16. Voir Ariane Chebel d'Appollonia, *Histoire politique des intellectuels en France, 1944-1954*, I, Bruxelles, Complexe, 1991, pp. 93-94.

17. Voir O. Todd, *AM, une vie, op. cit.*, p. 513.

18. À 11 heures, selon l'agenda du Général consulté par Alexandre Duval-Stalla, *André Malraux, Charles de Gaulle : une histoire, deux légendes*, Paris, Gallimard, 2008.

19. Il l'a du moins affirmé à Manès Sperber (*Au-delà de l'oubli*, Paris, Calmann-Lévy, 1979).

20. Témoignage à Pierre Galante, rapporté par ce dernier, en 1995, dans le supplément au numéro 2424 de *Paris-Match* (p. 94).

21. Voir A. Cohen-Solal, *Sartre, op. cit.*, p. 326.

22. Voir les *Mémoires* de Raymond Aron, Paris, Julliard, 1983, pp. 207-208.

23. Il me l'a écrit, le 16 février 1972, mais Jacques Chaban-Delmas n'a pas souhaité me confirmer la véracité de ses allégations.

24. Devant l'Assemblée nationale constituante.

25. Voir Pascal Ory, *La Belle Illusion*, Paris, Plon, 1994, p. 73.

26. Voir Pierre Moinot, *Tous comptes faits*, Paris, Quai Voltaire, 1993, p. 164. Car ni Debré ni Pompidou, Premiers ministres successifs, ne l'auraient admis tandis que la rue de Rivoli aurait fait valoir d'importantes non-consommations des crédits ouverts pour torpiller des demandes de croissance budgétaire.

27. La réticence persistait quand Malraux reprit ce même exemple en octobre 1966 (voir p. 119).

28. L'essentiel de la citation qui le fait entrer dans la petite cohorte de ceux qui se sont signalés *d'une manière exceptionnelle dans l'œuvre de Libération de la France et de son Empire* figure en page 491 du livre mémorial de l'Ordre réalisé par Mme Michelle Michel, conservateur : *Cinquantenaire de l'ordre de la Libération*, Paris, musée de l'Ordre de la Libération, 1990. On trouvera dans cet ouvrage deux pages sur les maquis du Lot (pp. 462-463) qui marquent bien les réelles responsabilités de leur commandement ; pour la manière dont il faut distinguer les réalités de leur transcendance, on se reportera au texte de Pierre Laborie dans C.-L. Foulon (dir.), *AM, le rayonnement, op. cit.*, pp. 233-244.

29. La formule employée dans un discours aux assises du RPF,

tenues à Marseille le 17 avril 1948, est publiée dans *Le Rassemblement* du 26 juin suivant ; elle sera reprise plusieurs fois après 1958 : voir J. Mossuz-Lavau, *AM. La politique, op. cit.*, p. 205.

30. Il plaida en ce sens avec l'officier d'ordonnance du général, Claude Guy : voir le journal de cet aviateur, *En écoutant de Gaulle. Journal 1946-1949*, Paris, Grasset, 1996, p. 35, et pp. 47-48 sur les raisons du silence.

31. Un discours radiodiffusé avait été annoncé dans la presse ; j'ai reproduit des fragments d'un projet rédigé pour ce 21 janvier 1946 dans *Charles de Gaulle, un siècle d'histoire*, Rennes, Ouest-France, 1990, pp. 51-53.

32. Brigitte Friang, *Un autre Malraux*, Paris, Plon, 1977, p. 26 (coll. « Espoir »).

33. Emmanuel Mounier lui en fait crédit en 1948, dans *Esprit*, p. 43.

34. Sur Philippe Henriot, mort pour l'Allemagne, et ses funérailles nationales-socialistes, on peut se reporter à deux émissions de la BBC dans *Ici Londres, 1940-1944*, V, *La Bataille de France*, Paris, La Documentation française, 1976, pp. 78-79 et 87-88. Pour une analyse de l'efficacité du propagandiste, voir Jean-Noël Jeanneney, *Une histoire des médias des origines à nos jours*, Paris, Éd. du Seuil, 1996, p. 191.

35. Claude Guy le note à la fin d'avril 1947 (*En écoutant de Gaulle, op. cit.*, p. 312).

36. Olivier Guichard, *Mon Général*, Grasset, Paris, 1980, p. 236 : dans les années soixante, cette impression persistera chez bien des gaullistes...

37. *Le Monde* du 24 juin 1958.

38. Discours des 30 octobre 1943 et 2 décembre 1958.

39. Selon les mots d'Étienne Burin des Roziers (courrier à l'auteur, 5 février 1990).

40. C'est ce que ressent P. Moinot (*Tous comptes faits, op. cit.*, p. 136).

41. *Ibid.*, p. 137.

42. En 1949, sa préface fut omise de la réédition du livre par les Éditeurs français réunis, maison d'édition contrôlée par le PCF : voir Jacques Chanussot et Claude Travi, *Dits et écrits d'André Malraux. Bibliographie commentée*, Dijon, Éditions universitaires de Dijon, 2003, p. 155.

43. AM, OC III, p. 338, où il souligne, *a contrario*, que, pour le

général Leclerc, l'oncle Hô était « l'homme avec qui la France devait traiter ».

44. À la seconde page où Jean Nocher développe « Les 10 points du RPF », le 8e est consacré à l'action impériale, dans l'*Almanach* édité par les éditions Henrys (non paginé).

45. Voir p. 253, l'évocation de cette tournée et du voyage que fit Sartre l'année suivante afin d'être *l'anti-Malraux*. En 1958, sa proposition d'une commission d'intellectuels allant vérifier la situation dans l'Algérie en guerre fit long feu.

46. Entretien avec l'auteur.

47. AM, OC III, p. 589.

48. Lettre dactylographiée, siglée AM/MC, en date du 21 octobre, avec signature manuscrite (document exposé au ministère de la Culture et de la Communication pour le 30e anniversaire de la mort du premier ministre des Affaires culturelles).

49. Récit d'Émile-Jean Biasini à l'auteur pendant la préparation du film de René-Jean Bouyer, *Le Mystère Malraux*, Tétramédia/FR3.

50. Françoise Giroud, *Leçons particulières*, Paris, Fayard, 1990, p. 200.

51. Voir A. Peyrefitte, *C'était de Gaulle*, *op. cit.*, t. I, p. 89.

52. Les signataires, dont des ordonnances prévoyaient l'interdiction de jouer dans tout spectacle subventionné, furent seulement interdits pendant quelques mois sur les scènes des deux Opéras parisiens, de la Comédie-Française, du TNP et du Théâtre de France.

53. Voir Jacques Frémeaux, *La France et l'Algérie en guerre 1830-1870, 1954-1962*, Paris, Économica, 2002, p. 237.

54. Claude Mauriac, *Un autre de Gaulle. Journal 1944-1954*, Paris, Hachette, 1970, p. 270.

55. Michel Debré répond : « Pour l'exécution, la temporisation est nécessaire. » Voir Roger Belin, *Lorsqu'une République chasse l'autre, 1958-1962. Souvenirs d'un témoin*, Paris, Michalon, 1999, p. 93. Malraux était sans illusions sur l'application des accords d'Évian (voir le récit du Conseil des ministres du 21 février 1962 dans Raymond Tournoux, *Le Tourment et la fatalité*, Paris, Plon, 1974, p. 86).

56. Le Général n'avait tout de même pas exclu d'être tué et avait confié une lettre à son médecin personnel portant en suscription : « Si je n'ai pas disparu le 26 avril 1961, me rendre le pli tel quel. » Voir le fac-similé dans mon album *Charles de Gaulle*, *op. cit.*, p. 91.

57. AM, OC III, p. 551. Le lecteur observera que le vocabulaire de Malraux n'est pas souvent précis historiquement ; ici, il parle d'un ministère de la Guerre qui n'existe plus puisque Pierre Messmer est

ministre des Armées, et d'un maire de Paris qui n'existe pas encore puisque, dans la capitale, il n'y a alors qu'un président du conseil municipal.

58. Rapporté par un membre de la « bande », Brigitte Friang, dans *Un autre Malraux*, Paris, Plon, 1977, p. 21.

59. Fr. Giroud le rapporte dans ses *Leçons particulières*, *op. cit.*, p. 234.

60. P. Moinot, *Tous comptes faits*, *op. cit.*, p. 125.

61. C'est Pierre Messmer qui donne ces qualificatifs et cite le discours de Bangui du 14 août 1960 en page 247 de ses Mémoires, *Après tant de batailles*, Paris, Albin Michel, 1992.

62. *Ibid.*, p. 139.

63. *Mémoires*, t. III, *Gouverner*, Paris, Albin Michel, 1988, pp. 303-304, où le Premier ministre souligne que « la France n'en pouvait plus ».

64. Allocution du 15 mai 1962 dans J. Mossuz-Lavau, *AM. La politique*, *op. cit.*, p. 286. Dans la ligne de cette déclaration, il acceptera que la manufacture de la Savonnerie reprenne à Lodève, au milieu des années soixante, un atelier de tissage où le ministère de l'Intérieur employait des femmes de harkis. Après une formation professionnelle adaptée, elles et leurs filles deviendront des artistes liciers, techniciennes d'art titulaires de la Fonction publique, disposant d'une manufacture neuve, édifiée pour elles grâce à des projets développés par les ministres Jack Lang et François Léotard.

65. *Le Monde* des 11-12 novembre 1962.

66. Michel Debré, *Au service de la Nation*, Paris, Stock, 1963 (voir, en particulier, les pages 273-279).

67. Propos tenus chez Lasserre, le 17 janvier 1963 (A. Peyrefitte, *C'était de Gaulle*, *op. cit.*, t. II, pp. 9-11).

68. Allocution de Nice, en novembre 1963, citée par Jean Charlot, *Le Phénomène gaulliste*, Paris, Fayard, 1970, p. 64.

69. Voir J. Charlot, *op. cit.*, p. 111.

70. Rapport pour le Comité central d'Ivry, le 3 octobre 1958 (cité par J. Charlot, *op. cit.*, p. 22).

71. Jean Charlot en cite les noms : E. Faure, L. Joxe, E. Pisani, D. Rousset, M. Schumann ainsi que P. Billotte, R. Capitant et L. Hamon pour l'UDT (*Le Phénomène gaulliste*, *op. cit.*, p. 108).

72. À propos des calvaires bretons et de l'inventaire détaillé en cours dans le canton de Carhaix (*Dits et écrits d'AM*, *op. cit.*, p. 369).

73. L'amendement à l'article 33 de la loi du 12 juillet 1965 limite

cette participation aux bénéfices de l'autofinancement (voir J. Charlot, *op. cit.*, p. 106).

74. *Dits et écrits d'AM*, *op. cit.*, p. 370.

75. J. Charlot, *op. cit.*, p. 110.

76. Lettre manuscrite du 12 mars 1966 (bibliothèque Doucet) ; la paroisse de Colombey-les-Deux-Églises était rattachée au diocèse de Langres, dont l'évêque allait être un des trois célébrants de la messe d'obsèques du Général, en 1970.

77. Selon la formule d'A. Peyrefitte, *C'était de Gaulle*, *op. cit.*, t. I, p. 229. L'épouse du premier secrétaire général de la Présidence, pour la période 1959-1962, parle aussi du *travail de Pythie* d'AM (M. de Courcel (dir.), *Malraux, être et dire*, *op. cit.*, p. 16).

78. *Mémoires*, t. I, *Trois Républiques pour une France*, Paris, Albin Michel, 1984, p. 56.

79. Témoignage à Jean Lacouture dans *Malraux, une vie dans le siècle*, Paris, Éd. du Seuil, 1976, p. 374 (coll. « Points », n° 251).

80. Stéphane Denis, *Paris-Match*, 28 novembre 1996.

81. *C'était de Gaulle*, *op. cit.*, t. II, p. 18.

82. En la personne de Georges Auric (voir *ibid.*, t. I, p. 105).

83. *Ibid.*, t. II, p. 405.

84. Philippe Poirrier, *L'État et la culture en France au* XX*e siècle*, Paris, Le Livre de Poche, 2000, p. 95.

85. Témoignage à O. Todd (*op. cit.*, p. 13).

86. Témoignage en 1986.

87. P. Messmer, *Après tant de batailles*, *op. cit.*, p. 258.

88. Bernard Tricot, *Mémoires*, Paris, Quai Voltaire, 1994, p. 243.

89. Dominique Pado, *Les 50 jours d'Alain Poher*, Paris, Denoël, 1969, pp. 154 et 157.

90. Déclaration au Conseil des ministres du 19 septembre 1962 (A. Peyrefitte, *op. cit.*, t. I, p. 229).

91. Alain Malraux, *Les Marronniers de Boulogne*, Paris, Plon, 1978, p. 271.

92. A. Peyrefitte, *op. cit.*, t. II, p. 539.

93. Témoignage de Mme Christine Clerc à l'auteur, le 9 avril 2008. Pour cette période, les ambitions du Premier ministre avaient été démenties par sa chef de cabinet, Anne-Marie Dupuy, dans ses Mémoires, *Le Destin et la volonté. De Matignon à la mairie de Cannes*, Paris, La Table Ronde, 1996.

94. Lettre à l'auteur, datée du 21 octobre 1986.

95. Frédéric Grendel, *Quand je n'ai pas de bleu je mets du rouge*, Paris, Fayard, 1985, p. 118.

96. Faisant avec vigueur le geste signifiant qu'il n'y avait plus qu'à le tirer (voir B. Tricot, *Mémoires*, *op. cit.*, p. 260).

97. P. Moinot, *Tous comptes faits*, *op. cit.*, pp. 133 et 150.

98. Lettre à l'auteur en date du 23 octobre 1986, où l'amiral de Gaulle, sénateur de Paris, ajoutait qu'au cours de sa seule rencontre d'une heure avec A. Malraux, à Verrières-le-Buisson, « son discours, qui laissait percer des traits de génie, était alors difficile à suivre ».

99. Témoignage de Michel Debré.

100. Témoignage d'Émile Biasini.

101. A. Peyrefitte, *C'était de Gaulle*, *op. cit.*, t. I, p. 23.

102. Cl. Mauriac, *Un autre de Gaulle*, *op. cit.*, p. 360.

103. Cité par O. Todd, *André Malraux*, *op. cit.*, p. 349.

104. AM, OC II, *L'Espoir*, p. 276.

105. Voir *André Malraux à l'Assemblée nationale*, plaquette éditée par l'Assemblée pour le 30e anniversaire de la disparition d'André Malraux en novembre 2006, p. 18.

106. Propos rapporté par Cl. Mauriac, *Un autre de Gaulle*, *op. cit.*, p. 175.

107. AM, OC III, *Antimémoires*, II, IV, p. 686.

108. Georgette Elgey, *La République des illusions*, Paris, Fayard, 1965, p. 101. En octobre 1947, A. Malraux se contentera de dire au Général que Bidault se prenait pour Lui (Cl. Guy, *op. cit.*, p. 336).

109. Cl. Guy, *En écoutant de Gaulle*, *op. cit.*, p. 252.

110. Claude Guy l'a décrit à cette réunion du 5 février 1947, tirant sur son éternelle cigarette (*op. cit.*, p. 247).

111. Son officier d'ordonnance le rassure en disant que ce sont les droits d'auteur de Malraux qui lui permettent ce luxe.

112. Voir la lettre du 13 à Émile Lecerf, éditée en introduction de la réédition d'un essai de ce critique littéraire belge, *André Malraux*, publié initialement en 1946 et réimprimé à 1 500 exemplaires, en 1971, pour la revue musicale, éditions Richard-Masse à Paris (coll. « Hommes choisis », pp. 14-15). Sur Mauriac et Malraux, voir « François Mauriac et l'expérience du RPF », dans *De Gaulle et le RPF, 1947-1955*, Paris, Fondation de Gaulle/Armand Colin, 1998, p. 698.

113. Voir Laurent Gervereau, « La Révolution par les images. L'iconographie du RPF », dans *De Gaulle et le RPF*, *op. cit.*, pp. 170-175.

114. Déclaration du 17 avril 1948.

115. Voir le chapitre « La grande peur » dans G. Elgey, *La République des illusions*, *op. cit.*, p. 334.

116. Ariane Chebel d'Appollonia, *Histoire politique des intellectuels en France, 1944-1954*, t. I, Bruxelles, Complexe, 1991, pp. 140-142.

117. Entretien avec Emmanuel d'Astier, *L'Événement*, 19 septembre 1967.

118. Intervention au colloque de 1986, *De Gaulle et Malraux*, p. 188.

119. Note du 2 octobre 1947 (*Foreign Office* 371/67683/Z8619) citée par Andrew Knapp, « Le RPF vu de l'étranger », dans *De Gaulle et le RPF*, *op. cit.*, p. 787. A. Knapp traduit *silly* par « idiots » ; je pense qu'on peut préférer *dérangés* !

120. Dépêche Duff Cooper (*Foreign Office* 371/67682/Z9374) citée par A. Knapp, dans *ibid.*, p. 788.

121. Discours de Rennes, le 27 juillet 1947.

122. Ch. de Gaulle, *Lettres, notes*, *op. cit.*, pp. 231 et 234.

123. Note du 10 novembre 1947.

124. Réflexion du 21 février 1948 consignée par Cl. Guy, *En écoutant de Gaulle*, *op. cit.*, p. 395.

125. Malraux en fait la postface des *Conquérants* (AM, OC I, pp. 271-286).

126. Document non paginé cité *supra* dont l'iconographie, très traditionaliste, n'a sûrement pas été choisie par Malraux !

127. Voir le récit de ces trois jours dans Christine Clerc, *De Gaulle-Malraux. Une histoire d'amour*, Paris, Nil, 2008, pp. 142-144.

128. Voir Jean Charlot, *Le Gaullisme d'opposition*, Paris, Fayard, 1983, pp. 118-122.

129. Manuscrit non daté d'A. Malraux, datant du trafic des piastres dans l'Indochine en guerre (un fac-similé de ce document des archives de Madeleine Malraux a été reproduit en hors-texte dans C.-L. Foulon (dir.), *AM, le rayonnement*, *op. cit.*) ; la teneur de ce document fut publiée dans *Carrefour* en février 1950.

130. Confidence du 25 octobre 1947 rapportée par Claude Guy (journal cité, p. 337).

131. Le divorce d'André et de Clara avait été prononcé le 9 juillet 1947 (selon les inscriptions en marge de l'acte de naissance d'André Malraux).

132. Témoignage à l'auteur de Madeleine Malraux (entretien du 7 février 1997).

133. AM, OC I, p. 280.

134. L'article injurieux figurait dans le numéro 34 de juillet 1948 ; à partir du numéro 39, la revue paraît chez René Julliard (voir Pierre Assouline, *Gaston Gallimard*, *op. cit.*, pp. 550-551).

135. Voir Pascal Ory, « Peut-on expliquer un succès ? Sartre comme cas d'école », dans *La Culture comme aventure. Treize exercices d'histoire culturelle*, Gap, Complexe, 2008, pp. 217-225.

136. Jean-Paul Sartre, *Les Mots*, Paris, Gallimard, 1964, p. 211.

137. Noté le 17 janvier 1952 (voir *Un autre de Gaulle, op. cit.*, p. 363).

138. Note du 16 septembre 1948 citée par Natalia Naoumova dans « Le RPF vu par l'URSS » (*De Gaulle et le RPF, op. cit.*, p. 818).

139. *Almanach du RPF 1948, op. cit.*

140. Déclaration faite à Cl. Guy le 21 octobre 1948 (*op. cit.*, p. 442).

141. C'est ce que ressent G. Pompidou (voir son ouvrage posthume, *Pour rétablir une vérité*, Paris, Plon, p. 81).

142. Feuillet manuscrit dans la collection de Madeleine Malraux. L'*Almanach du RPF 1948* dénonce aussi « la social-démocratie qui titube perpétuellement entre Noske et Kerensky » et « le MRP moribond victime des équivoques qui firent naguère son succès ».

143. Contrairement à ce que soutient A. Chebel (*Histoire politique des intellectuels, op. cit.*, p. 141) et même si, lorsque l'*Almanach* précité évoque Noske et Kerensky, on peut penser que bien des électeurs, voire des militants RPF, ne savent pas qu'il s'agit d'un Allemand et d'un Russe balayés respectivement par les stratégies de Hitler et de Lénine.

144. Il est le deuxième signataire des statuts du RPF déposés à la préfecture de la Seine le 29 mai 1947, après Ch. de Gaulle mais avant MM. Palewski, Renault-Rémy, Soustelle et les professeurs Mazeaud et Vallery-Radot ; voir Gaston Palewski, *Mémoires d'action, 1924-1974*, Paris, Plon, 1988, p. 251.

145. Voir le rapport de Jean Charlot au colloque de 1986 avec un tableau des 44 séances où un point de l'ordre du jour est confié à Malraux (*De Gaulle et Malraux, op. cit.*, p. 139).

146. *La Lutte ouvrière* du 2 avril 1937, où Gide est salué pour son « caractère absolument indépendant ».

147. Reproduite par Pierre Viansson-Ponté dans *Les Gaullistes. Rituel et annuaire*, Paris, Éd. du Seuil, 1963, p. 148.

148. Extrait d'une page dactylographiée, sans date mais numérotée 12, écrite au moment où *La Condition humaine* est adaptée au théâtre par le très réactionnaire Thierry Maulnier (bibliothèque Doucet). Le propos sur le Rubicon fut répété par toute la classe politique, comme l'illustre le *Journal du septennat* du président Auriol, édité par Gallimard et intégralement repris sur CD Rom en 2003.

149. Tapuscrit sans date à la bibliothèque Doucet.

150. Il aurait été tenu à Burckhardt et répété au président de la République par son directeur de cabinet Kosciusko-Morizet (*Journal du septennat, op. cit.*, annotation du 3 février 1949).

151. Le 12 février 1949, au congrès du RPF à Lille (*ibid.*, note du 18 février 1949 que V. Auriol complète : « le chef de son choix donnerait plutôt envie de pleurer ou ferait un jour pleurer, et qu'en réalité il voulait dire qu'on ne rirait plus »).

152. Cl. Guy, *En écoutant de Gaulle, op. cit.*, p. 480.

153. Propos rapportés par Georgette Elgey, *La République des contradictions*, Paris, Fayard, 1968, p. 30.

154. *Journal du septennat, op. cit.*, note d'Auriol du 10 juillet 1949.

155. Manuscrit conservé par Madeleine Malraux et reproduit en hors-texte dans l'édition numérotée de la plaquette-programme du colloque *André Malraux et le rayonnement culturel de la France, op. cit.*

156. Avant cette réflexion pessimiste, Cl. Guy a consigné que de Gaulle jugeait son entourage, et spécialement Malraux, ravigoté et émoustillé par la perspective d'une guerre (*op. cit.*, p. 465).

157. Manuscrit cité en note 155.

158. *L'Oubli. De Gaulle, 1946-1958*, Paris, Lattès, 1975, p. 132.

159. Réflexion du 27 novembre 1952 (*Journal* de Cl. Mauriac, *op. cit.*, p. 375).

160. J. Charlot, *Le Phénomène gaulliste, op. cit.*, p. 139.

161. Il le confie à Claude Guy en janvier 1949 alors qu'il juge tout l'entourage « complètement déballé » (*op. cit.*, p. 458).

162. Il le suggère au normalien Robert Poujade (voir Christine Clerc, *De Gaulle-Malraux. Une histoire d'amour, op. cit.*, p. 181).

163. Réflexion à Claude Mauriac, le 17 janvier 1952 (journal cité, p. 36).

164. Journal cité, note 64 en page 814.

165. *Le Rassemblement*, n° 267, 11 juillet 1952.

166. Feuillet tapuscrit sans date, conservé à la bibliothèque Doucet.

167. L'académicien le consigne dans son *Bloc-notes*.

168. L'historien anglais Philip Williams l'a signalé dans *La vie politique sous la IVe République*, Paris, A. Colin, 1971, p. 282 (coll. « Analyse politique »).

169. F. Giroud, *Leçons particulières, op. cit.*, en part. pp. 179, 199 et 200.

170. La formule est d'Hubert Juin.

171. Ce texte figure dans le tome XIX de la série « Les Chefs-d'œuvre de François Mauriac », Paris, Cercle du bibliophile, p. 296.

172. Témoignage à l'auteur.

173. Simone de Beauvoir, *Tout compte fait*, Paris, Gallimard, 1972, p. 174 (cité par Jean-Louis Jeannelle, *Malraux, mémoire et métamorphose*, Paris, Gallimard, 2006, p. 294).

174. *Ibid.*, p. 427.

175. Voir *Dits et écris d'AM, op. cit.*

176. Alain Malraux, *Les Marronniers de Boulogne, op. cit.*, p. 115.

177. *Nouveaux Mémoires intérieurs* (Flammarion, 1965), repris dans François Mauriac, *Œuvres autobiographiques*, Paris, Gallimard, 1970, p. 722.

178. Voir l'analyse de Jean-Louis Crémieux-Brilhac sur ce texte et sur ce qu'incarne Malraux en 1959 — une caution vis-à-vis de la gauche, un pavillon aux yeux de l'étranger — dans « André Malraux ministre délégué à la présidence du Conseil », dans *De Gaulle et Malraux, op. cit.*, pp. 148-165.

179. Le journal publie un entretien réalisé par Michel Clerc le 17 juin 1958.

180. C'est la tâche que Georges Pompidou fixera à Alain Peyrefitte en 1963 (*C'était de Gaulle, op. cit.*, t. I, p. 501). Sur la doctrine de Pompidou, assez gaullienne, de considérer la télévision comme « la voix de la France », voir J.-N. Jeanneney, *Une histoire des médias, des origines à nos jours*, Paris, Éd. du Seuil, 1996, pp. 284-287 et p. 305.

181. Témoignage de Pierre Lefranc à l'auteur.

182. L'auteur d'un *Saint-Just* aux Éditions Gallimard, préfacé par AM en 1954 (*Dits et écrits d'AM, op. cit.*, pp. 288 et 396).

183. La diffusion était proposée avec son stéréophonique *via* la radio. Dans « Télévision et radiodiffusion — la télévision fait de société », article de l'*Encyclopædia Universalis*, Jean Cazeneuve a souligné que la pièce avait suscité un intérêt particulier chez les mineurs du Nord auprès desquels une enquête avait été faite.

184. Présentation de *André Malraux. Pages choisies. Romans* (Paris, Hachette, coll. « Classiques illustrés Vaubourdolle », 1955), citée dans Éric Roussel, *Georges Pompidou*, Paris, J.-C. Lattès, 1994.

185. R. Aron, *Mémoires, op. cit.*, p. 75.

186. Il est évoqué dans le courrier du 21 octobre 1958 à G. Picon (voir *supra*).

187. Au cours de cet entretien, levant les bras, il s'était exclamé : « Vous ne le voyez tout de même pas s'occupant de gérer 800 lycées français à l'étranger ! » Voir aussi Philippe Poirrier, *L'État et la culture en France au XXe siècle, op. cit.*, p. 88.

188. A. Peyrefitte, *C'était de Gaulle*, *op. cit.*, t. I, pp. 522-523.
189. P. Viansson-Ponté, dans *Les Gaullistes*, *op. cit.*, pp. 148-149.
190. G. Picon, *Panorama de la nouvelle littérature française*, *op. cit.*, p. 67.
191. Intervention de Pierre Juquin citée par Ph. Poirrier, *L'État et la culture*, *op. cit.*, p. 92.
192. Article d'André Wurmser à propos des *Antimémoires* (voir *infra*, p. 286).
193. Voir *infra*, p. 203.
194. Après un entretien le 19 mai précédent, voir la lettre du 9 juin 1967 où le Général demande aussi des fonds supplémentaires pour « implanter sans tarder, à Belleville, une maison de la Culture exemplaire » (*Lettres*, *op. cit.*, p. 114).
195. Voir *infra*, p. 298. Il est clair qu'à Matignon, puis rue de Rivoli et au Quai d'Orsay, M. Debré a été en permanence circonspect quant à la latitude d'action qu'on devait laisser à l'écrivain-ministre.
196. Propos notés en commission par son directeur de l'Architecture : voir Max Querrien, *Malraux, l'antiministre fondateur. Témoignage*, Paris, Éd. du Linteau, 2001, p. 28.
197. L'article paraît dans *Le Canard enchaîné* du 4 mai 1966 alors que Malraux vient d'entrer en isolement médical (voir p. 202).
198. Le rapport fut publié en juillet 1969, un mois après que le ministre a quitté ses fonctions ; voir P. Cabanne, *Le Pouvoir culturel*, *op. cit.*, pp. 159-160.
199. Voir *infra*, notamment pp. 185 et 195.
200. M. Querrien, *Malraux, l'antiministre fondateur*, *op. cit.*, p. 39.
201. C'est peut-être pour plaire à Malraux que son concepteur avait dit que les derniers étages rappelleraient les lucarnes des vieilles maisons de Strasbourg (*L'Œil*, février 1967).
202. Ainsi sont-elles qualifiées par M. Querrien, qui ajoute : *la vie parlementaire s'en trouvait commodément affectée* (*op. cit.*, p. 29).
203. *Nouveaux Mémoires intérieurs*, *op. cit.*, p. 717.
204. P. Messmer, *Après tant de batailles*, *op. cit.*, p. 258.
205. C'est ainsi que le décrit sa femme Clara parlant de 1936 mais soulignant qu'il ne cessa jamais depuis de donner des preuves de ce talent (*Le Bruit de nos pas*, *op. cit.*, IV, pp. 205-206).
206. « Le communisme pour Malraux, c'est la nouvelle Passion du monde », écrit G. Altman dans *La Lumière*, le journal de Georges Boris, futur pilier de la France libre puis du mendésisme (numéro du 8 juin 1935 ; voir AM, OC I, p. 1381).

207. AM, OC I, p. 777.

208. Discours du 5 mars 1948 (*Postface aux Conquérants*, OC I, p. 282).

209. Réflexion de novembre 1933 relevée par Henri Godard.

210. Dès 1951, Malraux a été dispensé de se présenter aux législatives, « le Général cédant devant son opposition irréductible » (voir G. Palewski, *Mémoires d'action*, *op. cit.*, p. 259). Sur le relatif dédain des élections où qu'elles se passent, voir AM, OC III, les pages 86, 150, 245, 331 signalées en p. 1176. Dans les *notes vertes* d'André Holleaux, directeur du cabinet du ministre de 1962 à 1965, on trouve aussi une annotation, « pas de risque », au sujet d'instructions de discrétion ministérielle quant à d'éventuelles interventions dans des débats électoraux locaux.

211. Voir l'analyse du professeur J.-L. Jeannelle dans *Malraux, mémoire et métamorphose*, *op. cit.*, pp. 290-291.

212. Avant de lancer sa formule des rassemblements du RPF : *Honneur et Patrie ! Voici le général de Gaulle !* Sur la bande vidéo INA de cette manifestation, on voit que les tribunes ont été resserrées entre la statue de la République et l'angle le plus proche de la place ; on entend aussi les cris des manifestants hostiles tenus éloignés par un service d'ordre bien structuré, aux ordres du préfet de police.

213. Dans *Notre génération communiste, 1953-1968* (Paris, Laffont, 1977, p. 149), Philippe Robrieux a évoqué comme *une sorte de fasciste*, Malraux parlant « de sa voix nasillarde, dont le débit haletant [...] s'accordait bien avec le cadre et le rythme de la journée ».

214. AM, OC III, p. 915-916.

215. *Ibid.*, p. 122.

216. *Ibid.*, pp. 118-119.

217. Madeleine Malraux garde toutefois en mémoire l'hostilité des manifestants dans l'épaisse nuit équatoriale (entretien du 7 février 1997).

218. André Wurmser, dans *L'Humanité*, 7 octobre 1967.

219. AM, OC III, pp. 124-135.

220. Son engagement en Espagne lui avait permis de voir les méfaits du stalinisme, même si la priorité qu'il accordait à la lutte contre le nazisme lui avait fait choisir le silence en 1938 et 1939. André Marty souhaitait à cette époque qu'on *liquide* Malraux parce qu'il ne présentait aucune sécurité politique.

221. Note manuscrite (collection Madeleine Malraux).

222. Les bonnes opinions sur l'écrivain sont à 42 % et sur le

ministre à 39 % dans le sondage cité de 1967 ; toutefois, 55 % des sondés ne se prononcent pas sur l'homme de lettres et 48 % sur le politique.

223. Cl. Mauriac, *Un autre de Gaulle*, *op. cit.*, p. 373.

224. Extraits de *La Nouvelle Critique* cités par Vincent Dubois (*La Politique culturelle*, Paris, Belin, 1999, pp. 183-184).

225. Sondage des 9-16 octobre 1967 cité par Ph. Poirrier, *L'État et la culture*, *op. cit.*, p. 73.

226. Article « Les stylistes au pouvoir », repris dans *Contrecensures*, Paris, Jean-Jacques Pauvert, 1966, pp. 15-16.

227. *Dits et écrits d'AM*, p. 388.

228. Il l'explique aux députés pendant la discussion budgétaire du 7 novembre 1964.

229. Exactement un an avant sa mort, le 23 novembre 1975 (J. Mossuz-Lavau, *AM. La politique*, *op. cit.*, p. 384).

230. P. Moinot, *Tous comptes faits*, *op. cit.*, p. 136.

231. Voir *infra*, p. 235.

232. Voir Jacques Foccart, *Le Général en Mai. Journal de l'Élysée*, t. II, *1968-1969*, Paris, Fayard/Jeune Afrique, 1998, pp. 205-209.

233. Le texte initial du manuscrit Doucet a été censuré par son auteur (AM, OC III, pp. 1236 et 550).

234. Le 13 avril 1969 à Strasbourg (*Dits et écrits d'AM*, *op. cit.*, p. 389). Mais il réplique à Robert Grossmann parlant de troisième génération du gaullisme : « Vous êtes le gaullisme qui continue. »

235. Sur les ambiguïtés pompidoliennes, voir François Audigier dans Jean-Paul Cointet et Jean-Marie Mayeur (dir.), *Un politique : Georges Pompidou*, Paris, PUF, 2001, pp. 228-232.

236. Discours du 8 mai 1961, pour les fêtes de Jeanne d'Arc à Orléans : voir J. Mossuz-Lavau, *AM. La politique*, *op. cit.*, p. 277.

II
LE MINISTRE DES MAISONS DE LA CULTURE

1. Témoignage donné par Pierre Messmer à l'auteur, le 8 juin 2001.

2. Voir le témoignage du docteur L. Bertagna paru dans *La NRF* de juillet 1977, cité *supra* dans le Prologue, p. 20.

3. Michel Debré, *Mémoires*, t. III, *Gouverner, 1958-1962*, Paris, Albin Michel, 1988, p. 14.

4. Michel Debré, *Jeunesse, quelle France te faut-il?*, Paris, Plon, 1965, p. 133.

5. Voir le tome IV des *Mémoires* de Michel Debré, *Gouverner autrement, 1962-1970*, Paris, Albin Michel, 1993, p. 191.

6. Selon une formule de M. Debré. Dans *Gouverner, op. cit.*, p. 189, l'ancien Premier ministre trace, sur trois pages, un portrait plus nuancé de son ministre d'État mais, dans nos conversations, j'ai souvent perçu son agacement sur le fréquent mélange d'irréel et d'imaginaire qu'il percevait chez l'écrivain-ministre.

7. Michel Debré, *Mémoires*, t. I, *Trois Républiques pour une France, Combattre*, Paris, Albin Michel, 1984, p. 418.

8. Entretien du 21 janvier 1982 et lettre du 23 février 1987, suscitée par les remous qu'avait entraînés, au colloque de novembre 1986, la diffusion des propos de l'entretien précité.

9. Dans *Les Marronniers*, en 1978, Alain Malraux avait cité ces mots d'André réagissant à une lettre-circulaire comminatoire: *Michel, votre lettre m'a déplu; vous voudrez bien m'en écrire une autre* (*op. cit.*, p. 114).

10. M. Debré, *Mémoires*, *op. cit.*, t. III, p. 189.

11. Michel Debré me l'a affirmé à plusieurs reprises.

12. Les *veaux* furent dénoncés par Maurice Clavel en 1968; dès 1966, le responsable culturel du *Figaro* signait *André Malraux ou le Temps du silence* (La Table ronde de *Combat*; voir C. Clerc, *De Gaulle-Malraux*, *op. cit.*, p. 284).

13. Discours à l'assemblée générale de l'Association internationale des parlementaires de langue française, le 28 septembre 1968.

14. Témoignage de Maryvonne de Saint Pulgent, ancienne directrice du Patrimoine, 2e présidente du comité d'histoire du ministère de la Culture (2 octobre 2008).

15. M. Debré, *Jeunesse*, *op. cit.*, p. 115.

16. Témoignage d'André Holleaux à l'auteur.

17. Note du 22 décembre 1959.

18. AM, OC III, *La Corde et les souris*, p. 570.

19. Il me l'a déclaré dans un premier témoignage, le 21 janvier 1982, et confirmé dans plusieurs entretiens et correspondances jusqu'en 1996.

20. D'autant plus qu'Albert Beuret restait comme conseiller technique avant de conquérir le titre de directeur adjoint.

21. Lettre à l'auteur du 21 octobre 1986.

22. Témoignage de Guy Brajot.

23. Entretien de l'auteur avec Pierre Moinot.

24. P. Moinot, *Tous comptes faits*, *op. cit.*, pp. 118-119.

25. Le deuxième directeur de cabinet du ministre a fait cette déclaration au colloque de décembre 1986, *André Malraux, l'homme des univers* (publ. Verrières-le-Buisson, 1989).

26. Ph. Poirrier, *L'État et la culture en France*, p. 85.

27. Dont 113 de catégorie A. Trente ans plus tard, le ministère employait, à Paris et en province, un effectif total de 12 231 fonctionnaires ou contractuels : voir Jean-Ludovic Silicani, « La gestion des ressources humaines au ministère de la Culture », *Administration*, avril 1991, n° 151 consacré à *l'État et la Culture* où l'on peut trouver aussi mon article synthétique « Des Beaux-Arts aux Affaires culturelles : les actes du pouvoir gaulliste et les structures du ministère de 1959 à 1969 ».

28. Extraits d'une lettre à l'auteur de M. Pierre Moinot, en date du 22 octobre 1986.

29. Note du 13 novembre 1967 (papiers de Pierre Moinot).

30. P. Moinot, *Tous comptes faits*, *op. cit.*, p. 158.

31. Lettre critiquant le courrier 189/59 du 2 juillet, enregistrée à l'arrivée au ministère, le 14 août, sous le numéro 3832 (CAC/AN).

32. Philippe Urfalino, *L'Invention de la politique culturelle*, Paris, La Documentation française, 1996, p. 62 ; voir l'analyse complète de ce conflit, pp. 60-68.

33. On en trouve un exemple dans une note du 11 décembre 1960 (réf. CAC 950514 — art. 8).

34. P. Moinot, *Tous comptes faits*, *op. cit.*, pp. 121-122.

35. Frédérique Hébrard, *La Chambre de Goethe*, Paris, Flammarion, 1981, pp. 11 et 88.

36. Note conservée dans les papiers de Jacques Jaujard.

37. Pierre Moinot en fait état dans *Tous comptes faits*, *op. cit.*, p. 150.

38. Depuis le 22 décembre 1959, l'ancien membre bordelais du Comité de vigilance des intellectuels antifascistes n'était que chargé de mission (décret publié au *Journal officiel* du 31 décembre).

39. Éric Lengereau a magistralement étudié ces questions dans *L'État et l'Architecture, 1958-1981. Une politique publique ?*, Paris, A. et J. Picard, 2001. Voir notamment les pages 77-78.

40. Témoignage de Claude Robin à É. Lengereau, *op. cit.*, p. 78.

41. M. Debré, *Jeunesse*, *op. cit.*, p. 198.

42. Le Mobilier national a exposé cet ensemble somptueux dans

sa galerie de Beauvais, en 1997, pour illustrer la politique des commandes et achats sous la IVe République (voir le catalogue édité par le Centre national des arts plastiques).

43. Il l'indique dans une note du 3 mars 1959 (CAC).

44. Témoignage de Claude Robin à É. Lengereau, *op. cit.*, p. 78.

45. Note du 16 juin 1960 qui fait l'objet d'un rappel dès le 24 juin par son directeur de cabinet Georges Loubet.

46. Témoignage à l'auteur, le 21 janvier 1982.

47. Entretien de l'auteur avec Pierre Moinot.

48. Il me l'a confirmé dans une lettre du 22 octobre 1986.

49. P. Moinot, *Tous comptes faits*, *op. cit.*, p. 158.

50. Entretien avec l'auteur.

51. Note au ministre du 18 avril 1963 citée dans É. Lengereau, *op. cit.*, p. 54.

52. Lettre à l'auteur.

53. Allocution du 12 juillet 1961.

54. Courrier du 30 décembre 1961 (voir *Lettres*, *op. cit.*, p. 176). Il a aussi vocation à soutenir le moral d'André Malraux qui a perdu, le 23 mai précédent, ses deux fils.

55. Courrier du 4 janvier 1963 (voir *Lettres*, *op. cit.*, p. 298).

56. Ce courrier du 2 mai 1963 se fait l'écho de demandes du nouvel administrateur, Georges Auric (*Lettres*, *op. cit.*, p. 331).

57. Voir C. Clerc, *De Gaulle-Malraux*, *op. cit.*, p. 261.

58. Voir, dans *De Gaulle en son siècle*, VII, *De Gaulle et la Culture* (Paris, La Documentation française et Plon, 1992), mon article « Charles de Gaulle, les Beaux-Arts et les artistes », p. 89 et suiv.

59. Gérald Van der Kempf l'a soutenu à tort dans un témoignage confié à André Holleaux.

60. Voir *infra*, p. 268.

61. Cette exportation discrète par la galerie Wildenstein conduisit aussi le ministre à faire refuser la ratification d'une élection à l'Académie des Beaux-Arts du propriétaire de la galerie, Georges Wildenstein (voir Michel Laclotte, *Histoires de musées. Souvenirs d'un conservateur*, Paris, Scala, 2003, pp. 144 et 334).

62. À ce propos, on trouve au CAC des notes régulières d'Albert Beuret à son ministre.

63. Voir Pascal Ory, « Entre délectation et cours du soir : le débat muséal français juste avant l'heure des masses », dans *La Culture comme aventure*, Gap, Complexe, 2008, p. 55.

64. *Ibid.*, p. 58 où P. Ory rappelle que c'est Georges Huisman qui avait formulé cette idée en avril 1937.

65. Dans « La conception moderne des musées », actes du Congrès d'histoire de l'art (voir P. Ory, art. cité, p. 56).

66. André Chastel, *La Revue de l'Art (éditoriaux)*, Paris, Flammarion, 1980, p. 15 (L'histoire de l'art. Fins et moyens, coll. « Champs »).

67. Cette opinion a été développée, au XXIe siècle, par un ancien pensionnaire de la Villa Médicis : Renaud Camus, *La Grande Déculturation*, Paris, Fayard, 2008, p. 115.

68. Témoignage d'Hubert Landais noté aux journées d'étude de l'automne 1989.

69. À la demande d'Alexandre Parodi, le Président suggère à son ministre de se placer « sur le terrain de la haute considération » (voir A. Peyrefitte, *C'était de Gaulle*, *op. cit.*, t. I, p. 487). J'ignore si c'est par hostilité de son corps à la mémoire du ministre autodidacte qu'en 2006 un conservateur général du Patrimoine m'a suggéré de brûler le passeport diplomatique d'André Malraux que sa fille Florence se proposait de donner à la direction des Archives de France. Les prétextes furent que les informations qu'on pouvait y lire étaient connues par ailleurs et que sa restauration coûterait trop cher ! Le cabinet de M. Renaud Donnedieu de Vabres a choisi en revanche de placer ce document sur le bureau du ministre pour la brève exposition qui a marqué, rue de Valois, le trentième anniversaire du décès du fondateur du ministère, le 23 novembre 2006. La veille au soir, Madeleine Malraux l'avait présenté devant les caméras pour diffusion dans le *20 heures* de TF 1.

70. Voir son allocution du 1er août 1964 (116 secondes en archives INA).

71. Entretien de 1976 avec Jean-Marie Drot utilisé dans l'émission « Les apprentissages d'un regard » de la série *Journal de voyage avec André Malraux à la recherche des arts du monde entier*.

72. *Ibid.*

73. Témoignage à l'auteur. Jean Cassou a développé ses « Remarques sur la fonction des musées » dans *La Création des mondes. Essais sur l'art*, Paris, Les Éditions ouvrières, 1971, pp. 141-148.

74. Voir Jeanne Laurent, *Arts et pouvoirs en France de 1973 à 1981. Histoire d'une démission artistique*, Saint-Étienne, Université de Saint-Étienne/Cierec, 1981, p. 162.

75. Déclaration devant les députés, le 18 janvier 1963.

76. Déclaration à l'Assemblée nationale, le 7 novembre 1964.

77. *Le Monde* daté du 17 octobre 1972 ; Georges Pompidou jugeait néfaste l'existence des commissions de sélection.

78. Voir É. Lengereau, *L'État et l'Architecture*, *op. cit.*, p. 51.

79. Sans doute opérée dans la période suivant le double deuil du ministre, elle avait échoué parce qu'Albert Beuret était allé à Matignon pour crier « plus fort que toute une armée réunie » (témoignage de M. Querrien cité par É. Lengereau, *op. cit.*, p. 46).

80. *Histoire du vandalisme*, Paris, Laffont, 1994, p. 992.

81. *Ibid.*

82. Déclaration de Michel Guy, secrétaire d'État à la Culture (*Le Figaro* du 9 janvier 1975).

83. *Histoire du vandalisme*, *op. cit.*, p. 1000.

84. Voir les *Mémoires* de Raymond Aron, *op. cit.*, pp. 207-208.

85. S.d. [1960] (réf. CAC 950514 — art. 8 arch. Brandin).

86. Note du 15 mars 1960 (réf. CAC 950514 — art. 8).

87. Déclaration à l'Assemblée nationale, le 14 octobre 1965.

88. Propos rapportés par François Laffon dans *Le Monde de la musique*, en septembre 1990, la formule est citée par Maryvonne de Saint Pulgent, *Le Syndrome de l'Opéra*, Paris, Accords/Robert Laffont, 1991, p. 39.

89. *Le Syndrome de l'Opéra*, *op. cit.*, p. 128.

90. Déclaration du 18 octobre 1965 commentée dans Pierre Cabanne, *Le Pouvoir culturel sous la Ve République*, Paris, Olivier Orban, 1981, pp. 176-177.

91. Note d'André Holleaux du 2 novembre 1964 (SEC/CAB no 9858).

92. Entretien avec l'auteur, 21 janvier 1982.

93. Jean Autin en rend compte à André Malraux dans une note dactylographiée du 21 mars 1961.

94. *Ibid.*, f. 2.

95. Note rose manuscrite (CAC/AN).

96. Voir V. Dubois, *La Politique culturelle*, *op. cit.*, p. 173, et Marie-Ange Rauch, *Le Bonheur d'entreprendre. Les administrateurs de la France d'outre-mer et la création du ministère des Affaires culturelles*, Paris, La Documentation française, 1998.

97. L'arrêté figure au *Journal officiel* du 22 avril 1962.

98. Témoignage d'André Holleaux à l'auteur.

99. Il appuiera son ancien collaborateur qui finira par prendre sa retraite, avec rang de directeur général du ministère de l'Intérieur ; G.-N. Loubet a considéré alors qu'il terminait une « carrière volontairement modeste » (ces termes figurent dans une lettre de condoléances écrite en mai 1980 et adressée à Mme Pré, veuve d'un de ses patrons de 1944 — archives du musée Jean Moulin, Ville de Paris).

100. Une note du 4 janvier 1963, signée d'Albert Beuret (SEC/CAB/749), témoigne de ce bel égalitarisme ; c'est un exemple à mon avis unique dans ces hautes sphères.

101. Voir *supra*, p. 55.

102. Entretien avec l'auteur.

103. P. Moinot, *Tous comptes faits*, *op. cit.*, p. 150.

104. André Holleaux et Pierre Moinot ont conservé environ 500 fiches, le plus souvent détachées des dossiers ou courriers dont elles constituaient le commentaire. Albert Beuret considérait que ces documents n'avaient pas d'intérêt, mais il pensait en termes de littérature et non d'histoire. Celles que garda Georges Elgozy sont conservées aux archives de la Comédie-Française.

105. François-Georges Dreyfus, *De Gaulle et le gaullisme*, Paris, PUF, 1982, p. 279.

106. Pierre de Lagarde, *Guide des chefs-d'œuvre en péril*, Paris, J.-J. Pauvert, 1967 (avant-propos, p. XX).

107. AM, OC III, p. 569.

108. Témoignage d'André Holleaux au colloque de décembre 1986 (*AM, l'homme des univers*).

109. Le premier inventaire détaillé, concernant le canton de Carhaix dans le Finistère, sortira en 1969.

110. A. Chastel, *La Revue de l'Art*, *op. cit.*, pp. 11, 58-59.

111. Réflexion de P. Moinot. Mais il faut faire la part de mises en perspective flatteuses que les acteurs-témoins ont dessinées au fil des colloques et des journées d'études. J.-P. Rioux puis Ph. Poirrier ont tous les deux exprimé la nécessité de nuancer leur rhétorique cherchant à valoriser la réussite de leurs initiatives.

112. Présentation de *André Malraux. Pages choisies. Romans* (Classiques illustrés Vaubourdolle, Paris, Hachette, 1955) citée dans *Georges Pompidou* d'Éric Roussel, Paris, J.-C. Lattès, 1994. Dès le 20 juillet 1949, G. Pompidou, évoquant le désenchantement d'AM, notait : « je le sens tenté par cette politique qu'il déclare exécrer [...] si on l'en rendait responsable, il se passionnerait » (*Pour rétablir une vérité*, Paris, Flammarion, 1982, p. 88).

113. Alain, fils unique de Claude et Georges Pompidou, a ainsi reçu de Vincent Malraux bien des dessins du jeune artiste avant sa disparition tragique (voir le catalogue *Vincent Malraux. Peintures et dessins*, Salies-de-Béarn, Arthémuse, 2001).

114. Madeleine Malraux sera conduite à ne plus habiter La Lanterne à partir de 1966, mais, comme le couple présidentiel, les Pompidou lui resteront fidèles. L'épouse en l'honneur de qui Charles

de Gaulle donna un déjeuner en juillet 1965, juste après le départ de son mari en croisière avec A. Beuret, fut reçue deux fois par G. Pompidou, les 24 décembre 1965 et 4 octobre 1968. À l'époque, il était clair que le projet de divorce préparé par Me Kiejman n'aboutirait pas. Le talent de Robert Badinter, défenseur des intérêts de Mme Malraux, et le refus élyséen de voir siéger des ministres divorcés eurent finalement raison des manœuvres de Louise de Vilmorin, dont Pierre Bergé a pu dire qu'*elle savait avoir ferré un gros poisson* !

115. Note verte du ministre à André Holleaux, sans date, commentée à l'auteur par A.H.

116. Voir CAC 810734/001.

117. Dépouillement des agendas personnels conservés dans les archives privées du président Pompidou (Association Georges Pompidou). Les plus fortes fréquences de rencontres se dénombrent pour les deux années où G. Pompidou arrive *aux affaires* ; la raréfaction ultérieure est assez relative pour qu'on considère que le Premier ministre a toujours su ce qu'il en était de la santé d'André Malraux.

118. Voir les Mémoires de celle qui fut la première femme directeur de cabinet à l'Élysée, *Le Destin et la volonté*, *op. cit.*, p. 117.

119. Voir CAC/AN, carton 950514 — art. 3.

120. A. Peyrefitte, *C'était de Gaulle*, *op. cit.*, t. I, p. 522. A. P. consigne ces indications pour le second semestre 1962 mais se souvient peut-être des années ultérieures où les absences furent plus nombreuses et où, au ministère même, en 1966-1967, Malraux fut poussé à se consacrer surtout à ses *Antimémoires* (voir p. 225).

121. En 1970, les déjeuners parisiens de Malraux l'éloignaient de Verrières entre 12 h 45 et 15 h 30 (voir S. de Vilmorin, *Aimer encore*, Paris, Gallimard, 1999, p. 43) ; on peut penser que, de 1966 à 1969, les temps des repas et des parcours automobiles étaient du même ordre de grandeur.

122. A. Peyrefitte, *C'était de Gaulle*, *op. cit.*, t. I, p. 522-523.

123. Voir *De Gaulle en son siècle*, t. VII, *De Gaulle et la Culture*, *op. cit.*, et le témoignage d'Holleaux au colloque de décembre 1986 (*AM, l'homme des univers*, p. 188).

124. Phrase prononcée devant Jean Coural, alors administrateur général du Mobilier national, ancien conservateur au château de Versailles qui avait contribué à installer Malraux dans le pavillon de La Lanterne.

125. Ainsi en va-t-il du courrier d'une marquise suggérant des montants excessifs pour des prix à décerner.

126. Le ministre, à qui le cas a sans doute été signalé oralement par G. Pompidou, écrit « Chazeaud ».

127. Le restaurant Lasserre deviendra une « cantine » du ministre qui y aura son plat, le *pigeon André Malraux*. Toujours à la carte, ce *travail de haute couture* est proposé, en 2008, au tarif de 65 euros la portion individuelle.

128. Émile Biasini, *Sur Malraux. Celui qui aimait les chats*, Paris, Odile Jacob, 1999, p. 59.

129. *Ibid.*

130. Émile Biasini, *Grands Travaux. De l'Afrique au Louvre*, Paris, Odile Jacob, 1995, p. 135, où l'on trouve un portrait incisif des « petits coqs endimanchés dont le plus clair de l'activité se tenait dans les générales parisiennes ».

131. Témoignage cité dans É. Biasini, *Sur Malraux*, *op. cit.*, p. 41.

132. Il s'agit de Jean-Louis Barrault et de Tirso de Molina (papiers d'André Holleaux).

133. Le choix est fait de traiter la question dans des « conversations individuelles et personnelles » : note d'A. Holleaux du 26 février 1963, répondant à un courrier de Biasini du 21 (Sec/Cab n° 1555 — CAC).

134. É. Biasini, *Sur Malraux*, *op. cit.*, p. 44.

135. Il l'exprime en ces termes devant les députés, le 9 novembre 1963.

136. Jean-Jack Queyranne l'a rappelé dans sa thèse de 1 271 pages, *Les Maisons de la Culture*, Lyon, AGEL, 1975, p. 9.

137. *Ibid.*, p. 5.

138. Sténographie de l'allocution en hommage à Léo Lagrange dans *Carnet du Front populaire*, Paris, Gallimard, 2006, p. 102.

139. « Malraux nous dit », entretien avec Albert Ollivier, *Combat*, 15 novembre 1946.

140. P. Ory, *La Belle Illusion*, *op. cit.*, pp. 832-833.

141. Allocution à l'Assemblée nationale, le 7 novembre 1964.

142. *Ibid.*

143. Pascal Ory, *L'Aventure culturelle française*, Paris, Flammarion, 1989, p. 58.

144. Témoignage recueilli par Jean-Marie Drot en 1976 et diffusé dans l'émission « Les apprentissages d'un regard ». Sur la non-programmation, l'ancien ministre conclut vigoureusement : « D'ailleurs, ça ne l'a pas été ! »

145. Un tableau des villes ayant ouvert une maison de la Culture est fourni par Philippe Urfalino, *L'Invention de la politique culturelle*, Paris, La Documentation française, 1996, p. 347.

146. Ce rêve de Pierre-Aimé Touchard, alors inspecteur général des Théâtres, est retracé par Ph. Urfalino dans *L'Invention, op. cit.*, pp. 68-73.

147. Papiers d'Émile-Jean Biasini.

148. Voir le compte rendu du *Havre libre*, daté du 26 juin 1961, sous le titre en pleine page, sur quatre lignes : « M. André Malraux a signé, Samedi, au Havre / l'acte de naissance des Maisons de la Culture de France, en inaugurant / LE MUSÉE — MAISON DE LA CULTURE : / « Nous étions ici, et c'est ici que tout a commencé. »

149. Pour les vingt premières expérimentations, voir Ph. Poirrier (*L'État et la culture en France, op. cit.*, pp. 99-100) et Ph. Urfalino, *L'Invention, op. cit.*, pp. 79-80.

150. *Ibid.*, pp. 89-94.

151. Instances présidées respectivement par François Bloch-Lainé et Eugène Claudius-Petit (voir lettre de P. Moinot à l'auteur).

152. Gaëtan Picon, dossier pour la préfiguration de la maison de la Culture d'Amiens, 1965 (AN/CAC).

153. En vertu d'une décision ministérielle du 27 décembre 1961.

154. Ph. Urfalino, *L'Invention, op. cit.*, p. 94.

155. Dans une lettre qu'il m'adressa et qui fut lue au colloque de 1986 puis insérée dans ses actes en 1989 (*De Gaulle et Malraux, op. cit.*, pp. 244-245).

156. Dossier CAC 950514 — art. 8.

157. Voir le chapitre II de son livre, *Grands Travaux, op. cit.*, pp. 141-152.

158. Témoignage d'André Holleaux au colloque de décembre 1986 (*AM, l'homme des univers*, p. 191).

159. *Ibid.*

160. Témoignage d'Émile Biasini au colloque de Brest, 8 juin 2001.

161. A. Peyrefitte, *C'était de Gaulle, op. cit.*, t. II, p. 9.

162. AM, OC III, pp. 306-307. On peut supposer que l'écrivain a écrit ces phrases, éditées en 1967, après avoir traversé la Picardie pour venir inaugurer, le 19 mars 1966, la maison de la Culture d'Amiens.

163. J. Mossuz-Lavau, *AM. La politique, op. cit.*, p. 330.

164. Déclaration du 27 octobre 1966 reproduite dans la plaquette de 2006, *André Malraux à l'Assemblée nationale*, p. 44.

165. Rapport n° 283-65 de M. Euvrard, en date du 18 octobre 1965.

166. Dossier conservé au CAC.

167. Pas plus qu'Olivier Todd qui l'a révélé (OT, *André Malraux. Une vie, op. cit.*, p. 449), je ne puis expliquer le pourquoi de ce « très secret » à moins qu'il ne s'agisse de contrecarrer les voix qui disent qu'après son premier vrai traitement psychiatrique, le ministre n'a plus que des *projets fous*.

168. Ch. de Gaulle, *Lettres, notes*, *op. cit.*, pour la période 1966-1969, pp. 114-115.

169. Témoignage de Guy Brajot au colloque *De Gaulle en son siècle*, 19 novembre 1990.

170. Information reprise dans le *Journal de l'année 1er juillet 1966-30 juin 1967*, Paris, Larousse, p. 185.

171. Lettre dactylographiée du 3 février 1964 avec signature manuscrite (papiers d'Émile-Jean Biasini).

172. Selon un papier de G. Monsaingeon, *Le Monde*, 12 septembre 2001.

173. M. de Saint Pulgent, *Le Syndrome de l'Opéra*, *op. cit.*, p. 189.

174. Les citations qui suivent, concernant Bourges et Grenoble, sont reprises de « Malraux. *Paroles et écrits politiques, 1947-1972.* Inédits », *Espoir*, n° 2, Plon, janvier 1973. Le discours d'Amiens figure dans *AM. La politique*, *op. cit.*, pp. 320-330. Le tome VI des *Œuvres complètes* de l'écrivain-ministre, en préparation, à la Bibliothèque de la Pléiade, devrait comprendre l'ensemble de ses textes politiques.

175. Pascal Ory, *L'Entre-deux-Mai. Histoire culturelle de la France. Mai 1968-Mai 1981*, Paris, Éd. du Seuil, 1983, p. 64.

176. Allocution du 15 mai 1962 dans J. Mossuz-Lavau, *AM. La politique*, *op. cit.*, p. 289.

177. Extrait de sa déclaration liminaire dans une conférence de presse clandestine, tenue le 15 avril 1960 (voir Hervé Hamon et Patrick Rotman, *Les Porteurs de valises*, Paris, Albin Michel, 1979, p. 389).

178. *Dits et écrits d'AM*, *op. cit.*, p. 367.

179. Témoignage de Max Querrien.

180. Déclaration à R. Stéphane, non datée (vers 1965 ?), reproduite dans Roger Stéphane, *André Malraux, entretiens et précisions*, Paris, Gallimard, 1984, p. 131.

181. Déclaration au Conseil des ministres du 13 mars 1968 notée par A. Peyrefitte, *C'était de Gaulle*, *op. cit.*, t. III, p. 207.

182. Marc Fumaroli, *L'État culturel. Essai sur une religion moderne*, Paris, de Fallois, 1991, p. 57.

183. Entretien avec Albert Ollivier, *Combat*, 15 novembre 1946.

184. Appendice IV au *Carnet du Front populaire, op. cit.*, pp. 102-103.

185. Entretien avec l'auteur, 21 janvier 1982.

186. Extrait de l'exposé prononcé le 17 novembre 1966, par Pierre Moinot, directeur général des Arts et des Lettres, à la XIVe conférence générale de l'Unesco, plaquette éditée par l'Association technique pour l'action culturelle, p. 2.

187. Témoignage où P. Moinot ne veut pas souligner qu'en fait son ministre reste profondément atteint par sa dépression.

188. Déclarations publiées dans *Affrontement*, n° 27, avril 1964, et reprises dans l'ouvrage collectif *L'Animation culturelle*, Paris, Les Éditions ouvrières, 1964, pp. 72-73 et 76.

189. J.-J. Queyranne, *Les Maisons de la Culture, op. cit.*, p. 19.

190. La déclaration et ses signataires figurent dans *Le Monde* du 28 mai 1968.

191. Selon la formule de P. Ory dans *L'Aventure culturelle française, op. cit.*, p. 59. Près de trente ans plus tard, dans *L'Utopie du temps libre* (Esprit, 1997), le sociologue Daniel Mothé (J. Gautrat) dénonçait encore la non-réduction des inégalités par le temps libre, « fait pour ceux qui ont du fric et la culture. Pour les autres, il crée de la frustration ».

192. Chiffres fournis par P. Cabanne, *Le Pouvoir culturel, op. cit.*, p. 149.

193. Discours à l'Assemblée nationale, le 13 novembre 1968.

194. Discours à Dakar, le 30 mars 1966, au premier Festival mondial des arts nègres (*AM. La politique, op. cit.*, p. 337).

195. La comparaison entre le coût des maisons de la Culture et de 25 kilomètres d'autoroute avait été inscrite dans une fiche du ministère ; sa reprise a rempli de satisfaction MM. Biasini et Brajot, et l'enregistrement télévisé de la visite présidentielle montre leur réaction dans un échange de regards ravis. En 1966, leur ministre utilise aussi cette équivalence devant les députés (voir p. 129).

196. Lettre manuscrite à l'auteur, 6 décembre 1986.

197. Note verte à André Holleaux non datée (papiers d'André Holleaux).

198. Ainsi qu'il l'a confié à Pascal Copeau (émission télévisée diffusée par FR 3 le 31 mai 1981).

199. Note verte pour André Holleaux (papiers d'André Holleaux).

200. Note manuscrite pour É.-J. Biasini (papiers d'Émile-Jean Biasini).

201. Déclarations de Guy Rétoré, dans *L'Animation culturelle*, *op. cit.*, pp. 72-74.

202. *La Citoyenne*, Paris, Flammarion, 1985 (J'ai Lu, n° 2003, p. 145) ; Frédérique Chamson, fille du directeur des Archives de France, avait été une jeune admiratrice d'André Malraux, *de sa voix sourde qui prenait possession de son auditoire* (*ibid.*, p. 116).

203. Françoise Sagan, *Réponses, 1954-1974*, Paris, Jean-Jacques Pauvert, 1974 (p. 65 dans Le Livre de Poche, n° 4764).

204. Article posthume publié par *L'Express* (28/2-6/3 1986, pp. 89-90).

205. Notes inédites de juillet 1968, publiées dans le numéro spécial des *Cahiers de la maison Jean Vilar*, et citées dans *Le Nouvel Observateur* (24-30 juillet 2008).

206. Enquête sur « Les publics du théâtre en 1987 », *Développement culturel*, n° 70, juillet 1987. Jean Le Poulain, acteur comique très employé par la télévision, venait alors d'être nommé administrateur général de la Comédie-Française.

207. Note pour Antoine Bernard du 5 novembre 1968 (CAC).

208. Rappelé dans *Le Quotidien de Paris*, le 20 juin 1980.

209. L'universitaire alsacien F.-G. Dreyfus lance cette accusation dans *De Gaulle et le gaullisme*, Paris, PUF, 1982, p. 279.

210. Intervention à l'Assemblée nationale, citée par P. Cabanne, *Le Pouvoir culturel*, *op. cit.*, pp. 236-237.

211. C'est le ministre Philippe Malaud qui utilise cette forte expression.

212. Voir J.-N. Jeanneney, *Une histoire des médias*, *op. cit.*, pp. 251-252 et 287.

213. Entretien dans *Télérama*, n° 1625, du 4 mars 1981.

214. Dans son numéro du 2 juin 1980.

215. Ce bilan figure dans une note du 4 juillet 1969 (CAC).

216. Témoignage au colloque de décembre 1986 (*AM, l'homme des univers*, p. 181).

217. Témoignage dans le numéro 295 de *La NRF*, juillet 1977, p. 74.

218. Frère du fondateur des Nuits de Bourgogne, l'inspecteur général des Monuments historiques et des Sites Michel Parent, il s'exprimait dans un débat sur *Malraux et l'architecture*, le 2 octobre 2008.

219. Intervention devant les députés à la fin du débat budgétaire, le 13 novembre 1968.

III
LE MINISTRE CONTRE LA MORT

1. La musique d'Arthur Honneger, conçue en 1938 sur un texte de Paul Claudel inspiré de gravures de Hans Holbein, avait été jouée à Bâle en 1940, sur l'initiative du chef d'orchestre Paul Sacher.

2. Entretien avec Madeleine Malraux.

3. J.-F. Lyotard, *Signé Malraux*, *op. cit.*, p. 11.

4. AM, OC III, p. 6.

5. Voir *Lunes en papier*, « Combats » et « Victoire » — textes de 1920-1921 —, dans AM, OC I, pp. 10 et 23, où le squelette modernisé de la mort n'est plus en os mais en aluminium et laiton.

6. Dans *La Voie royale*.

7. Témoignage d'Alain Malraux évoquant un récit de sa tante Clara (16 novembre 1992).

8. *Le Miroir des limbes*, II, *La Corde et les souris* (Folio, 1976, p. 466).

9. AM, OC I, p. 824 (et note 2, p. 1422, sur la mère d'AM).

10. Clara Malraux, *Le Bruit de nos pas*, *op. cit.*, t. II, p. 260.

11. Appendice à *La Métamorphose des dieux* (temps chronologique et intemporel intérieur), OC V, p. 1097.

12. Collection de Madeleine Malraux.

13. Survenu en mai 1938, à un moment où il vit surtout avec Josette Clotis : voir Isabelle de Courtivron, *Clara Malraux, une femme dans le siècle*, Paris, Éd. de l'Olivier, 1992, p. 161.

14. AM, OC III, p. 197. Ce récit inséré dans un passage du *Miroir des limbes* sur les crémations au bord du Gange ne tient compte ni du processus des putréfactions ni des méthodes d'ensevelissement des morts de la Grande Guerre ; aucun tué de la bataille de la Marne ne pouvait être resté sur place et encore moins s'y trouver en cendres légères, quelques semaines après la victoire des troupes de Joffre.

15. Il n'avait pas vingt ans quand il laissa la mer le submerger, en baie de Saint-Malo (AM, OC I, p. 1034).

16. Sans doute utilisé pendant la cérémonie du 19 décembre, ce texte de 13 feuillets signé du ministre pour l'Ordre de la Libération a été aussitôt apporté à la chancellerie de l'Ordre. Il a figuré dans une vitrine du musée d'où le conservateur W. Trouplin me l'a sorti pour la préparation du colloque international de 2001. Plusieurs communicants ont pu en utiliser des éléments qu'on retrouve dans C.-L. Foulon (dir.), *AM, le rayonnement*.

17. Numéro du 25 mai 1961.

18. « Et qui deviendront ce qu'ils portent en eux parce qu'ils auront compris ce que tente le général de Gaulle » (propos rapportés dans *Le Havre libre*).

19. Voir le témoignage d'Al. Malraux, *Les Marronniers*, *op. cit.*, p. 207.

20. *La NRF*, nº 295, juillet 1977, p. 75.

21. Le reportage de *Paris-Match* ne comporte, sur 6 pages, qu'une photo du ministre au cimetière avec sa femme et Pierre Bockel.

22. Voir Suzanne Chantal, *Le Cœur battant. Josette Clotis-André Malraux*, Paris, Grasset, 1976, p. 339, et Al. Malraux, *Les Marronniers*, *op. cit.*, p. 214.

23. Témoignage à l'auteur de Florence Malraux, le 24 octobre 2008.

24. S. Chantal, *Le Cœur battant*, *op. cit.*, p. 340.

25. Selon la description de François Crouzet.

26. *France-Soir* du 25 mai 1961.

27. Citation reprise dans l'*Album Malraux*, *op. cit.*, p. 184.

28. AM, OC IV, p. 899 (*Les Voix du silence*, IV, *La Monnaie de l'absolu*, VII).

29. Récit de la soirée par Madeleine Malraux à l'auteur et conversation citée dans Al. Malraux, *op. cit.*, p. 215.

30. Voir AM, OC III, p. 577.

31. *Face aux ténèbres. Chronique d'une folie*, Paris, Gallimard, 1990, pp. 120-121.

32. Témoignage d'Albina du Boisrouvray cité par Christine Ockrent dans *Françoise Giroud. Une ambition française*, Paris, Fayard, 2003, p. 229.

33. Empruntant la voiture de Jeanne Moreau, elle avait quitté le tournage de *Jules et Jim* et était arrivée à Boulogne, peu après que son père fut rentré de Beaune (témoignage à l'auteur).

34. Madeleine Malraux n'a pas communiqué cette lettre à son mari.

35. « Il en a été profondément marqué », a écrit Pierre Moinot dans sa critique du livre d'Olivier Todd, *André Malraux. Une vie*, *op. cit.*, parue dans *Le Magazine littéraire*, nº 398, mai 2001, p. 92. Voir aussi son *Tous comptes faits*, *op. cit.*, p. 152.

36. AM, OC III, p. 456.

37. Le 4 novembre 1946, en Sorbonne (voir J. Mossuz-Lavau, *AM. La politique*, *op. cit.*, p. 161).

38. *Le Miroir des limbes*, I, *Antimémoires* (Folio, 1976, pp. 73 et 105).
39. AM, OC III, p. 222.
40. *Le Miroir des limbes*, II, *La Corde et les souris* (Folio, 1976, p. 181).
41. Témoignage du père Bockel dans *La NRF*, n° 295, juillet 1977, p. 49.
42. Voir les *Nouveaux Mémoires intérieurs*, *op. cit.*, p. 717.
43. *Nouveaux Mémoires intérieurs* (p. 172 en Folio).
44. Lettre du 2 septembre 1970 à la veuve de l'écrivain citée par Jean Mauriac, *Le Général et le journaliste*, conversations avec Jean-Luc Barré, Paris, Fayard, 2008, p. 290.
45. Voir *Dits et écrits d'AM*, *op. cit.*, p. 321.
46. En marge d'un croquis du poète, en 1961, J. Cocteau écrivait : « En sabots venu / En sabots parti / Cocasse et magnifique comme le rêve » ; reproduit en illustration de l'article « Max Jacob, le Pénitent en maillot rose » dans *Gai Pied Hebdo*, n° 109, 3 mars 1984.
47. Lettre du 14 octobre 1963 publiée dans Charles de Gaulle, *Lettres, notes et carnets, 1961-1963*, Paris, Plon, 1986, p. 378.
48. Témoignage de Madeleine Malraux et AM, OC IV, p. 1199.
49. AM, OC IV, p. 1229-1231.
50. Témoignage de Madeleine Malraux, le 28 juillet 2008, et AM, OC III, p. 457. Les propos prêtés au malade et à l'agonisant n'avaient pas été tenus à Malraux, qui se trompe sur la date des obsèques en parlant du mois de mars, sans doute « par une lecture trop rapide d'une notice biographique » (*ibid.*, p. 1220, note 3 pour la page 456).
51. Il ne parle d'ailleurs pas de sa présence dans l'église dans l'édition 1967 des *Antimémoires*.
52. Voir *Dits et écrits d'AM*, *op. cit.*, p. 472.
53. *Ibid.*, p. 469.
54. *Antimémoires*, OC III, p. 6.
55. AM, OC I, pp. 10 et 13.
56. *Ibid.*, pp. 24-25.
57. *Ibid.*, p. 24.
58. *La Tentation de l'Occident* (AM, OC I, p. 110).
59. « Elle est amour, et l'apaisement est en elle. Je ne l'accepterai jamais ; je ne m'abaisserai pas à lui demander l'apaisement auquel ma faiblesse m'appelle » (*Ibid.*, p. 111).
60. *Ibid.*
61. *La Voie royale* (Grasset, 1928, p. 54) et *Le Miroir des limbes*, I, *Antimémoires* (Folio, 1976, p. 479).

62. Journal cité par Henri Godard.

63. Phrase de ses *Mémoires* relevée par Henri Godard.

64. Le texte, paru dans *L'Intransigeant*, est repris dans le numéro 4 du *Mois* (1er-30 avril 1931).

65. AM, OC I, pp. 548-549.

66. Consigné par Maria Van Rysselberghe dans *Je ne sais si nous avons dit d'impérissables choses* (Paris, Gallimard, 1951) et cité par C. Clerc, *De Gaulle-Malraux*, *op. cit.*, p. 42.

67. Rapporté par Pierre Bockel dans *L'Enfant du rire* (Paris, Grasset, 1973) et cité par Henri Godard.

68. Les deux citations se trouvent dans AM, OC III, p. 11.

69. Clara Malraux, *Le Bruit de nos pas*, t. II, *Nos vingt ans*, *op. cit.*, p. 24.

70. Est-ce à regret qu'il énonce cette constatation, au soir de sa vie, dans « Néocritique », art. cité, p. 305 ?

71. Voir AM, OC I, p. 150 (var. *c*) et notice de M. Autrand, p. 980.

72. AM, OC II, p. 688.

73. Préface de 1935 pour *Le Temps du mépris* : voir p. 776 au tome I des *Œuvres complètes*.

74. AM, OC II, p. 688.

75. *Le Miroir des limbes*, I, *Antimémoires* (Folio, 1976, p. 73).

76. *Ibid.*, p. 396.

77. AM, OC IV, p. 899.

78. *Panorama de la nouvelle littérature française*, *op. cit.*, pp. 59-61.

79. Consigné par Colette Audry dans une lettre du 11 avril 1989, publiée dans *Rien au-delà*, *op. cit.*, p. 188.

80. La formule est de Clara Malraux elle-même, qui n'hésite pas à se dire persuadée qu'elle et son mari en étaient en partie responsables. Voir le tome IV de ses souvenirs, *Le Bruit de nos pas*, *op. cit.*, p. 171.

81. Courriers du 30 novembre et du 11 décembre 1968 signalés dans la transmission du dossier au directeur du Théâtre Francis Raison (CAC 810734/007).

82. AM, OC IV, pp. 264 et 887 (*Le Musée imaginaire*, III, et *La Monnaie de l'absolu*, VII).

83. *Le Miroir des limbes*, I, *Antimémoires* (Folio, 1976, p. 575).

84. Voir Claude-Catherine Kiejmann, *Clara Malraux, l'aventureuse*, Paris, Arléa, 2008.

85. *Carnet du Front populaire*, *op. cit.*, pp. 62 et 95.

86. Extrait tiré de « Malraux. *Paroles et écrits politiques* », *Espoir*, n° 2, 1973.

87. La force des images baudelairiennes hantait assez Malraux pour lui avoir fait récuser l'affirmation de Gaëtan Picon selon laquelle Goya lui aurait été plus cher que le poète (voir son annotation « Je ne crois pas », dans G. Picon, *Malraux, op. cit.*, p. 122).

88. Message du 28 décembre 1969 dans Ch. de Gaulle, *Lettres, notes et carnets. Mai 1969-novembre 1970*, Paris, Plon, 1988, p. 85.

89. Lettre du 8 mai 1933, citée dans la biographie de Françoise Wagener, *Je suis née inconsolable. Louise de Vilmorin, 1902-1969*, Paris, Albin Michel, 2008, p. 133.

90. Adressé au ministre le 26 février 1968, conservé par Florence Malraux, il est reproduit à la fin du livre de F. Wagener, *op. cit.*, p. 492.

91. Extrait du poème « Ma tante » de L. de Vilmorin publié chez Gallimard, en 1954, dans son *Alphabet des Aveux* ; rééd. en 2004, avec des dessins de Jean Hugo, Paris, Le Promeneur, p. 58.

92. *Ibid.*, p. 65.

93. Ce poème est le quatrième de la suite *Fiançailles pour rire*, composée en 1939, le premier s'intitulant « La Dame d'André » et évoquant sans doute plutôt le frère préféré de Louise...

94. P. de Boisdeffre, *André Malraux. La mort et l'Histoire, op. cit.*, p. 152.

95. Voir les folios 17 à 54 et 825, 839, 871, conservés à la bibliothèque Doucet.

96. Le professeur Jean-Louis Jeannelle l'a présentée, en juin 2008, au colloque de Paris-IV, « *Le Miroir des limbes* d'André Malraux et la modernité littéraire », dans sa remarquable communication, « *Lazare* : une étude génétique ».

97. Dans les folios 38-40 étudiés par J.-L. Jeannelle, on trouve aussi *le sang versé la veille uni à l'éternelle rosée*.

98. Témoignage de 1976 à Jean-Marie Drot, qui l'a diffusé dans « Les apprentissages d'un regard », *op. cit.*

99. AM, OC III, pp. 826-828.

100. « Néocritique », dans *Malraux, être et dire, op. cit.*, p. 330.

101. AM, OC III, pp. 831-832.

102. *Ibid.*, p. 832.

103. Phrases reprises par André Brincourt dans *Messagers de la nuit* (Paris, Grasset, 1995) et citées par S. de Vilmorin, *Aimer encore, op. cit.*, p. 123.

104. P. 102 dans la première édition (Paris, Gallimard, 1974).

105. Voir les folios 1645, 300 et suiv. du manuscrit Doucet signalés dans l'étude citée de J.-L. Jeannelle.

106. Folio 417, dans *ibid.*

107. Bernard Tricot, secrétaire général de la Présidence de la République entre 1967 et 1969, a raconté ce dialogue à Olivier Delorme quand ils préparaient ensemble le colloque international *De Gaulle en son siècle*, publié ensuite en 7 volumes à La Documentation française. Voir aussi O. Todd, *André Malraux. Une vie*, *op. cit.*, p. 592.

108. Discours du 12 juillet, dans OC III, p. 891.

109. Dans *La Mort en lui*, Paris, Gallimard, 2002.

110. « André Malraux au jour le jour », *La NRF*, n° 295, juillet 1977, p. 71.

111. Pierre Moinot, « La mort dans l'âme », récit dans *La Mort en lui*, *op. cit.*, p. 32.

112. Voir *Tous comptes faits*, *op. cit.*, p. 140.

113. Je remercie Christine Clerc de m'avoir signalé ce volume qu'elle a su repérer chez un bouquiniste, avec le talent que montrait le jeune Malraux dans ses quêtes pour Louis Doyon !

114. Appendice à *La Métamorphose des dieux* (temps chronologique et intemporel intérieur), OC V, p. 1096, et « Néocritique », art. cité, p. 311.

115. *Le Miroir des limbes*, I, *Antimémoires* (Folio, 1976, p. 83).

116. *Ibid.*, p. 571.

117. AM, OC III, p. 780.

118. *Le Miroir des limbes*, II, *La Corde et les souris* (Folio, 1976, p. 183).

119. AM, OC III, p. 833.

120. Témoignage à l'auteur, le 7 avril 2008.

121. « La dernière interview de Malraux : Que signifie LA MORT pour vous ? », entretien avec Madeleine Chapsal du 7 juin 1976 reproduit dans le numéro 1325 de *L'Express*, 29 novembre-5 décembre 1976.

122. Voir Céline Lafontaine, *La Société post-mortelle*, Paris, Éd. du Seuil, 2008.

123. *Le Miroir des limbes*, I, *Antimémoires* (Folio, 1976, p. 29).

124. P. Moinot, *Tous comptes faits*, *op. cit.*, p. 147.

125. Manuscrit raturé et tapuscrit conservés à la bibliothèque Doucet.

126. Voir AM, OC III, p. 948, et l'analyse de cette double scène par J.-C. Larrat dans *André Malraux*, *op. cit.*, pp. 189-192.

127. C'est cependant le nom de Josette Malraux-Clotis qui fut gravé sur la pierre tombale au-dessus des dates de sa vie, 8 avril 1910-12 novembre 1944 ; *post mortem*, Josette a donc réalisé son rêve de

porter le nom du père de ses fils. Au-dessous, sur deux colonnes de trois lignes, figurent les noms de ses deux enfants et les dates de leurs courtes existences : Gauthier Malraux 5 novembre 1940-23 mai 1961 ; Vincent Malraux 11 mars 1943-23 mai 1961.

128. Alain Malraux, *Les Marronniers de Boulogne*, *op. cit.*, p. 215.

129. *Portraits*, texte publié par Plon en 1935 ; cité par P. de Boisdeffre, *André Malraux. La mort et l'Histoire*, *op. cit.*, p. 153.

130. Le socle de la statue porte l'inscription suivante : « Ycy repose Bègue dit Magloire. Peintre en bâtiments. Patriote. Poète. Philosophe et secrétaire de Monsieur de Robespierre. 1794 ».

131. Dans la série d'émissions de Claude Santelli et Françoise Verny, *André Malraux. La légende du siècle*. Un extrait en fut rediffusé après la projection du film *La Chambre verte*, où François Truffaut montre son héros happé par son culte des morts de la Grande Guerre. Ce film était inspiré d'une nouvelle de Henry James, « L'autel des morts ».

132. Dont celle de François Reichenbach.

133. *Tous comptes faits*, *op. cit.*, p. 161.

134. Enregistrement du 14 mai 1965 (64 secondes en archives INA).

135. AM, OC III, p. 914 et p. 553.

136. Il le dit dans sa préface (III, p. 913).

137. AM, OC III, pp. 915-916.

138. *Ibid.*, pp. 922-924.

139. *Ibid.*, p. 927.

140. *Ibid.*, pp. 931-934.

141. Extrait du chapitre premier des *Antimémoires*, dans AM, OC III, p. 7.

142. Note d'Albert Beuret du 8 janvier 1963 (CAC 950514/2). Pour le musée aux Invalides, la lettre à André Chamson, directeur des Archives de France, conseillait d'en confier l'étude à Régine Pernoud, alors responsable du musée de l'Histoire de France installé dans l'hôtel parisien de Soubise depuis le Second Empire.

143. Dans *L'Homme pressé*, le futur ambassadeur de Vichy écrit qu'il accorde sa préférence « aux héros impétueux, aux génies de primesaut. La contemplation de ces surhommes est aussi tonique que l'audition d'une marche militaire ».

144. Elle avait été établie à sa demande pour lui être transmise, avec copie pour la Présidence de la République : voir la note d'A.-J. Villeneuve du 1er février 1960 dans le carton 16 des Papiers de Jacques Jaujard (AN, section des archives privées).

145. Le décret du 20 février 1806 faisait de l'église Sainte-Geneviève et de sa crypte la sépulture possible de tous les « Grands dignitaires, grands officiers de l'Empire et de la Couronne, des sénateurs, des grands officiers de la Légion d'honneur et, en vertu de décrets spéciaux, des citoyens qui, dans la carrière des armes, de l'Administration et des Lettres, auront rendu d'éminents services à la Patrie ». Les 41 entrées impériales ont comporté l'inhumation de deux cœurs et deux vraies panthéonisations simultanées, le 6 juillet 1810, au bénéfice du maréchal Lannes, duc de Montebello, mort à Essling le 31 mai 1809, et du général Leblond, comte de Saint-Hilaire, mort des suites de la même bataille, le 5 juin 1809.

146. Le texte de cet hommage, rendu le 14 janvier 1941, figure dans *Les Voix de la Liberté. Ici Londres, 1940-1944*, t. I, *Dans la nuit*, sous la dir. de J.-L. Crémieux-Brilhac, Paris, La Documentation française, 1975, p. 175.

147. Le 25 janvier 1967 (voir *Dits et écrits d'AM*, *op. cit.*, p. 367).

148. Déclaration du 13 novembre 1968 saluant l'idée du député Pailler présentée pour le centenaire de la mort du musicien ; elle a ressurgi pour le bicentenaire de sa naissance sans aboutir, notamment en fonction des polémiques qu'aurait pu susciter le rappel des positions politiques d'Hector Berlioz (1803-1869).

149. Entretien de l'auteur avec André Holleaux, le 14 octobre 1980.

150. Aux onze on peut ajouter Sophie Berthelot, inhumée avec son mari le 25 mars 1907. Lui est le vrai panthéonisé du couple comme secrétaire perpétuel de l'Académie des sciences, ancien sénateur et ancien ministre ; il était mort, le 18 mars, une heure après son épouse, et l'on voulut rendre « hommage à leurs vertus conjugales » (voir *Les Grands Hommes du Panthéon*, Paris, Éd. du Patrimoine, 1996, p. 52).

151. Aux cinq panthéonisés de la IVe République s'ajoute Marc Schœlcher, qui fut transféré du cimetière du Père-Lachaise, le 20 mai 1949, puisque son fils Victor avait voulu reposer à ses côtés et que le Parlement avait décidé que ce fils de l'Alsace, responsable du décret d'abolition de l'esclavage signé le 27 avril 1848, député puis sénateur de la Guadeloupe et de la Martinique, entrerait au Panthéon avec un fils d'*affranchis*, le gouverneur Félix Éboué.

152. Mme Marcelle Braque, née à Paris le 25 juillet 1879, sera élevée au grade de commandeur des Arts et des Lettres, le 12 octobre 1965. L'arrêté ne lui sera pas notifié par le ministre mais par son conseiller Albert Beuret (source AN/CAC 810734/004).

153. Un exploitant agricole de Varengeville, Georges Fradier,

semble s'être plaint de cette partie de son discours rapportée dans *Arts-Spectacles* (nº 926 des 4-10/09/1963 pour le reportage et nº 927 des 11-17/09 pour le courrier); cela a sans doute aidé l'écrivain à changer son texte pour la publication (voir *Dits et écrits d'AM*, *op. cit.*, p. 342).

154. Malraux l'affirme à la fin du deuxième paragraphe de son oraison (OC III, p. 935).

155. Lorsqu'il publie ses *Oraisons funèbres*, il fait précéder de cette formule les textes énoncés pour l'hommage à la Grèce, Braque, Jeanne d'Arc, Le Corbusier. L'allocution pour la commémoration de la Libération de Paris est indiquée comme faite « Au nom du général de Gaulle » tandis qu'il précise que le discours pour le *transfert des cendres de Jean Moulin au Panthéon* est prononcé *en présence du général de Gaulle*.

156. Voir AM, OC III, pp. 944-947.

157. Citations reprises dans l'ouvrage du chapelain de Ronchamp, René Bolle-Redat, *Un évangile selon Le Corbusier*, Paris, Éd. du Cerf, 1987, p. 162.

158. L'abbé Bolle-Redat, vigilant gardien du site, me le soulignait peu avant sa disparition.

159. Discours du 31 mai 1964 qui reprend une grande partie de son allocution prononcée à Orléans le 8 mai 1961 (voir AM, OC III, pp. 1298-1299 et pp. 937-943).

160. Ils avaient d'abord saisi le ministère de l'Intérieur; une réponse à leur lettre du printemps 1963 figure dans les archives du ministère des Affaires culturelles (AN/CAC/ 950514 — art. 2 CAB 6).

161. Ce cortège est évoqué par lui dans son discours de Durestal, en Dordogne, le 13 mai 1972 (voir *Espoir*, nº 2, 1973, p. 112).

162. « Les discours d'André Malraux sur la Résistance », dans C.-L. Foulon (dir.), *AM, le rayonnement*, *op. cit.*, pp. 223-231.

163. « Malraux et la Résistance: expérience et transcendance », dans *ibid.*, pp. 233-244.

164. Témoignage d'André Holleaux au colloque de décembre 1986 (*AM, l'homme des univers*, p. 191).

165. En me communiquant en l'an 2000 ce tapuscrit, avec l'accord du général de Boissieu, chancelier de l'Ordre de la Libération, M. Wladimir Trouplin, conservateur du musée de l'Ordre, a permis qu'il soit utilisé dès le colloque international dont j'ai assumé la direction en 2001. Qu'il en soit ici très vivement remercié, comme aussi de l'accord qu'il m'a donné pour que les derniers paragraphes de ce grand texte soient mis en ligne sur le site Internet du ministère

de la Culture consacré à la réhabilitation d'Alfred Dreyfus ; en effet, quand il évoque Jaurès veillé par la Justice, A. Malraux pense forcément au rôle du grand tribun dans la reconnaissance définitive de l'innocence du capitaine Dreyfus. Cette mise en ligne a aussi bénéficié d'une autorisation de Florence Malraux que je remercie également très vivement pour sa bienveillance dans cette occasion comme en tant d'autres.

166. Dans son édition définitive du texte, il devait rétablir sa version originale. Les variations entre le manuscrit de la BNF et cette édition définitive sont reprises dans les notes des *Œuvres complètes*, t. III, pp. 1300-1302.

167. Voir *Le Rassemblement* daté du 21 février 1948.

168. André Malraux, *Le Miroir des limbes*, I, *Antimémoires* (OC III, p. 9).

169. Dans *Le Rassemblement* du 21 février 1948. Les mêmes mots reviennent dans un texte pour le 18 juin suivant et sont publiés dans le même bulletin du RPF, en date du 26 juin 1948. La phrase de Madeleine Malraux, dédicataire des *Voix du silence* en 1951, épousée le 17 avril 1948, a été énoncée devant l'auteur le 27 avril 2006.

170. De Lattre était mort le 11 janvier 1952 et Charles de Gaulle data son texte du 16, cinq jours après.

171. Le conseil de Mme de Gaulle du 14 avril 1947 — un enterrement sans journalistes ni hommes politiques, dans l'église, « entre quatre cierges » (voir C. Guy, *En écoutant de Gaulle*, *op. cit.*, p. 307) — n'a pas été complètement écouté.

172. AM, OC III, II, *La Corde et les souris*, IV, p. 687.

173. Son égérie, morte en décembre 1969, boitait depuis sa jeunesse à cause d'une ostéo-arthrite de la hanche (voir F. Wagener, *Je suis née inconsolable*, *op. cit.*, p. 74).

174. Inventé pour Pierre Galante (*Paris-Match*, supplément au numéro 2424).

175. La tourelle avait été démontée pour que le cercueil repose sur le haut de l'EBR.

176. Citation du numéro 53 d'*Espoir* cité dans *Les Chênes qu'on abat*, OC III, p. 1262. L'image des rondins de bois a notamment été évoquée devant J. Mauriac, *Le Général et le journaliste*, *op. cit.*, p. 294.

177. L'entretien accordé à Mme Anglade a été retranscrit par Mme Michelle Michel, conservateur du musée de l'Ordre de la Libération, pour figurer en tête de l'ouvrage édité par son musée pour faire fonction de catalogue : *Cinquantenaire de l'Ordre de la Libération 1990*, p. 10.

178. Voir le texte « le Bengale » de Philippe Médoux, *La NRF*, nº 295, juillet 1977.

179. « André Malraux au jour le jour », *ibid.*, pp. 65-66.

180. *Ibid.*

181. André Brincourt le signale, en 1971, dans *Le Figaro littéraire* (repris dans ce même journal, le 1er novembre 2001).

182. Voir *infra*, p. 355.

183. Voir *Un autre Malraux*, Plon, coll. « Espoir », 1977, p. 152.

IV
LE MINISTRE DES JOURS DE PEINE

1. Voir AM, OC III, p. 6.

2. Au dernier paragraphe de *La Tentation de l'Occident*, OC I, p. 111.

3. Dans *Les Marronniers de Boulogne. Malraux, « mon père »*, édition définitive, Paris, Ramsay / de Cortanze, 1989, p. 116. Les phrases en italique de ce chapitre reprennent des éléments des deux éditions de ce grand témoignage ainsi que des propos notés au fil de plusieurs entretiens avec l'auteur, entre 1992 et 2006.

4. *Ibid.*, p. 103.

5. Témoignage à l'auteur.

6. *Ibid.*

7. En 1948, dans *Esprit*, p. 35.

8. Témoignage publié dans *Le Figaro-Magazine* du 25 novembre 2006, p. 42.

9. *Les Marronniers*, *op. cit.*, pp. 70 et 84.

10. Le *Manifeste des 121* est diffusé le 6 septembre 1960. Alors que, le 6 octobre, un manifeste de 200 intellectuels de droite se prononce pour l'Algérie française, le Premier ministre exige qu'aucun des 121 ne soit plus vu ni entendu à la radio, à la télévision ou sur des scènes subventionnées par l'État.

11. Dans *Les Porteurs de valises* figure une phrase apocryphe — *Va te faire tuer dans les djebels !* —, mais Florence ne l'a jamais entendue. Quant à son éventuel destin d'infirmière, elle y voit, chez son père, une vision traditionaliste du rôle de la femme (témoignage à l'auteur).

12. Témoignage de Madeleine Malraux à l'auteur ; la veuve du ministre garde un souvenir très particulier de l'*oubli* du cabinet qui

faillit en faire une absente à la panthéonisation de Jean Moulin. Seul l'appel à un taxi lui permit de pallier l'absence d'une voiture officielle.

13. « L'étonnant fut qu'il me la pardonnât », écrit Brigitte Friang dans *Petit tour autour de Malraux*, Paris, Éd. du Félin, 2001, p. 151. On trouvera, aux pages 134 à 149 de ce livre, un récit détaillé du travail de sape de « l'entourage » mais B. Friang a tenu à écrire, pour excuser cette lâcheté, que le ministre « ne pouvait avoir percé les procédés inadmissibles » de Beuret.

14. Témoignage de Madeleine Malraux (7 avril 2008).

15. Suzanne Chantal, *Le Cœur battant. Josette Clotis - André Malraux*, Paris, Grasset, 1976, pp. 172 et 336-337.

16. *Paris-Match*, n° 634, 3 juin 1961, p. 87.

17. Numéro du 25 mai 1961.

18. Toute la presse a parlé des cercueils ; Madeleine Malraux garde le souvenir d'avoir revu les jeunes gens avant leur mise en bière mais son processus ultime fut épargné au couple (témoignage du 30 septembre 2008).

19. François Crouzet dans *Paris-Jour* du 25 mai 1961 (voir une autre partie de son récit, *supra*, p. 143).

20. Alain dérobe la missive anonyme d'un franquiste se réjouissant que les fils du *coronel pourrissent dans la* terre (*Les Marronniers*, *op. cit.*, p. 216). Madeleine retient le courrier de Clara rappelant à André qu'il lui reste Florence. « Il me reste une fille », écrira lui-même cependant le mémorialiste du *Miroir des limbes*.

21. P. Moinot, *Tous comptes faits*, *op. cit.*, p. 152.

22. Voir *supra*, p. 146.

23. Voir S. Chantal, *Le Cœur battant*, *op. cit.*, p. 335.

24. AM, OC III, p. 508.

25. Voir, préfacé par une lettre d'André Malraux, *Le Cœur battant* de S. Chantal, *op. cit.*, pp. 332-333.

26. *Ibid.*, p. 337.

27. AM, OC II, p. 1817.

28. C'est la réponse qu'il fait à sa fille Florence quand elle lui demande la raison du service religieux (voir *Les Marronniers*, *op. cit.*, p. 215).

29. Texte anonyme dans *L'Esprit public*, cité par Anne-Marie Duranton-Crabol, *Le Temps de l'OAS*, Bruxelles, Complexe, 1995, p. 143.

30. Voir Constantin Melnik, *Mille jours à Matignon*, Paris, Grasset, 1988, p. 80.

31. *Ibid.*, pp. 81-82.

32. G. Pompidou garde ses habitudes un peu plus à l'ouest, dans sa *Maison blanche* d'Orvilliers, le village où il choisira d'être enterré en 1974.

33. Al. Malraux, *Les Marronniers, op. cit.*, p. 234.

34. Voir *Antimémoires*, p. 619 dans l'édition Folio de 1976 (OC III, p. 472).

35. Dans *Le Démon de l'absolu*, où il fait parler le colonel Lawrence.

36. L'efficacité de son travail décidera le ministre à lui confier l'administration générale du Mobilier national à partir de décembre 1963 ; à l'exposition Le Brun, le 28 août précédent, il l'avait présenté au général de Gaulle comme « l'un des plus brillants jeunes conservateurs de France ». Jean Coural sera maintenu dans cette charge jusqu'à sa retraite, en 1991, année de sa promotion au grade de commandeur de la Légion d'honneur.

37. Madeleine Caglione signale que les chaises beiges de Trianon actuellement en place ne lui conviennent pas.

38. Témoignage de Mme Chantal Gastinel-Coural, qui m'a communiqué des copies de certaines des instructions reçues par son mari ; elles prouvent qu'André Malraux était précis au point de choisir personnellement les galons des rideaux qui allaient orner sa demeure provisoire.

39. *Carnet d'U.R.S.S. 1934, op. cit.*, p. 82.

40. *Les Marronniers, op. cit.*, p. 250, et annotation d'André Malraux dans l'ouvrage de G. Picon, *Malraux, op. cit.*, p. 64 (éd. de 1976).

41. Comme elle l'a confié au *Figaro-Magazine*, pour son numéro daté du 25 novembre 2006.

42. Il y avait aussi fait déposer des objets des collections du Musée instrumental du Conservatoire national supérieur de musique ; pour des détériorations sur six d'entre eux, la conservatrice fit demander qui paierait les frais de réparation (lettre de Mme H. de Chambure du 7 octobre 1969).

43. À Grenoble, en 1968, quand il inaugure la maison de la Culture.

44. La commune où sa grand-mère, pourtant rentière au moment de sa naissance, avait dû rouvrir un magasin.

45. AM, OC, III, p. 237.

46. On trouvera dans la chronologie du tome I des *Œuvres complètes* d'André Malraux à la Bibliothèque de la Pléiade une série de renseignements qu'on pourra compléter des indications rassemblées par Olivier Todd dans le chapitre « Héros et confiseuses » de son *André Malraux. Une vie, op. cit.*, p. 991.

47. Extrait d'une lettre à Josette Clotis, datant d'avril 1940, publiée par S. Chantal, *Le Cœur battant*, *op. cit.*, p. 172.

48. *La Corde et les souris, op. cit.* (éd. Folio, 1976, pp. 88 et 106).

49. D'autant plus que la description est datée du 6 mai 1968, début des grandes manifestations estudiantines dans Paris.

50. Son refus est notifié à François Coulet, président de la Sofirad, le 21 décembre 1963 ; son cabinet lui fait soutenir que c'est une trop longue échéance que d'envisager un déplacement fin janvier 1964 !

51. Certains des prototypes seront diffusés par la chaîne des magasins Prisunic.

52. Témoignage de Madeleine Malraux et de son fils qui a eu des échos de la façon cruelle dont une partie de la famille de Louise de Vilmorin évoquait les goûts mobiliers ministériels. J'ai moi-même entendu Sosthène de Vilmorin tenir à ce sujet des propos discourtois.

53. Al. Malraux, *Les Marronniers*, *op. cit.*, pp. 238-239 et 248.

54. *Ibid.*, p. 251.

55. Entretien avec l'auteur.

56. Voir Alain Ehrenberg, *La Fatigue d'être soi. Dépression et société*, Paris, Odile Jacob, 1998, p. 276.

57. Al. Malraux, *Les Marronniers*, *op. cit.*, pp. 268-269.

58. Guy Talon l'a signalé dans sa thèse de Sorbonne en 1996 : *Destin et dialogue dans l'œuvre romanesque d'André Malraux* (p. 543).

59. Témoignages à l'auteur. Je pense tout de même que c'est Françoise Giroud qui eut raison d'écrire de la mort de son fils : « Enterrer son enfant, c'est une expérience inhumaine [...]. On devient comme un grand brûlé » ; pour Malraux, la brûlure fut double et sans doute plus intense — et donc plus occultée — puisqu'il ne sut pas écrire pour Vincent ce que F. Giroud écrivit pour son fils Alain : « Je ne supportais pas ce malheur obscur dont je le voyais prisonnier, parce que je sentais que j'en étais la cause première » (*Arthur ou le Bonheur de vivre*, Paris, Fayard, 1997, pp. 12 et 106).

60. Mais comment ne pas adhérer à la réflexion d'Al. Ehrenberg, directeur du groupe de recherches « Psychotropes, politique, société » au CNRS, écrivant que distinguer anxiété et dépression, différencier les types de dépression, « tout cela dessine une tâche impossible » (*La Fatigue d'être soi*, *op. cit.*, p. 128).

61. À l'ouverture du premier colloque international sur les médicaments neuroleptiques en thérapeutique psychiatrique (voir A. Ehrenberg, *op. cit.*, pp. 127 et 330).

62. Témoignage d'Alain Malraux à l'auteur.

63. *La Comédie du pouvoir*, Paris, Fayard, 1977, pp. 232-233 et 231.

64. *Ibid.*, p. 233.

65. Témoignage diffusé sur A 2 le 23 novembre 1986 dans une émission de Marcel Boudu. Les réflexions de l'ancien Premier ministre étaient sans doute scientifiquement nourries d'échanges avec un de ses amis d'enfance, professeur de médecine et chef du service de la Salpêtrière où Malraux fut accueilli dans les années 70.

66. AM, OC III, *Antimémoires*, IV, p. 345.

67. Michel Schneider, *La Comédie de la culture*, Paris, Éd. du Seuil, 1993, pp. 48-49.

68. Cette phrase figure dans le manuscrit Doucet (voir OC III, p. 1238, note pour la page 574), mais pas dans l'ouvrage imprimé car, une fois de plus, elle touche de trop près à l'intime, comme la phrase sur les choix terribles de la mort.

69. Notes des 14 et 26 avril 1964 (CAC/AN).

70. La poétesse et le ministre rivalisent dans leurs libations.

71. Voir note AH 6972 à Querrien du 13 mars 1964 mais André Holleaux freine les dépenses en ajoutant : « Il paraît difficile, en raison du précédent, d'envisager un concours spécial de la Caisse des Monuments Historiques » (CAC/AN).

72. Courrier signalé par C. Clerc, *De Gaulle-Malraux*, *op. cit.*, p. 298.

73. Lettres des 20 mai 1964 et 9 janvier 1967 (archives Florence Malraux) citées par Fr. Wagener, *Je suis née inconsolable*, *op. cit.*, pp. 432 et 438.

74. *Ibid.*, p. 483.

75. S. de Vilmorin, *Aimer encore*, *op. cit.*, p. 22.

76. C'est la formule du directeur de la maison de couture Yves Saint Laurent dans le téléfilm documentaire de D. Leeb et B. Faroux : *Le Bal du siècle. Louise de Vilmorin* (diffusion France 5, 2008).

77. F. Wagener, *Je suis née inconsolable*, *op. cit.*, p. 464.

78. Rapportées par Jean Chalon à C. Clerc (*De Gaulle-Malraux*, *op. cit.*, p. 299).

79. *Ibid.*, p. 511. F. Wagener date du 24 novembre 1968 la première nuit de Louise et André à Verrières, un peu plus d'un mois après le lifting de Louise à la London Clinic, ce qu'elle appela son « rafraîchissement » payé par son ministre. La biographe a indiqué précédemment (p. 124) que Louise ne passait à l'alcôve que si elle s'y sentait obligée, que son second mari avait dit : « Au lit, Louise était

anti-amour » et que, sur le tard, elle persiflait en famille, « de façon crue et indiscrète », sur les contre-exploits de ses soupirants !

80. AM, OC III, p. 565.

81. S. de Vilmorin, *Aimer encore, op. cit.*, pp. 25-26. Si cette installation ne se fit pas, des porcelaines furent cassées et huit objets fragiles furent radiés des inventaires du musée des Arts décoratifs ; un arrêté du 20 mars 1972 entérina leur disparition. Au début du XXIe siècle, une fille de Louise de Vilmorin a retrouvé une tapisserie appartenant au Mobilier national et l'a rendue à l'État.

82. Philippe Bouvard, *Petit précis de sociologie parisienne*, Paris, Grasset, 1966, pp. 150 et 148. — La lettre qui suit, adressée à Sacha de Manziarly, en date du 27 octobre 1966, est citée par Jean Bothorel dans *Louise ou la Vie de Louise de Vilmorin*, Paris, Grasset, 1993, p. 300.

83. Au chapitre Ier de *La Chamade* ; voir Françoise Sagan, *Œuvres*, Paris, Robert Laffont, coll. « Bouquins », 1993, p. 396.

84. Les deux citations entre guillemets se trouvent dans OC III, *Antimémoires*, II, 6, p. 162.

85. Lettre à Anthony Crosland, Secretary of State for Education and Science (CAC/AN).

86. Malraux mettra la phrase dans la bouche de Méry dans ses *Antimémoires* (OC III, pp. 345 et 1207).

87. Voir la notice de M.-F. Guyard dans AM, OC III, p. 1120.

88. Témoignage à l'auteur. B. Anthonioz avait notamment repéré sur le bureau du ministre un livre de Drieu la Rochelle dont le suicide était susceptible de l'inciter au passage à l'acte, d'autant plus que ce chemin lui avait aussi été montré par son père et sa belle-mère.

89. Elle se poursuit par un périple aérien vers Canton et Pékin *via* Hong Kong puis vers l'Inde (voir p. 256).

90. Al. Malraux, *Les Marronniers, op. cit.*, p. 277 (2e éd.) et p. 169 (1re éd.).

91. C'est sous le titre *Le 36e dessous* que les éditions Hachette publient ce témoignage du célèbre auteur des *Carnets du major Thompson*.

92. Témoignage de Louis Bertagna sur FR 3, le 23 janvier 1991.

93. Témoignage du docteur Bertagna à l'auteur et à R.-J. Bouyer pour la préparation du film *Le Mystère Malraux*.

94. « La chimiothérapie des états dépressifs », *La Revue du praticien*, t. IX, nº 21, 21 juillet 1959, p. 2322.

95. *Ibid.*, p. 2313.

96. Le dossier préparé pour le 20 avril contient une fiche rose de Malraux à Brandin datée 29/4 (CAC/AN).

97. L. Bertagna, art. cité, p. 2314 (voir A. Ehrenberg, *La Fatigue d'être soi*, *op. cit.*, p. 328).

98. *La Corde et les souris* (OC III, p. 556).

99. Lettre du 8 janvier 1966, dans *Lettres, notes et carnets, janvier 1964-juin 1966*, Paris, Plon, 1987, p. 239.

100. AM, OC I, Préface, p. XV.

101. *La Corde et les souris* (OC III, p. 556).

102. Le billet est écrit à l'encre bleue, avec des mots en abrégé, de l'écriture serrée de son scripteur ; il est conservé, avec ses manuscrits, à la bibliothèque Doucet.

103. Le message officieux est diffusé aussitôt après sa mise à l'isolement.

104. Témoignage daté du 20 juin 1992, écrit par M. Roger Barrier en réponse aux questions de l'auteur.

105. Publié dans le numéro 740 de l'hebdomadaire *Le Point* daté du 24 novembre 1986, lors du 10e anniversaire des obsèques d'André Malraux.

106. Projet auquel André Holleaux le fit renoncer en lui expliquant que les riches propriétaires des appartements en bord du fleuve ne resteraient pas l'été pour arroser leurs plantes !

107. Lettre du 29 octobre 1964, no 8922 (CAC/AN 950514 — art. 4 — CAB 14).

108. Une lettre du 30 septembre 1964 à Jacques Rueff lui signale *l'heureux aboutissement des démarches entreprises il y a déjà plusieurs années, à la suggestion de la princesse Bibesco* (CAC/AN).

109. Voir la note à André Holleaux, reproduite en photographie dans *Malraux, être et dire*, *op. cit.*

110. *Carnet d'U.R.S.S. 1934*, *op. cit.*, pp. 85-86.

111. Le docteur Bertagna conservait l'ouvrage à portée de main, dans son bureau où il a bien voulu que j'en prenne une photographie ; elle illustre qu'à force d'être montrée, la page dédicacée a fini par être légèrement déchirée…

112. On trouvera dans la biographie d'Olivier Todd (*op. cit.*, p. 678 de l'édition Folio) le brouillon de ce message dont la version dactylographiée par Madeleine Caglione devrait se trouver dans les archives du général de Gaulle.

113. MESSAGE RESERVE — PRELYO1 POUR MONSIEUR ANDRE MALRAUX MINISTRE D'ETAT (PERSONNEL) conservé à la bibliothèque Doucet.

114. Courrier reproduit dans le *Cahier de l'Herne* consacré à

Charles de Gaulle sous la direction de Michel Cazenave et Olivier Germain-Thomas (nº 21, pp. 196-198).

115. A. Holleaux emploie le mot dans son témoignage pour *Malraux, être et dire, op. cit.*, p. 108.

116. André Holleaux me l'a répété souvent, notamment le 17 décembre 1992.

117. Témoignage recueilli le 17 mars 1981.

118. Il est nommé le 21 septembre 1966 et subit une scène d'É.-J. Biasini, à qui il doit annoncer la fin de ses fonctions.

119. *La NRF*, nº 295, juillet 1977, pp. 66-67.

120. Témoignage à l'auteur.

121. Témoignage à l'auteur, le 22 novembre 1996.

122. Note du chef de cabinet J. Colonna, en date du 28 avril 1966 (CAC/AN).

123. Note du 7 janvier 1966.

124. Je cite ici le texte d'un bordereau du 14 avril 1966 au chef du service de la Création artistique, Bernard Anthonioz, époux de Geneviève de Gaulle (CAC/AN, carton 810734/005).

125. Pierre Nora livre cette analyse à propos du livre du docteur Gubler publié immédiatement après le décès du président Mitterrand : « cas d'école, emblématique d'un des problèmes cruciaux des sociétés démocratiques », *Le Débat*, septembre-octobre 1996.

126. Pierre Accoce et Dr Pierre Rentchnick, *Ces malades qui nous gouvernent*, Paris, Stock, 1996, pp. 481-482, 453.

127. *Ibid.*, p. 446.

128. *Ibid.*, p. 447.

129. *Les Marronniers, op. cit.*, p. 199 (1re éd.).

130. S. de Vilmorin, *Aimer encore, op. cit.*, p. 125.

131. Al. Malraux, *Les Marronniers, op. cit.*, pp. 205 et 198.

132. Entretien cité avec Jean Mauriac.

133. La collection conservée aux Archives nationales ne reprend que le 2 décembre 1968. Albert Beuret, conseiller auprès du ministre puis son premier exécuteur testamentaire, m'a d'ailleurs déclaré, sans la moindre gêne : « Nous n'avons conservé que ce qui concernait la création littéraire » ! D'autres manipulations ont été pratiquées pour transformer des colloques en lieux de célébrations sans réserve, par quelques personnes dont Jacques Rigaud put écrire, dans une lettre à Catherine Tasca, qu'elles se croyaient détentrices des seuls morceaux de la vraie croix !

134. Note Brandin du 6 avril 1961 (réf. CAC/AN 950514 — art. 8).

135. Note 18753 du 7 novembre 1961 (CAC 950514 — art. 1 /CAB 2).
136. Note à Max Querrien (CAC/AN — art. 3 — CAB 10).
137. Note confidentielle (papiers de Pierre Moinot).
138. Note du 14 avril 1966 (CAC/AN). Déjà, au temps d'André Holleaux, vers 1964, André Chamson, de l'Académie française, s'irritait qu'on veuille lui imposer des règles de correspondances.
139. Lettre nº 46690 à Maurice Couve de Murville (CAC/AN).
140. Voir Jérôme Peignot, *Les Gens du monde au pouvoir (la Ve République et la Culture)*, Paris, Éric Losfeld, 1972, p. 71.
141. Témoignage à l'auteur, le 5 février 1991. R. Brouillet fut directeur du cabinet du président de la République de 1959 à 1962 avant de représenter la France en Autriche puis auprès du Saint-Siège.
142. Le ministre déplorait alors, devant la presse, qu'on eût joué, en 1958, 113 fois Labiche et 16 fois seulement Racine, en ignorant aussi bien le théâtre grec que les pièces de Victor Hugo. Voir P. Cabanne, *Le Pouvoir culturel, op. cit.*, p. 83.
143. Lettre à l'auteur du 27 septembre 1980. Pour un développement de son cas, on lira de Claude de Boisanger, *Neuf mois à la Comédie-Française*, Paris, Nouvelles Éditions latines, 1964.
144. Voir l'annexe 1 du livre de C. de Boisanger, *op. cit.*, p. 109.
145. Déclaration du député Lebas citée par P. Cabanne, *Le Pouvoir culturel, op. cit.*, p. 82. P. Cabanne évoquait, pour expliquer la hâte de Malraux quant à la Comédie-Française, une intervention de Jacques Jaujard dont l'épouse, Jeanne Boitel, jouait dans *la maison de Molière*.
146. Reproduit dans un dossier de *Télérama*, nº 1917, 8 octobre 1986.
147. Voir P. Assouline, *Gaston Gallimard, op. cit.*, p. 299.
148. Tract ronéoté et distribué à Rennes (archives de l'auteur) ; le ministre Yvon Bourges était alors élu d'Ille-et-Vilaine.
149. Numéro du 13 avril 1966, cité par P. Cabanne, *Le Pouvoir culturel, op. cit.*, p. 174.
150. Film produit, comme *À bout de souffle* et *Pierrot le Fou*, par Georges de Beauregard, qui sortait aussi, en 1966, *La Ligne de démarcation* de Claude Chabrol, sur un scénario du colonel Rémy, compagnon de la Libération.
151. Lettre ouverte publiée par *Le Nouvel Observateur*, 6 avril 1966. Dans ce courrier, Jean-Luc Godard écrivait aussi : « Ce que j'avais pris pour du courage ou de l'intelligence lorsque vous avez sauvé ma *Femme mariée* de la hache de Peyrefitte, je comprends enfin ce que c'était [...] tout simplement de la lâcheté [...]. Si ce n'était prodigieusement sinistre, ce serait prodigieusement beau et

émouvant de voir un ministre UNR en 1966 avoir peur d'un esprit encyclopédique de 1789. » Ce texte fut diffusé avec la formule « lu et approuvé par François Truffaut, obligé de tourner à Londres, loin de Paris, *Fahrenheit 451*, température à laquelle brûlent les livres » (voir Hervé Hamon et Patrick Rotman, *Génération*, t. I, *Les Années de rêve*, Paris, Éd. du Seuil, 1987, p. 305).

152. L'agenda du Premier ministre fournit ces données (archives de l'Association Georges Pompidou).

153. Lettre du 22 avril 1966, écrite au recto d'un papier à en-tête « Le général de Gaulle » (bibliothèque Doucet).

154. Chiffre donné par Nicole Vulser dans la page « la censure de "La Religieuse" », *Le Monde*, 26 août 2006.

155. Emmanuel Wallon, « La censure par la moyenne », dans P. Ory (dir.), *La Censure en France à l'ère démocratique (1848-...)*, Bruxelles, Complexe, coll. « Histoire culturelle », 1997, p. 325. Signalons que, dès 1967, le tribunal administratif de Paris avait donné tort au ministre dans cette affaire.

156. H. Hamon et P. Rotman, *Génération*, *op. cit.*, t. I, p. 304.

157. Voir le récit de Robert Abirached « L'État et ses théâtres. La tentation de la censure », dans P. Ory (dir.), *La Censure en France*, *op. cit.*, pp. 262-263.

158. Déclaration du 27 octobre 1966.

159. Ce courrier de 9 feuillets est daté du 28 septembre 1966 ; il évite au ministre de subir une scène. Une confrontation Biasini-Moinot eut lieu, si violente que le nouveau directeur général en eut des nausées dans la nuit qui suivit...

160. Voir *supra*, p. 117.

161. Note verte manuscrite datée du 20 (sans précision de mois ou d'année), transmise à P. Moinot (Papiers de Pierre Moinot). L'hostilité d'A. Malraux poursuivit É. Biasini durant plusieurs années et ce n'est qu'en 1969 que M. Debré lui reconstitua sa carrière avant que J. Chaban-Delmas ne le charge d'aménager la côte Aquitaine.

162. *Rapport général 1963-1964*, 1965, 133 p. (Papiers d'Émile-Jean Biasini).

163. Dans *Le Nouvel Observateur*. Sur cette question, voir P. Cabanne, *Le Pouvoir culturel*, *op. cit.*, pp. 175-185, et les feuillets 4 à 8 de la lettre d'É.-J. Biasini à André Malraux.

164. Donné au restaurant Marty, pour près de 130 personnes, non loin de la résidence de fonction des Gobelins qu'il allait quitter ; la liste des prestigieux invités, relevée sur la nappe qu'ils signèrent, a été publiée par É.-J. Biasini dans *Sur Malraux*, *op. cit.*, pp. 217-218.

165. Voir ma communication « Charles de Gaulle, les Beaux-Arts et les artistes » dans *De Gaulle et la Culture, op. cit.*, pp. 89-103, qui complète mon rapport pour le colloque international De Gaulle, « L'État et la culture depuis 1959 : actes et messages du pouvoir gaulliste » (pp. 23-39 du même ouvrage).

166. Lettre à Jean Dubuffet, *L'Arc*, n° 35, p. 38.

167. Témoignage pour le numéro 21 du *Cahier de l'Herne* consacré à Charles de Gaulle en 1973 (pp. 74-77).

168. Déclaration de Michel Guy, *Voix publique*, FR 3, 3 octobre 1982.

169. M. de Saint Pulgent, *Le Syndrome, op. cit.*, p. 190.

170. La construction avait coûté 130 MF en 1974, les extensions 35 MF en 1990.

171. Par François de Closets dans *Tant et plus* (Le Seuil/Grasset), cité par *L'Express* du 9 avril 1992.

172. Déclaration au *Courrier musical de France*, 1er trimestre 1967.

173. *Le Monde*, 5 novembre 1966.

174. Exposé à Royaumont, le 2 octobre 1967 ; repris dans *Séminaire des correspondants permanents des Affaires culturelles*, document ronéoté (Papiers de Pierre Moinot).

175. Note n° 63899 du 12/12/68 au sujet de l'occupation des locaux de la rue Saint-Dominique (CAC 810734/007).

176. Maryvonne de Saint Pulgent, *Culture et Communication. Les missions d'un grand ministère*, Paris, Gallimard, coll. « Découvertes » (n° 539), 2009, p. 71. L'auteure fait remarquer que cette politique musicale a permis de doubler, en trente ans, le nombre de pratiquants amateurs (voir p. 78).

177. Dans son livre, *Malraux l'antiministre fondateur, témoignage*, Paris, Éd. du Linteau, 2001.

178. Entretien du 17 mars 1981.

179. *Malraux l'antiministre, op. cit.*, p. 54.

180. *Ibid.*, p. 57.

181. *Ibid.*, p. 60.

182. Numéro du 9 juillet 1965 : « ça va faire plaisir à M. Joxe », note M. Brandin dans le dossier qu'il rassemble en vue du retour de son ministre (CAC/AN).

183. *Malraux l'antiministre, op. cit.*, p. 65 et 67.

184. Lettre du 6 octobre 1968 citée dans É. Lengereau, *L'État et l'Architecture, op. cit.*, pp. 148-149.

185. Article de J.-J. Servan-Schreiber, cité dans P. Cabanne, *Le Pouvoir culturel, op. cit.*, p. 54.

186. Compte rendu de P. Viansson-Ponté pour *Le Monde*, cité par J.-L. Crémieux-Brilhac, « André Malraux ministre délégué à la présidence du Conseil », dans *De Gaulle et Malraux*, *op. cit.*, p. 151.

187. Extraits de l'article pour *L'Événement* d'août 1967, repris dans *Portraits*, Gallimard, *op. cit.*, pp. 168, 172, 178-179.

188. Dans une conférence en Sorbonne (extraits reproduits par H. Jappelle dans *L'Écho d'Enghien-Montmorency*, n° 2480, 18 avril 1996).

189. Cité, d'après Claude Roy, en page 235 d'Emmanuelle Loyer, *Le Théâtre citoyen de Jean Vilar, une utopie d'après-guerre*, Paris, PUF, 1997.

190. Témoignage à l'auteur de M. Christian Pattyn, présent dans la DS et futur premier directeur du Patrimoine en 1979.

191. Pierre Barbin, « Contribution à une histoire de la Cinémathèque française », *Commentaire*, n° 101, printemps 2003, pp. 1-12.

192. *Ibid.*, p. 10. Les principaux opposants s'étaient retirés avant le vote car on leur refusait un délai de réflexion d'une semaine. Les éléments de ce passage sont nourris du chapitre VI de l'ouvrage d'Antoine de Baecque et Serge Toubiana, *François Truffaut*, Paris, Gallimard, coll. « NRF Biographies », 1996. Le travail de Patrick Olmeta, *La Cinémathèque française de 1936 à nos jours* (Paris, Éd. du CNRS, 2000), fournit de précieux témoignages et rappelle que l'idée de conservation des films avait été défendue dès 1898 par Boleslas Matuszewski, qui demandait *un entrepôt pour le cinéma historique.*

193. À sa décharge, signalons que H. Langlois avait emmené toutes les clés ; voir P. Moinot, *Tous comptes faits*, *op. cit.*, p. 177.

194. *Ibid.*, p. 178. Depuis 1960, la Cinémathèque avait reçu deux salles — dont celle de Chaillot, construite pour 2 millions — et bénéficié d'environ 10 millions de crédits publics alors que ses recettes avoisinaient les 3 millions (voir P. Cabanne, *op. cit.*, p. 212). Langlois fut cependant défendu par de grands hommes d'affaires, notamment Ambroise Roux, le futur président de la CGE, et Jean Schlumberger. Alors directeur général des Arts et Lettres, P. Moinot fut l'éphémère président de la Cinémathèque sans Langlois. Cette mésaventure, il l'a décrite avec un décalage de près d'un mois ; on rectifiera ses confusions par l'historique publié, dès le 6 mars 1968, dans *Le Nouvel Observateur*. P. Moinot sortit de ces semaines avec six kilos en moins et alla dormir soixante-douze heures d'affilée ; vingt-cinq ans après, il considérait qu'il avait vécu là un moment de service de l'État en comprenant que ce service « peut être irrationnel ».

195. Elle est reproduite dans Maryvonne de Saint Pulgent, *Culture et Communication*, *op. cit.*, p. 23.

196. Nom repris du slogan crié par les manifestants au Trocadéro.

197. Numéro 173 du *Nouvel Observateur*, p. 36. Il n'est pas impossible que quelqu'un lui ait alors signalé un courrier du 31 mai 1967 dans lequel le ministre de l'Économie et des Finances demandait une remise en ordre.

198. Numéro cité du *Nouvel Observateur*, p. 51.

199. Voir P. Barbin, « Contribution... », art. cité, p. 8.

200. *Ibid.*, p. 9.

201. P. Cabanne, *Le Pouvoir culturel*, *op. cit.*, p. 214.

202. C'est ce motif précis qui pousse F. Truffaut à rejeter l'idée d'un débat, au *Nouvel Observateur*, avec P. Moinot ; il l'écrit à Jean-Louis Bory le 14 mars (voir François Truffaut, *Correspondance*, Paris, Hatier-FOMA, 1988, p. 412 ; Le Livre de Poche, n° 9718).

203. Cité dans A. de Baecque et S. Toubiana, *François Truffaut*, *op. cit.*, p. 351.

204. Lettre de François Truffaut à Guy Teisseire, en date du 15 mars 1968 ; voir *Correspondance*, *op. cit.*, p. 413.

205. Lettre du 12 mai 1968 reproduite dans *François Truffaut*, *op. cit.*, p. 353.

206. Voir *Cannes et l'Histoire*, documentaire d'André Halimi cité dans *Télérama*, n° 2626, du 10 mai 2000, et *Le Monde* du 10 mai 2001 (double page sur les rapports du Festival de Cannes et des *Cahiers du Cinéma*). — Sur la raréfaction des idées révolutionnaires chez les cinéastes, rappelons que le nombre des participants aux états généraux du cinéma passa de 3 000 à 150 entre mai et septembre 1968 : voir P. Ory, *L'Entre-deux-Mai*, *op. cit.*, p. 159, où la concentration économique du système est soulignée.

207. Selon les mots de MM. de Baecque et Toubiana. En mars 2001, *Libération* s'est fait l'écho d'opposants à une projection de *Sierra de Teruel* dans la salle Chaillot de la Cinémathèque ; ils rappelaient *l'affaire Langlois* en soulignant — notamment au micro de France Culture, le 5 mars : « Malraux était ministre ; il est donc responsable. » À la projection du 6, le responsable de la Cinémathèque préféra rappeler le rôle du cinéaste devenu ministre dans la construction de cette salle Chaillot.

208. Malraux en fera dire à son interlocuteur du 6 mai 1968 : « Cohn-Bendit, qui brait plus fort que les micros » (OC III, *La Corde et les souris*, III, p. 571). Dans le même temps, Bernard Frank évoque

Cohn-Bendit et son nom de *machine à laver*, ajoutant : « Le gaullisme c'est le baroque, j'étais à l'aise dans ce baroque. »

209. *Sierra de Teruel* avait montré, en 1939, son talent de cinéaste et, du plan de la fourmi sur le viseur de la mitrailleuse à celui de la foule descendant la montagne avec ses blessés et son cercueil, ses capacités de metteur en scène. Dès 1928, l'écrivain avait souligné l'importance du cinématographe pour la propagande : voir *Les Conquérants*, OC I, Gallimard, pp. 252 et 997.

210. Il l'opposait au moyen de reproduction, « la photo qui bouge », dans *Le Musée imaginaire* (p. 121), cité dans *Histoire de l'Art*, IV, sous la dir. de Bernard Dorival, Paris, Gallimard, 1969, p. 108 (Encyclopédie de la Pléiade dirigée par R. Queneau).

211. Al. Malraux, *Les Marronniers*, *op. cit.*, p. 300.

212. Article cité de *Commentaire* où P. Barbin ajoute : « Il est parfois ingrat d'être insomniaque au milieu des somnambules. »

213. Rapporté par Édouard Balladur dans *L'Arbre de Mai*, Paris, Marcel Jullian, 1979, p. 23. On peut retrouver dans *Le Monde 2*, daté du 9 février 2008, des photographies et des articles liés à cette crise (pp. 53-61).

214. La formule figure, sous la plume de Guy Dumur, dans son article « Le théâtre en miettes », *Journal de l'année 67-68*, Paris, Larousse, p. 264.

215. Voir E. Loyer, *Le Théâtre citoyen*, *op. cit.*

216. Al. Peyrefitte, *C'était de Gaulle*, *op. cit.*, t. III, p. 525.

217. Rapporté dans la chronologie de mai 1968 figurant en tête du *Journal de l'année*, *op. cit.*, p. 28.

218. Dans son livre *En mai, fais ce qu'il te plaît*, Paris, Stock, 1977, Maurice Grimaud peint la France de l'époque comme « un navire sans gouvernail ni compas qui affrontait une mer déchaînée avec un équipage fou et des officiers paralysés ».

219. Témoignage exclusif de J.-L. Barrault au *Nouvel Observateur* du 16 septembre 1968 : « Réponse à Malraux. Ce qui fait de nous des hommes libres », pp. 44-45.

220. Mme Marie-Ange Rauch-Lepage soutient dans « Le conquérant de la Rue de Valois » (*La Revue des Deux Mondes*, novembre 1996, p. 118) qu'on n'a pas demandé à J.-L. Barrault « de pactiser avec les contestataires ». Mais on voit mal comment gérer une *occupation* sans une certaine collaboration. Le cabinet du ministre désavoua Barrault de ne pas avoir coupé l'électricité le 22 mai et le directeur du Théâtre de France répliqua, dans *Le Figaro*, le 24 mai

1968. Dès lors, dans le processus de reprise en main, il était logique que l'on mît fin aux fonctions de J.-L. Barrault. Sur le monde du théâtre en 1968, le travail fondamental demeure la thèse soutenue à Nanterre par Mme Rauch, *Le Théâtre en France en 1968. Histoire d'une crise*, Université de Paris-X, département des Arts du spectacle, 1994. On y lira, aux pages 214-222, le récit de la défense de l'Odéon puis des conditions de son évacuation voulue, dès la mi-mai, par le chef de l'État.

221. Sur la notion de *pègre* pour Christian Fouchet, voir les deux tomes de ses *Mémoires d'hier et de demain. Au service du général de Gaulle*, Paris, Plon, 1971, p. 234, et *Les lauriers sont coupés*, Paris, Plon, 1973, pp. 24-25.

222. Article de Nicole Zand, cité dans la thèse de Mme Rauch-Lepage.

223. Séance du 23 mai 1968 racontée par Al. Peyrefitte dans *C'était de Gaulle*, *op. cit.*, t. III, p. 538.

224. *Ibid.* Une version plus longue de cette intervention figure dans l'ouvrage de Jean-Raymond Tournoux, *Le Mois de Mai du Général. Livre blanc des événements*, Paris, Plon, 1969, p. 130.

225. François Mitterrand, *Politique*, Paris, Fayard, 1977, p. 491.

226. Propos rapportés dans *Télérama*, n° 2261, 12 mai 1993, p. 128.

227. « En tête du cortège des paniquards de la veille, qui était aussi celui de la revanche de l'ordre contre les héros vaincus de *La Condition humaine* » (P. Cabanne, *op. cit.*, p. 212).

228. Voir Jacques Foccart, *Le Général en Mai. Journal de l'Élysée*, t. II, *1968-1969*, Paris, Fayard/Jeune Afrique, 1998, p. 152.

229. C'est la formule que M. Debré reprend dans ses *Mémoires*, t. V, *Gouverner autrement*, p. 216, où il évoque aussi le quart Perrier qu'il fait apporter, dans le cortège, à Malraux.

230. Interrogé par moi sur le contenu de la bande vidéo qui garde trace de ces paroles, M. Debré m'a écrit qu'il ne pouvait me dire pourquoi il avait pris cette attitude car il ne conservait « aucun souvenir de cette phrase prononcée dans un contexte particulièrement troublé et difficile » (lettre du 13 septembre 1995, signée d'une griffe, l'ancien Premier ministre tenant à préciser : « mon infirmité m'empêche d'apposer ma vraie signature »).

231. *Le Pouvoir culturel*, *op. cit.*, p. 212.

232. Pierre Lefranc, *Avec qui vous savez*, Paris, Plon, 1979.

233. P. Cabanne, *Le Pouvoir culturel*, *op. cit.*, p. 36.

234. M.-A. Rauch-Lepage, « Le conquérant de la Rue de Valois », art. cité, p. 121. En revanche, c'est à raison qu'en page 226 de sa thèse, Mme Rauch soutient que « le prestige de militant » d'André Malraux a été atteint par le spectacle de la manifestation ; elle a aussi raison de décrire le ministre d'État « visiblement défait » (p. 357).

235. Il l'affirme à F. Grover le 1er juillet 1968, dans un entretien sur Maurice Barrès (*La NRF*, nº 295, juillet 1977, p. 23).

236. Le 18 mai, à l'initiative de Pierre Restany ; voir P. Cabanne, *op. cit.*, p. 219.

237. *Les Marronniers*, *op. cit.*, p. 303.

238. *Combat*, 22 juin 1968.

239. Propos repris dans *Pompidou, l'école du Pouvoir*, documentaire de Patrick Barberis et Michel Winock, 1993.

240. Concepteur de la médaille de l'ordre des Arts et Lettres en 1957.

241. Voir en page 102 de *Chronique de Philippe Leclerc* (rédacteur Michel Marmin, avec une préface de Jacques Chirac) aux éditions Chronique, Paris, Jacques Legrand SA, 1997. Page 104 figure la photo de la statue, inaugurée par le président Pompidou en 1969 et mise à terre à la suite d'un attentat, en 1977. Le classicisme du monument avait été dénoncé par Jacques Faizant, dans un dessin du 26 mars 1968 où la République lançait au ministre : « André ! C'est pas vrai ? » Les lames métalliques en forme de V ont été remplacées depuis par deux étroits pylônes.

242. Dès 1924, à la fin de l'avant-propos de *La Discorde chez l'ennemi*.

243. Il avait refusé de lui parler dans la cour du Palais-Royal, le 5 juillet 1968 : « Il hoche la tête deux ou trois fois, regard de biais, mauvais sourire. Il reste muet, me tourne le dos et disparaît. » J.-L. Barrault a raconté cette scène et son départ dans *Souvenirs pour demain*, Paris, Éd. du Seuil, 1972, pp. 365-367. Dans *André Malraux. Une vie*, *op. cit.*, Olivier Todd obscurcit la crise par un téléscopage de dates qui donne l'impression que J.-L. Barrault a aggravé son cas avant que le ministre ne refuse de lui parler, alors que l'article incriminé du *Sunday Times* est sorti vingt-trois jours après l'entrevue avortée. Dans ce journal daté du 27 juillet 1968, Barrault avait déploré le « silence glacial » observé par le ministre depuis le 24 mai.

244. En parlant de l'évacuation de l'Odéon comme consécutive à l'irruption d'une troupe de voyous lancée par le pouvoir pour justifier l'évacuation (interview d'A. Malraux à *Der Spiegel*, octobre 1968).

245. *Le Monde* du 18 mai 1968 avait raconté cette nuit où Daniel Cohn-Bendit dénonçait le Théâtre de France comme « symbole de la culture bourgeoise et gaulliste » et demandait que le théâtre soit considéré « en tant qu'instrument de combat contre la bourgeoisie ».

246. Cité par Curtis Cate, *Malraux*, Paris, Flammarion, 1994, p. 495.

247. Selon Mme Rauch, thèse citée, p. 217.

248. C'est Blin qui avait mis en scène la pièce en 1966.

249. « André Malraux défendant en pleine Assemblée nationale l'épopée de la Misère et de la Mort due au poète anarchiste Jean Genet restera une belle anomalie qui, plus tard, sera comptée à l'actif de cette période » (extrait de *Réponse à Malraux*, entretien cité). J.-L. Barrault définit les belles anomalies comme les moments « où "les Paravents" des pharisiens sont contournés par l'imagination », mais le comédien a tort de réduire l'Histoire à « la peinture de toutes les sales histoires que les hommes se font entre eux ».

250. Lettre du 9 juillet 1972 publiée dans le *Cahier de l'Herne*, n° 21, consacré à Charles de Gaulle (*op. cit.*, pp. 104-105).

251. C'est une erreur de perspective de juger Malraux sur son état à la fin de l'été 1968. Quant au début de l'été 1958, rappelons qu'il a perdu son portefeuille de ministre de l'Information pour ne pas avoir condamné le FLN.

252. AM, OC III, pp. 555 et 570.

253. À partir de la courte période d'isolement de son ministre, son directeur de cabinet a trouvé légitime de se substituer à Malraux ; en obtenant le retour de Pierre Moinot au ministère, il a contribué à la construction d'un rempart de mensonges, même si le Premier ministre n'en était probablement pas dupe.

254. Voir *La Censure en France*, *op. cit.*, pp. 258 et 255.

255. Débat budgétaire du 13 novembre 1968 à l'Assemblée nationale.

256. Rapport de Francis Raison cité par Ph. Urfalino, *L'Intervention de la politique culturelle*, *op. cit.*, p. 209. Avec un tel jugement, on ne pouvait s'attendre à l'expansion des maisons de la Culture qu'avait espérée un inspecteur des Finances en 1965 ; Robert Lion considérait que, faute de développement, on aurait le piétinement « dans la demi-teinte, l'équivoque et le compromis ».

257. Sur ce tournant pris par l'équipe de J. Duhamel, voir les travaux de Philippe Poirrier.

258. Pages 1 et 4 de la notice *Pour un centre culturel municipal*, préfacée par le ministre de la Culture et de l'Environnement et réa-

lisée, en juin 1977, par la direction du Théâtre et des Maisons de la Culture.

259. La pièce avait déjà perdu son titre initial, *La Passion du général Franco*, dans l'espoir d'échapper aux poursuites pour offense à chef d'État.

260. Robert Abirached, « L'État et ses théâtres. La tentation de la censure », dans *La Censure en France, op. cit.*, p. 264.

261. P. Cabanne, *Le Pouvoir culturel, op. cit.*, pp. 239-240.

262. Témoignage de M. Guy Brajot, futur directeur des Théâtres sous Georges Pompidou, dans *La Censure en France, op. cit.* Malraux devait plus tard dire qu'il aurait quitté le gouvernement si la visite du général de Gaulle au *caudillo* avait eu lieu avant 1970.

263. Note de Philippe Sauzay du 9 décembre 1968 (n° 63724, CAC 810734/007), qui oublie (?) qu'en principe, à cette heure-là, son ministre est déjà à Verrières pour prendre thé et whisky avec Louise de Vilmorin avant de regagner sa *Lanterne*.

264. Note du 14 avril 1969 (CAC/AN, 950514 — art. 13), citée plus longuement dans É. Lengereau, *L'État et l'Architecture, op. cit.*, p. 156.

265. Séminaire de Royaumont, document cité, p. 4.

266. Une lettre 63598 du 5 décembre 1968, signée de Philippe Sauzay, le signifie au président de Pathé (CAC/AN).

267. *C'était de Gaulle, op. cit.*, t. II, p. 10.

268. Note d'accord de Ph. Blanc à André Chamson, en date du 22 mars 1969 (CAC/AN 810734/009, courrier n° 70264).

269. Le courrier du 12 mars 1969 à André Bonnetot (n° 69926) fait naître Roland en 1911 au lieu de 1912 et parle de sa déportation comme d'un *transfert* à Neuengamme (CAC 81 0734/009).

270. Voir CAC/AN 810734/010.

271. *Pour rétablir une vérité*, Paris, Flammarion, 1982, p. 88.

272. Note verte, sans date, à André Holleaux.

273. Dans les faits, une sorte de supermaison de la Culture avec un budget de fonctionnement qui sera quinze fois supérieur à celui de la plus importante maison en province.

274. Témoignage de Maurice Ramond à É. Lengereau, *L'État et l'Architecture, op. cit.*, p. 165.

275. Note de Jean Puybasset, datée du 17 juillet 1969 (CAC/AN 950514 — art. 11).

276. Même s'il n'a pas porté ce titre dont il rêvait dans un courrier adressé à G. Picon à l'automne 1958.

V
LE MINISTRE DU RAYONNEMENT CULTUREL

1. Discours du 14 décembre 1961 : le dirigeant soviétique avait été reçu à Versailles le 2 avril 1960, et la reine de Thaïlande en octobre.

2. AM, OC III, p. 338.

3. Télégramme du général de Gaulle aux ambassades de France à New Delhi, Téhéran et Tokyo (*Lettres, notes*, *op. cit.*, p. 128).

4. *Ibid.*, p. 129.

5. Voir la lettre de C. de Gaulle à Modibo Keita du 1er mai 1961 (dans *Lettres, notes*, *op. cit.*, p. 79).

6. C'est ce qui est écrit dans le journal québécois *Dimanche Matin*, le 20 octobre 1963.

7. Déclaration faite à son retour de France, où il remercie le président de Gaulle, son homologue Maurice Couve de Murville et André Malraux (réf. CAC/AN, 950514-8).

8. *The Best of Los Angeles. A Discriminating Guide*, Los Angeles, Rosebud, 1980 (Museums and Galleries, texte de M. Kurlfeld et A. Gilbar, p. 193).

9. Dans *El Universal*, Mexico, 28 novembre 1964.

10. C'est parce qu'elle se souvient de ces heures lumineuses que Madeleine put me dire, et répéter publiquement : « J'ai eu le meilleur de Malraux. J'ai vécu les années les plus brillantes » ; elle a aussi porté les deuils les plus cruels — voir pp. 146 et 186.

11. Le journal japonais *Mainichi* signale, en février 1960, ce refus d'évoquer l'explosion atomique survenue au Sahara.

12. AM, *Discours, allocutions*, *op. cit.*, 10e des 41 textes édités par le ministère en 1969.

13. Voir l'*Album Malraux*, *op. cit.*, pp. 238-239 ; la phrase attribuée à Malraux énonce à tort une durée de quatre mois pour ses fonctions au ministère de l'Information : en 1958, il n'en fut responsable qu'à peine plus de trois décades (voir « Repères biographiques », *infra*, p. 381).

14. Citant J. Lacouture et des demandes de Camus et Daniel, Jean Lescure le soutient dans l'*Album Malraux*, *op. cit.*, p. 40.

15. Témoignage à l'auteur de P. Messmer. Je continue de penser que la manière dont on lui enleva ses responsabilités de porte-parole, en juillet 1958, a pesé durablement sur sa manière d'aborder l'affaire algérienne.

16. Discours à Bahia cité par A. Cohen-Solal, *Sartre*, *op. cit.*, pp. 515-516.

17. Simone de Beauvoir l'a raconté dans *La Cérémonie des adieux*, Paris, Gallimard, 1981, p. 459.

18. Voir H. Hamon et P. Rotman, *Les Porteurs de valises*, *op. cit.*, et A. Cohen-Solal, *Sartre*, *op. cit.*, pp. 518 et 540.

19. Numéro du 16 septembre 1960, cité dans H. Hamon et P. Rotman, *op. cit.*, p. 296.

20. *Ibid.*, p. 299.

21. Voir A. Cohen-Solal, *Sartre*, *op. cit.*, pp. 542 et 552, avec le témoignage de R. Dumas fourni le 15 octobre 1984.

22. C'est le titre de *Paris-Jour* le 2 octobre 1960.

23. Il l'évoque en Conseil des ministres le 16 novembre 1960 et l'annonce sur les ondes le 20 décembre. Le référendum du 8 janvier 1961 rassemble 75,26 % des suffrages métropolitains en faveur de ce principe.

24. « Cette générosité souveraine, ce geste d'apaisement gaullien, constituait une première étape dans la canonisation de Sartre », selon sa biographe A. Cohen-Solal, *op. cit.*, p. 547.

25. *Ibid.*, pp. 516-517.

26. *Ibid.*, témoignage de Jean Pouillon cité p. 549.

27. *L'Empire des nuages*, Paris, Grasset, 1981, p. 167.

28. 17e texte dans AM, *Discours, allocutions*, *op. cit.*

29. J. Mossuz-Lavau, *AM. La politique*, *op. cit.*, pp. 285-286.

30. Je me réfère pour cette énumération à la chronologie de François Trécourt (AM, OC III), où il faudrait ajouter un voyage vers l'Amérique centrale en février 1966 et changer les dates d'un déplacement égyptien (mai 1966 est le moment du premier vrai traitement de la dépression du ministre). J'ai aussi contrôlé les visas figurant sur le passeport diplomatique utilisé par le ministre à partir de 1964 (coll. Florence Malraux). Pour mes commentaires ultérieurs, j'utilise les témoignages que j'ai recueillis auprès de Mme Madeleine Malraux ainsi que d'Albert Beuret et Pierre Moinot.

31. *Le Monde* du 10 février 1966 signale que l'exposition Maya « sera la plus importante qui ait jamais été présentée » tandis que *La Nation* du 11 février indique que le ministre est accompagné de son conseiller Philippe Sauzay et qu'il va retrouver sur place, outre le directeur du musée de l'Homme, son directeur de cabinet Antoine Bernard.

32. *24 Heures* du 16 février 1966.

33. Voir *La Nation* et *France-Soir* du 21 février 1966.

34. Courrier du 19 mars 1966 (dans *Lettres, notes*, *op. cit.*, pp. 275-277).

35. Entre Suédoises à vélo dans Paris et Rolling Stones au George-V.

36. Lettre à Michel Debré, ministre des Affaires étrangères, du 3 mai 1966 (courrier nº 71704, CAC/AN, 810734/010).

37. Lettre au professeur Steeg, président de l'Association française des amis de l'université de Jérusalem (courrier nº 65118 du 18/1/69, CAC 810734/007).

38. 25e texte dans AM, *Discours, allocutions, op. cit.*

39. Ces hauts fonctionnaires avaient été évoqués par Roger Peyrefitte dans *Les Ambassades* et, en ce qui concerne la future Mme Georges Bidault — première femme reçue au « grand concours » de la Carrière —, l'évocation avait tourné à la caricature d'une Jeanne d'Arc, *foudre de guerre en jupon* (Paris, Flammarion, 1951 ; rééd. J'ai lu, nº 107/108, pp. 132 et 194).

40. Lettre de Michel Debré à André Malraux, en date du 16 décembre 1968.

41. C'est une formule que la presse japonaise du 20 février 1960 diffuse en reprenant les mots du professeur Koji Shirai dans la page culturelle de *Yomiuri*.

42. Voir AM, OC V, p. 1132, et O. Todd, *AM. Une vie, op. cit.*, p. 616.

43. J. Mossuz-Lavau, *AM. La politique, op. cit.*, p. 257.

44. Discours d'inauguration de la Maison franco-japonaise de Tokyo, le 12 février 1960, reproduit dans André Malraux, *Écrits sur l'art*, II, OC V, pp. 1129-1133.

45. Liste établie à partir de documents conservés dans les archives du ministère (CAC/AN) et de la chronologie citée de François Trécourt (AM, OC III), ainsi que de la chronologie établie par François de Saint-Cheron pour le tome II des *Écrits sur l'art* (AM, OC V, pp. LXIV-LXVII).

46. 15e texte dans AM, *Discours, allocutions, op. cit.*

47. 32e texte dans *ibid.*

48. Sténographie de l'allocution improvisée à l'inauguration de la Maison française d'Oxford communiquée par le service de presse et d'information de l'ambassade de France à Londres (archives de l'auteur).

49. Déclaration faite à son retour de France où il remercie le président de Gaulle, son homologue Maurice Couve de Murville et André Malraux (voir CAC/AN, 950514-8).

50. Dépêche du 10 juin 1959 citée par O. Todd, *AM. Une vie, op. cit.*, p. 613.

51. Texte de Kostas Biris longuement cité par Lampros Flitouris dans « Malraux au Parthénon, l'accueil du peuple d'Athènes », communication que je lui avais demandée pour le colloque international de 2001 (voir C.-L. Foulon (dir.), *AM, le rayonnement, op. cit.*, pp. 389-396).

52. Simone de Beauvoir, *La Force de l'âge*, t. II, Paris, Gallimard, 1960 (éd. Folio, 1976, p. 246).

53. *Les Gens du monde au pouvoir, op. cit.*, p. 14.

54. Discours à l'ouverture du colloque organisé pour le premier Festival mondial des arts nègres, le 30 mars 1966 (31e texte dans AM, *Discours, allocutions, op. cit.*).

55. Allocution à l'Assemblée nationale, le 7 novembre 1964.

56. Note verte non datée à son deuxième directeur de cabinet (Papiers d'André Holleaux).

57. Le déroulement de ce voyage a fait l'objet d'une communication du professeur Herman Lebovics, sous le titre « Opération Joconde : Malraux séduit les États-Unis » (voir *AM, le rayonnement, op. cit.*, pp. 371-377). H. Lebovics avait donné un premier récit de ce périple dans *Mona Lisa's Escort. André Malraux and the Reinvention of French Culture*, Cornell University Press, 1999, pp. 9-26. J'emprunte à ces deux études l'essentiel des informations sur ce prêt.

58. Texte de John Slow, cité par C. Cate, *Malraux*, Paris, *op. cit.*, p. 488.

59. C'est le sentiment qu'exprima clairement H. Lebovics dans sa conclusion au colloque international du centenaire de Malraux (voir *AM, le rayonnement, op. cit.*, p. 377).

60. O. Todd, *AM, une vie, op. cit.*, p. 654.

61. Al. Peyrefitte, *C'était de Gaulle, op. cit.*, t. I, pp. 357-360.

62. Le 4 janvier 1963, n° 751, André Holleaux écrit à Étienne Burin des Rosiers, secrétaire général de la présidence de la République, que le ministre est « formellement défavorable au transport du tableau dans les diverses villes américaines autres que NY et W » ; un communiqué du ministère est diffusé à Washington par les soins de l'AFP (courrier n° 751, réf. CAC 950514 — art. 2).

63. AM, OC III, p. 622.

64. Voir Nicole Hervé-Alphand, « Chevalier servant de la Joconde », dans *Malraux, être et dire, op. cit.*, p. 128.

65. *Ibid.*, p. 130 ; Mme Alphand indique que Charles de Gaulle allait bientôt refuser la participation française aux accords nucléaires de Nassau. C'est après s'être entretenu avec Dean Rusk, secrétaire

d'État américain, le 8 avril 1963, que le Président français développa, le 19, dans une allocution télévisée et radiodiffusée, sa conception de la force de frappe française indépendante.

66. Al. Peyrefitte, *C'était de Gaulle*, *op. cit.*, t. I, p. 361.

67. Charles de Gaulle, *Lettres, notes et carnets, 1961-1963*, Paris, Plon, 1986, p. 323.

68. A. Chastel, *La Revue de l'Art*, *op. cit.*, p. 103.

69. Leur voyage d'un mois, du 6 septembre au 6 octobre 1955, est évoqué par A. Cohen-Solal, *Sartre*, *op. cit.*, p. 506.

70. A. Peyrefitte, *C'était de Gaulle*, *op. cit.*, t. II, p. 487.

71. Annoncé par M. Couve de Murville au Conseil des ministres du 1er juillet 1965 (*ibid.*, p. 505), Malraux étant déjà en croisière.

72. Journal du 20 juillet 1965.

73. Publiée en page 181 de C. de Gaulle, *Lettres, notes*, *op. cit.*, pour la période 1964-1966.

74. Rapport du 30 juillet diffusé le 2 août, cité par O. Todd, *AM, une vie*, *op. cit.*, pp. 685 et 935.

75. Marcel Brandin inscrit en marge de la coupure de presse : « Il est très au courant vraiment » (CAC/AN).

76. *Combat* du 23 juillet 1965.

77. Numéro du 28 juillet 1965.

78. O. Todd, *AM, une vie*, *op. cit.*, p. 687.

79. Note de Brandin à Antoine Bernard à laquelle est attachée la coupure de presse qui évoque les étapes théoriques restant au ministre : Tokyo, Phnom Penh et New Delhi (CAC/AN).

80. Cité dans le remarquable dossier établi, pour le colloque de Pékin d'avril 2005, par le professeur Jean-Louis Jeannelle, « André Malraux au pays de l'avenir radieux », publié dans *Présence d'André Malraux*, nº 5/6, printemps 2006, pp. 129-145.

81. Sous le titre « Le véritable enjeu ».

82. Nº 39, article « La tentation de l'Orient ».

83. Denys de la Patellière sortant au même moment son film *La Fabuleuse Aventure de Marco Polo*, Henry Chapier se plaît à faire ce parallèle entre l'envoyé du Pape et le ministre du Général, dans *Combat*, le 9 août 1965.

84. Pages 6 et 7 du *Bulletin d'information* nº 22, daté du 11 août 1965.

85. L'envoi du 30 août, qui comporte des clichés du départ de l'aéroport de Palam, fait l'objet de remerciements par Marcel Brandin, le 3 septembre 1965 (CAC/AN).

86. Le paragraphe sur le passage à Anchorage, où il ne change pas

d'avion (et pour cause, voir note précédente), glissera d'une vingtaine de pages dans la version définitive des *Antimémoires.* Au tome I du *Miroir des limbes* figureront en effet un long passage sur le Japon et un dialogue avec un bonze serein (éd. Folio, 1976, pp. 568-588 ; OC III, pp. 429-447).

87. 27e texte dans AM, *Discours, allocutions*, *op. cit.*

88. Voir *supra*, p. 196, et la notice de M.-F. Guyard dans AM, OC III, p. 1120.

89. Commentaire de François Chalais pour les actualités télévisées du 5 mai 1960 (archives INA).

90. Courrier du 22 août 1963 au directeur d'une revue sollicitant un texte d'hommage à Gustav Regler (réf CAC/AN 950514 — art. 3. cab 8).

91. Voir AM, OC III, p. 1156. Justifié par ces choix, A. Beuret n'a pas craint de me dire : « Nous avons détruit tout ce qui ne concernait pas ses créations littéraires. » Et c'est ainsi qu'il n'existe même pas, aux Archives nationales, les habituelles pelures des courriers du cabinet pour toute l'année 1967 et les onze premiers mois de 1968. Pour d'autres périodes, on peut lire la formule « chrono normal » : elle laisse supposer d'autres manipulations.

92. Dans les *Lettres* de Charles de Gaulle, on trouve des éloges d'ouvrages de Malraux, dont les *Antimémoires* et les trois dimensions admirables (voir *supra*, p. 206, le câble expédié du croiseur *Colbert*).

93. *La NRF*, n° 295, juillet 1977, p. 68. Bien que ces propos soient datés d'après le départ du ministère, le fait que le nom d'*Antimémoires* soit prononcé m'incite à penser que ces paroles furent plutôt énoncées à la fin de l'année 1966. En novembre 2001, au cours d'un entretien téléphonique avec moi, Pierre Moinot en a convenu.

94. Clara Malraux, *Le Bruit de nos pas*, *op. cit.*, t. IV, *Voici que vient l'été*, p. 70.

95. Il convient de relire le texte, déjà cité, du professeur Jean-Louis Jeannelle, « André Malraux au pays de l'avenir radieux ».

96. N° 964 du 30 sept. 1967. La photo était de Gisèle Freund.

97. Voir l'étude de Käte Hamburger, *Logique des genres littéraires*, citée par J.-L. Jeannelle, *op. cit.*, p. 316.

98. AM, OC III, p. 1123.

99. Jean-Louis Jeannelle est l'un des rares à le reconnaître très clairement, peut-être parce qu'il appartient à une génération de chercheurs qui n'a croisé Malraux que dans ses œuvres et dans ses manuscrits, dont il étudie avec passion toutes les transformations (voir son *Malraux, mémoire et métamorphose*, *op. cit.*).

100. P. 561 de la première édition ; je me réfère ici à l'édition numérotée et reliée par Babouot, achevée d'imprimer à Mayenne le 31 octobre 1967.

101. Mathieu Galey, *Journal 1955-1973*, Paris, Grasset, t. I, 1987, note du 20 août 1967.

102. *Ibid.*, note du 1er novembre 1967.

103. Extrait de *En lisant, en écrivant* (Paris, José Corti, 1980), repris dans *Le Monde* daté du 10 mai 1989.

104. Texte dans S. Chantal, *Le Cœur battant*, *op. cit.*, p. 288. C'est l'année où Ernst Jünger écrivait dans son *Journal*, après un dîner à La Tour d'Argent : « en de telles époques, manger bien et beaucoup donne un sentiment de puissance » (annotation du 4 juillet 1942). Notant que Madeleine compatit mais se lasse, Olivier Todd a jugé l'ambitieuse provinciale : « Entre langes et foie gras, Josette rêvasse à ras de terre » (*AM, une vie*, *op. cit.*, pp. 457 et 464).

105. Courrier du 2 janvier 1943 exposé à la Fondation Maeght pendant l'été 1973 (document BNF).

106. Al. Malraux, *Les Marronniers*, *op. cit.*, p. 155.

107. Selon un courrier de Duncan Stuart, ex-SOE *adviser* auprès du Foreign Office, daté du 14 juin 2002 et adressé à Madeleine Malraux, Claude a été passé par les armes à l'automne 1944, en Pologne, au camp de Gross-Rosen, aujourd'hui Rogoznica, avec dix-huit autres jeunes officiers du SOE — la section française des services spéciaux britanniques. Une plaque faisant mémoire de leurs sacrifices a été dévoilée sur le lieu des exécutions, le 10 mai 2002, par sir Michaël Rose, général et président du Special Forces Club de Londres ; des renseignements peuvent se trouver à ce sujet sur le site internet : http://www.region-walbrzych.org.pl/grosrosen/.

108. Préface au livre de Guy Penaud, *André Malraux et la Résistance*, Périgueux, Fanlac, 1986.

109. Voir ma notice synthétique dans le *Dictionnaire de la France libre*, Paris, Robert Laffont, coll. « Bouquins », 2010.

110. Publié en Suisse, à 1 500 exemplaires, le livre attira si peu de lecteurs qu'une partie du tirage fut pilonné (information rappelée au colloque de la Sorbonne, le 24 juin 2008).

111. Jean Coural, longtemps conservateur à Versailles et confident de Malraux, m'a confié que ses collègues avaient toujours su où ce corbillard était stationné ; quant à la fillette avec *des nattes comme de menues cornes*, aucune des filles de ce conservateur qui l'accompagnait dans ses déambulations n'en a jamais porté… Le droit du romancier à la transfiguration est évidemment imprescriptible.

112. AM, OC II, p. 411.

113. Lettre à Julien Seignaire, en date du 6 février 1945.

114. Dans le catalogue de l'exposition de la Fondation Maeght, 1973, *André Malraux*, 323 pages.

115. Dans une lettre manuscrite, le commissaire de l'exposition Henri Michel, secrétaire général du Comité d'histoire de la Deuxième Guerre mondiale, m'a expliqué que le président de la République était seul avec lui en tête de la visite et qu'il n'avait au surplus pas prononcé ces mots.

116. Voir AM, OC III, pp. 551 et 1236.

117. *Le Monde* du 27 septembre 1967 réserve une demi-page à l'analyse du livre.

118. *Les Noyers de l'Altenburg* occupent les pages 23 à 50 du nouveau livre tandis que le projet d'un « p'petit film » à partir de *La Voie royale* est développé de la page 376 à la page 472. Il n'est pas impossible que le mot « démarrées » représente une erreur typographique ; on pourrait le remplacer par *démarquées.*

119. Le 7 octobre 1967. P. de Boisdeffre a donné en annexe de son livre l'intégralité du texte (*André Malraux. La mort et l'Histoire*, *op. cit.*, pp. 249-255).

120. La venue du général américain Ridgway, en 1952, avait suscité de violentes manifestations contre *Ridgway, la peste* !

121. « Le Miroir des limbes, les limbes de la Chine », dans *Présence d'André Malraux*, n° 5/6, actes du colloque international de Pékin d'avril 2005.

122. Voir la communication du professeur Jean-Louis Jeannelle, dans son texte pour le colloque international de Pékin (revue citée, p. 131) et son livre *Malraux, mémoire et métamorphose*, *op. cit.* (surtout les chapitres « Grandeur et mythomanie » et « L'antipacte mémorial »).

123. 26 pages sur les 65 consacrées à la Chine : voir l'étude du professeur Sun Wezihong, de l'université de Pékin, « La Chine chez Malraux. De *La Tentation de l'Occident* aux *Antimémoires* », *Présence d'André Malraux*, n° 5/6, 2005, pp. 107-115. Le texte évoque la censure de la version chinoise du livre quant au portrait trop rude de Liu Shaoqi, président de la République à partir de 1958, limogé en 1967 puis réhabilité.

124. Clara Malraux, *Le Bruit de nos pas*, *op. cit.*, t. IV, pp. 54-55.

125. Confidence d'André Malraux à Pierre Moinot, *La NRF*, n° 295, juillet 1977, p. 68.

126. Cette réflexion lancée par le ministre souffrant, l'écrivain la

mettra dans la bouche de Méry, un de ses personnages des *Antimémoires* (voir AM, OC III, p. 1123).

127. M. Querrien, *Malraux l'antiministre fondateur, op. cit.*, p. 55.

128. *Ibid.*, p. 57.

129. S. de Beauvoir, *Tout compte fait, op. cit.*, p. 173.

130. Réflexion de 1954 critiquant la pièce adaptée de *La Condition humaine*.

131. Extrait des *Carnets* de Louis Guilloux, cité par Henri Godard.

132. Bernard Tricot, dernier secrétaire général de la présidence de la République, en a témoigné à plusieurs reprises.

133. Témoignage cité de Jean Coural. Rappelons que la majorité ne fut gardée que par quelques sièges au printemps 1967 (la coalition soutenant de Gaulle rassemblait 247 députés sur 487).

134. M. Querrien, *op. cit.*, p. 55.

135. La Lanterne, résidence de repos du Premier ministre, fut pour Malraux, avant et après sa période d'isolement à Marly, un lieu de *solitude carcérale*, comme l'a écrit Alain Malraux ; l'atmosphère y était si lourde que Louise de Vilmorin n'envisagea d'y vivre qu'accompagnée de sa nièce et de petits-neveux, et qu'elle y renonça finalement.

136. Lettre du 6 juin 1968 au Premier ministre (dans *Lettres, notes, op. cit.*, p. 221).

137. Pierre Emmanuel, *Culture noblesse du monde. Histoire d'une politique*, Paris, Stock, 1980, pp. 23-25.

138. Entretien avec É. Lengereau, *L'État et l'Architecture, op. cit.*, p. 221.

139. Extrait de *Crises dans la culture française. Anatomie d'un échec*, mis en ligne sur rue 89 (février 2008).

140. En page 42 de la brochure-bilan diffusée par Antoine Bernard.

141. M. de Saint Pulgent, *Le Syndrome, op. cit.*, p. 239.

142. Il se déclara réservé pour la création de la Fondation de France alors même que le très jacobin Michel Debré, alors ministre de l'Économie et des Finances, soutenait le projet de G. Pompidou (A. Peyrefitte, *C'était de Gaulle, op. cit.*, t. III, pp. 38-39).

143. Note verte à André Holleaux, s.d. (Papiers d'André Holleaux).

144. Ce fonds culturel de 13 millions de francs passera au secrétariat d'État à la Culture en janvier 1976 quand sera créée la direction du Livre.

145. Voir pp. 196 et 212.

146. Lettre au général Corniglion-Molinier en date du 26 février 1963 (AH/YB, SEC/CAB n° 1548).

147. Préface du colloque de décembre 1986 (*AM, l'homme des univers*, p. 10).

148. Alain Peyrefitte, *Le Mal français*, Paris, Plon, 1976, p. 65.

149. *Ibid.*, p. 330.

150. Témoignage de l'ambassadeur Brouillet, directeur de cabinet du Général de 1959 à 1962 (5 février 1991).

151. Lettre manuscrite de M. Burin des Rosiers à l'auteur, le 6 octobre 1986 (É. Burin des Rosiers fut secrétaire général de l'Élysée de 1962 à 1967).

152. Voir *Leçons particulières*, *op. cit.*, p. 200. F. Giroud déclare qu'A. Malraux lui aurait dit que son truc aurait été de blanchir Paris, action dont on sait qu'elle a plus relevé de M. Pierre Sudreau, artisan également — avec Matignon, ses services, H. de Ségogne et le sénateur Jacques de Maupeou — du texte qui permit le développement des secteurs sauvegardés.

153. Voir Raymonde Moulin, *L'Artiste, l'institution et le marché*, Paris, Flammarion, 1992, p. 309.

154. A. Peyrefitte, *C'était de Gaulle*, *op. cit.*, t. I, p. 105.

155. Rapporté par P. Cabanne, *Le Pouvoir culturel*, *op. cit.*, p. 201.

156. Dominique Fernandez, *Nicolas*, roman, Paris, Grasset, 1999, p. 182.

157. À sa suite, après des interventions de MM. Fouchet et Pisani, furent également maintenus l'ordre des Palmes académiques et l'ordre du Mérite agricole (A. Peyrefitte, *op. cit.*, t. II, p. 540).

158. A. Peyrefitte, *C'était de Gaulle*, *op. cit.*, t. III, p. 16.

159. A. Peyrefitte, *Le Mal français*, *op. cit.*, p. 392.

160. J. Lang, préface citée du colloque de novembre 1986 (*AM, l'homme des univers*, *op. cit.*, pp. 10-11).

161. Entretien avec l'auteur. Sous l'autorité de François Barré, la direction de l'Architecture est revenue en 1989 dans le périmètre de responsabilités du ministère dont J. Lang avait repris la charge après l'élection présidentielle de 1988.

162. Voir, dans *Le Quotidien de Paris* du 20 juin 1980, l'article intitulé « Culture : ces maisons au bord du gouffre ». En 2007, devenu conseiller culturel du président Sarkozy, G.-M. Benamou s'est montré critique envers l'action du ministère et de la ministre avant de tenter vainement d'obtenir la direction de la Villa Médicis ; un pamphlet l'a épinglé sous le titre *Bel-Amou, un complot à l'Élysée* (écrit sous le pseudonyme Guy de Mormesson, il a été publié par *Le Nouvel Observateur* en juillet-août 2008).

163. Remise de la croix de chevalier de l'ordre national du Mérite racontée dans *Le Figaro* (28 février-1er mars 1987).

164. Sous le titre « Effroi », Michel Blouin, professeur de lettres classiques, appela alors au réveil de Malraux pour arrêter l'illusion culturelle (*Le Matin*, 10 septembre 1986, p. 5).

165. François Léotard, *À mots découverts*, Paris, Grasset, 1987, p. 173.

166. Déclaration dans *Questions à domicile*, TF 1, 18 décembre 1986.

167. Le 1er décembre 1986, sur FR 3, dans l'émission de Jérôme Garcin, *Boîte aux lettres*.

168. Lettre du 12 octobre 1990. Il est vrai surtout que, n'ayant pu faire diffuser mon questionnaire à toutes les personnes bénéficiant du régime de Sécurité sociale des artistes ou comédiens, je ne pense pas malheureusement possible de trop extrapoler des réponses qu'on voulut bien m'envoyer.

169. Lettre à l'auteur datée du 8 octobre 1990.

170. Courrier du 7 octobre 1990.

171. Lettre du 24 octobre 1990.

172. Sa réticence fut partagée par l'architecte du Sénat, Christian Langlois, membre de l'Institut ; son refus de répondre tint au principe qu'il m'énonça : ne jamais accepter que sa liberté d'expression soit limitée par un cadre préétabli (lettre du 8 octobre 1990).

173. Témoignage oral du 8 octobre 1990.

174. Lettre du 18 octobre 1990.

175. Courrier à l'auteur du 8 octobre 1990.

176. Extrait d'Antoine de Baecque, *Crises dans la culture française*, *op. cit.*

177. R. L. Bruckberger, *À l'heure où les ombres s'allongent*, Paris, Albin Michel, 1989.

178. *L'État culturel. Essai sur une religion moderne*, Paris, de Fallois, 1991, p. 56.

179. *Ibid.*, pp. 126 et 122.

180. *Ibid.*, p. 146.

181. *Ibid.*, p. 164.

182. *Ibid.*, p. 166, pour cette analyse du discours de Jack Lang, prononcé le 17 novembre 1981 devant les députés.

183. *Ibid.*, p. 269.

184. C'est ce que déclare Jack Lang, après avoir dit « N'en déplaise aux grincheux », dans l'émission *Sept sur sept*, à TF 1, le 7 février 1993.

185. *L'État culturel, op. cit.*, p. 180.
186. *Ibid.*, p. 172.
187. Lettre à l'auteur.
188. M. Schneider, *La Comédie de la culture, op. cit.*, p. 107.
189. P. Moinot, *Tous comptes faits, op. cit.*, p. 146.
190. Témoignage à André Holleaux en 1986, pour le film documentaire réalisé par M. Sorbier.
191. *Le Monde-Dimanche*, 8 novembre 1981, p. I.
192. *Ibid.*, p. XIV.
193. M. Schneider, *La Comédie de la culture, op. cit.*, pp. 106 et 108.
194. *Ibid.*, p. 109.
195. M. Querrien, *Malraux l'antiministre fondateur, op. cit.*, pp. 100-102.
196. Voir les pages 337-340 de *André Malraux et le rayonnement culturel de la France, op. cit.*
197. Complément de 1973 à son *Malraux* de 1953, *op. cit.*, pp. 130-131.
198. Voir le tableau synthétique en page 103 des *Pratiques culturelles des Français, 1973-1989* par Olivier Donnat et Denis Cogneau, Paris, La Découverte/La Documentation française, 1990.
199. M. Schneider, *La Comédie de la culture, op. cit.*, p. 133.
200. François Mitterrand, *La Paille et le grain*, Paris, Flammarion / La rose au poing, 1975, p. 65.
201. Le successeur de Patrick Le Lay a qualifié la formule de *plaisanterie* mais a confirmé que le métier de TF 1 était de divertir le plus grand nombre de téléspectateurs et d'apporter dans chaque foyer la bonne information vérifiée, sérieuse et crédible (*Télérama,* n° 3060, 3 septembre 2008).
202. Une enquête d'Yves Eudes et d'Odile de Plas l'illustre dans *Le Monde* (3 septembre 2008, p. 22).
203. Réflexions de Michel Parent sur France Culture, le 12 octobre 1991.
204. Extrait de *Crises dans la culture française, op. cit.*
205. C'est l'analyse conjointe de Michel Guerrin et Emmanuel de Roux dans *Le Monde* du 7 avril 2004.
206. Entretien avec N. Herzberg et M. Guerrin, *Le Monde* du 30 décembre 2008. L'accusant de naïveté coupable ou de cynisme, Bernard Faivre d'Arcier, ancien directeur du Festival d'Avignon, lui répondit que le souffle du service public était nécessaire à l'action culturelle (*Le Monde* du 2 janvier 2009).

207. Déclaration du 30 novembre 1989.

208. Daté « Fri, 30 may 2008 12 : 41 : 48 + 0200 ».

209. La *note de cadrage* de Mme Christine Albanel prévoyait une direction générale des Patrimoines de France groupant architecture, archives, musées, patrimoine monumental et archéologique ; une direction générale de la Création et de la Diffusion s'occupant des arts plastiques et du spectacle vivant ; une direction générale du développement des médias et de l'économie culturelle pour traiter des industries de programmme, des industries phonographique et musicale, du livre et de la lecture, des médias. Ces trois directions ont toutes vocation à s'occuper des questions d'enseignement relatives à leurs domaines de compétence, tandis que le secrétariat général coordonne les politiques transversales du ministère et pilote les *fonctions support* (budget, ressources humaines).

210. Voir l'analyse du député Patrick Bloche, vice-président du groupe socialiste de l'Assemblée nationale, chargé de la Culture, « La politique de la culture à l'encan », dans *Le Monde* daté du 4 septembre 2008.

211. Voir, dans la brochure *Célébrations nationales 2009* (direction des Archives de France, décembre 2008, pp. 65-66), le texte de Mme Christine Albanel, « Création du ministère des Affaires culturelles ; André Malraux premier ministre ».

212. L'architecte italien Massimiliano Kuksas le proclamait en 2002 bien avant d'être choisi pour édifier la nouvelle cité des Archives nationales en Seine-Saint-Denis (*Télérama*, n° 2742, 31 juillet 2002, p. 13).

213. Un appel en ce sens, soutenu notamment par la Ligue de l'enseignement et les centres d'entraînement aux méthodes d'éducation active, a été lancé par le professeur Philippe Meirieu, sous le titre « Pour une télé responsable », dans *Le Monde* daté du mercredi 7 janvier 2009.

VI
LES RÉSURRECTIONS D'ANDRÉ MALRAUX

1. Cette durée est fournie par M. de Courcel : le vrai dialogue fut « cette conversation de vingt-cinq ans que fut leur amitié » (*De Gaulle-Malraux*, *op. cit.*, p. 20).

2. AM, OC III, p. 1239.

3. En 1972, dans son pamphlet *Les Gens du monde au pouvoir*, Jérôme Peignot soutient que « l'entreprise n'eût pas valu l'effort d'être tenté » et que *Les Chênes* sont la juxtaposition de deux monologues (p. 20). Il semble ne pas comprendre qu'en fait c'est toujours Malraux qui parle !

4. J. Peignot écrit à ce propos : « Vous n'avez pas raté le coche : vous y êtes allé à votre Sainte-Hélène. Qu'il ne s'agisse que de la Haute-Marne n'enlève rien à votre mérite » (*op. cit.*, p. 19).

5. AM, OC III, p. 1240. En note, on lit que Malraux a aussi pensé à écrire que les passages sans importance étaient là pour *s'amuser* !

6. Suivant la judicieuse formule de Pascal Ory dans son *De Gaulle*, Paris, Masson, 1978 (rubrique « De Gaulle en livres », p. 197).

7. Voir les détails sur les cinq états successifs dans la Note sur le texte (AM, OC III, p. 1159).

8. AM, OC III, p. 1240.

9. *Ibid.*, p. 578.

10. *Ibid.*, p. 582.

11. AM, OC III, p. 607.

12. *Ibid.*, p. 602.

13. « Elles aussi semblent les mains d'un autre » (AM, OC III, p. 577).

14. OC III, p. 582.

15. *Ibid.*, p. 604.

16. *Ibid.*, p. 607.

17. *Ibid.*, p. 662.

18. *Ibid.*, p. 598.

19. *Ibid.*, p. 578.

20. Malraux lui fait dire : « mon seul rival international, c'est Tintin ! » mais je crois la phrase inventée.

21. Voir S. de Vilmorin, *Aimer encore*, *op. cit.*, p. 106.

22. Poème publié dans Charles de Gaulle, *Lettres, notes et carnets, 1905-1918*, Paris, Plon, 1980, p. 50.

23. Charles de Gaulle, *Lettres, notes et carnets, 1919-juin 1940*, Paris, Plon, 1980, p. 212.

24. AM, OC III, p. 675.

25. *Ibid.*, p. 664.

26. *Ibid.*, p. 687.

27. Ces lignes qui suivent immédiatement — et sans indication de coupure — la phrase du Général : « j'entends qu'il n'y ait rien de commun entre moi et ce qui se passe » ne se retrouvent pas dans AM, OC III, p. 656. Elles ont été publiées au quatrième trimestre

1979, avec comme seule référence « André Malraux 1969 », dans *La Boisserie*, Paris, Plon/Institut Charles de Gaulle (plaquette non paginée).

28. Charles de Gaulle, *Mémoires d'espoir*, t. II, *L'Effort, 1962...*, Paris, Plon, 1971, p. 92. Voir *supra*, pp. 63-64, la façon dont G. Pompidou a préempté l'initiative de son ministre.

29. Dans son discours du Palais des Sports, le 23 avril 1969 (AM, *Discours, allocutions*, *op. cit.*, 41e texte, p. 2).

30. AM, OC III, p. 575.

31. S. de Vilmorin, *Aimer encore*, *op. cit.*, pp. 112 et 164.

32. *Ibid.*, pp. 274 et 110. En page 275, l'auteure écrit « l'homme dont je suis veuve » : sa formulation est juridiquement fausse puisque le mariage d'André et Madeleine Malraux ne fut jamais dissous et que la veuve du ministre a veillé sur la mémoire de son mari jusqu'à prendre l'initiative de suggérer sa panthéonisation.

33. AM, OC III, p. 575.

34. Dans son compte rendu de l'édition Folio du livre de Sophie de Vilmorin que *Le Figaro* titre durement « Malraux côté fiches-cuisine », le critique salue « la sincérité du propos et l'amour profond de son auteur », mais c'est après avoir écrit que son livre donne « parfois le sentiment de lire les mémoires d'un animal de compagnie, d'un meuble ou d'un coussin, qui aurait été doué de parole et d'une certaine raison ».

35. Le confort d'un thé en tête-à-tête (témoignage à l'auteur, le 28 avril 1999).

36. Louis Vallon, que Malraux était venu défendre dans sa circonscription de Sarcelles en 1967, décida alors de ne plus lui téléphoner (témoignage du 1er juin 1972).

37. *Aimer encore*, *op. cit.*, p. 177.

38. Réponse à Victor Franco pour l'enquête du *Journal du Dimanche* du 7 décembre 1975 (p. 24 du numéro 1515, citée dans *Dits et écrits d'AM*, *op. cit.*, p. 471).

39. Au-dessus d'un *dyable* qui n'est ni chat ni souris mais remplace sa signature ; l'ensemble, écrit au stylo bille bleu, est conservé par Florence Malraux à qui j'exprime à nouveau ma gratitude pour avoir accepté de m'entrouvrir sa collection des trésors paternels.

40. AM, OC III, p. 582.

41. A. Peyrefitte, *Le Mal français*, *op. cit.*, pp. 447-448. La thèse du référendum-suicide n'a jamais eu la faveur d'A. Peyrefitte, qui pensait que la réforme du Sénat était un projet gaullien remontant au moins à l'automne 1962 (*C'était de Gaulle*, *op. cit.*, t. I, pp. 479-485).

42. « Néocritique », art. cité, p. 308.
43. *Ibid.*, p. 302.
44. AM, OC III, p. 1241.
45. « La vie d'un joueur », *Le Figaro*, 19 janvier 1948.
46. Dans *Le Figaro littéraire*, le 3 novembre 1969 : texte repris dans « Regards sur Malraux », pour précéder une édition de *La Voie royale* dans la collection « un auteur, une œuvre » des éditions France-Loisirs.
47. Ces mots figurent en quatrième de couverture, sur la jaquette imprimée en quadrichromie de l'édition précitée de *La Voie royale* (dépôt légal du 2e trimestre 1977).
48. *Tout compte fait*, *op. cit.*, p. 427.
49. Le lauréat était alors le voisin de palier du psychiatre de Malraux ; Louis Bertagna a indiqué que son patient avait signé son message de félicitations : « Votre rival imaginaire » (*La NRF*, nº 295, juillet 1977, p. 106).
50. Frédéric Grover, *Six entretiens avec André Malraux sur des écrivains de son temps (1959-1971)*, Paris, Gallimard, 1978 (sur M. Barrès, pp. 39-54).
51. Propos tenus à Robert Guy Scully pour le quotidien québécois *Le Devoir* et repris par R. Bastin dans *La Solution canadienne* (*Dits et écrits d'AM*, *op. cit.*, p. 473).
52. AM, OC III, p. 583.
53. Je retranscris la version manuscrite de la bibliothèque Doucet, rédigée sans doute aussitôt après que Malraux eut reçu son exemplaire du tome premier des *Mémoires d'espoir*. On trouve à Doucet également un tapuscrit auquel il manque au moins une ligne de texte et d'où saute l'adjectif *braves* dans la formule « les braves comptes-rendus ». Le courrier tapé, daté du 15 septembre 1970, doit figurer dans les archives de Charles de Gaulle. Une analyse publique des *Mémoires* se trouve dans OC III, pp. 585-586.
54. J. Peignot continue d'oublier que c'est toujours l'écrivain qui tient la plume pour ses deux « personnages », Charles et André (*Les Gens du monde*, *op. cit.*, p. 22).
55. Pour une liste plus complète, voir ma seconde communication au colloque de l'Unesco dans *De Gaulle et la culture*, *op. cit.*, p. 97.
56. R. Stéphane, *André Malraux, entretiens et précisions*, *op. cit.*, p. 130.
57. P. 247 dans la première édition Folio du *Miroir des limbes*.
58. Témoignage d'André Holleaux à l'auteur, le 22 novembre 1986.
59. En 1968, un mémoire préfectoral évaluait à 1 300 000 m^2 la

surface de planchers à construire pour équilibrer financièrement le projet des Halles (voir P. Cabanne, *Le Pouvoir culturel, op. cit.*, p. 335).

60. A.-M. Dupuy, *Le Destin et la volonté, op. cit.*, p. 105.

61. Lettre de Max Querrien du 6 octobre 1968 citée dans É. Lengereau, *L'État et l'Architecture, op. cit.*, p. 149. Ce chercheur emploie une litote quand il évoque (p. 150) la mémoire défaillante du successeur de M. Querrien osant parler des rapports du cabinet du ministre et des directeurs comme marqués « d'une collaboration sans faille ».

62. *Le Miroir des limbes*, éd. Folio 1976, p. 250. Sur cette lancée, quelques auteurs font ajouter à de Gaulle : alors qu'on fait CE QU'ON PEUT ; les mêmes lui font aussi traiter alors les historiens de *race d'impuissants...*

63. AM, OC III, pp. 591-592.

64. *Ibid.*, p. 631.

65. *Ibid.*, p. 634. Sur le rêve malrucien d'assassinat du Général, voir aussi p. 56.

66. Cité par J. Peignot, *Les Gens du monde, op. cit.*, p. 28.

67. AM, OC III, pp. 592 et 585.

68. Il l'expose à la fin d'un colloque consacré par l'Institut Charles de Gaulle aux « conditions de l'indépendance nationale dans le monde moderne ». En 48 minutes, l'auditoire assiste à « une sorte de célébration épique et nostalgique » selon MM. Chanussot et Travi. Cette célébration est aussi l'occasion de contresens historiques majeurs.

69. La formule de son discours du 23 octobre 1941 est claire : « la consigne que je donne est de ne pas tuer d'Allemands ». La version imprimée après guerre introduira le mot « ouvertement », la phrase devenant *ne pas tuer ouvertement d'Allemands*, ce qui valide *a posteriori* la tactique des attentats préconisée par le PCF, pour qui *le sang versé pouvait fertiliser de nouveaux dévouements.* Les militants communistes ont payé le plus lourd tribut à cette tactique en perdant plusieurs milliers des leurs.

70. Dans *La Corde et les souris*, IV, Malraux ajoute d'ailleurs « formés par la Résistance » (OC III, p. 681). J'ai consacré au processus de la sélection des commissaires et à leur manière de travailler un livre, *Le Pouvoir en province à la Libération* (Paris, Presses de la FNSP, 1975), à propos duquel André Malraux voulut bien m'envoyer une carte de visite sur laquelle il avait écrit : *Je suis ravi de retrouver vos Commissaires de la République.*

71. AM, OC III, p. 635. La manifestation du stade Charléty, le 27 mai 1968, s'était déroulée en présence de Pierre Mendès France et de Michel Rocard, alors tous deux dirigeants du Parti socialiste unifié.

72. *Ibid.*, p. 573.

73. *Ibid.*, pp. 548 et 552.

74. Dans *La Corde et les souris*, OC III, pp. 566 et 546.

75. B. Tricot a raconté ce dialogue à Olivier Delorme quand ils préparaient ensemble le colloque international *De Gaulle en son siècle* publié ensuite en sept volumes à La Documentation française.

76. AM, OC III, p. 657.

77. L'émission de Jacques Chancel est diffusée en direct sur France-Inter, de 17 à 18 heures le 7 mars 1974, et rediffusée le 26 août suivant puis le 23 novembre 1976, le soir de la mort de Malraux, à la veille de son enterrement civil au cimetière de Verrières-le-Buisson, pratiquement en face du tombeau d'Honoré d'Estienne d'Orves, fusillé au mont Valérien, le 29 août 1941.

78. S. de Vilmorin, *Aimer encore, op. cit.*, p. 99.

79. Voir O. Todd, *AM, une vie, op. cit.*, p. 847. O. Todd signale que Malraux n'assistera évidemment pas aux obsèques de sa vieille tante. Comme à l'époque de Madeleine, il fuit les cadavres et les enterrements ; l'initiative de sa mère Berthe le traînant à l'ensevelissement de son petit frère a continué de peser jusqu'au bout...

80. *Le Miroir des limbes*, éd. Folio 1976, pp. 263-264.

81. Témoignage d'André Holleaux.

82. Témoignage à André Holleaux pour un film documentaire.

83. Discours du 14 décembre 1961, repris dans la brochure *André Malraux à l'Assemblée nationale, op. cit.*, p. 57.

84. Rapporté par Claude Dulong, *La Vie quotidienne à l'Élysée au temps de Charles de Gaulle*, Paris, Hachette, 1974, p. 214.

85. AM, OC III, p. 609. François Nourissier a évoqué plus tard la France frémissante « à ce tête-à-tête prodigieux » dans *L'Empire des nuages, op. cit.*, p. 202.

86. Dans *L'Homme qui tua Liberty Valance*, à travers la réflexion du responsable d'un journal du Far West.

87. N'ayant pas compris que Malraux rêvait de mourir au combat, J. Peignot va écrire : « Il faut une bonne dose d'impudeur pour prétendre à un âge avancé conduire un char » (*Les Gens du monde, op. cit.*, p. 17).

88. Mes dénombrements, effectués à partir de l'indispensable bibliographie de MM. Chanussot et Travi (*Dits et écrits d'AM, op. cit.*),

sont certainement inférieurs à la réalité concernant les chercheurs français qui ont correspondu avec André Malraux. Une équipe de la Sorbonne-Nouvelle s'est attachée à relever leurs questionnaires puisque c'est souvent par une série de questions-réponses que Malraux préférait réagir aux sujets à propos desquels il était sollicité.

89. Pour le troisième volet, le jeudi 5 octobre, l'émission de Guy Lux qui suivait était consacrée à Salvatore Adamo.

90. « Néocritique », art. cité, p. 332.

91. *Le Plus Beau Métier du monde*, *op. cit.*, pp. 217-226.

92. *La Paille et le grain*, *op. cit.*, p. 64 (chronique du lundi 6 mars 1972).

93. *Ibid.*, pp. 226-227.

94. Déclaration de 1976 à J.-M. Drot, diffusée dans « Les apprentissages d'un regard ».

95. Voir la page LXIX dans la chronologie de François de Saint-Cheron, AM OC V.

96. Je cite ici les titres de la sélection reprise par l'INA des films en 16 mm, présentés à l'Auditorium du Louvre du 30 novembre 1996 au 19 janvier 1997.

97. À la disposition du public pour une exposition présentée au Louvre (voir AM, OC V, *ibid.*).

98. Une rediffusion partielle est programmée pour les cinq ans de l'émission, le 19 mai 1975 (voir *Dits et écrits d'AM*, *op. cit.*, p. 466).

99. Roger-Gérard Schwartzenberg, *L'État spectacle. Essai sur et contre le star système en politique*, Flammarion, 1977, pp. 115-116.

100. N° 3090 des 7-13 août 2008.

101. Dominique Villemot, *André Malraux et la politique*, *op. cit.*, p. 144.

102. Voir C. Clerc, *De Gaulle-Malraux*, *op. cit.*, p. 322.

103. *Ibid.*, pp. 312 et 299.

104. Fr. Nourissier, *L'Empire des nuages*, *op. cit.*, p. 117.

105. *La Revue de l'Art* pour son numéro consacré au château de Fontainebleau, l'autre commençant la série *En ce temps-là, de Gaulle.*

106. *Malraux, être et dire*, sous la dir. de M. de Courcel, *op. cit.*, p. 322.

107. AM, OC V, pp. 1224-1225 : texte pour l'exposition organisée au musée de Montmartre, du 1er juin au 18 septembre 1976, par le Centre culturel hellénique.

108. Voir *Dits et écrits d'AM*, *op. cit.*, pp. 33 et 500.

109. AM, OC V, p. 1544.

110. *Ibid.*, p. 1197.

111. Lettre du 19 février 1972, citée dans AM, OC V, p. 1543.

112. AM, OC V, p. 1199.

113. Avant-propos au livre de Michel de Grèce, *Les Rois*, cité dans AM, OC V, p. 1209.

114. Texte dans *L'Action Nice Côte d'Azur*, n° 47-48 de juillet-août 1973.

115. La liste des prêteurs occupe les pages 315 à 320 du catalogue précité (voir, page 456, la note 114).

116. *Le Nouvel Observateur*, 9 juillet 1973, pp. 54-56.

117. Sollers a sans doute oublié alors et les publications de Sade faites par Malraux dans les années vingt et l'intervention du ministre pour qu'il ne soit pas *appelé en Algérie*.

118. Le président Chirac, qui a fait bâtir le musée des Arts premiers, reprochait à Malraux de n'avoir pas de hiérarchie en art, de voir « des Michel-Ange partout », mais il a quand même reconnu que « personne n'a parlé mieux que lui des fétiches » (O. Todd, *AM, une vie, op. cit.*, p. 13).

119. *L'Express*, 23-29 juillet 1973.

120. Voir P. Messmer, *Après tant de batailles, op. cit.*, p. 258.

121. Lettre du 3 novembre 1969 publiée par *Le Figaro*, *Le Monde* et *France-Soir*, les 10 et 11 novembre (voir *Dits et écrits d'AM*, *op. cit.*, p. 393).

122. O. Todd, *AM, une vie, op. cit.*, pp. 564-566.

123. Pour des détails sur les échos du voyage, voir *Dits et écrits d'AM*, *op. cit.*, pp. 421-422.

124. Commentaire de John Scali.

125. Rapporté par Yves Salgues dans *Historia* en novembre 1975 et cité par M. de Courcel (dir.), *Malraux, être et dire*, *op. cit.*, p. 16.

126. Ces propos aux députés figurent dans la brochure déjà citée, aux pages 55 à 57.

127. Ces mots fournissent le titre de l'entretien avec Olivier Germain-Thomas, publié dans *L'Appel* de janvier-février 1975 (n° 13, cité dans *Dits et écrits d'AM*, *op. cit.*, p. 477).

128. Dans une émission de Julien Besançon (même source, p. 461).

129. Voir P. Messmer, *Après tant de batailles, op. cit.*, p. 422. Le docteur Bertagna m'a confié que c'est un surdosage de Haldol qui avait provoqué l'espèce d'hébétude remarquée par de nombreux téléspectateurs (témoignage enregistré par R.-J. Bouyer).

130. Stéphane Denis évoquera, dans le numéro de *Paris-Match* du

28 novembre 1996, un « vieux feu de Bengale à la télévision. On jugea ce pétard démodé ».

131. Sur les rencontres du voyage japonais, voir *Dits et écrits d'AM, op. cit.*, pp. 461-466.

132. Enregistré en juin 1974, l'entretien est diffusé dans le numéro 348 d'*Historia* en novembre 1975 (pp. 84-93).

133. Le *Nouveau Paris-Match* fait écho à sa lettre dans son numéro 1327 du 12 octobre 1974 (voir *Dits et écrits d'AM, op. cit.*, p. 473).

134. *Le Nouvel Observateur* et *Le Figaro* font écho à ce courrier du 13 novembre (même source, p. 474). L'agnostique Malraux défend aussi, au même moment, la survie du journal catholique *La Croix*, au nom du nécessaire pluralisme de la presse.

135. Témoignage pour le film *Le Mystère Malraux*.

136. Dans un entretien télévisé avec Roger Stéphane, relevé par Claude Roy, *Permis de séjour, 1977-1982* (Paris, Gallimard, 1983, p. 126). Cl. Roy commente : « Quand auront paru les témoignages d'Evguenia Guinzbourg, de Chamalov, de Soljenitsyne, le mot hurluberlu ne viendra à l'esprit de personne. »

137. AM, OC III, p. 456.

138. *Ibid.*, p. 789.

139. Le brouillon non daté de la lettre de Malraux est conservé à la bibliothèque Doucet. L'ouvrage qu'il commente, paru dans *Les Cahiers du Rhône* en 1946, est republié, avec des compléments, aux éditions du Seuil en 1973, dans la collection « L'Histoire immédiate » que dirige Jean Lacouture. Il répond aux arguments d'Olga Wormser-Migot, qui nie l'existence d'une chambre à gaz à Ravensbrück. Augmentée d'un témoignage d'Anise Postel-Vinay, la troisième édition paraîtra en 1988 (n° 236 de la collection « Points-Histoire », n° 236) ; elle établit qu'une « petite » chambre à gaz fonctionna à Ravensbrück au début de 1945 lorsque les transferts vers des camps d'extermination étaient devenus impossibles.

140. Texte intégral de son discours pour le trentième anniversaire de la libération des camps de déportation dans AM, OC III, *Oraisons funèbres*, pp. 964-969, et enregistrement de 16 minutes et 50 secondes dans André Malraux, *Discours majeurs*, coffret INA présenté par Janine Mossuz-Lavau, Paris, 1996.

141. Voir J. Chanussot et Cl. Travi, *Dits et écrits d'AM, op. cit.*, p. 486.

142. Dans *Aimer encore, op. cit.*, le billet est reproduit en page 273.

143. Témoignage cité du docteur Bertagna, *La NRF*, n° 295, juillet 1977, p. 113.

144. *Ibid.*, p. 114.

145. Jean Mauriac a donné comme heure réelle de la mort, 6 heures du matin (*L'Après de Gaulle*, Paris, Fayard, 2006, p. 197).

146. La photo de la chambre — qui avait pourtant été choisie avec d'étroits vasistas — figure en page 207 du livre de Jacques Borgé et Nicolas Viassnof, *De Gaulle et les photographes*, Paris, EPA/Vilo, 1979.

147. S. de Vilmorin, *Aimer encore*, *op. cit.*, pp. 121-122.

148. *Ibid.*, p. 121.

149. N° 1325, daté 29/11-5/12/1976, pp. 169-171.

150. Numéro daté du 24 novembre 1976.

151. Témoignage manuscrit communiqué par Mme Raymonde Tillon, déportée-résistante et première femme députée élue à Marseille en 1945.

152. Témoignages rassemblés dans « La postérité d'André Malraux » (*Le Monde*, 27 novembre 1976, p. 28).

153. Lettre à l'auteur où, en septembre 1991, elle rendait hommage à Jean Coural, administrateur général du Mobilier national, pour l'ameublement qu'il avait fourni et un merveilleux tapis : « Ce tapis, je le sens encore sous le pied. »

154. Les détails sur l'organisation de l'hommage officiel ont été publiés par Fr. Giroud, *Leçons particulières*, *op. cit.*, p. 202.

155. *L'Express*, n° 1325, novembre 1976, p. 102.

156. *Les Gens du monde au pouvoir*, *op. cit.*, p. 48.

157. Texte repris dans mon article synthétique, « L'État et le gouvernement des Affaires culturelles de 1959 à 1974 », *Les Cahiers français*, *op. cit.*, pp. 18-33.

158. Entretien pour l'Agence France-Presse, 6 mai 1973.

159. Lettre de Dominique Le Vert à son collègue du Conseil d'État Jacques Rigaud, que J. Duhamel avait écarté de la direction de son cabinet après quelques semaines de cohabitation (hiver 1974, Papiers de Jacques Rigaud).

160. Déclaration à l'Assemblée nationale, le 5 novembre 1976, et Fr. Giroud, *La Comédie du pouvoir*, *op. cit.*, p. 268.

161. Fr. Giroud, *Leçons particulières*, *op. cit.*, p. 234.

162. Fr. Giroud, *La Comédie du pouvoir*, *op. cit.*, p. 120.

163. Publié, il est vrai, juste après le succès de l'Année du Patrimoine, qui a contribué à la fortune du terme dans les décennies suivantes.

164. Dans une étrange conception de ce qu'est la recherche scientifique, en 1989 et 1993, pour deux colloques, ce même responsable

a censuré des textes qu'il avait pourtant sollicités mais dont la tonalité ne lui convenait pas.

165. Témoignage pour un film documentaire d'André Holleaux.

166. Dans son discours de vœux au personnel du ministère de la Culture, le 14 janvier 1993.

167. Dans son témoignage « Comme un feu », *La NRF*, nº 295, juillet 1977.

168. Pages 139-140 dans *Célébrations nationales 1996*, ministère de la Culture, direction des Archives de France.

169. Son président s'est gaussé de la timide Madeleine tandis que le vice-président me lançait « soyons sérieux ! ».

170. Sur papier à en-tête « Le secrétaire général de la Défense nationale », daté de Paris, le 29 novembre 1995, mon ancien collègue de Sciences-Po — nous avions encadré, ensemble, les étudiants d'une même conférence pendant une décennie — m'écrivait : « *J'estime trop André Malraux pour ne pas être particulièrement sensible à l'intérêt que vous portez au vœu de sa famille, de le voir entrer au Panthéon pour le 20e anniversaire de sa disparition. J'avais lu avec bonheur le beau livre que lui avait consacré son fils. C'est dire combien je suis disposé à vous aider pour que la mémoire de ce grand serviteur de l'État soit honorée.* [...] *Jean Picq.* »

171. Voir la communication de Patrick Garcia, « André Malraux au Panthéon : histoire et enjeux d'une panthéonisation », dans C.-L. Foulon (dir.), *AM, le rayonnement, op. cit.*, pp. 397-409. Les informations des paragraphes qui suivent, lorsqu'elles n'ont pas de références particulières, proviennent de cette étude que j'avais demandée à P. Garcia en 2000 ; je le remercie à nouveau ici pour la grande clarté de sa contribution.

172. Après la panthéonisation de René Cassin, prix Nobel de la Paix (décidée par Valéry Giscard d'Estaing en avril 1981, elle n'intervint qu'en 1987) et celle de Jean Monnet, initiateur d'une Europe fédérée (1988), il y eut une cérémonie commune en 1989 pour Condorcet, l'abbé Grégoire et Monge, et une seconde pour Marie et Pierre Curie en 1995.

173. Témoignage de Mme de Saint Pulgent à P. Garcia (février 2001).

174. C'est ainsi qu'Éric Aeschimann et Gilles Bresson racontent la « Genèse d'une canonisation gaulliste » dans *Libération* (23-24 novembre 1996, p. 3).

175. Témoignage de M. Jeannot à l'auteur. C'est lors de la réunion

du 2 août que la plage horaire de la cérémonie fut fixée au créneau 19 heures - 20 h 40.

176. Voir O. Todd, *AM, une vie*, éd. Folio nº 3732, p. 952.

177. Voir P. Garcia, communication citée.

178. C'est la conclusion de Catherine Pégard dans « Le Malraux du président », *Le Point*, nº 1256, du 12 octobre 1996, p. 107.

179. Cette citation et le texte qui suit sont repris de la page 3 du programme distribué aux invités à la cérémonie, *André Malraux. Panthéon 23 novembre 1996*. La page est signée de Jean-Paul Chambaz, qui est aussi l'auteur du tableau représentant Malraux figurant en couverture du programme (collection de l'auteur).

180. Témoignage à Patrick Garcia, dans le texte cité (voir C.-L. Foulon (dir.), *AM, le rayonnement*, *op. cit.*, p. 399).

181. Nº 1256 cité.

182. *Ibid.*, p. 108.

183. Extrait de l'entretien recueilli par F.-O. Giesbert et P. Guilbert, en couverture du numéro 16 258 daté 23-24/11/1996.

184. Même numéro, p. 6, dans un texte titré : « Je ne sais pas si c'est une bonne chose d'être panthéonisé ».

185. Extraits repris de P. Garcia, texte cité (voir *AM, le rayonnement*, *op. cit.*).

186. Dans son article du 12 octobre 1996, Pierre Nora avait identifié ces éléments.

187. *Libération* du 25 novembre 1996. Serge July aurait pu citer aussi l'hommage funèbre prononcé pour René Cassin, devant la chancellerie de l'Ordre de la Libération, par Jacques Chirac en 1976. Le Premier ministre qu'il était alors avait parlé des droits de l'Homme et des combats pour la justice, avec les mêmes accents que vingt ans après. Ses convictions et, en ce qui concerne les discours des années quatre-vingt-dix, la présence dans son équipe d'une « plume » fidèle, agrégée de lettres, Mme Christine Albanel, étaient garantes de cette continuité.

188. Comme François Dufay dans le numéro 1256 du *Point*, cité *supra*, p. 112.

189. Malgré la tentative de quelques parlementaires, le Conseil constitutionnel a validé, par sa décision nº 96-386 du 30 décembre 1996, ce dispositif en considérant « qu'en permettant à des Français ayant participé à des combats aux côtés de l'armée républicaine espagnole entre le 17 juillet 1936 et le 27 février 1939 d'obtenir dans certaines conditions la carte de combattant, le législateur n'a méconnu aucun principe fondamental reconnu par les lois de la République ».

Les observations du gouvernement sur la saisine rappelaient qu'il y aurait probablement 200 demandes effectivement présentées.

190. Sous un portrait du général de Gaulle jeune, le cercueil d'André Malraux, une dernière fois drapé de tricolore, gardé quelques heures par des compagnons, reçut notamment l'hommage du général de Boissieu et de son épouse Élisabeth de Gaulle, et de quelques personnalités dont une mécène japonaise du musée, qu'accompagnaient la conservatrice du musée et Madeleine Malraux.

191. Pour la panthéonisation de René Cassin, au contraire, il y avait eu d'abord une cérémonie nocturne aux Invalides puis, le matin suivant, un temps de recueillement au Conseil d'État avant la cérémonie devant le Panthéon.

192. Le numéro daté du 27 novembre 1986, dans une page intitulée « Moi, André M., 95 ans, drogué, dopé, panthéonisé », comprend quelques impertinences écrites qui opposent l'évocation de l'affaire Calas et le silence de Toubon sur l'affaire Tiberi, l'idée de justice et la baisse de l'impôt sur la fortune.

193. La panthéonisation d'Alexandre Dumas aura beaucoup moins d'échos favorables : ni les porteurs déguisés en mousquetaires ni les comédiens interprétant sur des charrettes quelques scènes des pièces de Dumas ne susciteront d'enthousiasme populaire. La proposition faite au public de venir brandir sur le passage du cortège son exemplaire favori d'un livre de Dumas ne rencontra pas plus de succès.

194. Texte de Pascale Robert-Diard.

195. *Paris-Match* du 28 novembre 1996.

196. Numéro du 30 novembre 1996.

197. Il l'a confié notamment à Jean Lacouture.

198. Discours du 8 décembre 1959.

199. Lettre de Jean Grosjean à l'auteur, le 8 décembre 2001.

200. AM, OC III, p. 631.

201. Comme l'exprime, dans « André Malraux : le mythe culturel dans le cadre planétaire », sa biographe politique, Janine Mossuz-Lavau (voir *André Malraux entre imaginaire et engagement politique*, sous la dir. de Francesca Cabasino, Rome, Aracne, 2003, p. 73).

202. « La vie d'un joueur », *Le Figaro*, 19 janvier 1948.

203. Nombre de ses discours sont inspirés par cette certitude.

204. Voir « L'image de la résistance française aux États-Unis depuis 60 ans » du professeur John F. Sweets, dans C.-L. Foulon (dir.), *AM, le rayonnement*, *op. cit.*, p. 201.

205. Dans son testament de 1969, après avoir reçu le prix Nobel de la Paix, le président Cassin avait évoqué l'éventuel transfert de

son corps au Panthéon, « honneur qui me permettrait, même mort, de continuer mon rôle d'éducateur de la jeunesse » (texte cité dans la brochure *René Cassin au Panthéon*, distribuée lors de la panthéonisation du 5 octobre 1987 — collection de l'auteur).

206. Jean Grosjean, préface du tome I des *Œuvres complètes* d'André Malraux, Paris, Gallimard, Bibliothèque de la Pléiade (nº 70), 1989.

SOURCES DOCUMENTAIRES, BIBLIOGRAPHIE SÉLECTIVE ET SOURCES DE L'ICONOGRAPHIE

SOURCES DOCUMENTAIRES

Archives privées

Papiers d'André Malraux (Bibliothèque littéraire Jacques Doucet).
Papiers d'Émile-Jean Biasini.
Papiers d'André Holleaux.
Papiers de Pierre Moinot.
Fonds documentaires de la Fondation Charles de Gaulle.
Fond documentaire de l'Association Georges Pompidou.
Archives de Jean Coural.

Archives publiques

Papiers de Jacques Jaujard (section archives privées des Archives nationales).
Versements du ministère des Affaires culturelles aux Archives nationales (site de Fontainebleau), référencés ici sous le sigle CAC (Centre des archives contemporaines).

Témoignages oraux

Entretiens avec M. Émile-Jean Biasini, membre du cabinet d'A. Malraux puis directeur des Théâtres et des Maisons de la Culture au ministère des Affaires culturelles.
Entretien avec René Brouillet, directeur de cabinet du général de Gaulle.

Entretien avec Mme Christine Clerc, journaliste et biographe.

Entretiens avec Michel Debré, Premier ministre de janvier 1959 à avril 1962 puis ministre de l'Économie et des Finances, et ministre des Affaires étrangères dans les cabinets Pompidou et Couve de Murville.

Entretiens avec André Holleaux, directeur du cabinet d'A. Malraux de 1962 à 1965.

Entretiens avec M. Alain Malraux, fils de Roland et Madeleine Malraux.

Entretiens avec Mme Florence Malraux, fille d'A. Malraux.

Entretiens avec Mme Madeleine Malraux, seconde épouse d'A. Malraux.

Entretiens avec Pierre Moinot, membre du cabinet d'A. Malraux.

Entretiens avec M. Christian Pattyn, premier directeur du Patrimoine en 1979.

Entretiens avec M. Jacques Rigaud, directeur du cabinet des ministres des Affaires culturelles Jacques Duhamel et Maurice Druon, et administrateur délégué à RTL.

Entretien avec Louis Vallon, parlementaire et ami d'A. Malraux.

Témoignages écrits

Courrier de M. Roger Barrier, maître d'hôtel d'André Malraux pendant sa période d'isolement à Marly en mai 1966.

Courriers de M. Burin des Roziers, secrétaire général de la présidence de la République.

Courriers de Michel Debré.

Courrier de l'amiral Philippe de Gaulle.

Courrier de Jean Grosjean, confident d'A. Malraux.

Courrier de Pierre Juillet, chef de cabinet d'A. Malraux.

Courrier d'André Malraux.

Courrier d'Henri Michel, secrétaire général du Comité d'histoire de la Deuxième Guerre mondiale et président du Comité international d'histoire de la guerre 1939-1945.

Courriers de Pierre Moinot, directeur général des Arts et Lettres (1966-1969).

Réponses à un questionnaire général sur les rôles du général de Gaulle et d'André Malraux dans le développement de l'action culturelle sous la Ve République (reçues en 1990) :

Francine Aubin, musicienne, directrice d'un conservatoire.

Claude Autant-Lara, cinéaste.

Jean Bertholle, peintre et professeur à l'École nationale supérieure des beaux-arts.
Louis Blanchet, architecte.
Michel Bouquet, comédien.
Claude Brasseur, comédien.
Jean Carzou, peintre, membre de l'Institut.
Jean-Michel Corbeille, artiste plasticien et enseignant aux Gobelins.
Marius Constant, musicien.
Jacques Couëlle, architecte, membre de l'Institut.
Jean-Pierre Darras, comédien.
Pierre Dehaye, directeur des Monnaies et Médailles, membre de l'Institut.
Danièle Delorme, comédienne.
Robert Dhéran, comédien.
Henri Dutilleux, musicien.
Pierre Dux, comédien, administrateur général de la Comédie-Française, membre de l'Institut.
Jocelyne François, écrivaine.
Daniel Gélin, comédien.
Raymond Gérôme, comédien.
Frédérique Hébrard, comédienne et écrivaine.
André Jacquemin, artiste plasticien, membre de l'Institut.
Jean Kergrist, comédien, créateur du TNP (Théâtre national portatif).
Marcel Landowski, chef du service de la Musique en 1966, membre de l'Institut.
Gérard Lanvin, sculpteur, membre de l'Institut.
Daniel Lesur, musicien, membre de l'Institut.
Marcel Maréchal, metteur en scène et directeur de théâtre.
Georges Mathieu, peintre, membre de l'Institut.
Jean-Dominique Pasquet, musicien.
Pierre Paulin, créateur de mobiliers contemporains.
Françoise Petit, claveciniste et professeur.
Claire Pichaud, chanteuse et peintre.
Roger Pierre, comédien.
Michel Polac, écrivain et réalisateur de télévision.
Micheline Presle, comédienne.
Jacqueline Rayet, danseuse étoile et professeur.
Line Renaud, chanteuse et comédienne.
Emmanuelle Riva, comédienne.
Marcelle Tassencourt, comédienne et directrice de théâtre.
Bertrand Tavernier, cinéaste.

Henri Tisot, comédien et imitateur.
Pierre-Yves Trémois, peintre et sculpteur.
Wou Ki Zao, peintre.
Rika Zaraï, chanteuse.
Régina Zylberberg, dite Régine, chanteuse.

BIBLIOGRAPHIE SÉLECTIVE

Dans les livres indispensables, on retiendra :

Les ouvrages de Malraux :

André Malraux, *Œuvres complètes*, Paris, Gallimard, Bibliothèque de la Pléiade, tout spécialement III, *Le Miroir des limbes* (I, *Antimémoires* ; II, *La Corde et les Souris*), 1996 ; IV et V, *Écrits sur l'Art*, 2004.
Carnet du Front populaire, 1935-1936, Paris, Gallimard, 2006.
Carnet d'U.R.S.S. 1934, Paris, Gallimard, 2007.

Quelques ouvrages composites sur Malraux :

Album Malraux, iconographie choisie et commentée par Jean Lescure, Gallimard, 1986 (25e album de La Pléiade).
Discours, allocutions, conférences de presse de M. André Malraux, ministre d'État chargé des Affaires culturelles, 1958-1969, brochure éditée par le ministère des Affaires culturelles en 1969 (41 textes reproduits sans paginations).
« Malraux, *Paroles et écrits politiques, 1947-1972.* Inédits », *Espoir*, nº 2, Paris, Plon, 1973.
André Malraux à l'Assemblée nationale, plaquette éditée par l'Assemblée pour le 30e anniversaire de la disparition d'André Malraux, novembre 2006.
André Malraux, catalogue de l'exposition de la Fondation Maeght, Paris, 1973.
Malraux, être et dire, Martine de Courcel (dir.), Paris, Plon, 1976, traduit d'une édition anglaise par George Weidenfeld et Nicolson Ltd, avec une postface d'André Malraux, « Néocritique » (sous copyright d'AM).
« Hommage à André Malraux », *La Nouvelle Revue française*, nº 295, juillet 1977.

« André Malraux », *Cahier de l'Herne*, n° 43 dirigé par Michel Cazenave, novembre 1982.

De Gaulle et Malraux, actes du colloque organisé par l'Institut Charles de Gaulle en novembre 1986, Paris, Plon, 1987.

André Malraux. L'homme des univers, actes du colloque organisé en décembre 1986, par le comité national André Malraux sous la responsabilité d'Henriette Colin, Verrières-le-Buisson, 1989.

De Gaulle en son siècle, 7, *De Gaulle et la Culture*, Paris, La Documentation française et Plon, 1992.

André Malraux et le rayonnement culturel de la France, sous la dir. de Charles-Louis Foulon, Bruxelles, Complexe, 2004.

André Malraux entre imaginaire et engagement politique, Francesca Cabasino (dir.), Rome, Aracne, 2003.

Présence d'André Malraux, n° 5-6, actes du colloque international de Pékin d'avril 2005, 2008.

Les livres suivants :

Émile Biasini, *Grands Travaux. De l'Afrique au Louvre*, Paris, Odile Jacob, 1995.

—, *Sur Malraux. Celui qui aimait les chats*, Paris, Odile Jacob, 1999.

Pierre Cabanne, *Le Pouvoir culturel sous la Ve République*, Paris, Olivier Orban, 1981.

Jacques Chanussot et Claude Travi, *Dits et écrits d'André Malraux. Bibliographie commentée*, Dijon, Éditions universitaires de Dijon, 2003.

Vincent Dubois, *La Politique culturelle*, Paris, Belin, 1999.

Brigitte Friang, *Petit tour autour de Malraux*, Paris, Éd. du Félin, 2001.

Marc Fumaroli, *L'État culturel. Essai sur une religion moderne*, Paris, de Fallois, 1991.

Henri Godard, *L'Amitié André Malraux. Souvenirs et témoignages*, Paris, Gallimard, 2001.

Frédéric Grover, *Six entretiens avec André Malraux sur des écrivains de son temps (1959-1971)*, Paris, Gallimard, 1978.

Jean-Louis Jeannelle, *Malraux, mémoire et métamorphose*, Paris, Gallimard, 2006.

Jean Lacouture, *Malraux, une vie dans le siècle*, Paris, Points-Seuil, 1976.

Éric Lengereau, *L'État et l'Architecture, 1958-1981. Une politique publique ?*, Paris, A. et J. Picard, 2001.

Jean-François Lyotard, *Signé Malraux. Biographie*, Paris, Grasset, 1996.
Alain Malraux, *Les Marronniers de Boulogne*, Paris, Ramsay/de Cortanze, 1989.
Clara Malraux, *Le Bruit de nos pas*, Paris, Grasset, I, *Apprendre à vivre*, 1963 ; II, *Nos vingt ans*, 1966 ; III, *Les Combats et les jeux*, 1969 ; IV, *Voici que vient l'été*, Paris, Grasset, 1973.
Janine Mossuz, *André Malraux et le gaullisme*, Paris, Armand Colin/FNSP, 1970 (2e éd. revue aux Presses de la Fondation nationale des sciences politiques, 1982).
Janine Mossuz-Lavau, *André Malraux. La politique, la culture*, Paris, Gallimard, coll. « Folio » (no 298), 1996.
Pascal Ory, *L'Aventure culturelle française*, Paris, Flammarion, 1989.
Alain Peyrefitte, *C'était de Gaulle*, Paris, Fallois/Fayard, t. I, 1994 ; t. II, 1997 ; t. III, 2000.
Jérôme Peignot, *Les Gens du monde au pouvoir (la Ve République et la Culture)*, Paris, Éric Losfeld, 1972.
Gaëtan Picon, *Malraux*, Paris, Éd. du Seuil, coll. « Écrivains de toujours », 1953 et 1976.
Philippe Poirrier, *L'État et la culture en France au XXe siècle*, Paris, Le Livre de Poche, 2000.
Olivier Todd, *André Malraux, une vie*, Paris, Gallimard, 2001 (coll. « Folio », no 3732).
Max Querrien, *Malraux l'antiministre fondateur. Témoignage*, Paris, Éd. du Linteau, 2001.
Philippe Urfalino, *L'Invention de la politique culturelle*, Paris, La Documentation française, 1996.

Dans les livres utiles, on peut retenir :

L'Animation culturelle, ouvrage collectif, Paris, Les Éditions ouvrières, 1964.
Emmanuel d'Astier, *Portraits*, Paris, Gallimard, 1969.
Claude de Boisanger, *Neuf mois à la Comédie-Française*, Paris, Nouvelles Éditions latines, 1964.
Pierre de Boisdeffre, *André Malraux. La mort et l'Histoire*, Monaco, Éd. du Rocher, 1996.
Jean Bothorel, *Louise ou la Vie de Louise de Vilmorin*, Paris, Grasset, 1993.
Jean Cassou, *Une vie pour la liberté*, Paris, Robert Laffont, 1981.
Curtis Cate, *Malraux*, Paris, Flammarion, 1994.

Suzanne Chantal, *Le Cœur battant. Josette Clotis-André Malraux*, Paris, Grasset, 1976.
Michel Debré, *Jeunesse, quelle France te faut-il ?*, Paris, Plon, 1965.
—, *Trois républiques pour une France, Mémoires*, I, *Combattre* ; III, *Gouverner, 1958-1962* ; IV, *Gouverner autrement, 1962-1970*, Paris, Albin Michel, 1984, 1988 et 1993.
Alexandre Duval-Stalla, *André Malraux-Charles de Gaulle : une histoire, deux légendes*, Paris, Gallimard, 2008.
Alain Ehrenberg, *La Fatigue d'être soi. Dépression et société*, Paris, Odile Jacob, 1998 (en éd. poche, 2000).
Brigitte Friang, *Un autre Malraux*, Paris, Plon, coll. « Espoir », 1977 ; rééd. Éd. du Félin, 2004.
Charles de Gaulle, *Mémoires d'espoir*, t. I, *L'Effort*, Paris, Plon, 1970.
—, *Mémoires*, Paris, Gallimard, Bibl. de la Pléiade (nº 465), 2000.
—, *Lettres, notes et carnets*, Paris, Plon, 1980-1988, 12 vol.
Claude Guy, *En écoutant de Gaulle. Journal 1946-1949*, Paris, Grasset, 1996.
Hervé Hamon et Patrick Rotman, *Génération*, t. I, *Les années de rêve*, Paris, Éd. du Seuil, 1987.
Claude-Catherine Kiejman, *Clara Malraux, l'aventureuse*, Paris, Arléa, 2008.
Jean-Claude Larrat, *André Malraux*, Paris, Librairie générale française, 2001 (Le Livre de Poche, nº 578).
Herman Lebovics, *Mona Lisa's Escort. André Malraux and the French Reinvention of French Culture*, Ithaca, Cornell University Press, 1999.
Emmanuelle Loyer, *Le Théâtre citoyen de Jean Vilar, une utopie d'après-guerre*, Paris, P.U.F., 1997.
Claude Mauriac, *Un autre de Gaulle. Journal 1944-1954*, Paris, Hachette, 1970.
François Mauriac, *Nouveaux Mémoires intérieurs*, Paris, Flammarion, 1965 ; repris dans F. Mauriac, *Œuvres autobiographiques*, Paris, Gallimard, Bibl. de la Pléiade (nº 367), 1990.
Pierre Moinot, *Tous comptes faits*, Paris, Quai Voltaire, 1993.
Pascal Ory, *L'Entre-deux-Mai. Histoire culturelle de la France. Mai 1968-Mai 1981*, Paris, Éd. du Seuil, 1983.
—, *La Belle Illusion*, Paris, Plon, 1994.
Marie-Ange Rauch, *Le Théâtre en France en 1968. Histoire d'une crise*, Université de Paris-X, 1994.
Maryvonne de Saint Pulgent, *Culture et Communication. Les missions*

d'un grand ministère, Paris, Gallimard, coll. « Découvertes » (n° 539), 2009.
Roger Stéphane, *André Malraux, premier dans le siècle*, Paris, Gallimard, 1996.
Michel Schneider, *La Comédie de la culture*, Paris, Éd. du Seuil, 1993.
Bernard Tricot, *Mémoires*, Paris, Quai Voltaire, 1994.
Sophie de Vilmorin, *Aimer encore*, Paris, Gallimard, 1999.

Les autres ouvrages utilisés dans la préparation du présent livre ont été :

Pierre Accoce et Dr Pierre Rentchnick, *Ces malades qui nous gouvernent*, Paris, Stock, 1996.
Raymond Aron, *Le Spectateur engagé*, Paris, Julliard, 1981 (entretiens avec J.-L. Missika et D. Wolton).
Raymond Aron, *Mémoires. 50 ans de réflexions politiques*, Paris, Julliard, 1983.
Pierre Assouline, *Gaston Gallimard. Un demi-siècle d'édition française*, Paris, Gallimard, 2006.
Colette Audry, *Rien au-delà*, Paris, Denoël, coll. « L'espace analytique », 1993.
Germain Bazin, *Souvenirs de l'exode du Louvre, 1940-1945*, Paris, Somogy, 1992.
Antoine de Baecque et Serge Toubiana, *François Truffaut*, Paris, Gallimard, coll. « NRF Biographies », 1996.
Jean-Louis Barrault, *Souvenirs pour demain*, Paris, Éd. du Seuil, 1972.
Simone de Beauvoir, *Tout compte fait*, Paris, Gallimard, 1972.
Roger Belin, *Lorsqu'une République chasse l'autre, 1958-1962. Souvenirs d'un témoin*, Paris, Michalon, 1999.
René Bolle-Redat, *Un évangile selon Le Corbusier*, Paris, Éd. du Cerf, 1987.
Jacques Bonhomme, *André Malraux ou le Conformiste*, Paris, Régine Desforges, 1977.
Jacques Borgé et Nicolas Viassnof, *De Gaulle et les photographes*, Paris, EPA/Vilo, 1979.
Philippe Bouvard, *Petit précis de sociologie parisien*, Paris, Grasset, 1966.
R. L. Bruckberger, *À l'heure où les ombres s'allongent*, Paris, Albin Michel, 1989.
Philippe Buton, *La Joie douloureuse. La libération de la France*, Bruxelles, Complexe, 2004.

Jean Cassou, 1897-1986. Un musée imaginé, sous la dir. de Florence de Lussy, Paris, BNF/ Centre Georges Pompidou, 1995.

Michel Cazenave et Olivier Germain-Thomas, « Charles de Gaulle », *Cahier de l'Herne*, n° 21, 1973.

Jean Charlot, *Le Phénomène gaulliste*, Paris, Fayard, 1970.

André Chastel, *La Revue de l'Art (éditoriaux)*, Flammarion, 1980 (L'histoire de l'art. Fins et moyens, coll. « Champs »).

Ariane Chebel d'Appollonia, *Histoire politique des intellectuels en France, 1944-1954*, t. I, Bruxelles, Complexe, 1991.

Christine Clerc, *De Gaulle-Malraux. Une histoire d'amour*, Paris, Nil, 2008.

Annie Cohen-Solal, *Sartre, 1905-1980*, Paris, Gallimard, 1985.

Isabelle de Courtivron, *Clara Malraux, une femme dans le siècle*, Paris, Éd. de l'Olivier, 1992.

Jean-Louis Crémieux-Brilhac (dir.), *Ici Londres, 1940-1944. Les voix de la liberté*, t. I, *Dans la nuit* ; t. II, *Le Monde en feu*, et t. V, *La Bataille de France*, Paris, La Documentation française, 1975 et 1976.

Pierre Daix, *Aragon, une vie à changer*, Paris, Éd. du Seuil, 1973.

Michel Debré, *Au service de la Nation*, Paris, Stock, 1963.

—, *Mémoires*, t. I, *Trois Républiques pour une France*, Paris, Albin Michel, 1984.

De Gaulle et le RPF, 1947-1955, Paris, Fondation de Gaulle/Armand Colin, 1998.

Dominique Desanti, *Les Staliniens. Une expérience politique, 1944-1956*, Paris, Fayard, 1975 (rééd. Marabout, 1976).

—, *Elsa Aragon. Le couple ambigu*, Paris, Belfond, 1994.

Olivier Donnat et Denis Cogneau, *Les Pratiques culturelles des Français, 1973-1989*, Paris, La Découverte/La Documentation française, 1990.

François-Georges Dreyfus, *De Gaulle et le gaullisme*, Paris, PUF, 1982.

Claude Dulong, *La Vie quotidienne à l'Élysée au temps de Charles de Gaulle*, Paris, Hachette, 1974.

Anne-Marie Dupuy, *Le Destin et la volonté. De Matignon à la mairie de Cannes*, Paris, La Table Ronde, 1996.

Anne-Marie Duranton-Crabol, *Le Temps de l'OAS*, Bruxelles, Complexe, 1995.

Georgette Elgey, *La République des illusions*, Paris, Fayard, 1965.

—, *La République des contradictions*, Paris, Fayard, 1968.

Dominique Fernandez, *Nicolas*, roman, Paris, Grasset, 1999.

Jacques Foccart, *Le Général en Mai. Journal de l'Élysée*, t. II, *1968-1969*, Paris, Fayard/ Jeune Afrique, 1998.
Michael R. D. Foot et Jean-Louis Crémieux-Brilhac, *SOE en France, 1940-1944. Des Anglais dans la Résistance*, Paris, Tallandier, 2008.
Christian Fouchet, *Mémoires d'hier et de demain. Au service du général de Gaulle* et *Les lauriers sont coupés*, Paris, Plon, 1971 et 1973.
Charles-Louis Foulon, *Charles de Gaulle, un siècle d'histoire*, Rennes, Ouest-France, 1990.
Jacques Frémeaux, *La France et l'Algérie en guerre, 1830-1870/1954-1962*, Paris, Economica, 2002.
Dominique et Michèle Frémy, *Quid 1993*, Paris, Robert Laffont, 1992.
Mathieu Galey, *Journal*, tome I, *1955-1973*, Paris, Grasset, 1987.
André Gide, *Journal, 1926-1950*, Paris, Gallimard, Bibl. de la Pléiade (n° 104), 1997.
A. Gilbar, M. Kurlfeld *et al.*, *The Best of Los Angeles. A Discriminating Guide* (Museums and Galleries), Los Angeles, Rosebud, 1980.
Françoise Giroud, *La Comédie du pouvoir*, Paris, Fayard, 1977.
—, *Leçons particulières*, Paris, Fayard, 1990.
—, *Arthur ou le Bonheur de vivre*, Paris, Fayard, 1997.
Frédéric Grendel, *Quand je n'ai pas de bleu je mets du rouge*, Paris, Fayard, 1985.
Maurice Grimaud, *En mai, fais ce qu'il te plaît*, Paris, Stock, 1977.
Olivier Guichard, *Mon Général*, Paris, Grasset, 1980.
Hervé Hamon et Patrick Rotman, *Les Porteurs de valises. La Résistance française à la guerre d'Algérie*, Paris, Albin Michel, 1979.
Frédérique Hébrard, *La Chambre de Goethe*, Paris, Flammarion, 1981.
Gerhard Heller, *Un Allemand à Paris*, Paris, Éd. du Seuil, 1981.
Histoire du vandalisme, Paris, Laffont, 1994.
René Huyghe, *Dialogue avec le visible*, Paris, Flammarion, 1955.
Jean-Noël Jeanneney, *Une histoire des médias des origines à nos jours*, Paris, Éd. du Seuil, 1996.
Pierre de Lagarde, *Guide des chefs-d'œuvre en péril*, Paris, J.-J. Pauvert, 1967.
Michel Laclotte, *Histoires de musées. Souvenirs d'un conservateur*, Paris, Scala, 2003.
Jean Lacouture, *André Malraux, une vie dans le siècle*, Paris, Éd. du Seuil, 1973.
Michel Lantelme, *Malraux. Portrait avec mains*, Lille, Presses universitaires du Septentrion, 2003.

Jeanne Laurent, *Arts et pouvoirs en France de 1973 à 1981. Histoire d'une démission artistique*, Saint-Étienne, Université de Saint-Étienne/Cierec, 1981.
Émile Lecerf, *André Malraux*, Paris, Richard-Masse, 1946-1971.
Pierre Lefranc, *Avec qui vous savez*, Paris, Plon, 1979.
Philippe Le Guillou, *L'Inventeur de royaumes. Pour célébrer Malraux*, Paris, Gallimard, 1996.
François Léotard, *À mots découverts*, Grasset, 1987.
Jacques Levron, *Dictionnaire commenté de l'œuvre du général de Gaulle*, Paris, Plon, 1975.
Gérard Loiseau, *La Littérature de la défaite et de la collaboration*, Paris, Publications de la Sorbonne, 1984.
Vincent Malraux. Peintures et dessins, Salies-de-Béarn, Arthémuse, 2001.
Lilly Marcou, *Elsa Triolet*, Plon, 1994.
Roger Martin du Gard, *Journal*, t. II, *1919-1936*, Paris, Gallimard, 1993.
François Mauriac, *Œuvres autobiographiques*, Paris, Bibl. de la Pléiade (n° 375), Gallimard, 1990.
Jean Mauriac, *L'Après de Gaulle. Notes confidentielles, 1969-1989*, Paris, Fayard, 2006.
—, *Le Général et le journaliste*, conversations avec Jean-Luc Barré, Paris, Fayard, 2008.
Pierre Messmer, *Après tant de batailles*, Paris, Albin Michel, 1992.
Michelle Michel, *Cinquantenaire de l'Ordre de la Libération*, Paris, musée de l'Ordre de la Libération, 1990.
François Mitterrand, *La Paille et le grain*, Paris, Flammarion /La rose au poing, 1975.
—, *Politique*, Paris, Fayard, 1977.
Pierre Moinot, *La Mort en lui*, Gallimard, 2002.
Daniel Mothé (J. Gautrat), *L'Utopie du temps libre*, Paris, Esprit, 1997.
Raymonde Moulin, *L'Artiste, l'institution et le marché*, Paris, Flammarion, 1992.
Emmanuel Mounier, *Malraux, Camus, Sartre, Bernanos. L'espoir des désespérés*, Paris, Éd. du Seuil, 1953 ; rééd. coll. « Points-Seuil », 1970.
François Nourissier, *L'Empire des nuages*, roman, Grasset, 1981.
Patrick Olmeta, *La Cinémathèque française de 1936 à nos jours*, Paris, Éd. du CNRS, 2000.
Pascal Ory, *La Culture comme aventure. Treize exercices d'histoire culturelle*, Gap, Complexe, 2008.

Pascal Ory (dir.), *La Censure en France à l'ère démocratique (1848-...)*, Bruxelles, Complexe, 1997.
Dominique Pado, *Les 50 jours d'Alain Poher*, Paris, Denoël, 1969.
Gaston Palewski, *Mémoires d'action, 1924-1974*, Paris, Plon, 1988.
Guy Penaud, *André Malraux et la Résistance*, Périgueux, Fanlac, 1986 (préface de J. Chaban-Delmas).
Alain Peyrefitte, *Le Mal français*, Paris, Plon, 1976.
Gaëtan Picon, *Panorama de la nouvelle littérature française*, Paris, Gallimard, 1960.
Georges Pompidou, *Pour rétablir une vérité*, Paris, Flammarion, 1982.
Jean-Jack Queyranne, *Les Maisons de la Culture*, Lyon, AGEL, 1975.
Lucien Rebatet, *Les Décombres*, Paris, Denoël, 1942.
Jean-François Revel, *Contrecensures*, Paris, Jean-Jacques Pauvert, 1966.
Philippe Robrieux, *Notre génération communiste, 1953-1968*, Paris, Laffont, 1977.
Éric Roussel, *Georges Pompidou*, Paris, J.-C. Lattès, 1994.
Claude Roy, *Permis de séjour, 1977-1982*, Paris, Gallimard, 1983.
Françoise Sagan, *Réponses, 1954-1974*, Paris, Jean-Jacques Pauvert, 1974 (Le Livre de Poche, n° 4764).
—, *Œuvres*, Robert Laffont, coll. « Bouquins », 1993.
Maryvonne de Saint Pulgent, *Le Syndrome de l'Opéra*, Paris, Accords/Robert Laffont, 1991.
Jean-Paul Sartre, *Les Mots*, Paris, Gallimard, 1964.
« Sartre et les Arts », *Obliques*, n° 24-25.
Roger-Gérard Schwartzenberg, *L'État spectacle. Essai sur et contre le star système en politique*, Flammarion, 1977.
Roger Stéphane, *André Malraux, entretiens et précisions*, Paris, Gallimard, 1984.
William Styron, *Face aux ténèbres. Chronique d'une folie*, Paris, Gallimard, 1990.
Roger Théron (dir.), *Avec les écrivains du siècle*, Paris, Filipacchi, 2000, dans la collection « Les Trésors des archives de Paris-Match » (pour des clichés de Malraux en 1954 et un texte de Stéphane Denis publié le 28 novembre 1996).
Jean-Raymond Tournoux, *Le Mois de Mai du Général. Livre blanc des événements*, Paris, Plon, 1969.
Jean-Raymond Tournoux, *Le Tourment et la fatalité*, Paris, Plon, 1974.
François Truffaut, *Correspondance*, Paris, Hatier-FOMA, 1988 (Le Livre de Poche, n° 9718).

Françoise Verny, *Le Plus Beau Métier du monde*, Paris, Olivier Orban, 1990.

Pierre Viansson-Ponté, *Les Gaullistes. Rituel et annuaire*, Paris, Éd. du Seuil, 1963.

Dominique Villemot, *André Malraux et la politique*, Paris, L'Harmattan, 1996.

Louise de Vilmorin, *Alphabet des aveux*, Paris, Gallimard, 1954 ; rééd. Le Promeneur, 2004 (avec des dessins de Jean Hugo).

Françoise Wagener, *Je suis née inconsolable. Louise de Vilmorin, 1902-1969*, Paris, Albin Michel, 2008.

Philip Williams, *La Vie politique sous la IVᵉ République*, Paris, A. Colin, 1971.

Who's Who 1975-1976, Paris, Jacques Lafitte, mars 1975.

SOURCES DE L'ICONOGRAPHIE

Les dessins et dyables d'André Malraux, reproduits dans cet ouvrage avec l'aimable autorisation de Madame Florence Malraux, sont issus :

- pour le *dyable des signatures ministérielles*, en page 79, de la collection de Madame Madeleine Malraux ;
- pour le dessin de *la lutte de l'aigle et du moineau* et le *dyable du vieil aviateur* des signatures ministérielles, en pages 27 et 179, de collections particulières ;
- pour le *dyable de l'échec*, le *dyable du roman moderne* et le *dyable de la critique d'art* qui figurent respectivement aux pages 137, 247 et 317, des collections de la ville de Rennes (musée des Beaux-Arts, cabinet des dessins, donation C.-L. Foulon et J.-Y. Strass).

INDEX

des principaux noms de personnes, d'institutions, de partis, de journaux et de quelques thèmes essentiels

REMERCIEMENTS

La bienveillance de toute la famille Malraux s'est révélée indispensable pour mes recherches, la préparation du colloque international *André Malraux et le rayonnement culturel de la France*, puis celle du film *Le Mystère Malraux*, et enfin pour l'achèvement de ce livre. Grâce à la confiance dont ils m'ont honoré, Mme Madeleine Malraux et son fils Alain, au fil de quinze ans de dialogues, m'ont permis de mieux comprendre la complexité de la personnalité d'André Malraux. L'accès à tous les manuscrits d'André Malraux m'a été libéralement ouvert par Mme Florence Malraux qui m'a aussi accordé, au cours des années récentes, des entretiens qui ont renouvelé ma vision de l'écrivain-ministre ; qu'elle trouve ici l'expression de ma gratitude particulière.

Dans la longue gestation de cet ouvrage, j'ai rencontré de multiples soutiens et d'abord celui du professeur Jean-Noël Jeanneney. Malgré ses charges ministérielles et ses devoirs aux présidences de Radio-France et de la Bibliothèque nationale de France, il m'a toujours encouragé à surmonter les obstacles placés sur mon parcours et a bien voulu être le premier lecteur de mon tapuscrit.

La science éditoriale et historique de M. Jean-Louis Crémieux-Brilhac s'est une nouvelle fois révélée indispensable à la préparation de la version définitive de ce livre. Comme au temps où nous préparions ensemble les cinq volumes de l'édition des émissions de la BBC, *Ici Londres, Les Voix de la Liberté,* le directeur honoraire de La Documentation française s'est révélé mon meilleur conseiller.

Des accords pour l'accès aux archives du ministère des Affaires culturelles m'ont été signés par MM. Jean-Philippe Lecat et Jack Lang ; auprès de ce dernier, le soutien de M. Jacques Sallois fut indispensable. Sans ce trio, mes plongées dans les documents du ministère auraient été pratiquement impossibles et les obstacles à mes travaux insurmontables.

Les encouragements prodigués par M. André Bourdalé-Dufau et Jean Coural m'ont aidé à poursuivre, parallèlement à mes activités administratives, mes travaux d'enquêtes et de recherches. J'ai tenté d'y conserver l'exactitude et la sérénité qu'avait bien voulu reconnaître à ma première étude d'historien, son préfacier, le cher président René Cassin, prix Nobel de la Paix.

Parmi les personnalités des mondes administratif, politique, universitaire et culturel, j'ai trouvé un accueil particulièrement bienveillant auprès de Mmes Christine Levisse-Touzé, Christiane Moatti et Janine Mossuz-Lavau, MM. Alain Abécassis, Émile Biasini, Jean-Louis Jeannelle, Pierre Laborie, Pascal Ory, Christian Pattyn, Jean Picq, Jacques Rigaud et des regrettés Pierre de Boisdeffre, Geoffroy Chodron de Courcel, Michel Debré, Jean Grosjean, Michel Parent, René Rémond, Charles Tillon, Bernard Tricot.

Dans le monde médical, outre le témoignage indispensable du docteur Louis Bertagna, des conseils utiles m'ont été apportés par le professeur Frantz Langlais et les docteurs Gilles Errieau, Philippe Jouannais, Emmanuel Payen de La Garanderie, Xavier Schaan.

Pour l'aide matérielle, morale ou technique reçue pendant ces décennies, que soient spécialement remerciés ici :

Mmes Corinne Delobel, Marie-France Dupuy-Baylet, Évelyne Foulon, Éliane Giron, Andrée Hunault-Trochet, Paulette Levalleur, Michelle Piriou, Hélène Pham, Raymonde Péju, Fabienne Reguemali-Roglet, Raymonde Tillon, Myriam Zuber-Cupissol ;

MM. Raymond Aubrac, Maurice Caraboni, Albert Foulon, Christian Oppetit, Jean-Louis Péjout et, bien sûr, hors de pair, Mme Annick Besnard, ingénieure au CNRS, l'infatigable relectrice des états successifs de cet ouvrage, et Me Jean-Yves Strass qui mérite que je reprenne, à son sujet, ce que Charles de Gaulle écrivait de

René Brouillet : *il est mon témoin dans l'effort ; mon compagnon sur la route ; mon ami d'hier, d'aujourd'hui, de demain !*

Aux éditions Gallimard, ce m'est un agréable devoir de remercier, outre le président Antoine Gallimard, M. Pierre Nora, de l'Académie française, et M. Roger Grenier, mon premier lecteur ; les équipes qui ont préparé l'édition des *Œuvres complètes* dans la Bibliothèque de la Pléiade — l'indispensable source d'une réelle connaissance de l'écrivain — ainsi que toute l'équipe grâce à laquelle ce livre doit d'être présenté au public, tout spécialement M. Philippe Demanet, M. Philippe Bernier, Mme Géraldine Blanc.

Cette liste ne serait pas complète si je n'y ajoutais l'évocation de quelques chers disparus car nos dialogues anciens continuent d'alimenter mes réflexions : pour leur stoïcisme dans leurs combats face à leurs maladies mortelles qui ne les a jamais empêché de m'encourager à finir ce travail, j'ai admiré Marie-Hélène Bataille et Anne-Marie Séchet, Michel Blouin, Jacques Dalloz et Jacques Foulon. Leurs mémoires me restent chères comme celles de Hélène Bergeron, Geneviève Bounin, Emma Praigroth et Marie-Thérèse Strass, si dignes dans le grand âge et dans la manière dont elles ont affronté leurs fins de vie.

Achevant ces pages le 6 juin 2009, quarante ans après la disparition de Louise Foulon-Ropars, fondatrice des services sociaux universitaires de Bretagne, comment ne pourrais-je pas redire ma permanente reconnaissance à mon admirable mère, courageuse infirmière d'un maquis finistérien en 1944 ? Lectrice fidèle de *Vendredi*, l'hebdomadaire du Front populaire animé par André Chamson et Jean Guéhenno, elle y apprécia l'engagement d'André Malraux. Ayant rejoint le *peuple de la nuit* au soir du 25e anniversaire du débarquement de Normandie, elle fait partie de la cohorte d'invisibles saluée à Chartres, en 1975, par son camarade de la Libération :

« *Les résistantes furent les joueuses d'un terrible jeu. Combattantes non parce qu'elles maniaient des armes — elles l'ont fait parfois — mais parce qu'elles étaient les volontaires d'une atroce agonie. Ce n'est pas le bruit qui fait la guerre, c'est la mort.* »

CHAPITRE III

LE MINISTRE CONTRE LA MORT

CHAPITRE IV

LE MINISTRE DES JOURS DE PEINE

CHAPITRE V

LE MINISTRE
DU RAYONNEMENT CULTUREL

CHAPITRE VI

LES RÉSURRECTIONS
D'ANDRÉ MALRAUX

APPENDICES

DU MÊME AUTEUR

LE POUVOIR EN PROVINCE À LA LIBÉRATION, Presses de la Fondation nationale des sciences politiques, 1975.

LES CÔTES-DU-NORD EN IMAGES, 1940-1945, Libro-Sciences, 1977.

LA FRANCE LIBÉRÉE, Hatier, 1984.

CHARLES DE GAULLE, UN SIÈCLE D'HISTOIRE, éditions Ouest-France, 1990.

VICTOIRE À L'OUEST, 1944-1945 : LA LIBÉRATION DE L'EUROPE : *La fin de l'Europe nazie et la libération de la France*, éditions Ouest-France, 1993.

Direction de l'ouvrage collectif

ANDRÉ MALRAUX ET LE RAYONNEMENT CULTUREL DE LA FRANCE, éditions Complexe, 2004.

Composition I.G.S.-Charente-Photogravure
Achevé d'imprimer
sur Roto-Page
par l'Imprimerie Floch
à Mayenne, le 5 mai 2010.
Dépôt légal : mai 2010.
Numéro d'imprimeur : 76679.

ISBN 978-2-07-012794-8 / Imprimé en France.

172219